모빌리티와
인문학

KB074034

Mobility and the Humanities by Peter Merriman and Lynne Pearce
ⓒ 2017 Informa UK Limited, trading as Taylor & Francis Group
All Right reserved.

Korean translation edition ⓒ 2019 LPbook Co.
Authorized translation from the special issue English language edition published by Informa
UK Limited, trading as Taylor & Francis Group,
originally published in Mobilities, Volume 12, issue 4(2017), London, England.
Arranged by Bestune Korea Agency, Seoul, Korea.
All rights reserved.

이 책의 한국어 판권은 베스툰 코리아 에이전시를 통하여
저작권자인 Tayor & Frances Group과 독점 계약한 도서출판 앨피에 있습니다.
저작권법에 의해 한국 내에서 보호를 받는 저작물이므로
어떠한 형태로든 무단 전재와 무단 복제를 금합니다.

이 논문 또는 저서는 2018년 대한민국 교육부와 한국연구재단의 지원을 받아 수행된
연구임 (NRF-2018S1A6A3A03043497)

모빌리티와
인문학

피터 메리만 · 린 피어스 편저

김태희 · 김수철 · 이진형 · 박성수 옮김

앨피

모빌리티인문학 Mobility Humanities

모빌리티인문학은 기차, 자동차, 비행기, 인터넷, 모바일 기기 등 모빌리티 테크놀로지의 발전에 따른 인간, 사물, 관계의 실재적·가상적 이동을 인간과 테크놀로지의 공-진화co-evolution라는 관점에서 사유하고, 모빌리티가 고도화됨에 따라 발생하는 현재와 미래의 문제들에 대한 해법을 인문학적 관점에서 제안함으로써 생명, 사유, 문화가 생동하는 인문-모빌리티 사회 형성에 기여하는 학문이다.

모빌리티는 기차, 자동차, 비행기, 인터넷, 모바일 기기 같은 모빌리티 테크놀로지에 기초한 사람, 사물, 정보의 이동과 이를 가능하게 하는 테크놀로지를 의미한다. 그리고 이에 수반하는 것으로서 공간(도시) 구성과 인구 배치의 변화, 노동과 자본의 변형, 권력 또는 통치성의 변용 등을 통칭하는 사회적 관계의 이동까지도 포함한다.

오늘날 모빌리티 테크놀로지는 인간, 사물, 관계의 이동에 시간적·공간적 제약을 거의 남겨 두지 않을 정도로 발전해 왔다. 개별 국가와 지역을 연결하는 항공로와 무선 통신망의 구축은 사람, 물류, 데이터의 무제약적 이동 가능성을 증명하는 물질적 지표들이다. 특히 전 세계에 무료 인터넷을 보급하겠다는 구글Google의 프로젝트 룬Project Loon이 현실화되고 우주 유영과 화성 식민지 건설이 본격화될 경우 모빌리티는 지구라는 행성의 경계까지도 초월하게 될 것이다. 이 점에서 오늘날은 모빌리티 테크놀로지가 인간의 삶을 위한 단순한 조건이나 수단이 아닌 인간의 또 다른 본성이 된 시대, 즉 고-모빌리티high-mobilities 시대라고 말할 수 있다. 말하자면, 인간과 테크놀로지의 상호보완적·상호구성적 공-진화가 고도화된 시대인 것이다.

고-모빌리티 시대를 사유하기 위해서는 우선 과거 '영토'와 '정주' 중심 사유의 극복이 필요하다. 지난 시기 글로컬화, 탈중심화, 혼종화, 탈영토화, 액체화에 대한 주장은 글로벌과 로컬, 중심과 주변, 동질성과 이질성, 질서와 혼돈 같은 이분법에 기초한 영토주의 또는 정주주의 패러다임을 극복하려는 중요한 시도였다. 하지만 그 역시 모빌리티 테크놀로지의 의의를 적극적으로 사유하지 못했다는 점에서, 그와 동시에 모빌리티 테크놀로지를 단순한 수단으로 간주했다는 점에서 고-모빌리티 시대를 사유하는 데 한계를 지니고 있었다. 말하자면, 글로컬화, 탈중심화, 혼종화, 탈영토화, 액체화를 추동하는 실재적·물질적 행위자agency로서의 모빌리티 테크놀로지를 인문학적 사유의 대상으로서 충분히 고려하지 못했던 것이다. 게다가 첨단 웨어러블 기기에 의한 인간의 능력 향상과 인간과 기계의 경계 소멸을 추구하는 포스트-휴먼 프로젝트, 또한 사물 인터넷과 사이버 물리 시스템 같은 첨단 모빌리티 테크놀로지에 기초한 스마트 도시 건설은 오늘날 모빌리티 테크놀로지를 인간과 사회, 심지어는 자연의 본질적 요소로 만들고 있다. 이를 사유하기 위해서는 인문학 패러다임의 근본적 전환이 필요하다.

그러므로 모빌리티인문학은 '모빌리티' 개념으로 '영토'와 '정주'를 대체하는 동시에 인간과 모빌리티 테크놀로지의 공-진화라는 관점에서 미래세계를 설계하기 위한 사유 패러다임을 정립한다.

차례

모빌리티와 인문학

피터 메리만 Peter Merriman
린 피어스 Lynne Pearce

이 특집*은 예술 및 인문학 분야 학자들이 모빌리티 연구와 관련하여 수행한 새로운 작업들을 소개한다. 서론 격의 이 글에서 우리는 모빌리티 연구의 관습적 계보학을 논박하고, 새 모빌리티 패러다임the new mobilities paradigm이 사회과학으로부터 출현했다는 의견을 논박한다. 이를 위해 모빌리티 사유와 예술 및 인문학 논의들 사이의 오랜 연루 관계를 추적할 텐데, 이런 연루 관계는 과정철학 및 탈식민주의 사유에 뿌리를 둔 저술들에서 시작하여, 교통사 연구 및 이동의 예술적 재현 연구에 이른다. 특히 우리는 키네스테틱스kinaesthetics에 대한 더 넓은 이해가 예술과 인문학에서 운동과 이동으로의 접근을 잘 인도할 수 있음을 주장한다. 이를 통해 운동이 어떻게 실행되고 감지되고 지각되고 표현되고 측정되고 안무되고 음미되고 욕망되는지 연구자들이 검토할 수 있기 때문이다. 마지막 부분에서 우리는 이 특집의 글들을 소개하면서 저자들이 다양한 형태의 이동과 모빌리티에 접근하는 다양한 텍스트, 방법, 이론적 틀을 검토할 것이다.

---

* [역주] 이 책의 1장–9장은 원래 《모빌리티스Mobilities》 12/4 (2017)의 특집 〈모빌리티와 인문학〉에 실렸다. 한편 10장은 《모빌리티스》 9/2 (2014)에 게재되었다.

서론

사회과학 분야에서 새로운 패러다임, 즉 '새 모빌리티 패러다임'이 형성 중인 것으로 보인다(Sheller and Urry 2006, 207).

새 모빌리티 패러다임은 사회과학의 근본적 재구성을 추구한다(Sheller and Urry 2016, 11).

'새 모빌리티 패러다임'이라는 다분히 도발적인 명칭에 대한 여러 분야의 학자들의 반응은 엇갈렸다(Adey et al. 2014, 2: Sheller 2014a; Sheller and Urry 2016). 새로운 모빌리티 형태들이 출현하는 동시에 모빌리티에 대한 새로운 학문적 관심이 출현했음을 가리키는 이 '새 모빌리티 패러다임'의 확립에 대해 다음과 같은 비판이 있었다. 즉, 모빌리티 연구에 '새로운' 연구라는 틀을 씌우는 것, 이를 '패러다임'이라고 지칭하는 것, 그리고 교통, 이주, 여행 등이 아니라 하필 모빌리티를 연구 대상으로서 삼은 것이 비판 받았다(Cresswell 2010: 18).

하지만 이와 같은 비판에도 불구하고 거의 이견이 없던 것은, 모빌리티 연구를 최근 사회과학 분야 내 연구의 연장선으로 이해하는 것과 사회과학적 접근 방식과 연관시켜 생각하는 것이었다. 어떤 면에서 전혀 의외의 일이 아니다. 셸러와 어리(Sheller and Urry 2006)의 저술 활동은 모빌리티에 관한 학적 논의가 (사회학, 교통 연구, 인류학,

인문지리 같은) 사회과학의 분과학문들에서 활발하게 일어날 때 이루어졌다.[1] 뿐만 아니라, 우리는 셸러와 어리(Sheller and Urry 2006)가 사회과학을 인문학과 무관한 분야로서, 엄격하게 구획되고 배타적인 분야로 그려 내려 의도한 것이 아닌가 하는 의구심을 가진다. 그럼에도 불구하고, 이러한 구별을 의도했든 의도하지 않았든 간에, 예술 및 인문학과 명백히 제휴하는 학자들도 모빌리티 논의를 이끌어 왔음에는 의심의 여지가 없다.

이러한 연구자들은 과거 및 현재의 문화적 삶을 연구, 기록, 수행, 향상시키는 일을 하는 넓은 범위의 학자 및 예술가라고 볼 수 있다. 실제로 이들이 미술과 디자인(Witzgall, Vogl, and Kesselring 2013; Jensen 2014; Jensen and Lanng 2016), 고고학(Leary 2014), 역사학(Merriman et al. 2013; Divall 2015; Mom 2015a, 2015b), 퍼포먼스와 무용(Wilkie 2012, 2015), 영화학(Archer 2012; Borden 2013), 문학(Parkins 2009; Aguiar 2011; Mathieson 2012; Berensmeyer and Ehland 2013; Murray and Upstone 2014; Mathieson 2015; Livesey 2016; Pearce 2016)과 같은 여러 인문학 분야 내에서 이동에 관한 논의를 부분적으로 "재구성"했음에는 의심의 여지가 없다.

이 특집에서 우리가 소개하는 새로운 모빌리티 연구들은 예술 및

---

1 여기서는 '인문지리'를 모빌리티 논의를 진전시킨 사회과학 분야 중 하나로 취급했지만, 인문지리는 인문학과 사회과학을 넘나드는 무척 다양한 세부 분야들로 이루어진 학문이며, 흔히 다양한 방법론 및 철학적 접근 방식들에 접목됨을 지적하고자 한다. 더 나아가, 인문지리에 종사하는 많은 선도적 모빌리티 연구자들은 문화지리학자였는데, 이들은 예술 및 인문학과 제휴하거나, 적어도 사회과학 및 인문학 두 분야에 걸친 연구 프로그램을 추구한다(Peter Adey, David Bissell, Tim Cresswell, and Peter Merriman).

인문학 분야를 가로질러 작업하면서 모빌리티 연구를 사회과학의 산물로만 취급하는 과도하게 단순한 설명 방식에 도전한다. 이를 위해 우리는 이 서론의 2절에서 모빌리티 연구라는 이 새로운 분야의 역사에 대한 대안적 관점을 제시할 것이다.[2] 사회과학과 예술 및 인문학의 '안일한' 분리를 넘어서는 작업을 해 온 많은 선도적 모빌리티 학자들은 '장르 타파' 접근 방식을 취해 왔다. 우리는 모빌리티에 대한 초기의 개념적 접근이 이러한 접근 방식을 사유하고 강조하는 인문학 전통과 종종 긴밀하게 제휴하여 왔음을 드러낼 것이다.

그 다음 3절에서는 인문학자들의 모빌리티 연구에 대한 두드러진 공헌 몇 가지를 간략히 소개할 것이다. 이는 이동적 방법mobile method[3]을 활용한 예술적 실험들 및 이동과 흐름에 대한 철학적 저술들에서 시작해서, 이동이 가능해지고 감지되고 지각되고 표현되고 측정되고 안무되고 음미되고 욕망되는 방식들에 민감한 키네스테틱스 연구들에까지 이른다. 마지막으로 4절 '텍스트, 이동, 방법'에서는 이 특집에 포함된 글들을 개관하면서, 특히 이 글들의 독자(이 글들이 말을 건네는 분야/분야들)와 이 글들의 방법론 사이의 관계에 초점을 맞추고, 이것이 어떻게 이 학술지〔《모빌리티스》〕의 독자층을 크게 넓혀 나가는 잠재력을 가지는지에 초점을 맞출 것이다.

---

2 [역주] 여기서 말하는 모빌리티의 대안적 역사란, 모빌리티를 사회과학 분야로서 한정해 놓고 연구해 온 풍토와 대비되는 다른 한 축의 연구 풍토를 가리킨다.

3 [역주] 모빌리티 연구를 위한 '이동적 방법' 및 이에 대한 비판적 고찰은 이 책의 10장을 참고할 것.

모빌리티 연구의 대안적 역사

한편 (흐름 공간, 유목학, 여행이론과 같은) 모빌리티의 변주들은 문화지리학, 인류학, 문화 연구, 비판이론, 철학, 그리고 인문학 일반에서 어떤 추상적 사유 형태들에 대한 중심 은유가 되었다. 즉, 모빌리티 은유들은 낡은 사유 형태들의 뚜렷한 고정성들을 의문시하는 데활용되었다. 일반적으로 이는 토대주의에 반대하고 반본질주의를 지향하는 움직임과 결합되었다. 이와 동시에 여행자, 탐험가, 관광객, 이민자, 노숙자, 망명자같이 이동하는 사람들에 대한 관심이 폭발적으로 늘어났다(Cresswell 2001a, 9).

모빌리티 연구와 관련된 논의, 접근 방식, 개념들의 현저한 성공과 성과는 단순히 모빌리티 연구가 중대하고 시의적절하였기 때문만은 아니다. 이는 주요 학술지, 단체, 총서, 연구센터, 메일링리스트 등의 정착에서부터 영향력 있는 학술대회와 학회의 조직에 이르기까지, 학술 네트워크와 포럼 및 출판 기획에서의 성공에 말미암은 일이기도 했다. 이 신흥 분야의 임시 계보학에서는 이와 유관한 핵심적 순간들을 자주 언급했다(Merriman et al. 2013; Adey et al. 2014; Sheller and Urry 2016). 그것은 2003년 '모빌리티 연구센터Center for Mobilities Research' 설립, 2004년 '대안 모빌리티 미래Alternative Mobility Futures' 학술대회, 그리고 2006년 이 학술지《모빌리티스》창간이다. 이들은 전부 랭커스터대학교 사회학과와 긴밀하게 연계된 것이다. 사실 '새 모빌리티 패러다임'이라는 명칭도 랭커스터대학교의 사회학자들에 의해 (종종 다른 곳의 학자들과 협력하여) 명명되고, 나아가 효과적으로 제도화되고 구체화된 것이다. 그러나 이런 식의 주장이나 계보학이 지닌 위험성은 이 무정형이고 다양한 다학제적 분야를 구성하는 다채로운 영향, 노력, 탈주선을 간과하는 것이다.

모빌리티에 대한 사유를 형성한 수많은 영향과 사건들이 있었는데, 이들은 복합적이면서 종종 개인적인 '모빌리티 전환mobility turns'으로 귀결되었다. 이 글의 저자 중 한 사람(피터 메리만)이 보기에 이러한 사유를 형성한 핵심적 영향과 사건은 스리프트(Thrift 1994, 1996)와 크레스웰(Cresswell 1993, 1996, 1997, 1999)의 모빌리티와 이동 실천에 대한 초창기 지리학, '전환' 이전 존 어리의 초기 사회학(1999, 2000a, 2000b), 그리고 팀 크레스웰, 페이어스 그리퍼드Pyrs Gruffudd, 울프 슈트로마이어Ulf Strohmayer가 1999년 중부 웨일즈의 그레거노그 홀에서 개최했던 다학제적 모빌리티 콜로키움 등이다. 해당 콜로키움에는 (문화지리학, 문학 연구, 역사 등을 포함하는) 여러 인문학 분야에서 활동하는 많은 학자들이 참석했는데, 그 결과로 학술지《새로운 배치New Formations》의 2001년 〈모빌리티스〉 특집이 발간되었다.

이 특집에 수록된 크레스웰의 논문들(Cresswell 2001a, 2001b)에서 눈여겨볼 점은 그가 어떠한 초기 사회과학 패러다임보다도 더 선명하게 인문학 문헌들에 동조하는 모빌리티 이론과 이동 은유들의 계보를 추적한다는 것이다. 크레스웰의 연구는 언제나 안일한 인문학/사회과학 분할을 문제 삼고 넘어선다. 그는 모빌리티의 정치적 생산과 사회적 생산을 추적한다는 선명한 관심을 내비치면서, 이동 실천이 지니는 문화적이고 역사적인 함의를 검토하며, 나아가 인류학(Clifford 1992, 1997), 문학이론과 탈식민이론(Said 1994), 문화 연구(Morris 1988; Chambers 1990), 사회학(Castells 1996; Bauman 2000; Urry 2000a), 인문지리(Massey 1991; Cresswell 1993, 1996, 1997, 2001b, 2006; Thrift 1994, 1996; 다음을 참조. Cresswell 1997, 2001b, 2006) 등 여러 분야에서 영향을 끌어온다.

물론 철학적이고 경험적인 탈주선들은 루크레티우스Lucretius, 베르그손Bergson, 세르Serres, 들뢰즈Deleuze와 가타리Guattari의 이전의 과정철학에서 발견되고, 나아가 소쉬르Saussure, 데리다Derrida, 라캉Lacan, 알튀세르Althusser, 푸코Foucault, 크리스테바Kristeva 및 일반적으로 포스트구조주의 사상가들이 야기한, 주체 이해의 변혁에서 발견된다(다음을 참조. Weedon 1987: 19-21, 86-92). 이런 탈주선들은 또한 이론에 경도된 교통사(Schivelbusch 1980), 모더니즘, 미래주의, 속도, 가속의 문화사들(Kern 1983;Millar and Schwartz 1998; Schnapp 1999; Tomlinson 2007; Duffy 2009; Schnapp 2009; Thacker 2003; Rosa 2013), 그리고 마이브리지Muybridge, 라반Laban, 테일러Taylor, 최근에는 포사이드Forsyth, 매닝Manning, 매코맥McCormack의 이동 연구와 이동 실험들(Cresswell 2006; McCormack 2008, 2013; Manning 2009; Henriques, Tiainen, and Väliaho 2014)에서도 선명하게 드러난다. 나아가 교통사, 이주 연구, 여행기, 포스트모던이론, 창조적 이동 실천에 대한, 확고하게 정착된 사유 전통들도 '새 모빌리티 패러다임'에서 재등장하는 많은 주제들을 탐구한다(다음을 참조. Cresswell and Merriman 2011). 실로 향후의 모빌리티 역사나 계보학은 다양한 개념적 영향들과 분과학문

의 관점, 그리고 연구자들이 겪은 상당히 개인적인 '모빌리티 전환'
을 설명할 필요가 있다.

'새 모빌리티 패러다임'의 기초를 형성하는 이론적 영향, 접근 방
식, 분과학문적 관점들을 가까이 들여다보면, 모빌리티 연구를 사
회과학으로 불리는 깔끔하게 구획된 영역에 안일하게 결부시키는
생각이 도전 받기 시작한다. 위에서 언급한 것처럼 모빌리티 이론
은 초超분과학문적 특징을 지닌다. 앞에서 서술한 것처럼, 모빌리
티 이론들 자체가 초분과적 · 포스트휴먼적 · 반본질주의적 · 포스
트구조주의적 논쟁들로부터 출현했고 이들과 접속했기 때문이다.
이 논쟁들은 정치이론과 문화지리학(Thrift 1996; Cresswell 2001b; Massey 2005;
Adey 2006; Cresswell 2006; Thrift 2008; Cresswell 2001a; Bissell 2010; Merriman 2012a), 문학
이론(Jardine 1986; Butler 1990; Kaplan 1996), 문화 연구(Morris 1988; Hall and du Gay 1996;
Baudrillard [1984] 2010), 사회학(Urry 1990, 2000a, 2000b; Bauman 2000), 인류학(Ingold
2000, 2007; Clifford 1997), 페미니즘 이론(Kristeva 1980; Irigaray 1985; Cixous 1991; Kaplan
1996), 대륙철학(Deleuze and Guattari 1988; Bergson [1946] 1992), 탈식민/이주 연구
(Spivak 1987; Brah 1996; Canclini [1989] 2005; Pratt 1992; Bhabha 1994) 등의 다양한 분과
학문들을 포괄한다.

이 분과학문들(과 그 시기들)을 둘러보면, 모빌리티가 연구 대상
으로서 독자적 정당성을 지니는 토대를 마련하는 데 개별 저자와
텍스트들의 엄청난 공헌이 있었다는 중요한 사실을 떠올릴 수 있
다. 메리 루이스 프렛Mary Louis Pratt의 《제국의 시선: 여행기와 문화
횡단Imperial Eyes: Travel Writing and Transculturalism》(1992), 캐런 카플란Caren

Kaplan의 《여행의 문제: 전이에 관한 포스트모던 담론Questions of Travel: Postmodern Discourses of Displacement》(1996)이 대표적이며, 에드워드 사이 드Edward Said의 《오리엔탈리즘》(1978), 호미 바바Homi Bhabha의 《문화의 위치》(1994), 가야트리 스피박Gayatri Spivak의 《다른 세상에서》(1987), 네스토르 가르시아 칸클리니Nestor Garcia Canclini의 문화적 혼종성 연구(《혼종문화: 근대성 넘나들기 전략Hybrid Cultures: Strategies for Entering and Leaving Modernity》([1989] 2005))와 같은 20세기 탈식민 연구의 토대가 된 많은 텍스트들도 이에 해당한다.

탈식민 연구가 '새 모빌리티 패러다임'의 출현과 직접 결부되지 않은 한 가지 이유는, 아마 이 중 상당수가 모빌리티에 관한 사회학적 논의와는 다소 동떨어진 문학비평에서 발원했기 때문일 것이다. 또 다른 이유는 탈식민 연구가 오랫동안 (특히 가르치기 편하다는 이유로) 중요한 정치적 이슈 및 논쟁들과 결부되어 왔기 때문이다. 이를테면 권력, 억압, 문화/민족 정체성에 관한 푸코식 분석이 그러한데, 푸코식 분석에서는 사람들의 전 지구적인 대규모 이동을 어느한 방향에 치중하여 암묵적으로(실은 명시적으로) 언급하고 있다. 하지만 이주의 결과로 '양방향 통행'이 나타난다는 최근의 인식으로 인해 사람들의 **흐름(들)**에 대한 두 분야〔탈식민 연구와 모빌리티 연구〕의 공통 관심사에 초점을 맞추게 되었다(예컨대 Rouse 1991; Pearce and Fowler and Crawshaw 2013).

탈식민 문학비평, 탈식민 역사학, 이주와 디아스포라에 대한 사회학과 문화 연구 역시 모빌리티학을 탈-중심화하는 데 기여할 수 있는데, 그간 모빌리티학은 선진국에서 나타나는 현대적 방식의 교통 및 모빌리티에 너무 빈번하게 초점을 맞춰 왔던 것이다. 이에 대한 유용하고 중요한 반작용 중 하나는 (신체, 지식, 문화적 형식들이 흐르는 "경로들"로 관심을 옮기는) "검은 대서양"의 모빌리티에 대한 길로이Gilroy의 저작 《검은 대서양》(1993)이다. 셸러의 초기 저작(Sheller 2003)이 또 다른 반작용인데, 셸러의 저작은 카리브해가 최초의 식민화 이래로 사람(그리고 물자)이 순환 이동한 역동적 사례임을 보여 준다. 그리고 이를 통해 이 지역에 대해 글을 쓴 시인, 소설가, 학자들 (예컨대 Nichols 1984; Melville 1991; Walcott 1992; Braitwaite [1971] 2013; Cooper 1993; Benitez-Rojo 1997; Prui 2003; Scott 2006)이 '모빌리티 전환'의 계보학에서 두드러지게 부각될 자격이 있음을 드러낸다.

모빌리티 연구를 사회과학과 안일하게 결부시키는 데 대한 또 다른 도전은 모빌리티 연구자들의 이력과 영향이 매우 다양하다는 점이다. 존 어리의 종합사회학은 항상 깔끔한 분과학문 경계들을 가로지르며 전통적 사회과학 방법론에 거의 의지하지 않고 모빌리티, 관광, 교통과 흔히 연계되는 역사와 다양한 문화적 실천을 반영한다(다음을 참조. Urry 1990, 2000a, 2007). 미미 셸러는 '국제운송교통모빌리티역사학회International Association the History of Transport, Traffic and Mobility'(T2M) 회장을 역임하고 모빌리티 역사에 대한 상세한 연구를 수행하면서, 사회학 · 역사 · 문학, 그리고 어떤 의미로는 인문지리를 가로지르는 연구와 저술 활동을 해 왔다(다음을 참조. Sheller 2003, 2014b).

이와 비슷하게 피터 애디Peter Adey의 연구도 사회이론 · 정치지리·문화사에 걸쳐 있으며(Adey 2010), 교통 및 모빌리티 역사 연구자들도 모빌리티 사회학에 '다른 방향'에서 관계하기 시작했다(다음을 참조.

Divall and Revill 2005; Pooley and Turnbull and Adams 2005; Mom and Divall and Lyth 2009; Divall 2015; Mom 2015a, 2015b). 특히 2003년 국제운송교통모빌리티역사학회를 공동으로 창립하고 2011년《트랜스퍼스: 모빌리티 연구를 위한 학제적 저널Transfers: Interdisciplinary Journal of Mobility Studies》을 창간한 하이스 맘Gijs Mom은 교통사 분야를 모빌리티 역사로 적극 재정립하려 하고 있다.

"인문학과 사회과학 양자의 관점들을 서로 대화하게 만드는"(Mom et al. 2013, 1)《트랜스퍼스》는 원래부터《모빌리티스》보다는 역사적으로 정향되고 인문학으로 경도된 학술지로 기획되었다. 그러나《모빌리티스》를 그저 사회과학적 접근 방식과 방법이라는 협소한 틀 안에서 이해하는 것은 오류이다. 이 학술지의 지난 호들을 면밀히 살펴보면, 사회과학자들의 기고가 다수이지만 그 사이사이에 인문학적으로 정향된 논문들이 폭넓게 자리 잡고 있다. 바로 창간호부터《모빌리티스》는 문학 연구자, 역사학자, 지리학자, 영화학자, 그리고 인문학적 접근 방식, 이론, 방법에 의존하는 여러 학자들의 논문들을 실었다.

가령 모빌리티, 교통, 관광의 영화적 재현(Tzanelli 2006; Roberts 2010), 모빌리티에 관한 철학적 접근(Adey 2006), 선박과 대양 항행의 역사(Ashmore 2013; Anim-Addo 2014; Davies 2014; Hasty 2014), 기차 여행의 역사(Löfgren 2008; de Sapio 2013), 모빌리티, 여행, 이주의 문학적 재현(Szczeszak-Brewer

20

2007: Pearce 2012a, 2012b)을 다룬 논문들이 있다. 물론 이 서론의 4절에서 논의하겠지만, 이런 논문들은 종종 사회과학 독자를 염두에 두기는 했지만 말이다. 이처럼 인문학적 접근은 모빌리티에 대한 연구와 《모빌리티스》의 연구에 모두 중요한 측면이다. 그럼에도 불구하고 인문학적 접근 방식, 이론, 방법들이 어떻게 모빌리티 연구에 두드러지게 기여할 수 있는가(그리고 역으로 모빌리티 연구가 어떻게 인문학에 기여할 수 있는가)에 대한 진술은 (만일 있더라도) 소수에 불과했다. 따라서 다음 절에서는 모빌리티 연구에 대한 예술과 인문학의 두드러진 공헌 몇 가지를 소개할 것이다.

키네스테틱스:
이동과 운동에 대한 예술 및 인문학의 접근 방식

네가 발을 담근 강은 바로 지금 지나갔다—저 물들은 이 물에, 지금 이 물에 자리를 내어준다(기원전 600년 경 Heraclitus, 2003: 41).

이 보편적 모빌리티의 스펙터클 앞에서 몇 사람은 현기증에 사로잡힐 것이다. … 이들에게는 사고와 경험을 거기 붙여 둘 수 있을 '고정된' 점들이 있어야 하는 것이다. 이들은 만일 만물이 지나간다면 아무것도 존재하지 않을 것이라고 생각한다. 그리고 만일 실재가 모빌리티라면 이 실재를 생각할 때 이것은 이미 존재하기를 그친다고 생각한다. 실재는 사유에서 빠져나가는 것이다. 이들은 〔만일 실재가 모빌리티라면〕 물질적 세계는 해체될 것이고 정신은 급류와 같은 사물의 흐름 안에 익사할 것이라고 말한다. 이들을 안심시키자! 변화는 … 아주 금방, 모든 가능한 것들 중 가장 튼튼하고 영속적인 것으로 이들에게 보일 것이다. 변화의 견실성은 모빌리티들 사이의 일시적 배치에 불과한 고정성보다 무한히 우월하다(Bergson [1946] 1992: 150).

인문학의 역사에는 운동과 이동을 '대안적으로' 이해하는 사유 노선, 철학적 접근, 복합적 존재론 프레임들이 흐트러져 있다. 팀 크레스웰이 여러 저작에서 예리하게 지적한 것처럼, 서구의 여러 사회와 정부, 학자들은 리사 말키Liisa Malkki가 '정주주의 형이상학sedentarist metaphysics'이라고 부른 것에 근거를 둔 세계 이해 방식들에 과도하게 몰두해 왔다(Cresswell 2001b: 다음을 참조. Malkki 1992). 하지만 이와 다른 철학 전통, 과학이론, 사회와 문화들에서는 다양한 일련의 방식들로 운동과 이동에 접근해 왔음을 잊어서는 안 된다. 헤라클레이토스, 루크레티우스, 베르그손, 그리고 브라이도티Braidotti, 세르Serres, 들뢰즈와 가타리 같은 현대 포스트구조주의를 포함하여, 과정철학의 고대적 전통과 현대적 전통은 모두 운동이 정체와 고정 경향의 예외에 불과한 것이 아님을 주장해 왔다(Deleuze and Guattari 1988: Braidotti 1994: Serres 2000: Adey 2006: Merriman 2012a, 2016b). 과정 사상가들은 오히려 세계가 끊임없는 유동과 운동과 생성 중에 있다고 보았는데, 이는 "운동이 일차적"이라는 것이다(Merriman 2012a, 2012b).

22

이에 반해 많은 모빌리티 연구자들은 이러한 유동화 경향과 유목적 철학들이 운동을 평준화하고 보편화하고 노마드 같은 상징을 낭만화하며 모빌리티 정치의 맥락적 이해로부터 멀어지게 한다고 주장했다(Kaplan 1996; Cresswell 2006, 2010, 2014; 다음과 비교하라. Merriman 2016). 이러한 비판들은 위험한데, 과정적 접근 방식이 염두에 두는 운동을 일반화하고 추상화하는 것은 정작 이들 자신이기 때문이다. 모든 것이 움직이고 과정 중에 있다는 주장이 곧 모든 운동이 같은 속도, 크기, 질, 정동의 힘으로 일어난다거나, 정지·정체·고정의 효과 및 영향이 실은 일어나지 않는다는 주장은 아니기 때문이다(Merriman 2012a, 2016).

사실 모빌리티학은 때때로 이동과 운동을 이해하는 데 오히려 보수적이고 제한적이며 실로 '실재론적'인 틀을 채택하는 경향을 보였다. 이때 운동은 서로 분리된 대상들의 운동이거나, 느끼고 체험하고 통치 받는 주체화된 신체들의 운동으로서 두드러진 효과와 영향, 의미를 발생시키는 것이다. 그러므로 운동과 이동에 관한 일련의 사회과학 저작들은 운동과 생성에 대한 과정적이고 비재현적이며 포스트구조주의적인 접근법에 분명하게 토대를 두고 있는 반면(다음을 참조. Adey 2006; Bissell 2010; Merriman 2012a), 미미 셸러는 최근 '새 모빌리티 패러다임'의 접근 방식이 "실재론적"이라면서 다음과 같이 주장한다.

낡은 논쟁을 넘어서 분과학문의 경계에 다리를 놓을 수 있는 것은 구조주의자도 후기구조주의자도 아니라, 현대 사회과학에서의 실재론적이고 관계론적인 존재론의 옹호자들이다(Sheller 2014a: 790).

셸러의 입장을 뒷받침하는 정치적 견해는 존중하지만, 우리는 모빌리티 연구 전통은 퍽 다양함을 주장한다. 또한 우리는 운동과 이동에 대한 인문학의 접근들(특히 역사적으로 정향된 이론들)이 우리로 하여금 '실재'가 무엇이고 무엇이었고 무엇일 수 있는가에 대한 단일한 형상화에 도전하게 만든다고 주장한다. 운동에 대한 예술과 인문학의 표현 및 설명들은 특정 운동, 경험, 감각을 뒷받침하는 존재론, 체화된 실천, 문화적이고 역사적 맥락들이 얼마나 다양할 수 있는가를 추적할 잠재력을 지닌다.

서로 다른 운동 전통과 운동 실천은 키네스테제적이고 고유수용감각적[4] 실천, 감각, 경험들이 다양함을 드러내는데, 이것들은 특정한 문화, 공간, 예술의 실천 및 관계와 결부된 체화된 운동에 의해 출현한다(Schwartz 1992; Manning 2009). 체화된 운동 및 자세에 대한 지각과 문화적 해석, 그리고 체화된 활동에 대한 감각은 다양하며, 바로 이러한 유형의 다양한 체화된 실천 및 운동들이야말로 비재현적 접근 방식과 이동적 방법을 채택하는 학자들이 겨냥하고 파악하고자 하

---

4 [역주] 키네스테제는 생리학, 심리학, 인지과학에서 말하는 운동감각을 뜻하며, 이는 주로 관절감각 등을 통해 자기 몸의 움직임을 감각하는 것이다. 그러나 현상학을 비롯한 철학 전통에서, 그리고 이 글에서도 키네스테제는 이보다 넓은 의미로서 '운동과 감각의 연관' 혹은 '감각의 운동 의존성' 등을 뜻하기도 한다. 따라서 여기에서 kinaesthetic은 '운동감각적'으로 옮기기보다는 '키네스테제적'으로 옮긴다. 한편 고유수용감각은 자기 몸에 대한 감각으로서 운동감각, 평형감각, 내장감각 등을 포괄하는 의미로 주로 쓰인다.

는 것이다(다음을 참조. Thrift 2008; Manning 2009; Merriman 2012a; McCormack 2013; Vannini 2015). 더 나아가 많은 과정 사상가와 비재현주의 사상가들이 초점을 맞추는 것은, 운동의 의미나 권력관계라기보다는 "움직이는 신체의 정동적 특질〔과 역능〕"이며, 이때 운동은 의도적이고 능동적인 신체의 표현이나 현상에만 국한되지 않는다(McCormack 2013: 208). 가령 에린 매닝Erin Manning은 운동을 생성 중인 관계적 신체들의 일차적이고 '시원적'인 특질로 이해한다(Manning 2009: 6; Merriman 2012a).

예술 및 인문학의 접근은 광범위한 특유의 방법론과 접근법, 인식론, 실천적 방법들을 전면에 내세웠는데, 모빌리티 연구자인 우리에게는 흥미진진하다. 그러나 이것은 예술과 인문학 연구자들이 이미 '새 모빌리티 패러다임'에 가장 큰 영향을 주어 온 영역이기도 하다(다음을 참조. Fincham, McGuinness, and Murray 2010; Büscher, Urry, and Witchger 2011). 다양한 이동적 방법에 대한 문헌을 일별해 보면, 예술 및 인문학과 흔히 결부되는 광범위한 방법 및 실천(그리고 연구 '성과')들이 이와 관련되어 있다. 여기에는 이동에 대해 글을 쓰고 도표를 그리고 재현하는 다양한 방법들(Cresswell and Dixon 2002; Haldrup 2011; Cresswell 2013; Murray and Upstone 2014), 특정한 운동 실천 및 수행 실천들에 대한 간여(Manning 2009; McCormack 2013; Hunter 2015), 실험적인 예술 표현(Biemann 2002; Merriman and Webster 2009; Büscher, Urry, Witchger 2011; Myers 2011; Domschke and Bambozzi 2013; Witzgall, Vogl and Kesselring 2013; Ravalet et al. 2014; Sheller 2015)이 포함된다.

이러한 방법론적 혁신들을 추동한 요인들은 논쟁을 둘러싼 환경까지 포함하여 다양했다. 여기에는 이동의 경험, 사건, 상황을 포착하고 서술한다는 도전, 이동하거나 체화된 실천의 재현함의 (불)가능성, 학자들의 인식론적 주장에 대한 비판적 평가(Merriman 2014)가 포괄된다. 학자들은 어떤 기초가 되는 차원에서 실험적인 새로운 이동적 방법을 개발했는데, 이는 "사람, 이미지, 정보, 대상의 간헐적 운동이 지닌 다양하고 상호의존적 형식들을 포착하고 추적하고 모의模擬하고 모방하고 그림자처럼 따라가기" 위함이다(Büscher, Urry and Witchger 2011; 7).

혁신적 방법은 "운동이 일어나는 바로 그때" 이 운동을 경험하고 관찰하고 기록할 수 있게 한다. 이에 대한 수많은 옹호자들의 정당화를 뒷받침하는 전제는 (민족지 방법, 참여 방법, 비디오 방법과 마찬가지로) '이동적 방법'을 통해 연구자들이 주체, 객체, 사건과 "가깝고" "직접적이며" "무매개적으로" 만날 수 있으므로 여타 방법의 실패를 극복할 수 있다는 것이다(예를 들어 다음을 보라. Spinney 2009, 2011; Vergunst 2011; 다음과 비교하라. Merriman 2014). 일부 연구자들에게는 '이동적 방법'으로의 전환 동기가 운동과 체화된 실천의 "비재현적이고" 역동적인 특질들과 조화를 이루는 접근 방식과 방법들을 진전시키려는 욕구인 것처럼 보이며, 모빌리티가 가장 잘 탐구되는 것은 연구자와 주체가 움직이고 있을 때라는 것이 그 전제이다(Spinney 2009, 2011).

하지만 다른 학자들은 이런 방법들에 자리 잡은 것처럼 보이는 믿음에 의구심을 품는다. 이들은 전통적 접근 방식들이 정말 "실패"했는지 반문하고, 이 방법들을 뒷받침하는 지식 주장knowledge claim들을 의문시한다(Dewsbury 2010; Hitchings 2012; Merriman 2014). 어쩌면 인터뷰, 설문조사, 초점집단은 무상한fleeting 체화된 이동 실천(에 대한 사람들의 경험)을 이해하는 데 여전히 유용할지도 모른다(다음을 참조. Dewsbury 2010: Hitchings 2012).

실험적인 이동적 방법이나 예술 및 인문학 방법이 **그것을 가지고** 실험하는 도구가 아니라 '알고 말하기know-and-tell'의 도구로 간주되어 야 한다는 것은 어떤 의미인가(Dewsbury 2010. 321)? 나이절 스리프트와 존−데이비드 듀스베리J.D. Dewsbury와 같은 비재현주의자들이 보기 에 문제는 실험적이고 실천에 기초한 예술과 인문학 방법들(그리고 이동적 방법들)이 종종 "'데이터' 복구라는 관념"을 중심으로 세워진 실재론적 사회과학 방법론에 포섭된다는 것이다(Thrift 2000a. 3). 그러 나 이동의 주체, 경험, 방법 및 실천에 대한 예술적 · 철학적 개입이 나 반성을 명료한 방법론, 가설, 일단의 의도들, 데이터 모음, 일단 의 결론들로 번역할 수는 없을 것이다. 이외에도 우리가 모빌리티 경험이 단지 '지금'에 제한되는 것이 아니라 과거 실천이나 현재 기 억들에도 핵심적이었음을 인정한다면, 문학 텍스트나 여타 텍스트 에 의한 운동의 회고적 재현도 '운동 중'에 포착되는 민족지적 '데이 터'만큼이나 유익하고 중요하고 생생하고 역동적이라는 강력한 대 항 논변이 있는 것이다(4절과 결론을 참조하라).

모빌리티에 대한 많은 예술과 인문학 연구를 관통하는 공통의 실 마리가 있다면, 우리는 이 실마리가 (어쩌면 '킨-에스테시스'와 '킨-에 스테틱스'로 재표기해야 할) '키네스테시스'와 '키네스테틱스' 개념에 압축되어 있을 수 있다고 느낀다. 키테스테시스, 즉 운동감각, 특히 자발적인 체화된 운동에 관여하는 근육의 수고에 대한 감각은 많은 예술과 인문학의 실천, 실험, 표현에서 핵심이다. 이 개념이 단지 움직이는 사람의 근육감각에 결부되는 것을 넘어 킨–에스테틱스, 즉 운동미학으로 포괄적으로 틀이 지어진다면, 특히 그렇다. 이것은 실행되고 감지되고 지각되고 표현되고 측정되고 안무되고 음미되고 욕망되는 운동이다.

19세기 중반부터 후반에 걸쳐 광범위한 분과학문 및 운동 실천에서 키네스테시스의 형식적 이해와 정의가 발전했는데, 프란체스코 델사르트Francois Delsarte의 초기 체조 교습법, 근육감각과 키네스테시스 인상에 대한 헨리 배스천Henry Bastion의 생리학적이고 신경학적인 연구(Bastion 1887; Schwartz 1992)가 이에 포함된다. 그러나 이런 운동과 실천, 창조적 표현, 과학적 실천의 영향은 19세기 후반과 20세기 초반 체화된 운동의 다양한 문화들이 발전한 데에서 가장 깊이 느껴졌다. 쥘 마레Jules-Marey와 마이브리지의 사진이 그러하고, 인상주의, 미래주의, 입체주의, 그리고 나중에는 추상표현주의의 회화적 실천이 그러하며, 덩컨Duncan, 라반Laban, 달크로즈Dalcroise와 결부되는 현대의 무용 및 안무 전통이 그러하다(다음을 참조하라. Thrift 2000b; McCormack 2005; Cresswell 2006). 무용 동작, 필체, 음악, 체조, 회화, 조각, 간호 교육을 포함해 많은 것들이 운동, 조화, 리듬에 초점을 두고 이해되기 시작했으며, 지프, 자동차, 에스컬레이터, 엘리베이터, 영화 프로젝터, 컨베이어벨트, 축음기, 롤러코스터를 포함하여 새로운 이동 테크놀로지는 "몸짓과 생각 사이의 저 항구적 회색지대 안에서 새로운 키

28

네스테틱"을 용이하게 했다(Schwartz 1992, 85; Kern 1983; Kwinter 2001; Schwarzer 2004). 나이절 스리프트 같은 몇몇 학자들은 이 회색지대를 선-인지, 비인지적이고 "자동적인" 체화된 실천, "0.5초 지연"[5]과 같은 관점에서 이해하고자 했다(Thrift 2008; Laurier 2011; Merriman 2012a).

앞 문단에서 드러났듯이, 인문학자들은 종종 "근대성의 지표"로 독해되는 운동과 이동의 실천, 감각·공간·경험의 역사적 출현, 변형, 함의를 추적하는 데 오랫동안 관심을 기울였다(Thrift 1995: 19; Descombes 1993). 실로 운동과 이동에 대한 최상의 역사적 연구들은 운동, 속도, 가속, 유동성, 흐름에 대한 몇몇 서술에서 나타나는 다소 과장된 언어, 디스토피아적 예언, 현대의 미래 전망을 바로잡는 어떤 것일 수 있다(Thrift 1995; Merriman 2007, 2017). 운동, 속도, 가속의 감각, 기록, 경험들은 단지 20세기 후반과 21세기의 사회와 문화에 한정되는 것이 아니라, (사회학자들과 더불어) 예술과 인문학 학자들이 크게 공헌한 유구한 역사를 지니고 있다.

운동과 이동은 리듬, 시간성, 공간성에 주목하는 예술과 인문학 저술들에 자주 등장했다(다음을 참조. Schivelbusch 1980; Thrift 1995, 1996; Lefebvre 2004; Cresswell 2006; Sharma 2014). 우리의 존재 자체를 뒷받침하는 핵심적인 근원 요소 혹은 근원 개념인 공간·시간·운동 간의 관계는 물리적 과학의 운동, 생명, 존재, 사건에 대한 접근 방식을 반영하는 방

---

5 [역주] '0.5초 지연'이란 자극을 받은 주체가 실제로 이를 지각하는 데까지 걸리는 시간, 다시 말해 자극과 이에 대한 지각 사이의 찰나의 간극을 의미한다.

식으로 정렬되었다(다음을 참조. Cresswell 2005; Merriman 2012a). 이 정렬 방식이 갖는 위험은 물리이론들을 무비판적으로 그냥 수용하는 것(즉 공간, 시간, 거리, 속도, 가속이 모두 명료한 기능적 상관관계를 가진다고 가정하는 것)이며, 운동 · 공간 · 시간 주위에 집결하는 경험과 의미들을 단순히 물리적 세계에 얹힌 상부구조로서의 "생산물"이나 "구조물"로 간주하는 것이다. 운동과 이동에 대한 이론적 접근 방식은 이와 반대로 (예술 및 인문학의 접근 방식에 토대를 두든, 사회과학의 접근 방식에 토대를 두든) 운동과 이동이 단지 "공간과 시간 **안에서** 또는 공간과 시간을 **가로질러**"(Merriman 2012a) 일어난다고 추론하는 서술들에 도전할 잠재력이 있다. 운동과 물리적 전위는 공간화와 시간화 과정들을 다양한 방식으로 실행할 것이며, 체화된 운동은 생산되고 감각되는 다채로운 공간성들과 시간성들에 연계될 수 있다. 이러한 공간성들과 시간성들은 단순히 기하학적인 공간, 시간, 거리 관념과 부합하는 것이 아니다. 공간과 시간과 마찬가지로 운동과 이동은 체화되고 감각되고 파악되는 특질, 창발, 다양체들이다(Merriman 2012a). 운동과 이동은 특유의 고유수용감각적이고 키네스테시스적인 존재론들 및 문화적 실천들과 연합하는 것이다.

텍스트, 이동, 방법

이 특집에 실린 모든 글이 특별한 점은 저자들이 적어도 하나의 인문학 분야(역사학, 프랑스문학, 영문학, 창의적 글쓰기, 철학, 역사지리학)에 의지하면서, 다양한 유형의 텍스트 자료들에서 '데이터'를 끌어온다는 점이다. 자료들은 신문, 정기간행물, 사진, 영화, 모더니즘 소설에서부터 '중간소설',[6] 아동소설, 시, 일기, 철학 논문, 문화 현상에 이른다. 이런 자료가 모빌리티를 어떻게 재현하고 모빌리티에 대해 무엇을 말하는지뿐만 아니라, 생산 및 해석 과정을 통해 모빌리티를 어떻게 실행하고 수행하는지를 알고자 하는 것도 이런 자료를 발굴하는 이유이다.

이 절에서 우리가 고찰할 것은 저자들이 그 내부에서 작업하는 다양한 이론적 틀 및 방법론적 틀, 저자들이 상정하는 독자층, 모빌리티학에 대한 공헌 및 저자들의 실천을 뒷받침하는 '모–분야'[7]에 대한 공헌이다. 폭넓은 다양성을 자랑하는 이 글들을 보며 지식에 대한 각 텍스트의 원칙적 기여가 어디 있는지를 찾다 보면, 각 저자가 작업하는 텍스트 자료들의 본성(혹은 실은 저자가 토대를 두는 분야의 본성)보다는 글이 누구에게 말하고 있는가가 종종 더 중요하다는 점이 명백해진다.

〔누구에게 말하는가가 중요하다는〕 마지막 논점은 문학 텍스트들을 밀착 연구한 다섯 편의 글에서 잘 드러나는데, 라이브시Livesey, 컬버

---

6 [역주] 예술소설과 통속소설의 중간에 위치한 소설.

7 [역주] 여기서 말하는 '모–분야'란 어느 학제적 모빌리티 연구자가 원래 속한 특정 분과학문을 의미한다.

트Culbert, 머리Murray와 오버올Overall, 피어스Pearce, 데이비슨Davidson의 글이 이에 해당한다. **라이브시**의 글〔6장 〈이전가능한 장소에 대한 글쓰기: 조지 엘리엇의 이동적 미들랜즈〉〕과 **컬버트**의 글〔4장 〈이디스 워튼 작품에서의 모빌리티, 망명, 그리고 토착적 정체성〉〕은 모두 사회학, 지리학, 인류학에서 발원하는 모빌리티학의 개념과 관점들을 채용하여 각 글의 주제인 저자/텍스트에 대해 새로운 관점을 제시한다. 하지만 두 저자는 일차적으로 문학 연구자들을 독자로 상정했다고 주장할 수 있다. 이에 비해 **머리와 오버올**의 글〔7장 〈아동소설을 둘러보며: 행위적 모빌리티와 불가능한 모빌리티〉〕은 실제 공간과 상상 공간에 대한 아동문학의 재현을 모빌리티의 렌즈를 통해 탐구하지만, 문학비평보다는 아동성에 대한 사회학적 연구에 기여한다. 반면, **이안 데이비슨**의 연구〔5장 〈형식의 모빌리티〉〕는 20세기 미국 소설과 시를 텍스트적 토대로 삼으면서 '모빌리티 패러다임'의 개괄적 인식을 랑시에르Rancière, 바디우Badiou, 플라톤Plato에 대한 특유한 견해와 결합한다. 이를 통해 이 연구는 현대문학의 형식, 기능, 수용을 설명하며 현대문학에서 다양한 모빌리티의 재현을 설명할 '모빌리티 미학'을 이론화한다. 그 결과 이 글의 독자도 문학과 관련이 있는데, 이 경우에는 문학의 시대와 주제에 대한 전문가보다는 문학이론가이다. 이와 달리 문화이론가인 **린 피어스**의 글〔8장 〈사건으로서의 운전: 자동차 여행 다시 생각하기〉〕은 저자가 개입하는 20세기 초의 자동차 관련 텍스트들을 연구 '대상'으로 삼는 것이 아니라, 자동차 의식automotive consciousness의 본성과 저자가 '운전 사건driving event'으로 성격 규정한 것의 본성을 이론화하는 수단으로 이 텍스트들을 사용한다. 따라서 피어스가 염두에 두는 독자는 일차적으로 그 자신이 모더니즘 맥락에서 다루었던 많은 작가들에 대해 연구하는 문학비평가들이 아니라, 운전자와 동승자의 주관적 경험에 대한 토론을 주도했던 사회학자와 문화지리학자들이다(Laurier et al. 2008).

다른 한편, 역사적 텍스트들을 가지고 작업하는 **클라슨**Clarsen의 글〔3장 〈'오스트레일리아—훔친 차처럼 운전하라': 정착형 식민지 오스트레일리아에서 커뮤니케이션 매체로서의 자동차 모빌리티〉〕과 **풀리**Pooley의 글〔9장 〈도시 이동: 1840~1940년 생활글을 활용한, 도시 이동의 개인적 경험에 대한 탐구〉〕은 공통적으로 모빌리티 이론을 활용하여 20세기 초 개인 모빌리티에 대한 새로운 관점을 획득하지만, 이러한 발견을 전달하는 분야는 서로 다르다. 클라슨의 경우에는 (식민주의와 국가 형성을 다루는) 사회사와 문화사라면, 풀리의 경우에는 역사지리학과 교통 연구이다. 마지막으로 **닐 아처**Neil Archer의 글〔2장 〈길 위의 장르: 자동차 모빌리티 연구로서의 로드무비〉〕은 영화 연구자로서의 경험을 살리고 있지만, 이 경우에는 자기 분야의 다른 학자들에게 이야기하지 않는다. 이 연구는 모빌리티 학자들(특히 사회과학 분야의 학자들)이 영화 텍스트를 단순화된 '사회반영주의' 방식으로 사용하는 것이 아니라 이를 통해 '영화로서의 영화'에 더 효과적으로 관계하기를 배운다면 무엇을 얻을 수 있을지를 성찰한다.

우리의 주장은, 서술한 대로 이 글들이 겨냥하는 다양한 독자와 학적 대상을 인식하는 것이 모빌리티 연구가 미래에 진정 초학문적 혹은 간학문적이 되면 어떤 결과가 생길지를 올바르게 이해하는 데 결정적으로 중요하다는 것이다. 이제 우리가 광범위한 모빌리티 학문 공동체를 위해 이 글들의 중요성을 평가하려는 것은 이런 목적 때문이다. 이 저자들은 모빌리티를 주제로 하는 텍스트들을 풍부하게 활용하고 있으며, 상세한 독해를 통해 이 텍스트들에 담긴 간극과 모순을 드러낸다. 희망컨대, 이를 통해 능숙한 텍스트 분석이 모빌리티에 대한 광범위한 논의와 이론에 새로운 빛을 던져 줄 수 있음을 알게 되길 바란다.

위에서 언급한 것처럼, 루스 라이브시의 글과 존 컬버트의 글은 영문학 분야에 확고하게 자리 잡고 있으며 일차적으로 영문학 독자층을 겨냥하는 것처럼 보인다. 그럼에도 불구하고 라이브시의 글은 문학 연구의 다소 다른 두 전통을 융합시킨다. 이 글은 한편으로 하나의 텍스트(여기서는 조지 엘리엇의 《사일러스 마너Silas Marner》([1861] 2003))에 대한 자세히 읽기close-reading라는 방식을 취하면서, 이 소설에 대한 19세기의 비평에 도전하는 도구로서 서사에서의 '미시 모빌리티'에 초점을 맞춘다. 이 비평은 이 소설을 "인간 사회의 정지기에 대한 단순한 사진"으로 서술한다. 그러나 라이브시는 텍스트의 형식, 기능, 상징에 대한 복잡한 개입과 더불어, 《사일러스 마너》같은 소설에서 장소에 대한 '실재론적' 묘사가 19세기 중반 이미 '트라우마가 되는' (과잉) 이동 세계로 느껴진다는 점에서 이런 묘사가 어떤 대리적인 "이전가능한 장소(들)"로 기능하게 되었다는 논지를 편다. 이는 빠른 걸음으로 급히 움직이는 세계에서 살아가는 19세기 대중의 불안에 시간적이고 공간적인 상상이 어떻게 말을 거는지를 생생하게 보여 주는 사례이다. 이런 사례는 분명 인문학과 사회과학 경계의 양쪽 학자 모두에게 이야기하는 것이고, 분명 텍스트의 모빌리티 재현을 그 소비자들과 연결시키는 것이다.

한편 존 컬버트는 해체 기법을 써서, 이디스 워튼Edith Wharton의 소설과 비소설에서 부동성/이동성에 관련된 주제를 탐문한다. 컬버트는 2010년 저서《마비들Paralyses》의 논변과 일관되게, 워튼 자신이나 그녀 텍스트의 등장인물들이 어떻게 되풀이해서 (축자적으로나 은유적으로) 부동화되고 "정박"되는지를 보여 준다. 이를 통해 도전하는 것은 (사회적 시대이자 문화적 시대로서의) 근대성과 (문학적 미학으로서의) 모더니즘 모두를 속도 및 힘에 지속적으로 결부시키는 해석이다. 그러므로 여기에서도 바로 (해체라는) 특정한 문학비평 전통에 배치될 수 있을 글이 분과학문의 범위를 가로질러 여러 학자들의 관심을 끌 문화적 준거점을 포함하게 된다. 나아가 인문학이 학계 내에서 '가난한 친척'이 되어서 점점 떠돌아다니는 기간제 노동에 의존하는 방식을 언급하면서, 이 글의 틀은 워튼이 20세기 초에 직면했던 도전을 오늘날에도 지속되는 어떤 동력과 상상적으로 연결한다. 물론 워튼이 처했던 환경이나 우리의 환경에서 힘과 모빌리티의 연결이 겉으로 보이는 바와 늘 같지는 않고, 모든 사람에게 그랬던 것은 더더욱 아니다.

머리와 오버올의 경우에는 아동소설을 폭넓게 골라서 자세히 읽어 내는데, 그 범위가《제임스와 거대한 복숭아》((1961) 2007) 같은 현대의 인기소설부터 《이상한 나라의 앨리스》([1897] 1982) 같은 문학의 고전에 이른다. 이렇게 자세히 읽는 것은 특히 아이들이 그들에게 '상상되는' 경험과 '체험되는' 경험의 조합을 통해 공간·장소·운동을 넘어서기를 배우는 방식에 대한 최근의 사회학 연구를 탐구하고 서술하기 위함이다. 이 글은 이런 점에서 라이브시의 글이나 컬버트의 글과는 다른 방식으로 사회과학 독자들에게 직접적으로 말을 건다. 이 글은 아동의 상상에서 공간, 장소, 모빌리티가 하는 역할을 연구자이 이해하는 데 도움을 줄 문학 텍스트들을 끌어들이는 것이다. 이들이 인지한 것처럼, 이런 텍스트들은 아동**을 위해** 성인**에 의해** 집필된 것이고, 이것이 뜻하는 바는 이 텍스트들이 아동기의 상상을 들여다볼 수 있는 창문으로 해석될 수 없다는 것이다. 그럼에도 연구자들은 이 텍스트들에서 (날거나 운전하거나 떠다니거나, 혹은 앨리스의 경우 작아지거나 커지는 등의) '불가능한 모빌리티'의 재현을 생산적으로 활용하여 아동기의 지각과 인지에 대한 새로운 통찰을 얻을 수 있다.

이는 문학 텍스트를 다른 수단으로는 접근하기 어려운 인간 의식의 저 측면들을 이론화하는 방식으로 활용하는 것인데, 이러한 방식은 린 피어스가 '운전 사건'에 대한 글에서 취하는 접근 방식과 다르지 않다. 문학비평가라기보다는 문화이론가로서 피어스가 분명히 밝히는 것은 (20세기 자동차 잡지들부터 모더니즘 소설과 전간기戰間期 소설까지 포괄하는) 텍스트들에 대한 자신의 탐구가 이들 텍스트에서 자동차 모빌리티의 주제적·이데올로기적·서사적 재현을 확인하기 위함이 아니라는 점이다. 이 텍스트들은 오히려 '자동차 의식'이 일어나는 다양한 형식들을 모델링하는 자료이다. 이 글은 개인 자동차 여행을 범주화하는 데 더 전형적으로 사용되는 용도(이를테면 통근, 자동차 투어, 장거리 자동차 여행 등)의 견지보다는 운전자와 동승자의 주관적 경험의 견지에서 개인 자동차 여행이 지니는 개인 특유의 본성에 특히 초점을 맞춘다. 이런 점에서 피어스는 (자동차) 모빌리티학이라는 이제 충분히 정착된 분야 내부에서의 최근 논의들에 기여하는 것 같다. 이 글은 버지니아 울프Virginia Woolf 같은 작가들에 대한 새로운 독법을 생겨나게도 하지만, 그래도 이 글이 초점을 맞추는 지점은 아마 문학 연구자보다는 문화지리학자와 사회학자에게 더 흥미로울 것이다.

피어스의 글과 마찬가지로, 닐 아처의 글 역시 일차적으로는 (사회학적인) 모빌리티 독자층을 겨냥한다고 볼 수 있는데, 이는 '매체'와 '장르'를 의식하면서 더 정교하게 영화를 활용할 때 이런 텍스트들이 일반적인 모빌리티 연구에 잘 자리 잡을 수 있음을 보여 주고자 하기 때문이다. 실제로 이 글은 상당 정도 방법론에 '관한' 글이다. (로드무비와 같은) 특정 장르의 진화 및 (움직이는 이동촬영 같은) 새로운 기술의 진화가 영화의 주제적 내용과 마찬가지로(혹은 이보다 더) 현대 모빌리티의 변화하는 본성에 대해 말해 줄 수 있음을 드러내고자 하기 때문이다. 아처는 우리가 주제적 내용에 관심을 가진다면, 텍스트의 숨겨진 내용을 포착하기 위해서 텍스트의 "간극과 침묵"에 주목함이 본질적이라고 주장한다. 그리고 프랑스 로드무비 〈타임아웃L' Emploi du temps〉(2001)의 사례를 들어, 주요 등장인물의 '일상적' 통근을 (쉽게 오인하는 것처럼) 허무주의적 권태가 아니라 '특별한' 쾌락과 욕망의 표현으로 보아야 한다고 밝힌다.

한편 모빌리티 이론, (특히 바디우와 랑시에르의) 대륙철학, 현대 미국문학이 서로 대화하는 이안 데이비슨의 글은 문학 텍스트 자체가 내재적으로 이동적이라는 주장을 해명하고 논증한다. 모든 텍스트는 분명 텍스트의 생산, 수행, 수용으로 (재)이동하기 때문이다. 데이비슨은 이를 일반적 원칙으로 제시하면서, 텍스트 생산 및 소비 과정에 내재적이고 텍스트의 주제적 내용에 내재적인 모빌리티에 의식적으로 주목하는 텍스트의 사례로서 케루악Kerouac의 《다르마의 일부some of the dharma》(1997)와 에일린 마일스Eileen Myles의 시집 《눈송이Snowflake》(2012) 같은 텍스트를 들고 있다. 이는 특정 예술 형식과 텍스트 실천에 통합되고 또 이들을 표현하는 하나의 미학으로 모빌리티를 제시하는 방향으로 이동하는 것인데, 이러한 이동은 우리로 하여금 단지 재현의 주체/객체로서의 이동 및 운동이라는 관념을 재사유하도록 만든다. 왜냐하면 이것은 운동이 사유 및 생활 세계 일반을 이루는 기초적인 개념적 "기본 요소"라고 보는, 앞서 언급한 과정이론 전통을 상기시키기 때문이다.

그 텍스트적 전거를 (20세기 초의) 특별히 역사적인 텍스트들에서 끌어오는 클라슨의 글과 풀리의 글에서, 재현적인 것과 물질적인 것의 관계는 매우 밀접하게 유지되고 이 관계는 저자들의 프로젝트에 필수불가결하다. 20세기 초 오스트레일리아에서 자동차 모빌리티가 지닌 함의를 다룬 이전의 획기적 논문(Clarsen 2008)을 확장한 클라슨의 글은, 초기 백인 정착민의 "대륙 횡단"에 대한 분석을 결합시켜 이것이 '교통'의 형식이자 동시에 '커뮤니케이션'의 형식이기도 했음을 드러낸다. "자동차는 움직이기 위해서 만들어졌지만, 이와 동시에 공간을 가로지르는 네트워크화된 이동에서 사회 세계를 형성하는 커뮤니케이션 매체로 기능했다." 더 나아가 이 글은 당대의 오스트레일리아 선주민들에게 자동차 모빌리티가 무엇을 의미했는지를 다룬 매혹적인 재-기입이기도 하다. 선주민들이 새로운 기술에 '공포를 느꼈다'는 신문 보도들과 달리, 클라슨은 "중고 자동차나 트럭을 소유하는 것"이 그것을 유지할 수 있는 〔선주민〕 사람들에게는 "일종의 자부심"이었음을 보여 주는데, 이는 최근 공개된 유익한 사진 아카이브들이 증명한다.

그러나 모든 역사가들에게 텍스트 '증거'는 다양한 해석으로 매개되고 다양한 해석이 가능한 부분적 증거일 수밖에 없다. 콜린 풀리는 이런 방법론적 문제를 20세기의 첫 10년 동안 맨체스터의 교통을 다룬 글의 앞부분에서 환기시킨다. 풀리가 다루는 사적인 일기들은 어쩔 수 없이 특정 계급에 속하는 이동하는 사람들의 일기일 수밖에 없는데, 풀리의 연구는 우리로 하여금 남녀노소를 막론하고 자신에게 주어진 (기차, 전차, 자전거, 오토바이, 자동차, 물론 걷기를 포함하여) 다양한 교통수단을 기꺼이 받아들였음을 깨닫게 하고, 이들이 이렇게 이동할 때 분명 어려움 없이 이 이동 방식들 사이를 오갔음을 드러낸다. 도시 지역에서 통합교통 시스템이 어떻게 작동했는지에 대한 이러한 스냅사진은 물론 오늘날 교통 연구나 도시계획 분야의 학자들(그리고 역사가들)을 향해 말하는 것이다. 텍스트적 전거에 기초한 역사적 연구의 정책 유관성을 보여 주기 때문이다(다음을 참조하라. Dviall, Hine and Pooley 2016). 따라서 클라슨과 폴리는 비록 다양한 분과학문 독자들을 겨냥하지만, 자신들의 텍스트 전거를 이용하여 사회적 실천의 역사에 대한 그릇된 가정들을 재서술한다고 볼 수 있다.

그럼에도 이 특집의 내용을 살펴볼 여러 사회과학자들에게는 의구심이 남을 것이다. (키네스테틱한 감수성과 순간들을 굴절시키는 듯한 재현까지도 포함하여) 텍스트에서의 모빌리티 재현은 살아 있는 주체로부터 수집한 '데이터'나 여타 형태의 경험적 증거들을 대체하거나 이 증거들과 나란히 사용될 수 있을 '데이터'를 어느 정도까지 구성할 수 있을 것인가. '주관적'으로 느껴질 뿐 아니라 많은 경우 '허구적'으로 느껴지는 자료들의 활용이 '실제 세계' 연구로 생성된 발견들과 나란히 있는 것은 어색해 보일 수 있다. 특히 우리는 포스트구조주의로부터 텍스트 안에 있는 것을 무매개적인 "세계에의 창문"(Pearce 2014: 79-81)으로 결코 오인하지 말아야 함을 배웠기 때문이다. 물론 이 문제를 피해 가기 위해 대부분의 문화이론가들은 (피어스가 이 특집에 실린 논문에서 그러는 것처럼) 다음과 같이 주장한다. 즉, 텍스트에서 발견하는 것을 사람들이 물리적 세계에서 어떻게 지각하고 생각하고 느끼는가에 대한 증거가 아니라 이론적 가능성들을 **모델링**하는 프롬프터[8]로 삼으며, 그래야만 이러한 이론적 가능성들이 경험적인 데이터들과 나란히 있을 수 있다는 것이다. 그러나 방법론 면에서 우리가 부딪히는 현실은, 텍스트가 창조하는 "세계"가 너무 몰입적이고 설득력 있으며 완벽하기 때문에 연구자나 보통 독자가 그로부터 비판적 거리를 유지하면서 자신들이 바라보며 관여하는 저 경험들이 본성상 매개된 것이라는 점을 계속 의식하는 것이 퍽 어렵다는 것이다.

텍스트는 이렇게 모방하면서도 환영을 창조한다는 유혹적 성질을 지니지만, 이것이 우려할 일이 아니라는 (이 서론 앞부분에서 인용한 상당수의 과정이론과 비재현적 이론에 암묵적으로 들어 있는) 논변도 분명히 있다. 즉, 여기에서 장애가 되는 것은 텍스트의 주관적인 지위 또/또는 허구적 지위가 아니라, 오히려 우리가 세계에 대해 생각하고 세계를 '아는' 방식에 들러붙는 '구식' 실재론이라는 것이다. 하이모어(Highmore 2005) 같은 저자는 (르페브르Lefebvre 2004를 계승하여) 도시(그리고 다른 공간들)에 대한 우리 경험이 얼마나 철저히 매개된 것인가를 보여 주기 위하여 문학적인 것을 존재론적인 것과 창조적으로 결합하지만, 그럼에도 불구하고 텍스트 영역이 그저 우리 체험의 재현이 아니라 우리 체험에 내재적이라고 보는 데 대한 거리낌은 여전히 남는다.

---

8 [역주] 프롬프터는 배우가 대사를 잊었을 때 일러 주는 사람으로서, 여기서는 경험적 데이터를 사용하는 연구들에 어떤 단서를 주는 기능에 대한 은유로 쓰이고 있다.

이와 비슷한 맥락에서, 우리는 텍스트 자료를 사회과학 접근 방식에 통합할 때 **시간적 관점**의 차이가 장애로 나타나는 경향도 관찰했다. 텍스트는 그 정의상 우리의 개인적이고 집단적인 **과거들**에 대한 재현들을 교환한다. (자서전의 경우) 기억과 서사를 통해, 허구와 논픽션의 경우 (언제나 과거에 일어난 어떤 것에 대해 읽고 있는) 독자의 회고적 태도(Currie 2007)를 통해 그렇게 한다. 반면 사회과학 연구는 흔히 현재와 미래에 집중한다. 여기에서 ('그릇된' 기억 또/또는 '침입성' 기억[9]이라는 방식으로, 그리고 '신빙성 없는' 스토리텔링이라는 방식으로) 드리워지는 '주관적' 장막은 자전적 텍스트나 허구적 텍스트 모두의 생명력이기도 하지만, 체험의 직접성을 포착하려는 민족지학자의 노력을 훼손한다고 여겨질 수도 있다.

반면 모빌리티 연구에서는 특히 이 **선**의식pre-consciousness과 존재론적 현재에 집중하여 체화된 운동의 본성을 설명하는 메를로-퐁티(Merleau-Ponty [1945] 2002)의 현상학이 인기가 있어서(예를 들어 다음을 참조. Dant 2004) 과거와 의식, 기억의 중요성이 의도적으로 배제된다. 하지만 우리가 현재에 있어서 지각과 기억이 지속적으로 서로에게 '그림자를 드리운다'는 앙리 베르그손의 설명을 따르기로 한다면(Bergson [1908] 2000; Pearce 2016, 13-18), 그 본성상 내재적으로 반성적이고 회고적인 텍스트 자료는 (최근이든 그렇지 않든) 과거 사건들이 온갖 유의 운동

---

9 [역주] 침입성 기억intrusive memory은 트라우마 등으로 인해 갑자기 들이닥치는 기억을 뜻한다.

(들)을 포함해 현재의 체험에 끊임없이 영향을 미치는 방식을 탐구하는 매혹적 자원이 된다. 인터뷰 기반 연구가 이러한 경험의 무의식적 측면 또/또는 회고적 측면을 포착하는 데 종종 애를 먹는 반면, 이런 측면들에서 벗어날 수 없는 문자 텍스트는 따라서 우리가 세계에 시간적으로 뿌리내리고 있다는 사실에 대한 매혹적 통찰을 연구자에게 다수 제공한다. 이는 말하자면 현재의 모든 (이동) 사건이 과거의 존재론적 사건 또/또는 담론적 사건(우리가 걸은 걸음, 우리가 읽은 책, 우리가 본 영화)에 영향을 받음을 환기시키는 것이다. 그러면 텍스트는 체화되고 감각적인 현재의 '내부'로 들어가는 것보다 더 많은 일을 모빌리티 학자에게 하게 한다고 말할 수 있다. 텍스트는 그 경험의 존재론적 과거 안으로 깊이 파고들기도 하고, 작가/등장인물의 성찰을 통해 그 과거의 독특한 역사를 누설하기도 하기 때문이다.

결론

이 서론에서 우리가 하려 한 것은 하나의 분야로서의 모빌리티 연구가 본질적으로 (역사적으로 보아서, 혹은 현재 연구에) 사회과학으로 향해 있다는 인식을 흐트러뜨리는 것이었다. 모빌리티 연구와 연관된 다수의 선도적 학자들이 스스로를 사회과학과 결부시키기는 하지만, 우리의 "대안적 역사"는 인문학(그리고 **예술**)이 모빌리티에 대한 학문적 논의가 등장하는 데 핵심적이었음을 보여 주고자 했다. 인문학(그리고 예술)은 하나의 구조화 원리로서 모빌리티가 인간의 삶과 비인간의 삶의 모든 측면에 편재한다는 학자들의 논의를 거드는 결정적 역할을 하는 것이다.

이 특집에 포함된 다양한 분야의 글들을 개관하는 이 서론에서 우리는 (자전적 텍스트, 허구적 텍스트, 시 텍스트, 시각적 텍스트, 저널리즘 텍스트 등의) 텍스트를 모빌리티 연구에 활용하는 일이 지닌 방법론적 함의를 밝혀내고자 애썼다. 이를 통해 우리는 텍스트의 쓰임새가 무엇인가를 규정하는 데에는 텍스트가 겨냥하는 독자층이 중요하다고 주장했다. 그리고 사회과학 연구에서 '신빙성 없는' 자료로 여겨져 온 텍스트의 이러한 특징이야말로 ('재현'의 이론(Lefebvre 2004)과 '비재현'의 이론(Thrift 2008) 모두에서) 이런 텍스트를 귀중하게 만들 수 있다는 것이다. 우리가 공간적이고 시간적이며 당연히 이동적인 세계에서 살아가는 방식을 더 잘 이해하도록 돕기 때문이다.

이와 동시에 우리는 다음을 분명히 하고자 한다. 사회과학자들이 예술과 인문학에 무엇을 빚지고 있는지, 또/또는 사회과학자들이 자료와 방법을 더 폭넓게 활용한다면 무엇을 얻을 수 있을지를 그들에게 상기시키는 것이 우리의 의도는 결코 아니다. 우리가 되풀이 인정하듯이, 모빌리티 분야에서 연구하는 대부분의 사회과학자들은 이 분야의 기원이 다학제적임을, 그리고 온갖 유형의 텍스트적 전거를 활용함이 중요함을 자각하고 있다. 그러나 그동안 부족했던 것(그리고 이 특집에서 바로잡기 시작했으면 하는 것)은 이 분야의 복합적 계보학을 좀 더 공식적으로 인정하는 일이다. 사실 이 특집(그리고 이 서론 개관)으로부터 더 직접적으로 수혜를 받을 수 있는 사람들은 이전에는 이 학술지《모빌리티스》에 관심이 없었지만 이제 자기 분야의 동료 학자가 쓴 논문을 읽기 위해 이 학술지에 관심을 갖게 된 예술과 인문학 분야의 동료 학자들이다. 우리의 경험상, (여행기 연구나 탈식민 문학같이 모빌리티 연구와 매우 관련이 깊은 분야의 학자들을 포함해) 이런 학자들은 대부분 '모빌리티 패러다임'이 존재함을 아직 알지 못하거나 자신이 여기에 기여할 수 있음을 아직 인식하지 못하고 있다. 그러므로 우리는 특히 이러한 새로운 독자들에게 우정의 손길을 내밀며, 앞으로 예술과 인문학에서 더 많은 학자들이 이 학술지에 관심을 가지고 자신의 텍스트(그리고 텍스트적 실천)를 통해 이 진행 중인 논의에 공헌해 주기를 기대한다.

이 특집에 포함된 글들 전부는 아니지만 다수는 2014년 9월 랭커스터대학교에서 열린 CeMoRe의 콜로키움〈모빌리티와 인문학〉에서 발표된 것이다. 이 특집의 편집자들이 조직한 이 콜로키움은 이제 고인이 된 존 어리가 제안했다. 우리는 늘 관대하던 그의 격려와 지지에 감사를 표하고 싶다. 또한 (이 서론을 포함하여) 이 특집에 대해 건설적인 비판을 해 준 익명의 심사위원들과 학술지 편집자들에게도 감사의 말을 전하고 싶다.

2장

길 위의 장르

자동차 모빌리티 연구로서의 로드무비

닐 아처Neil Archer

이 글은 모빌리티 연구에 영화 연구가 유용함을 주장하며, 이 주장을 뒷받침하기 위해 장르 분석에 그리고 장르영화의 특히 허구적인 성격에 분명히 초점을 맞추고자 한다. 이 글은 시간, 지리, 젠더와 관련한 생산 상황들을 가로지르며 출현하고 변화하는 장르 형식들에 집중하면서, 로드무비가 현실적 맥락과 상상적 관계를 맺음을 확인할 것이다. 이러한 관계는 그 자체로 재현 수단으로서 시사하는 바가 매우 크다. 허구적 로드무비의 이러한 상상적 차원 때문에, 그리고 수행 양상으로서 장르영화의 본성 때문에, 장르영화는 자동차 모빌리티의 주관적 맥락이나 억압된 맥락을 상상하거나 투영할 수 있다. 이런 경우, 객관적인 관찰과 기록 방식으로는 이런 맥락에 접근하기 힘들다.

자동차 모빌리티라는 연구 분야가 각광받고, 영화 연구 및 문화 연구에서 로드무비에 관심이 쏠리는 일이 동시에 일어난 것은 우연이 아닐 것이다. 일례로《이론, 문화, 사회Theory, Culture and Society》의 2004년 〈자동차 모빌리티〉 특집호에 실린 글들은 이 주제를 활발한 연구 분야로 정착시키고자 했다. 이는 사회적 삶에서 자동차가 지닌 지배력을 반영하는 것으로, 자동차의 "대량생산(포드주의) 및 대량소비의 핵심 대상으로서의 탁월성 및 영향력, 길, 도시구획, 교외 주택과 쇼핑몰을 통해 공간 조직에 끼치는 여파"이다(Featherstone 2004: 1). 이 새로운 분야에서 학자들은 운전이 주는 약속과 운전의 실천이라는 양자의 핵심이 자율성과 모빌리티의 조합임을 역설한다. 이 학자들은 현상학적 접근법에 의거하여, 운전이 우리의 시각과 청각에 끼치는 정서적이고 지각적인 영향을 감안하면서 자동차 모빌리티 경험을 기록하고자 했다(Bull 2004: Edensor 2004). 가령 운전자, 차, 소프트웨어의 "혼종적 체화"(Thrift 2004)나 하이데거적 의미의 '거주'의 한 형식으로서 자동차 주거 감각(Urry 2007)이 그렇다.

　로드무비에 대한 최근 연구들, 특히 마지에르스카Mazierska와 라스카롤리Rascaroli의《새로운 유럽을 가로지르며Crossing New Europe》(2006)는 무엇보다 이 장르의 현저한 미국적 함축(다음을 참조하라. Cohan and Hark 1997: Laderman 2002)에서 벗어나 멀리 이동하면서, 최근 경계들에 구멍이 숭숭 뚫리며 생겨난 새로운 유형의 서사와 주인공을 강조한다. 뿐만 아니라 세계화와 환경 변화, 전쟁이 사람들의 이동에 미치는 영향을 강조하면서, 이민자들이 문화적 표상으로서 점점 편재한다는 사실에 특히 주목한다(Mazierska and Rascaroli 2006; Naficy 2001). 로드무비의 서사 및 재현에 상응하는 사람의 모빌리티가 지닌 가능성과 제약을 강조할 때 이러한 이론적 이동은 중요하다. 로드무비는 이 세기에 '열리고' '닫히기'를 되풀이하는 세계적 경로들의 지도를 그려주는데, 이 같은 로드무비에 대한 관심은 세계적 영화 장르인 로드무비 연구에서 이제까지 핵심적 위치를 점해 왔다(Costanzo 2014; Gott and Schilt 2013). 이러한 최근 연구들은 전통적 사회과학 연구를 활용하여 로드무비를 독해할 수 있는 상세한 맥락적 프레임을 충분히 제공할수 있었다. 이런 이론적 이동은 정치, 지리, 문화, 그리고 이들의 상호관계에 대한 우리의 이해 안에 영화 실천과 재현을 더 넓게 자리 잡게 하면서, 해당 영화들의 긴급함과 지정학적 중요성을 강조한다.

위의 사례들이 암시하듯이, 모빌리티에 대한 관심이 커짐에 따라 영화 연구를 뒷받침하는 맥락이 풍부해졌다. 이 책의 다른 글들과 마찬가지로 이 글이 제기하는 물음은 모빌리티에 접근하는 분과학문들의 경계와 방법들에 대한 것이고, 영화 연구라는 특수하고 분명한 분과학문의 관심이 어떻게 모빌리티 연구 분야에 도움이 될 수있을까 하는 것이다. 앞서 인용한 연구들 중 어디에서도 꼭 이것이 쟁점이라고 할 수는 없지만, 영화 연구가 자기 연구 주제에 접근하고 정당화하기 위해 다른 분과학문의 프레임들을 참조하는 것, 그리고 영화를 영화로 다루는 데 반발하면서 영화를 대략 사회적이고 정치적인 맥락의 문화적 표현으로 활용하는 것을 경계해야 한다. 이런 제한 안에 머문다면 영화는 영화 텍스트 이전에 존재하는 어떤 다른 것에 **대한 것** 혹은 이 다른 것을 **예증하는 것**일 수밖에 없고, 그러면 영화 연구 자체가 잠재적으로는 쓸모 없어지기 때문이다.

이런 접근법이 가져올 가능성은 명백하게 리얼리즘적인 로드무비, 즉 서사 내용이 현실적 상황에 가장 명징하게 투영될 로드무비를 선호하는 것이다. 혹은 어떤 주어진 영화에서 (예컨대 판타지 측면처럼) 사회적 맥락으로 환원이 잘 안 되는 요소를 경시하거나, 해당 영화를 이런 사회적 맥락의 **가장자리에** 놓을 수도 있다. 가령 《광란의 사랑Wild at Heart》(1990) 같은 로드무비에 대한 역사적 반응에 주목한다고 할 때, 이 영화는 이 시기 다른 미국 영화들과 마찬가지로 이전 영화들의 반항이나 허무주의를 피하고, 이 장르의 저명한 이론가가 "희극적 말투"와 "초현실주의적 신파"라고 부른 것을 취한다. 이 이론가가 표현한 것처럼, 이러한 변화의 결과는 "사회적이거나 정치적인 토대를 모조리 제거"하고 이를 '영화적 포스트모더니즘'이라는 저 두루뭉술한 용어에서 연상되는 "번지르르하고 기괴한" 모티프로 대체하는 것이다(Laderman 2002: 166).

이와 달리 이 글의 주요 논지는, 사회적 맥락 또/또는 정치적 맥락을 모방이라는 의미에서 노골적으로 반영하지 않는 로드무비의 측면들을 진지하게 고려하는 것이다. 나는 이 장르 특유의 **허구적** 특질이나 심지어 **판타지적** 특질이 모빌리티를 이해하는 데 중요하다고 주장하며, 만일 영화적 경험으로서 로드무비에 특유한 것을 경시한다면 이 장르의 중요성을 과소평가할 위험이 있다고 주장한다. 보든Borden은 전통적 학문 영역들이 만나는 하나의 결정적 교차지점에서 문화지리학과 영화 연구를 결합하면서, 최근 로드무비에 대한 책들이 종종 "공간, 속도, 시각에서 운전의 실제 경험을 대부분 외면"하고 있다고 지적했다(Borden 2012, 15).

실로《새로운 유럽을 가로지르며》, 래더맨Laderman의 꽤 미국 중심적인《운전의 시각들Driving Visions》(2002), 또 어떤 면에서는 내가 쓴《프랑스 로드무비The French Road Movie》(2013) 같은 로드무비 연구들도 이 장르의 미학적으로 특유하고 독특한 점에 주목하면서 이를 활용하여 로드무비가 대개 국가적 공간 또/또는 초국가적 공간을 특수하게 배치하고, 이동하는 주인공을 통해 다양한 정체성 형성을 체현한다는 것을 확인하지만, 이때 로드무비가 자동차 경험을 특유하게 재현한다는 사실은 종종 경시했다. 보든의 접근 방식은 운전에 대한 영화들을 통해 운전의 실제적 경험을 재발견하려는 것인데, 이때 영화를 통한 매개는 운전의 고유한 특질들을 우리에게 다시 소개하는 수단이 된다. 보든이 역설하는 것처럼, 차 안에 있음과 영화관 안에 있음의 경험적 특질이 공통된다는 썩 진부한 생각을 넘어서, 영화 보기의 본성은 보통은 '평범한', 운전이라는 사건을 새로운 지각적 차원으로 "고양"시키는 데 있다. 우리가 보통은 하부의식적으로 지각하고 마는 경험을〔의식적으로〕드러냄으로써 그렇게 하는 것이다(Borden 2012, 14).

보든의 연구는 이미 확립된 기존 논지들을 그저 확인하는 차원이 아니라, 영화와 영화 분석이 의미를 **생산**한다는 것을 강조한다는 점에서 이 글에 유익하다. 이런 접근법은 로드무비가 20세기 및 21세기 초반의 사회에서 자동차가 핵심적이라는 사실에 대한 증거를 대개 이차적으로 제공한다는 관념에서 벗어나, 실로 자동차의 경험을 영화 자체로부터 해독할 것을 요구한다. 이런 생각에 찬동하면서도 나의 접근법이 보든과 다른 점은 장르로서의 로드무비에 초점을 맞춘다는 것인데, 특히 로드무비 장르의 시간적 발생 및 진화라는 견지에서 이 장르를 분석해 보면 이것을 뒷받침하는 맥락들도 알 수 있음을 말하려 한다.

('도시', '여행', '변성 상태' 같은 장들로 분절된) 책의 주제적 구조를 따라, 보든은 지리적이고 역사적인 맥락들을 횡단하여 이동하고 이를 통해 이 장르에 의해 유발되고 탐색되는 경험의 공유된 특질을 조명한다. 그러나 보든의 이 책《운전Drive》은 미국 영화와 자동차 산업이 공통적으로 젊음, 속도, 팽창에 몰두한다는 앞부분의 주장(Borden 2012, 13)을 넘어서는, 로드무비 장르 자체의 진화와 형성에 대한 관심은 덜하다. 사실 앞부분의 언급에서부터 '로드무비 장르'의 존재를 이미 주어진 것으로 받아들인다(Borden 2012, 15). 반면에 나는 영화이론가이자 영화역사가로서 로드무비 장르 및 그 재현의 발전에 애초에 무엇이 영향을 끼쳤는지에 관심을 기울이고, 나아가 어떻게 그리고 왜 이 장르가 특정 지점들에서 특정 맥락들을 가로질러 이런 형식을 가지게 되었는지를 살펴볼 것이다.

다른 영화 장르와 마찬가지로 로드무비도 그저 필연적으로 논쟁의 여지없이 이렇게 존재하게 된 것이 아니라, 서로 다른 시간 프레임을 가로질러 생산자와 관객의 관심의 정점이자 선언으로서 작동했다. 장르들은 또한 특정한 서사적 · 형식적 기대를 둘러싸고 형성되며, 이러한 기대의 반복이 장르영화 감상에 내재하는 쾌감을 생산한다. 이 서사적 · 형식적 기대들은 대개 이 기대들이 공유하는 특수한 '핍진성 체제regime of verisimilitude'에 의해 규정되고 제약되는데 (Neale 2000, 32), 그렇다고 해서 항상 '리얼리즘'에 제약된다기보다는 해당 장르에 고유한 내적 법칙과 역학에 의해 제약된다. 이것이 주는 쾌감은 실로 신빙성credibility에 대한 일상적 표준을 **넘어서는** 역능에 있다. 이 점과 관련하여, 로드무비의 가장 뜻깊은 특징은 이 장르가 일상의 규범을 월경transgression한다는 것이다. 달리 말해, 어떤 로드무비가 바로 이 동일한 '핍진성 체제'와의 비판적 대화를 창조하는 방식이야말로 이 장르의 정의와 이해에 핵심이다.

로드무비와 같은 어떤 장르의 우발성을 확인하고, 이것이 특유의 문화적 의미론과 구문론을 발전시키면서 특정 시간과 장소에서 어떻게 생겨나고 발전했는지(Altman 1999)를 인식한다면, 그 다음에는 이를 분석하기 위해 일련의 영화제작 맥락들을 가로지르는 추이와 변전變轉에 민감한 **사회학적** 프레임을 개발하는 데 착수할 수 있다. 그렇다면 이 글에서 나의 주장은 로드무비 연구가 모빌리티 연구에서 특히 중요해지는 것은, 특히 이 연구가 로드무비의 운동과 굴곡을 고려하면서 더 익숙하고 심지어 자연화되는 함의들과 결별할 때라는 것이다. 이런 함의 중 가장 널리 알려진 것은 미국의 자동차 경험과 주로 연결되는 것, 또/또는 특정 유형의 미국적 '반항성'과 주로 연결되는 것이다(다음을 참조. Cohan and Hark 1997; Laderman 2002; Mills 2006). 논점은 장르들이 언제 지배적 맥락, (로드무비의 경우) 심지어 규정적 맥락으로부터 분리되어 그 구성적이고 형식적인 본성이 가장 명백해지는가이다. 또 다른 논점은, 어쩌면 반직관적일 수도 있지만, 장르들이 허구와 현실의 간극, 영화적 판타지와 일상적 가능성의 간극이 가장 명확해지는 해석 공간을 열어젖히는 과정에서 언제 가장 의미심장한가이다.

나의 제안은 모빌리티 경험은 보통은 (할리우드의) 고전적 의미의 로드무비의 재현 영역 밖에 있을 뿐 아니라 이동적 정체성을 포착하는 로드무비의 다큐멘터리적 역량에서도 재현 영역 밖에 있지만, 이 상상되는 공간들에서는 이런 모빌리티 경험들을 발견할 수 있다는 것이다. 그래서 나는 이런 영화들을 '결을 거슬러' 독해하기보다는 지젝Žižek이 라캉식으로 말한바(Žižek 1991) "삐딱하게" 독해하려 한다. 이런 관점에서 보면, 로드무비는 이미 정착된 자명한 진리를 반영하는 것이 아니라 오히려 장르의 상상적 투사에 의해 실제 맥락을 굴절시킨다. 따라서 로드무비가 (자동차) 모빌리티 경험에서 보통은 재현될 수 없는 진실을 끌어낼 수 있는 것은, 맥락들을 거치며 변천하는 로드무비의 가시적 허구들 덕분이다.

장르를 통해 자동차 모빌리티 지도화하기

그러나 이런 접근법을 취했다고 해서 다큐멘터리나 비디오 작업과 같은, 말하자면 그 개념상 좀 더 직접적인 영화적 재현 방식의 가치를 경시하지는 않는다. 다만, 메리만의 주장을 동기로 삼으려 한다. 바로 (그가 비판적으로 분석하는 이동적 방법 중 하나인) 다큐멘터리 접근법의 '근접성' 주장이 과도할 수 있다는 것이다. 청각적이고 시각적인 기록 자체만으로는 주관적이고 독특한 경험을 적절하게 포착하기 어렵기 때문이다. 메리만은 이런 '진정성 있는' 접근법들이 "공간·사건·맥락을 함께 구성하는, 수많은 복합적인 (종종 비가시적인) 사회적·정치적 실천 및 관계"를 적절하게 포괄하지 못한다고 덧붙인다(Merriman 2014, 176). 그러므로 허구적 영화에 초점을 맞추면서 다큐멘터리적 '증거'라는 객관주의적 주장을 넘어서는 미학적이고 서사적인 개입의 중요성과 함께, 허구적 장르영화의 역사를 알면 이 영화들 배후의 "사회적·정치적 실천 및 관계"에 대해 알 수 있음을 강조하고 싶다.

영화의 경우, 우리는 모빌리티의 역사적 전환들과 (이에 상응하여 이런 전환들의 개념적 프레임으로서) 특정 장르들의 출현을 영화들을 예로 들어 일목요연하게 보여 주고, 이를 통해 다양한 시기를 가로질러 모빌리티를 형성한 일부 맥락을 이끌어 낼 수 있다. 영화 분석에서 보드웰Bordwell의 '역사적 시학'은 물론 지리학보다 미학에 더 관심을 보이지만, 이 점에서 유용한 모델을 제공한다. 이것은 영화 양식의 변이와 발전을 통해 생산 맥락을 독해하려는 야심찬 시도이기 때문이다. 보드웰은 일련의 텍스트를 가로질러 영화 생산 및 소비의 형식적 원칙과 관습적 실천에서 생겨난 "일단의 규범"을 확인하여 영화를 "역사화"할 수 있다고 주장한다. 그 다음에는 이러한 "지배적 표준과 실천"을 담은 텍스트들을 비교하여, 생산 상황 내부에서 이와 관련된 굴곡과 변천을 해명할 수 있다(Bordwell 1988: 1). 영화 양식이 맥락을 어느 정도로, 그리고 어떤 방식으로 조명하는가라는 주제는 치열한 논쟁을 불러일으킨다. 그러나 의심할 수 없는 것은, 생산 맥락 및 생산 수단이 영화 시학과 장르 진화를 상당 정도로 규정한다는 것이다.

로드무비의 모빌리티 재현이 '현실적' 경험에서 구체적으로 무엇을 가리키는가라는 관점에서만 이 재현을 보려는 경향은 문제가 있다. 우선 생산을 규정하는 다채로운 실천을 부인한다는 점이 문제적이다. 이런 접근법은 판타지 측면도 과소평가하는데, 이 같은 측면이야말로 영화의 특정 맥락에 도전하거나 이를 반영함으로써 이 맥락을 간접적이지만 강력하게 환기시키기 때문이다. 예를 들어 자크 데미Jacques Demy의 1961년 영화 〈롤라Lola〉에서 프랑스 해안에 흰색 캐딜락이 나타났다고 해서 이런 자동차가 이 시대 프랑스에서 전형적이었다는 것은 아니다. 실제로는 전혀 그렇지 않다. 통계적 연구로 이 영화를 독해한다면, 오히려 이 시대 관객 대다수에게 캐딜락은, 아니 **그 어떤** 자동차라도 여전히 현대화가 지체된 한 사회의 욕망의 대상 혹은 페티시의 대상이었음을 시사한다(Ross 1995: 27, 30). 이 경우에 많은 로드무비에서처럼 우리는 공상되는 것, 손에 닿지 않거나 (나아가) 열망되는 것을 통해 특정 맥락의 자동차 모빌리티를 읽어 낼 수 있다. 이른바 프랑스 '뉴웨이브'와 그 이후 맥락에서 영화 텍스트 및 그 주인공들의 자의식에서 핵심적 측면은 미국 영화와 미국 연기자들에 대한 암시다. 이 맥락이 보여 주는 것은, 주로 소비 욕망의 영화적 대상으로서 미국 자동차에 대한 집착이다. 이것은 등장인물의 구매력을 넘어서거나(장 뤽 고다르의 〈네 멋대로 해라A bout de souffle〉(1960)와 〈미치광이 피에로Pierrot le fou〉(1965)에서 도둑맞은 1955년형 포드 선더버드와 1961년형 포드 갤럭시) 숭배 받는 잠정적 선물(〈고급 기름으로 가득 채워주세요Le plein de super〉(1976)에서 프랑스를 가로질러 배송되는 쉐보레)이다.

그렇다면 이런 영화들의 배경에는 자동차 모빌리티에 대한 (미국적) '상상'이 있다. 이것은 반드시 현실적으로 체험된 경험으로서의 상상이 아니라, 상당 정도로 이미 〔영화에 의해〕 매개된 이데올로기적 상상으로서, 자동차 모빌리티 산업과 (그 이름이 딱 맞아떨어지는) '활동사진motion picture(영화)' 산업의 상호영향으로 생산된 상상이다. 어리는 우리가 자동차 모빌리티를 거주 및 감각적 주거라는 관점에서 보는 것은 이차적일 뿐이고, 자동차 모빌리티 '시스템'의 관점에서 보는 것이 일차적이라고 주장했다(Urry 2004, 2007).

이는 산업자본가들의 논리에 방점을 찍는, 20세기 자동차의 특출함과 자동차를 미국 문화와 결부시키는 우리의 믿음을 뒷받침하는 주장이다. 어리가 지적하듯이, 이런 믿음의 토대가 되는 석유 연료 자동차는 20세기 초 **필연적으로** 출현한 것이 아니라, 마차를 대체할 여러 가능성 중 하나로서 "우연적" 지위를 얻었을 뿐이다. 그 결과, '석유 시스템'의 "경로의존성"은 헨리 포드가 대량생산 라인을 완성하고 제너럴모터스가 "미국 노면철도를 성장시켰다가 폐쇄시켰으며" 미국 정부 정책이 고속도로 건설 붐을 주도하던 그 시점에 "고착"된 것이다(Urry 2007, 114).

미디어 학자들이 〈에일리언Aliens〉(1986)과 〈아마겟돈Armageddon〉(1998)에서부터 〈트랜스포머Transformers〉(2007)에 이르는 영화들에서 미국 "군산 복합체"의 이데올로기적 작동을 확인한 것과 꽤 비슷하게, 우리는 자동차 모빌리티를 찬미하는 다양한 인기 있는 로드무비들에서 자연화되는 이러한 "자동차-석유 복합체"를 확인할 수 있다. 〈어느 날 밤에 생긴 일It Happened One Night〉(1934)에서부터 〈자동차 대소동Planes, Trains and Automobiles〉(1987)과 〈레인맨Rain Man〉(1988)에 이르는 영화들은 처음에는 티격태격하는 길 위의 두 사람을 묘사하면서, 여행이 지니는 단결 정신과 자동차 교통의 공동체주의 미덕을 소탈하게 환기시킨다. 〈분노의 포도The Grapes of Wrath〉(1940)같이 드러내놓고 자본주의에 비판적인 영화들에서조차 자동차-석유 복합체의 이데올로기는 되풀이된다. 이 출애급 서사 형식을 둘러싼 구도를 확립하는 데 (대공황에도 불구하고) 가족용 자동차가 여전히 모빌리티를 위한, 나아가 희망을 위한 필수적 교통수단인 것이다(Borden 2012: 18).

대초원 지대의 황야로부터 캘리포니아의 약속의 땅으로 조드 집안 사람들을 데려가는 66번 국도는 적어도 그들에게는 '신나게 달릴' 장소는 아닐 것이다.[1] 그렇지만 이 국도는 그럴듯하게도 포드가

---

1 [역주] 여기에서는 바비 트룹의 히트곡 〈66번 국도Route 66〉의 다른 곡명인 '신나게 달려Get

T모델 자동차 가격을 내린 바로 그해 개통되고(Eyerman and Lofgren 1995: 56), 자동차가 대량소비 품목이 되는 것을 주도하였다. 미국 로드무비는 1960년대와 1970년대 초에 종종 반문화적 반항이라는 관점에서 분석되지만(Laderman 2002: Mills 2006), 이 시기에조차 "모험과 자유" 및 "자기주도적 삶"이라는 환상(Featherstone 2004: 2) 속에서 자동차—소비 결합을 암묵적으로 재승인하였음은 유념할 만하다.

로드무비의 사회학을 위하여: 남성 통근자의 허구

그렇다면 1960년대에서 1970년대 초 자동차 대량생산과 교외화 시기에 생겨난 가장 고전적 형태의 미국 로드무비는 새로운 형태의 문화적 모빌리티를 재현하기를 열망하면서도, 길이 오로지 운전하는 주인공의 즐거움을 위해 존재한다는 이데올로기적 전제에 기초한다. 이로부터 〈이지라이더Easy Rider〉(1969), 〈자유의 이차선Two-Lane Blacktop〉(1971), 〈배니싱 포인트Vanishing Point〉(1971) 같은 영화에서, 대부분 외로운 오토바이 라이더와 자동차 운전자에게 개방되고 활용 가능해 보이는 고속도로에 대한 저 유명한 묘사들이 등장한다. 이러한 길의 비전은 단순히 자동차 판타지를 넘어, 묘하게도 바로 공황기의 이주 모빌리티 비전으로 후퇴하는 것으로, 어쩔 수 없이 떠도

---

your kicks on'를 빗대어 말하고 있다.

는 삶을 기존의 사회적 · 경제적 제약으로부터의 자유로 그려 내는 향수 어린 낭만화이다.

예를 들어 하크(Hark 1997)가 지적하는 것은, 1980년대 후반의 로드무비(《레인맨》과 〈자동차 대소동〉 같은 영화)에서 비행기 통근이나 귀빈 라운지에 익숙한 '야심가/고공비행자high flyer'가 종종 그가 동행해야 하는 덜 상향이동적인 '길거리 남자road man'에 의해 문자 그대로 지상으로 끌어내려진다는 것이다. 경제 논리로 보면, 이러한 비교적 고예산 할리우드 영화들은 영화가 묘사하는 것과 같은 사회적 이동성을 지닌 개인들을 겨냥했다. 이들은 레이건 시기 신자유주의 경제정책이 만들어 낸 사람들이다. 그러나 이런 영화들에서는 이와 같은 여피적 가치들이 분명하게 비판 받았다. 하크의 주장처럼 이 영화들의 문화적이고 상업적인 작업은 상상되는 여피 비판을 위한 상상적 공간, 그러나 때로는 무력한 공간을 구성했다. 영화 속에서 이 공간을 서사적으로 뒷받침하는 것은 문자 그대로 야심가/고공비행자들이 소탈한 자동차 여행을 하지만 **그 다음에** 결국 안락한 상향이동으로 돌아오도록 허용한다는 것이다(Hark 1997: 218). 광고회사 사장이 추수감사절을 위해 주를 가로질러 비행기로 귀가하려 했다가 날씨 때문에 느리고 익숙하지 않은 길을 택해야 하는 〈자동차 대소동〉 같은 영화가 이에 해당한다. 혹은 래더맨이 보기에 이런 영화들은 "'오락'의 정서에 의해 내장이 제거된 … 전체 골격"으로서의 로드무비에 닥친 "포스트모던"한 운명을 상징한다"(Laderman 2002: 133).

1980년대 이래 할리우드 영화들이 그전과 마찬가지로 석유 기반 모빌리티의 가치를 암묵적으로 지지해야 했음은 놀랍지 않다. 이러한 모빌리티가 여전히 미국 경제에 중심적이었기 때문이다. 그러나 이런 영화를 "삐딱하게" 독해하고 (내가 보기에) 그 당연한 결과로 사회학적 차원으로 독해하는 이데올로기 비판이 전통적 영화 연구와 문화 연구를 지탱해 온 것이기는 해도, 이런 영화 분석은 다른 유형의 의문을 낳는다. 하크의 접근 방식은 이런 영화적 재현이 애초에 왜 생겨났는지를 고려하지 않는다. 우리는 〈자동차 대소동〉 같은 영화가 이데올로기적 속임수라고 비판적으로 배제할 것이 아니라, 실제 여피의 통근 생활방식(그리고 암묵적으로는 그와 같은 영화 관객 다수의 여행 습속)이 어떠하기에 이 영화의 이데올로기적 해결을 요구하는지를 물어야 한다. 그리고 같은 이유로 여피 통근자의 생활양식이 어떠하기에 영화 상영 시간 90분 동안 그렇게 재기 넘치게 복잡해져야 했는지 물어야 한다. 달리 말해, 통근의 일상적 경험에 무엇이 "빠져 있기에" 이런 간극이 영화적 허구 작업으로 상상적으로 채워져야 하는가?

영화사 분석을 통해 알 수 있는 것은 목표 지향, 문제 해결, 결정적 결말이 고전적 영화 서사의 핵심이고(Bordwell 1985), 〈역마차 Stagecoach〉(1939)에서 〈오즈의 마법사The Wizard of Oz〉(1939)를 거쳐 〈자동차 대소동〉에 이르는 할리우드 영화는 물리적 목적지를 줄거리의 최종적 해결과 결부시켰다는 것이다. 그러나 서사적 목적지와 현실적 목적지에 대한 환원적이고 비판적인 접근이 간혹 포착해 내지 못한 것은, 위의 영화들 중 나중 두 영화[〈오즈의 마법사〉와 〈자동차 대소동〉〕에서처럼 편력적인 운동의 쾌감 그 자체를 위해 목표 달성을 연기함으로써 문자 그대로의 종착점과 비유적인 종착점에 도달하는 것에 영화 내재적으로 저항한다는 점이다. 그래서 우리는 〈자동차 대소동〉에서 고공비행하는 중역이 시카고행 비행기를 탈 수 없게 된 후 철도와 고속도로 여행이라는 느린 맥락들과 씨름하게 되듯, 편력적인 운동의 쾌감 그 자체의 연속을 보게 되는 것이다. 영화는 주인공들을 땅에 내려놓고 집으로 가게 만듦으로써 기법상 시간과의 경주라는 구조를 작동시키지만, 영화 자체는 다른 종류의 속도를 가지며, '일상'에서 함께 여행하는 사람들의 근접성 및 기차와 자동차가 제공하는 파노라마적 가능성에 (전형적으로는 서사 진행을 실제로 **지연**하는 몽타주와 파노라마 시점 장면들을 통해) 시각적으로 열려 있다. 그 결과 영화가 주는 실제 쾌감과 의미는 모두 구불구불 나아가며 관조적이면서 신체에 토대를 둔 경험들로부터 나오는데, (영화적) 여행의 가장 시간경제적인 수단이 거부되고 나서야 이러한 경험에 접근할 수 있는 것이다.

1970년대 이후 로드무비 장르에 대한 대부분의 정의에서는 로드무비의 이동 형식에 비교적 목표가 희박하고 끝이 열려 있음을 지적한다(예를 들어 다음을 참조. Elsaesser 1975; Laderman 2002). 그러나 이러한 이론화는 전형적으로 '현실의' 로드무비를 대중적 오락영화의 맥락 바깥에 위치시키는 것이다. 줄거리 구조, 원근법적이고 다큐멘터리적인 카메라워크, 그리고 지배적 사회 프레임 외부에서 행동하는 '반항적' 주인공들을 근거로 말이다. 어느 정도는 문화적 '규범'을 체현하는 보수적인 영화적 인물로서의 통근자는 이런 패러다임에 깔끔하게 맞아떨어지지 않는다. 그러나 통근자를 더 흥미롭게 만들고 (사회학적 관점에서) 분석에서 결정적 인물로 만드는 것은 바로 그 정상성이고, 그 결과 통근자 로드무비의 핵심이 되는 저 긴장과 애매성이다.

로랑 캉테Laurent Cantet 감독의 〈타임아웃L' Emploi du temps〉(2001)은 이 장르를 독해하며 맥락 변경의 중요함, 좀 더 특수하게는 유럽의 맥락과 일상의 맥락이 로드무비의 내재적 판타지와 조우할 때 어떤 일이 일어나는지에 초점을 맞춘다. 영화가 시작되면 우리는 자기 차에서 깨어나는 남자를 보게 된다. 이 남자는 프랑스와 스위스 국경 근처 고속도로를 하루 종일 달리며 소일한다. 이렇다 할 서사적 '행위'도 없다. 우리가 보는 것은 운전자가 휴게소에 정차하여 담배를 피우거나 십자말풀이를 하고 그 다음에 출퇴근 시간 라디오 소리가 배경에 깔리는 가운데 빗줄기를 뚫고 집으로 가는 모습이다. 집에 온 그는 퇴근한 자신을 맞이하는 아내와 아이들에게 인사한다. 이런 짧은 묘사로 분명해진 것은 〈타임아웃〉에서 무엇인가 잘못되었다는 것인데, 그것이 무엇인지 곧 드러난다. 차를 몰던 뱅상은 사실 몇 달 전 임원직에서 해고당했다. 하지만 뱅상은 가족에게 이 사실을 알리고 실직에 정면으로 맞서는 것이 아니라, 제네바의 세계보건기구에서 일하게 되었다고 거짓말을 한다. 그래서 차를 타고 시간을 보낼 수 있는 것이다. 이 시작 장면이 암시하듯이 〈타임아웃〉의 줄거리는 본질적으로 스릴러이며, 이런 줄거리는 운전이 주는 감각과 목적 없는 쾌감에 사로잡힌 꿈과 같은 유형의 영화를 가능하게 한다. 이 영화에서 운전은 여러 서사 단계 사이의 막간이 아니라, 줄거리 자체의 동기이자 목표이다. 새로운 라이프스타일에 필요한 자금을 조달하려고 금전적 사기와 소소한 밀수에 가담한 뱅상은 영화 말미에 아내에게 다 털어놓고 구직 면접을 보러 가는데, 어느 모로 보나 면접을 통과할 것이다. 영화가 강조하듯이, 뱅상이 사기와 범죄의 삶에 빠진 것은 그래야 했기 때문이 아니라 그러지 않으려는 욕망이 없었기 때문이다. 따라서 직장을 잃은 것은 뱅상에게 분명 늘 원하던 것을 할 기회가 된다. 그것은 아무에게도 방해 받지 않고 차를 몰고 돌아다니는 것이다. 그렇다면 그의 투자 사기에 끌려든 오랜 친구로부터 처음 돈을 받아 SUV를 사러 간 것은 놀랍지 않다. 뱅상은 처음 자전거를 받은 아이처럼 이 차를 몰고 비포장도로를 마냥 달린다.

이 영화에 영감을 준 것은 장–클로드 로망Jean-Claude Romand이 저지른 무시무시한 실제 사건이다. 이 사람은 의사로서 성공했다고 여러 해 동안 속였으며 아내와 부모를 속여 얻어 낸 돈으로 살다가 이들을 살해했다. 로망 사건을 느슨하게 각색한 〈타임아웃〉은 이 글에 시사하는 바가 특히 많은데, 주인공이 해고되기 전에 정당하게 누리던 통근의 라이프스타일에 주목하도록 하기 때문이다. 이 영화는 부분적으로만 실업을 다룬 이야기다. 더 구체적으로 말하면 노동의 책임에서 면제된 채 노동하는 일상을 욕망하는 이야기다. 이런 영화로서의 〈타임아웃〉은 통근 운전자가 필수적이고 강요된 이동의 기능, 즉 '노동'으로서의 기능을 넘어 상상적이고 유희적으로 이동과 관계하는 방식을 조명한다. 이 영화는 특히 모빌리티 연구자에게는 **허구** 영화제작의 가능성을 상징하기도 하는데, 메리만(Merriman 2014)의 지적을 되풀이하자면 이는 무엇보다도 '직접적인' 영화제작 방식으로는 가시적으로 등록되지 않는 어떤 것을 보여 주기 때문이다(예를 들어, 관찰적 다큐멘터리는 통근자의 행동과 습관의 분명한 사례들을 보여 줄 수 있지만, 그 접근 방식상 통근자의 주관적 경험이라는 면에는 객관적으로 거리를 둘 수밖에 없다).

　이 경우 〈타임아웃〉은 (길게 지속되는 운전 장면들을 통해) 관찰되는 것과 주관적인 것을 혼합하는데, 이는 이 영화를 모빌리티 연구에서 민족지 분야와 서사적 허구 분야를 오가는 오제Augé의 '민족허구ethno-fictional' 접근법과 연결시킨다. 과연 오제는 '비장소non-place'를 다룬 저서의 프롤로그에서, 허구 인물 피에르 뒤퐁Pierre Dupont이 홀로 즐겁게 항공 여행을 하는 것을 서술하는데, 이것의 영화적 반영이 또 다른 프랑스의 '여피' 로드무비인 〈제8요일Le Huitieme jour〉(1996)이다. 이 영화가 시작되면 배우 다니엘 오떼이유Daniel Auteuil가 비행기의 수면안대 뒤에 숨은 지친 중역을 연기한다(Archer 2013: 114). 이 영화와 〈타임아웃〉, 그리고 오제의 글에서처럼, 우리는 허구와 상상적 재현이 중요함을 알게 된다. 그것은 영화적·시청각적 누에고치인 자동차 자체는 물론이고, 고속도로나 휴게소 같은 비장소를 애초에 그토록 매력적으로 만드는 개인적 경험을 극화하는 힘이 있기 때문이다. 그리고 개인 자동차 모빌리티가 사회적 공간에 그저 반응하는 것이 아니라 그것 자체를 **형성함**을 보여 주는 힘이 있기 때문이다(Augé 1995; Merriman 2004). 아무 일도 '일어나지' 않을 때, 우리가 운전자와 더불어 표류할 때, 그리고 이 표류가 지속되는 동안 책임이 보류되는 즐거움을 경험할 때에야말로 〈타임아웃〉은 실로 가장 많은 것을 알려 준다. 캉테 감독의 영화에서 드라마는 이러한 표류와 부정되는 현실 사이의 긴장에서 태동한다. 달리 말해, 뱅상의 통근에 대한 욕망과 노동에 대한 염증 사이의 긴장에서 드라마가 태동한다.

밴더빌트Vanderbilt가 지적하듯, 이러한 긴장은 다음에 이미 반영되어 있다. 2005년의 어느 연구에 따르면, 통근 운전자들은 자신이 원하는 것보다 더 많이 운전하고 있는 **동시에** 자신에게 정말 필요한 것보다 더 많이 운전하고 있다고 반직관적으로 주장한다.

왜 사람들은 자신의 관심에 반해 행동하는 것 같은가? 왜 덜 하고 싶어 하는 것을 더 하는가? 연구자들의 추정에 따르면, 사실 사람들이 싫어하는 것은 그들에게 **필요한** 운전이다. 아마 그래서 통근자들이 없었으면 했던 운전은 운전 자체라기보다는 이런 〔필요한〕 운전이었을 것이다(Vanderbilt 2008: 140).

따라서 자동차 모빌리티 연구에서 〈타임아웃〉이 지니는 중요성은, 이 영화가 운전자들이 업무 이동의 강요된 궤적 내부에서 자율적 공간과 경로를 창조하는 데 초점을 맞춤으로써 통근자들의 이러한 충동을 확인하고 이야기하는 방식에 있다. 영화가 암시하는 것은 자본주의와 그 귀결로서의 자동차 모빌리티가 통근 실천 내부에서 독자적인 탈출 판타지를 생산한다는 것이다. 뱅상의 드라마는 그저 우리 자신의 일상 노동과 이동 경험이 지닌 역설을 더 완전하게 탐색함으로써, 노동 내부에 존재하는 모빌리티의 이러한 측면을 가장 화해 불가능한 지점까지 밀고 나간다.

누가 운전대를 잡는가? 장르, 젠더, 수행

이미 지적한 바와 같이, '역사적 시학'이 재현의 토대인 사회적 · 경제적 · 제도적 맥락들에 필연적으로 결부되어 있더라도, 사회학적 방법으로서 중대한 결점을 지니는 지점이 있다. 로드무비 연구는 문화와 영화산업에 존속하는 헤게모니에 대한 연구이기도 하다. "주류적 생산들이 … 남겨 놓은 간극들"(Mills 2006: 28)을 적절히 기록하고 설명하지 않는다면, 우리는 영화 텍스트를 매개로 사회적 맥락을 너무 문자 그대로, 그리고 조화롭게 독해할 위험에 처한다. 이것은 특히 우리의 젠더 이해 및 젠더와 장르의 특수한 관계에 관련된다.

최근 이 주제를 다룬 논문집에서 글레드힐Gledhill이 지적하듯이, 우리의 장르 이해는 흔히 젠더를 "특정한 총체적 세계들의 비교적 문제없는 요소"로 과소평가하고 장르의 젠더화된 기원 및 변이에 대한 물음은 열외로 취급하면서, 주로 "서사적이고 시각적인 조직화"(Gledhill 2012: 1)에 주목하는 분석을 한다. 결국 로드무비의 독특한 성격 중 하나는 남성 주도 장르로서의 그 '자연적' 상태로부터 이탈하면 결핍된 예외로 간주된다는 데 있다. 이는 이 장르의 역사 및 미학의 젠더화를 재사유하는 비판적 작업들에서도 그렇다(Archer 2013: 119-146). 윌리스Willis가 관찰한 것처럼, 많은 로드무비에서 "모든 의미가 인종·젠더·성에 의해 조직되는 경향이 있기 때문에, 이동을 규정하는 핵심 지점과 **문제**는 체화와 가시성에 있다"(Willis 1997: 287, 필자 강조).

따라서 이 장르의 발전을 연구할 때 실천에서 일어난 중대한 전환들을 관찰하는 것이 유익하다. 이런 전환들은 가시적 자동차 모빌리티라는 '문제'에 대한 하나의 응답 혹은 개입을 드러내기 때문이다. 다시 말해, 이런 영화들을 재현의 관점에서 어떻게 이해하는가는 다소 요점에서 벗어나는 것이다. 요점은 이런 영화들이 이 장르 안에서, 그리고 이 장르의 의미론적/구문론적 기대 프레임 안에서 과도한 위치 혹은 제어하기 어려운 위치를 점한다는 것이기 때문이다. 일반적 핍진성은 대개 주어진 장르의 '규칙들'에 토대를 둔다. 토도로프Todorov가 발견한 것처럼, 허구에서 핍진성 담론은 엄밀하게 적용하면 필연적으로 **문화적** 핍진성으로 빠지기는 하지만 말이다. "독자가 믿는 담론은 참이다"(Neale 2000: 32에서 재인용).

그렇다면 로드무비는 일반적 핍진성으로부터의 이탈과 이에 대한 관객의 반응이 장르영화의 생산과 소비를 뒷받침하는 지배적 문화 프레임을 폭로한다는 점에서 중요하다. 이런 프레임은 어떤 구성원들을 제도적·담론적으로 주변화시키고, 따라서 이들에게 재현 수단을 주는 걸 사절하는 것이다.

그러므로 현존하는 '여성 로드무비'에서 가장 중요한 것은, 그것이 여성의 모빌리티 자체에 대해 무엇을 말하는가보다 생산수단 및 재현 수단에 대한 **기술적** 접근이 얼마나 중요한가이고, 모빌리티가 어느 정도로 문화적으로 **수행**되는가이다. 가장 유명한 사례인〈델마와 루이스Thelma and Louise〉(1991)에서 두 여성 주인공은 그중 한 사람이 강간을 시도하는 자를 쏘고 난 후 법망을 피해 함께 달아난다. 미국 남서부의 황량한 풍경을 가로질러 독립을 찾아가는 두 사람의 도주는 그랜드캐니언에서 운명적 파국으로 끝난다. 특히 그 궤적과 배경이 미국의 영화적 과거와 그 도상학의 면밀한 재창조여서(Daniel 1999: 176: Eyerman and Lofgren 1995: 67) 이 별처럼 반짝이는 할리우드 영화를 어떤 리얼리즘적 재현의 관점에서 보는 것은 별 의미가 없다. 비록 이 영화가 영화학자들에게 지속적으로 관심을 불러일으키는 이유가 그것이 로드무비의 광범위한 재현 및 젠더정치와 암묵적으로 대화하고 재교섭하기 때문이기는 하지만 말이다. 이 영화가 지닌 더 넓은 중요성은 이 장르에서 여성적 재현에 대한 논쟁을 열어젖힘으로써 여성이 자동차, 도로, 운전 경험과 맺는 관계에 대한 토론을 고무하는 데 있다.

예를 들어 윌리스(Willis 1993)는〈델마와 루이스〉가 여성 관객과 페미니스트 관객으로 하여금 영화를 통해 (이 경우는 특히 로드무비같이 전통적인 남성 장르와 관련하여) 정체성, 욕망, 쾌감에 대한 복합적인 질문을 탐색할 가능성을 보여 주었다고 주장한다(다음도 참조. Mills 2006: 195). 윌리스의 대강의 논점은,〈델마와 루이스〉가 솔직히 자신과 같은 페미니스트 관객이 장르영화의 소위 '남성적' 경험을 즐기도록

해 주었을 뿐만 아니라, 그녀가 실은 늘 좋아해 온 자동차 문화, 기계와 속도의 문화를 즐기게도 해 주었다는 것이다. 다만 이전에는 영화에서 여성의 모빌리티에 여러 제한이 가해졌기 때문에 이런 즐거움을 만나거나 실현할 기회가 별로 없었다는 것이다.

밀스Mills가 주장하듯이, 로드무비 같은 특정 장르의 역사는 곧 영화제작 기술의 역사이다. 더 구체적으로 말하면, 어떻게, 언제, 왜 특정 구성원들이 이 기술에 접근하게 되었는가의 역사이다(Mills 2006: 26-27). 여기에서 암시되는 논점은 다음과 같다. 장르영화에서 이러한 혁신과 재현적 전환은 단지 우리가 이전에는 보이지 않던 현실로 갑자기 접근하게 되는 지점이 아니라, 문화적 관념들이 재작업될 수 있는 지점이라는 것이다. 만일 장르가 형식적 코드들과 문화적 코드들의 집합으로 존재하지만 이런 코드들이 수행과 더불어 실행되고 수행으로 조작될 수 있음을 인정한다면, '문화적 핍진성'이라는 이념 자체가 수행에 도전받을 수 있다. 글레드힐의 표현처럼, 형식으로서의 장르는 생산자들과 사용자들을 가로지르고, 생산자들과 사용자들 사이에서 움직이며 이에 따라 무한하게 변할 수 있다. 따라서 장르가 강화하는 젠더화된 문화적 코드들 역시 재사유되고 재형성될 수 있다. 우리가 장르 및 젠더의 "분리된 정체성들"을 일단 의문시하면,

〔영화에서〕 이들의 관계는 사회적 반영, 이데올로기적 왜곡, 주체 배치의 관점에서가 아니라, 사회와 이야기, 공공적 세계와 상상적 세

계 사이의 영화적 효과와 담론적 순환으로 재구성될 것이다. 이러한 순환에 힘입어 … 우리는 미학적 소구와 상징적 상상이라는 관점에서 장르에서 젠더의 생산성에 대해 사유할 수 있다(Mills 2012, 2).

이런 점에서 〈델마와 루이스〉는 로드무비 같은 허구적 서사 미디어가 어떻게 모빌리티의 단순한 "재현"을 넘어 이동할 수 있는지를 보여 주는 중요한 사례이다. 특히 젠더의 관점에서 모빌리티 상상 자체가 모빌리티가 재-현되는 수단이기 때문이다. 로드무비의 전통적인 젠더화된 규범을 전략적으로 전도시키면서 〈델마와 루이스〉는 영화와 모빌리티 모두의 젠더화 및 길 위의 여성이라는 관념에 대한 문화적 태도들을 둘러싼 논쟁의 촉매가 되었다. 재현 규범들에 대해, 그리고 문화에서 재현의 위치에 대해 특유한 암묵적 관심을 지닌 이 같은 논쟁은 문화적 경험에 대한 이해에서 허구 영화가 갖는 중요함을 확인하는 것이다.

그렇지만 할리우드 스타들이 출연하고 상당히 영화적 주류의 맥락에서 제작된 〈델마와 루이스〉가 자동차 모빌리티의 재현에 갖는 중요성은 무엇보다 수사적이고 담론적이다. 이 영화는 이 장르의 도상학적 역사와의 대화를 그렇게 강력하게 시작한다(가령 이 영화는 대개 고속도로가 여러 가능성이 열려 있는 것 같은 판타지적 전망으로서 주어지는 또 하나의 사례이다). 그래서 이 영화는 여러 관점에서 일상 경험들의 견실한 현실성과 가능성보다는, 영화적 형식에 더 관심을 보이는 것이다. 그리고 〈타임아웃〉과 관련하여 이미 살펴본 것처럼, 건실한 현실성과 가능성을 탐색하는 것과 장르의 판타지적 요소들은 서로 배제하지 않는다.

〈타임아웃〉처럼 할리우드의 맥락 바깥에 있는 유익한 사례는 〈델마와 루이스〉의 영화제작 실천과 거의 정반대에 있다. 작고한 이란 영화감독 압바스 키아로스타미Abbas Kiarostami의 영화 〈텐Ten〉(2002)에서 우리는 로드무비를 젠더화된 운전 경험의 기록으로 생각하게 된다. 하지만 이 미니멀한 영화는 이 경험에 실제로 개입하여 정치적 목적을 위해 이 경험을 재-형성한다. 영화는 테헤란 거리에 있는 단 한 대의 승용차 안에서 일련의 상호-연관된 시나리오들을 펼쳐 낸다. 이 차는 마니아Mania라는 이름의 여성이 운전한다(동명의 여성 배우가 연기하는데, 그녀는 자신이 '연기'하는 등장인물과 깔끔하게 구별되지 않는다). 키아로스타미는 촬영 과정에서 뒤로 물러난다. 디지털 비디오카메라 두 대를 대시보드에 설치하여 운전자 및 조수석에 번갈아 타는 승객들을 찍도록 하고, 종종 열리는 창문을 통해 초점에 들어오는 모든 것을 찍도록 한다. 따라서 〈텐〉은 카메라들을 계속 노출한 채 최대한 직접 찍은 것이다. 따라서 영화의 주요 등장인물들에게 자유를 부과하지만, 그러면서도 이들이 카메라를 의식하기 때문에 이 자유는 연기演技된다. 영화에서는 마니아와 그녀의 어린 (진짜) 아들의 대화가 가장 많이 나오지만, 그녀가 잘 아는 여성이나 낯선 여자들과의 대화도 있다. 이런 대화들은 나중에 열 차례의 만남으로 편집된다. 영화의 제목은 여기에서 나온 것이다.

이동적 교통수단으로서 승용차라는 촬영 장소는 여기에서 중요한 요인이다. 키아로스타미는 자동차가 행동을 규정하는 방식을 이야기하는데, 이는 격리되고 정지한 환경이 생산하는 상호작용과는 다른 방식이다. 그러므로 〈텐〉의 배후에 있는 의도는, 느슨하게 미리 설정된 줄거리 안에서 자동차와 대화 양자의 예측 불가능한 운동, 그 밖에 우연히 카메라의 시야와 사운드에 들어오는 것들을 모두 기록하는 것이다(Andrew 2005). 이를 통해 〈텐〉의 서사는 자연스러움과 임의적 사건을 담을 수 있었다. 마니아가 선택하는 여성 동승자의 승차는 때로는 영화제작자가 공식적으로 기획하지 않은 것이다. 그러나 그 때문에 특히 젠더화된 방해도 일어날 수 있는데, 지나치는 자동차의 남성 운전자나 그 친구들이 툭 던지는 말이나 끈질긴 추파가 그렇다(Archer 2016: 78).

이 영화의 의도 중 하나는 테헤란에서 운전하는 젊은 여성의 독특하게 젠더화된 상황을 포착하는 것이다. 그리고 여기에서 마니아를 (꽤 일반적인) 가부장적 맥락 내부에 위치시키는 것은, 이동하는 남성의 시선만이 아니라 아들의 횡포도 있다. 이 아들이 어머니를 대하는 태도를 더욱 강렬하게 보여 주는 것은, 컷에 의해 마침내 운전자[마니아]가 관객에게 드러나기 전까지 상영 시간의 첫 15분을 이 아들이 온전히 차지한다는 점이다. 이런 태도로부터 우리는 영화가 명백하게 관찰적이고 다큐멘터리적 접근법을 취하며, 이것이 영화의 허구적 차원을 깎아내린다고 주장할 수도 있을 것이다. 물론 이처럼 도시의 실제 구체적 맥락들이 영화의 목적에 들어 있기는 하지만, 엄밀한 관점에서 보면 이런 우연한 만남은 '저기 바깥에' 먼저 있다가 그 다음에 기록된다기보다 영화가 취하는 재현 매체에 의해, 그리고 그 허구적 접근 방식에 의해 실은 생산되는 것이다. 이런 간섭을 자극하고 고무하는 것이 사실상 서사 프레임의 설치이자 여성 운전자로서 마니아의 '수행'이다.

사실 〈텐〉의 맥락에서 현실과 상상 사이에 자리한 영화의 불안정한 위치는 바로 이 영화의 초점이다. 2000년대 테헤란이라는 조건에서 승용차는 여성 운전자에게 친교와 이동을 위한 탁월한 공간, 심지어 헤테로토피아 공간[2]이기 때문이다. 그러나 승용차는 영화적으로 특유한 어떤 공간(특유하게 영화적인 어떤 공간)이기도 하다. 이란 영화의 엄격한 재현 코드 안에서 여성은 차도르를 쓰지 않고는 영화를 찍을 수 없었다. 이것이 뜻하는 바는 차도르가 불필요한 가정 내부에서 여성의 내밀한 대화들은 리얼리즘적으로 내보일 수 없었다는 것이다. 따라서 여성들이 공공장소에서 단정한 옷차림으로, 그러나 일련의 사회적이고 정치적 주제에 대해 자연스럽게 이야기하는 모습을 담은 〈텐〉은 리얼리즘적이면서도 이란 영화 코드에서도 수용 가능했다(Andrew 2005: 60).

이 글의 목적에 비춰 보아 더 중요한 것은, 이 영화가 결국 당시 이 문화 내에서 운전 경험이 지닌 독특한 특질들을 드러낸다는 것이다. 그래서 여기에서 중요한 것은 단지 기록하는 것이 아니라, 자동

---

2 [역주] 헤테로토피아heterotopia는 모든 장소의 바깥에 있는 "다른 장소"이지만 (유토피아와는 달리), 현실에 존재하는 장소를 뜻하는 미셸 푸코의 개념이다.

차와 카메라의 존재로 인해 말 그대로 동원/이동화되는 영화적 사건의 조건을 창출하는 영화의 역능力能이다. 우리가 〈텐〉에서 보는 것은 미디어의 한 부분으로서 그 리얼리티와 분리될 수 없고, 이란의 여성 운전자를 다룬 작품으로서 그 재현적 탁월함과 분리될 수 없다. 그리고 이 점은 이 글의 핵심 논점을 지탱한다. 즉, 허구 영화의 한 장르로서의 로드무비와 그 역사적 이해는 그 자체로 우리에게 흔히 상상적이거나 비가시적이거나 억압된 모빌리티 맥락들을 드러낸다는 것이다. 이는 더 객관적이고 관찰적인 재현 방식을 통해서는 보통 접근할 수 없을 맥락들이다.

결론

〈텐〉은 대부분의 로드무비보다 영리하고 성찰적인데, 미디어 생산을 독특한 자동차 모빌리티 경험으로서 의도적으로 전면에 내세운다는 점에서 주로 그렇다. 그러나 이 영화가 드러내는 쟁점들은 이 장르에 대한 우리의 이해에, 그리고 자동차 모빌리티 연구에서 이 장르가 갖는 중요성에 대한 우리의 이해에 더 광범위한 영향을 미친다. 이는 재현의 선택과 전체적 기호학 및 구문론의 전환들이 이미 고착된 경향들을 선명하게 만든다는 점에, 그리고 (아마 더 중요하게는) 이 장르에 대한 우리의 독해가 문화적 규범 및 믿음들에 관련되어 있다는 점에 주목하게 만들기 때문이다. 〈텐〉은 영화 장르가 단지 미학의 문제이기 어렵다는 점을 상기시켜 주는 유용한 영화이다. 오히려 장르를 특징짓는 전체 '핍진성 체제'는, 그리고 이에 따라 세계를 경험되는 대로 이른바 '재현'하는 장르의 역능은, 자신이 지배적 권력 체계에 빚지고 있음을, 그리고 재현을 통해 이런 똑같은 패러다임들을 재-기입하는 능력이 자신에게 있음을 가릴 수 있다. 키아로스타미의 영화는 이런 패러다임들을 다른 영화들보다 더 분명하게 드러내지만, 그러면서도 우리가 허구적 주류에서 나오는 저 다른 영화들을 역사적으로 더 세심한 관점으로 고찰하도록 초대하는 것이다.

그렇다면 내가 이 글에서 로드무비에 대한, 그리고 무엇보다도 자동차 모빌리티 연구에서 로드무비의 중요성에 대한 광범위한 토론을 한 발 진척시켰기를 기대하는 지점은 다음과 같다. 즉, 운전 경험에 대한 영화적 분석은 허구적인 것의 역능에 집중해야 하고, 다양한 맥락에서 허구적 재현에서의 운동과 전이에 민감해야 한다는 것이다. 시청각 형식으로서의 영화 미학은 자동차 모빌리티를 다중감각적으로 재현할 적절한 기회를 제공한다. 그것은 운전석에 앉은 우리의 흔히 잠재의식적이거나 자동적인 신체 과정 및 정신 과정을 조명할 역능이 있기 때문이다. 이 글의 여러 분석에 공통된 것은 로드무비의 실천과 해석에 대한 이러한 현상학적 접근 방식이다. 그러나 나는 여기에서 이 장르의 특별히 허구적인 측면들이 이러한 실천이 실제 경험의 불완전한 기록에 불과하다는 관념을 어떻게 좀 더 확장할 수 있을지를 특히 지적했다.

로드무비에 대한 사회학적 독해의 전망이 생기는 것은, 고립되고 개별적인 영화들이 아니라 하나의 장르로서의 로드무비에 대한 광범위한 역사적 분석에 의해서이다. 이는 단지 로드무비가 우리에게 보여 주는 것뿐 아니라, 특수한 역사적·문화적 맥락을 조명하면서 독해할 때 드러나는 것과 관련되어 있다. 한 마디로 말해, **장르**로서의 로드무비 연구는 상상하는 것과 수행하는 것의 의미심장한 속성들에 대한 귀중한 통찰을 준다. 그것은 세계를 향한 투명한 창문이 아니라 반영적이면서 굴절적인 유리와 같은 시각 방식인데, 이는 자동차 앞유리와 카메라 렌즈의 창조적 가능성들이 상호작용함으로써 구성된다.

3장

오스트레일리아
– 훔친 차처럼 운전하라

정착형 식민지 오스트레일리아에서
커뮤니케이션 매체로서의 자동차 모빌리티

죠르진 클라슨Georgine Clarson

글로벌 자동차 모빌리티 시스템은 단순한 교통수단 이상으로, 의미를 만들어 내는 아상블라주이기도 하다. 오스트레일리아에서 자동차 모빌리티는 정착형 식민지[**]의 정치체 형성에 핵심적이었다. 그리고 자동차 모빌리티에 스며든 미디어화는 정착민들의 오스트레일리아 대륙 소유가 정당함을 선전했다. 하지만 정착민의 자동차 모빌리티에 대한 풍부한 아카이브와 비교해 보았을 때 선주민의 자동차 모빌리티에 대한 아카이브는 비교가 안 될 정도로 빈약하다. 그러나 오스트레일리아 선주민들은 할 수 있을 때마다, 할 수 있는 방식으로 완강하고 생기 넘치는 자동차 문화를 만들어 왔다. 이러한 선주민의 능동성은 모조리 사라진 것은 아니지만 역사의 침묵 안으로 가라앉았고 때로는 스스로 역사의 침묵을 선택했다. 자동차 모빌리티는 오스트레일리아 대륙에 대한 정착민들의 권리 주장을 상상하고 구체화하는 데에서뿐 아니라, 이런 주장을 회피, 완화, 경합, 수정하는 데에서도 필수적이었다.

---

[*] 퀸스랜드의 선주민 예술가 버논 아 키Vernon Ah Kee의 티셔츠 디자인에서 차용한 문구. https://www.darkanddisturbing.com.au/shop/drivelike-stole-vernon-ah-kee/

[**] [역주] 정착형 식민주의Settler colonialism는 식민지 선주민들을 새로운 정착민들로 대체하는 식민지배 형태이다. 이에 대비되는 착취형 식민주의exploitation colonialism는 선주민의 노동력을 착취하는 데 주안점을 둔다.

서론

2014년 중반 무루뮤 왈루바라Murrumu Walubara는 선주민의 주권 행사로서 오스트레일리아 시민권 포기를 선언했다. 현재 그는 예전에 제레미 게이아Geremy Geia라는 이름으로 발급되었던 여권, 건강보험증, 운전면허증을 반납하고 오스트레일리아 북동부 끝자락에 있는 자기 부족인 이딘지Yidindji 부족 원로위원회에서 발급한 신분증을 지니고 다닌다(SBS TV 2014).

무루뮤는 6개월 후 저항의 수위를 한층 더 높여 "이딘지 주권정부가 허가한"(Daley 2015) 자동차를 수도 캔버라에서 운전하고 다닐 것임을 캔버라 경찰에 통보했다. 주류 신문들은 무루뮤의 행위를 거의 보도하지 않았지만, 국립선주민텔레비전National Indigenous Television(선주민 신문들과 라디오방송 같은 선주민 미디어들과 현재 선주민 정치운동을 가장 자주 방송하는 소셜미디어들)(Carlson 2013)에서는 이를 비중 있게 다뤘다. 'YID-001-이딘지 부족법 준수'라고 적힌 검은색과 황금색 번호판을 단 낡은 포드 자동차를 운전하여 튜거라농 파크웨이 거리를 누비는 무루뮤의 행동은 오스트레일리아에서 자동차 모빌리티와 정착형 식민주의 간의 연관성을 두드러지게 드러냈다. 이 행동은 1890년대 후반 오스트레일리아 대륙에 최초로 자동차가 유입되기 전에 이미 시작된 어떤 전통에서 나온 것이었다.

무루뮤는 백인 정착민들이 내세운 전제들을 전도시키는 하나의 질문으로 자신의 입장을 서술했다. "오스트레일리아 사람들은 어떻게 선주민의 땅에서 살고 있는가?"(SBS TV 2014). 이 글은 무루뮤의 이 질문에 대한 대답을 구하면서, 오스트레일리아의 정착형 식민주의를 물질적이고 문화적인 방식으로 생산하는 과정에서 자동차 및 이를 중심으로 발전한 자동차 모빌리티 시스템을 중심으로 만든 여러 실천들의 배치를 고찰할 것이다. 이 분석은 사회과학에서 발전된 이론적이고 방법론적인 틀에 의존하지만, 미디어와 모빌리티의 역사적 연관성을 탐구하는 인문학 분야에서의 새로운 다학문적 연구에 기여할 것이다(Sterne 2006; Muller and Weber 2013; 《The Communication Review》 13(4) 2010 특집).

이 연구는 오스트레일리아 선주민과 백인 정착민 관련 아카이브를 바탕으로 커뮤니케이션 시스템과 자동차 모빌리티 시스템의 일치를 고찰할 것이다. 선주민과 비선주민 소유의 자동차는 실질적으로 동일하지만 민족국가 서사에서 자동차의 활용과 재현은 상당히 달랐다(Stoltz 2001; Young 2001; Clarsen 2002, 2015; Frederick 2011; Byre 2013; Gibson 2014). 나는 선주민의 실천과 비선주민 실천 사이의 상호의존성을 분석하여, 자동차 모빌리티가 문화적 재현을 매개하고 역사적으로 어떤 상황에 처한 주체들이 형성하는 이야기들을 생산함을 드러낼 것이다.

이 글은 제임스 캐리James Carey의 토대적 연구에서 제안된 두 가지 커뮤니케이션 모델을 함께 고려한다. 이는 어떤 의미에서는 두 모델의 분석적 연결을 회복하는 것인데, 이 연결이 단절되었던 것은 전신 등 근대 커뮤니케이션 테크놀로지로 인해 상징의 이동 속도가 상징을 실어 나르는 매개체의 이동 속도를 앞질렀기 때문이다(Thrift

1990). 이 글에서 커뮤니케이션은 공간을 가로지르는 다양한 재현의 전송이라는 의미와, 긴 시간에 걸쳐 문화를 창출·공유·변형하는 의례적 수행이라는 의미를 모두 가진다(Carey 1989: 42, 43, 201-230). 캐리 연구에 대한 최근의 재평가에서는 일상생활의 실천 영역에서 커뮤니케이션과 이동 사이의 상호의존성이 강조되었다(Packer and Robertson 2006; Packer and Wiley 2012). 통상 개념상 분리된 영역들이던 교통과 커뮤니케이션이 여기서는 매우 유사한 물질적 과정, 즉 정착형 식민주의의 명령으로 형성된 일상적 실천들의 아상블라주로 비슷하게 사유되는 것이다.

영국의 에드워드 시대 자동차 모빌리티를 다룬 메리만의 연구(Merriman 2012, 2014), 그리고 이보다 일반적으로 북대서양 연안 지역에서 문학과 자동차 모빌리티 사이의 유사성에 대한 몸의 연구(Mom 2015)는 자동차 모빌리티를 공간적 이동 방식으로뿐 아니라 의미 생산 아상블라주로 프레이밍한다. 최근 피어스(Pearce 2016)도 유사한 방식으로 문학 텍스트에 바탕을 두고 운전(그리고 '탑승') 경험이 특정 문화의 사유 양식의 형성에 어떻게 전형적으로 연관되는지를 보여주고 있다. 자동차는 실질적 측면과 상징적 측면 모두에서 영향력을 지닌다. 그리고 자동차를 중심으로 발전해 온 어포던스affordance,[1] 기반 시설, 문화는 인지·정동·시각·신체적 운동감각 및 고유수

---

1 [역주] 어포던스affordance는 생태심리학자 제임스 깁슨James J. Gibson의 개념으로, 주체의 행동을 유도하는 환경의 성질(행동유도성)을 뜻한다.

용감각 경험에서, 그리고 시간·공간·장소의 포착에서 어떤 새로운 것을 준다는 점을 여러 연구들에서 확인했다(Duffy 2009). 자동차는 근대적 진보의 전형적 상징이었다. 이는 자동차가 가속화된 속도로 공간에서 전진한다는 의미에서만 그런 것이 아니다. 자동차는 어떤 플랫폼을 제공하는데, 이 플랫폼은 사용자들(그리고 다른 의미이기는 하지만 비사용자들)로 하여금 새로운 방식으로 생각하고 자신과 타자를 관찰하며 차이를 수행하고 미래를 다시 상상하도록, 그리고 공간을 가속화되고 유연하고 자율적 운동의 경관으로 다시 바라보도록 유도하는 것이다.

20세기 자동차 모빌리티가 급속하게 확산하고 (개별 신체부터 생산·유통·통제의 글로벌 시스템까지) 모든 삶의 형태에 침투하면서, 몇몇 연구자들은 긴급한 사회적 필요에 대응하기 위해 '장치'(dispositif 또는 apparatus)라는 미셸 푸코의 개념에 입각하여 자동차 모빌리티를 분석했다(Foucault 1980). 일례로 코튼 세일러Cotton Seiler와 제레미 팩커Jeremy Packer는 미국의 자동차 모빌리티 연구에서 자동차 모빌리티를 20세기에 걸쳐 사회문화적 구성체를 규정한 장치 혹은 "인식망"으로 바라보았다(Packer 2008; Seiler 2008: 5, 6). 나도 이와 비슷한 맥락에서 자동차 모빌리티를 권력구조의 전개 과정을 통해 발전한 담론·실천·테크놀로지의 네트워크로 바라본다. 하지만 이 연구의 분석은 세일러가 밝혀낸 법인자본주의의 작동 방식이나 팩커가 연구한 위험 거버넌스 작동 방식보다는, 오스트레일리아의 자동차 모빌리티가 정착형 식민주의의 지식-권력 관계 속에 뿌리내리는 방식에 초점을 맞춘다. 여기에서 일차적 관심은 자동차 모빌리티가 (테크놀로지의 어포던스 및 의미가 여전히 유동적이던) 국가 형성기에 정착민 권력의 정치를 중심으로 결합된 물질성들, 다양한 주체 공동체들, 의미 경관들을 (재)창출하는 데 생산적으로 작동했다는 것이다.

정착형 식민지 사회는 극명하게 이동적인 구성체이다. '구'세계로부터 출현한 자칭 '신'세계인데, 정착민들은 바로 이 '구'세계로부터 선주민 땅으로 이동해 와서 이 땅에 대한 주권을 주장하는 것이다 (Veracini 2010). 백인 정착민들이 정주하면서 기존 땅 주인('원주민')을 쫓아내고 재정착시키는 과정을 거쳐 이루어진 '세계 만들기worlding'는 단지 사람 · 사물 · 관념을 대도시에서 선주민 지역으로 이동시키는 문제만은 아니었다. 정착민 구성체는 정착민의 모틸리티²와 모빌리티에 근거를 두고 이들을 통해 표현되고 평가되는 물질적 · 사회적 · 문화적 변형이라는 **끊임없는** 과정을 통해서 형성되었다. 주권적 주체로서 자기 땅이라고 주장하는 영토를 돌아다니고 선주민의 모빌리티는 거꾸로 부정하고 제한하고 통제하는 백인 신참자들의 잠재적 · 실제적 능력은 정착형 식민주의에 핵심적이다. 무루뮤의 행위가 보여 주는 것처럼 20세기 전반에 걸쳐 그리고 21세기에 이르는 시기까지 오스트레일리아의 자동차 모빌리티는 백인 정착민들의 인종 · 권리 · 민족 · 주체성 · 권력 · 공간성에 대한 관점을 상상 · 수행 · 기술 · 시험하는 데 핵심적인 장소 역할을 수행했다.

---

2 [역주] 모틸리티motility는 모빌리티 '역량'을 뜻한다.

최근 교통 기술의 미디어화mediatization는 비판적 모빌리티 연구의 학문적 아젠다로 등장했다(Adey 2010: 175). 미디어화 과정은 변화를 생산하는 커뮤니케이션 테크놀로지의 역할에 관심을 두는 미디어 · 커뮤니케이션 연구의 핵심 주제였다. 이 용어는 사회문화적 현실에 스며든 미디어 환경에 의해 사회문화적 현실이 변형되는 메타적 과정을 지칭한다. 미디어화는 대중매체의 정보 전송 기능을 넘어 사회적 삶의 구성에서 대중매체가 갖는 체계적 권력에 주목한다(Packer and Robertson 2006). 그래서 현대 생활에 디지털 미디어의 편재성이 가져오는 결과를 분석하는 미디어화 연구가 늘어나고 있다(Hepp and Krotz 2014; 《Communication Theory》 23(3) 2013 특집). 특히 이 글의 관심은 미디어화가 (통제 및 감시, 내비게이션, '스마트' 고속도로, 엔터테인먼트 등에서) 이동하는 사물들의 커뮤니케이션 연결이 점차 증가하는 데 대한 연구틀을 제공한다는 데 있다.

하지만 모빌리티 역사를 연구하는 학자들이 상기해 주듯이, 유동성과 움직임은 사실 최근의 현상이 아니다(Cresswell 2010: 27). 또한 일상생활의 미디어화란 것 역시 유서 깊은 역사를 지녔음을 기억하는 것이 중요하다. 최근의 네트워크 연결 환경이 등장하기 전에도 미디어의 이동화와 이동의 미디어화는 진행되고 있었다. 특히 자동차 모빌리티의 자의식적인 체화적 · 수행적 · 의례적 미디어화 과정에서 그러했다(Muller and Weber 2013). 자동차는 움직이기 위해서 만들어졌지만, 이와 동시에 공간을 가로지르는 네트워크화된 이동에서 사회세계를 형성하는 커뮤니케이션 매체로 기능했다.

정착민의 실천으로서 미디어화된 자동차 모빌리티

오랫동안 자동차 모빌리티는 국가 발전의 핵심 테크놀로지로서 각 국가의 맥락에 따라 상이하게 표출되는 것으로 분석되었다 (Edensor 2004). 자동차가 오스트레일리아에 도입되었을 당시 백인 정착민들은 오스트레일리아를 영국과 같은 계급적 불평등이 없으며 번창하는 백인의 민족이라고 상상하는 데 심취해 있었다(Bellanta 2013). 인구는 적고 영토는 '길들여지지 않은' 이 사회는, 고작 4백만 명의 정착민이 거대한 대륙의 소유권을 주장할 수 없음을 잘 인식하였기에 새로운 테크놀로지에 호의적이었다.

심지어 처음 자동차가 수입되기 전에도, 그리고 이 자동차가 신뢰할 만한 것으로 여겨지기 훨씬 전에도, 저널리스트들은 자동차를 시시한 소비 아이템이나 개인의 자유 혹은 패션 같은 것 이상으로 바라보았다. 국가 건설의 조건에 걸맞은 정동이나 의미들이 자동차에 스며들었으며, 자동차는 핵심적인 국가 프로젝트를 달성하기 위한 진보적 기계로서 언론의 호의적 시선을 받았다. 예를 들어 자동차는 사료와 물이 부족한 대륙의 내륙 지역 탐험에서 말을 대신할 수 있다고 선전되었다(《Advertiser》 1896년 2월 3일자: 4). 자동차 이익단체와 엘리트 계층 운전자들은 이러한 낙관적 감성을 더욱 강화시켰다. 따라서 자동차에 대한 반대는 상당히 미미했으며, 이는 북대서양 지역에 비해서도 훨씬 그러했다(Trantor 2005). 자동차협회와 제조사들은 정착민 배치의 특성을 반영한 '예상 지리anticipatory geography'를 동원하여 자동차 모빌리티와 국가 발전을 하나로 묘사했다. 이러한 과정을 통해 오스트레일리아 최초의 자동차들은 사람과 물건을 실어 나르는 역할만큼이나 정착민의 집단적 욕망과 판타지, 추측, 희망, 이데올로기를 전달하는 역할을 했다(Clarsen 2014a).

1910년 이전에 이미 자동차 모빌리티의 미디어화를 알리는 신호들이 오스트레일리아의 오지 여행에서 특히 두드러지게 나타나고 있었다. 환경이 거칠고 철도가 없으며 여전히 동물 교통수단에 의지한다는 것은 이 국가가 주장하는 영토 대부분에서 백인의 정착이 불안할 정도로 취약함을 강조하는 데 이용되었다(Clarsen 2015). 중심 도시들을 넘어서 여행하는 운전자들은 항상 그렇지는 않았지만 주로 남자들이었다. 이들은 수많은 미디어에서 정착민의 여행에 방해가 되는 "눈에 거슬리고 무의미한 쓰레기들"의 "정복자"로 찬양되었다. 민족이 당면한 미완성 임무를 상징하는 전형적인 장소인 '아웃백'과 '네버네버' 지역은 정착민의 에너지, 지략, 권력을 수행하는 극적인 환경으로 여겨졌다. 미디어에 실린 이야기들은 대륙 횡단을 하는 운전자들의 기계적으로 증폭된 속도를 영웅적 전투로 묘사했다. 이 전투는 국가 궤도 안으로의 완전한 귀속이 시급하게 요청되는 장소들에 맞선 전투에 다름 아니었다. 일례로, 전국적 자동차 저널은 대륙 횡단 운전자들이 다음과 같은 것을 가져야 한다고 말하고 있다.

이 황폐한 바위투성이 땅으로 여행하는 위험을 받아들일 수 있는 용기. 적대적 자연환경의 성벽을 넘어서 며칠이나 몇 주 동안 운전하면서도 목표를 결코 잊지 않으며 엄청난 장애물에 직면해서도 슬퍼하지 않고 결코 한순간의 패배적 사고도 허락하지 않는 인내심 《Australian Motorist》 1908년 9월 15일자: 17).

1830년대 중반 '대륙 횡단'이라는 용어와 이에 상응하는 '대륙 횡단자overlander'라는 주체성은 오스트레일리아 영어에서 정확한 의미를 얻게 되었다. 이 용어의 기원은 유목업자pastoral overlander(목양업체 및 그 직원들)가 (수천 년에 걸친 오스트레일리아 선주민의 원예의 결과였던) 거대한 선주민 목초지를 폭력적으로 탈취하는 것을 오스트레일리아 식민지 당국이 암묵적으로 승인해 준 시절까지 거슬러 올라갈 수 있다. 다른 논문에서 논의했듯이, 20세기까지 이러한 대륙 횡단은 하나의 국가신화로서의 지위를 차지했다. 즉, 이 신화는 발전하고 있는 교통 방식들에서 실천되는, 시공간에서 일어나는 다양한 이동의 배치다(Clarsen 2014b). 대륙 횡단은 미디어화된 '소통 행위들'의 어떤 아상블라주로서 자동차 시대까지 지속되었다. 이 행위는 정착민들의 정복 실천의 기원을 지워 버리기 위해서 일종의 악의 없는 모험이라는 의미를 담고 있었다(Clarsen 2014a). 적대적 환경에 대항하는 영웅적 전투 이야기는 여타 폭력적인 전투에 대한 불편한 기억들을 모면하는 서사로 기능했다. 이러한 폭력적 전투는 그 땅을 둘러싼 선주민과의 전쟁에 다름 아니었다(Curthoys 1999).

속박 받지 않는 자유로운 이동을 막았던 지역을 자동차로 여행하는 가속화된 모빌리티는 정착민들에게 발전과 강화의 수단이었다. 하지만 이러한 아웃백의 위업을 직접 지켜본 이들은 거의 없었다. 대다수 남부 사람들은 점차 발전하는 대중매체를 통해 자동차를 통한 대륙 횡단을 관찰하게 된다. 발전하는 자동차 모빌리티 시스템과 커뮤니케이션 매체는 하나의 집합적 실천 속에서 파트너가 된다. 이러한 실천들은 선주민의 땅을 횡단하는 백인 정착민들에게 새로운 권력을 내주는 것이었고, 선주민의 땅에서 마치 집에 있는 것처럼 자신을 재현할 수 있는 새로운 방식들을 제공해 주었다(Hall 2006, 2013; White 2007; 《Australian Motorist》 1932년 7월호: 524; 1936년 12월호: 212). 20세기 초반 커뮤니케이션 방식들이 확장되는 가운데, 그 안에서 자동차 모빌리티에 대한 미디어화는 정착민 국가의 긴급한 임무를 끊임없이 수행하는 과정에 필요한 하나의 장치로 작동했다.

대륙을 처음 횡단했던 대륙 횡단 운전자들은 자신들의 이동이 지닌 극적인 힘과 역사적 중요성을 날카롭게 인식하고 있었다. 대륙 횡단 운전자들은 연필, 노트, 카메라를 지니고 다니면서 '텅 빈' 영토를 가로지르는 자신들의 멈칫거리는 물리적 전진 과정을 읽을 수 있는 단어들과 들을 수 있는 이야기, 그리고 볼 수 있는 이미지로 기꺼이 번역했다(Dutton 1909; Birtles 1914, 1935; Ellis 1927; Sandford 1927; Terry 1927; Dorney 1927; Hatfield 1937; Clarsen 2008). 아웃백 길에서 이들과 마주치거나 이들을 환송하거나 환영하는 행사들을 도시 중심에서 관찰한 사람들은 소수에 불과했는데, 자동차와 미디어 산업은 이런 소수를 훌쩍 넘어서 이 대륙 횡단 운전자들의 국가 영토 순찰을 널리 알렸다. 대륙 횡단자들은 그들이 지나치는 마을에서 기자들을 찾아 기회가 닿을 때마다 자신들의 여정을 업데이트하여 전신으로 보냈다. 대륙 횡단자들은 언론에 실을 글을 쓰고 잡지사에 사진을 보내기도 하고, 영화관에서 상영할 동영상도 찍었으며, 자신들을 응원하려고 모인 군중 앞에서 연설을 하기도 했다(Dixon 2012: 14).

　대륙 횡단자들은 적대적 경관을 집처럼 느끼게 된, 테크놀로지로 보철된 '새로운 원주민들'의 일부로 보이게끔 신경을 썼다. 미니멀하고 찌그러진 차체에 남은 여행 흔적을 모두 면밀하게 보존했으며, 캠핑 장비, 자전거, 스페어타이어, 윈치, 삽, 여분의 연료, 물탱크 등을 가득 싣고 다녔다(《Lone Hand》, 1912년 7월 1일자: 252-259). 그들의 사진은 길이 없는 지역을 힘겹게 달리는 모습을 담고 있었으며, 그들의 자동차는 수많은 슬로건('오스트레일리아를 가로질러: 늘 웃으면서', '던롭 타이어')을 붙인 움직이는 광고판이었다. (1926년 "오스트레일리아를 돌아보고" 귀향하는 한 커플을 담은 뉴스 영상 장면에서 표현한 것처럼) 버팔로 뿔, 부메랑, 창 등으로 장식된 자동차는 "북부 오지를 유유자적 가로지르는 자동차를 증언"한다(《Australian Gazette》 1926). 임시로 수리한 자동차는 운전자들의 지혜와 시골 오지의 기발한 재간을 말해 주었다. 과열된 엔진은 매연과 연기를 내뿜었고 소음기(머플러) 없이 달리는 자동차는 마치 "기관총처럼" 불을 뿜었다(Ellis 1927; Terry 1927: 33-34; Birtles 1935). 이러한 방식으로 대륙 횡단자들은 "시간이 멈춘" "석기시대"에 자신의 존재를 요란하게 울려 대면서 "손닿지 않은" 공간들의 "침묵"을 깨뜨렸다. 하지만 이 침묵이란 부당하게 과장된 것이었고,

손닿지 않은 공간들이란 사실 정착민 서사에서는 미분화된 "공란"으로서 누군가 깨워 주기를 기다리는 잠든 공간으로 흔히 재현되었다(Cathcart 2009).

요약하면, 대륙을 횡단한 운전자들은 언어와 공간 모두에서 움직인 것이다(Griffiths and Bonyhady 2002). 운전자들은 미래를 마음에 품고 여행했으며, 이 미래는 정착민의 역동성과 권력의 스펙터클로서 생산되는 진보였다. 이 스펙터클은 서로 얽혀 있는 일련의 라이브 퍼포먼스, 기호, 진열장 전시, 공개 출연, 전시회, 신문 스토리, 학술지 논문, 스폰서 브로셔, 광고판, 선전, 여행 서적, 라디오 프로그램, 사진, 환등기 강의, 다큐멘터리 영화 등을 통해서 미디어화되었다. 대륙 횡단자들의 이야기는 말하자면 공간을 오스트레일리아 영어로 번역하는 정착민의 프로젝트를 지속시켰는데, 이때 이미 거기 있던 선주민의 질서정연한 장소들에 대해서는 침묵했다. 그들의 이야기 작업은 두 방향으로 전개되었다. 과거를 향해서는 선주민의 지리에 대한 기억을 삭제하고, 미래를 향해서는 백인 정착민 정치체를 당연시하는 것으로 작동한 것이다(Mar and Edmonds 2010). 미디어화된 자동차 모빌리티는 규범적 정착민 주체 및 지리를 설정하도록 작동하였으며, 역사가들에게 하나의 아카이브를 제공했다. 이 아카이브를 통해서, 리프킨(Rifkin, 2014: 5)이 19세기 미국의 문학 문화 분석에서 묘사하고 있듯이, "정착민들의 역사와 잔인함과 은폐와 이해관계가 일반적이고 상식적인 것으로 탈바꿈"하는 과정의 일부를 추적할 수 있다.

20세기 후반이 되기까지는 외진 지역의 풍광을 자동차로 여행하는 것은 여전히 드물고 값비쌌다. 하지만 1950년대 경제 호황기에 오스트레일리아 대륙을 순회하는 수백 대의 자동차 행렬 때문에 전 국민이 아웃백을 중산층 여행지로 주목하게 되었다. 바로 리덱스 오스트레일리아일주 자동차경주The Redex Around Australia Reliability Trials 가 그것이다. 1950년대 경제 호황기에 열린 이 자동차 경주는 3년 연속 개최되면서 대륙 횡단 자동차 모빌리티에 대한 미디어화의 정점을 이루었다(Clarsen 2010). 모든 미디어가 이 자동차 경주를 비중 있게 다루었고, 기계화된 모빌리티의 쾌락과 무절제를 통해 국가 발전의 이야기를 널리 퍼뜨렸다. 거친 풍광을 엄청난 속도로 달려가는 자동차에 대한 극단적 이야기들이 뉴스 영상, 라디오, 인쇄 매체를 뒤덮었다. 스폰서 로고들로 덮인 채 붉은 먼지 기둥을 끌고 달리거나 범람한 개울을 건너거나 찌그러진 채 경주로 옆에 뒤처진 자동차 모습을 일일 리포트가 연일 보여 주었다. 리덱스 자동차 경주는 자동차 모빌리티에 대한 열광을 미디어화한 하나의 움직이는 파노라마였으며, 이 파노라마는 공중으로부터나, 경주 자동차 앞유리를 통해서나, 경주로 옆에 늘어서 응원하는 관중들에 의해서 볼 수 있었다. 이는 단지 자동차 경주 수준을 넘어서, 대중적 자동차 모빌리티의 힘과 즐거움을 통해서 물리적이고 문화적으로 통합된 하나의 전체로 민족을 인식하는 데 결정적 역할을 한 사건이었다.

점차 자동차 테크놀로지가 지속 불가능하고 일상적이고 흔한 것이 되어 감에 따라서, 이제 자동차 경주는 전국적인 주목을 받지는 않는다. 자동차로 오스트레일리아 대륙을 일주하는 것은 이제 "백발 유목민들"(Greenwood 2011; Kerr 2013)의 레저 활동이 되었다. 하지만 오스트레일리아의 자동차 문화사를 다룬 다큐멘터리 시리즈 〈광활하게 열린 길Wide Open Road〉에 따르면, 무제한의 자동차 모빌리티를 현대의 오스트레일리아 문화 형성에서 떼려야 뗄 수 없는 것으로 그려 내는 재현들은 여전히 힘을 지니고 있다(Clarke 2011). 이 다큐멘터리의 초반 몇 장면에서 해설자는 "우리"는 "경주자들의 민족"이라고 단언하고, "모든 오스트레일리아인을 통합시키는 한 가지는 바로 우리 모두 저 마음속 깊은 곳에서 화끈한 운전자라고 생각한다는 것입니다."라고 선언한다. 이 다큐멘터리 시리즈는 "광활하게 열린 길"의 즐거움을 하나의 대중적 상식인 양 제시하는데, 이는 민족으로서 "우리"는 누구인가에 대한 우스꽝스럽고 탈정치화된 설명인 것이다. 구속받지 않는 모빌리티란 "주어진 것"으로 자연화되고 있다. 일상적 실천에 대한 이런 순진한 역사적 설명으로는 일상적 실천의 말소와 암묵적 권력관계를 지목하기 힘들다.

선주민의 자동차 모빌리티

선주민의 것을 강탈한 현실은 자동차 대륙 횡단에 대한 정착민의 서사에서 억압된 채 주변으로 밀려나 잘 드러나지 않지만, 선주민들 자신은 사실 전혀 주변적이지 않았다. 언뜻 보기에 이들 자신이 이 서사를 만든 것은 아니지만, 이들은 거기에서 중심적 등장인물로 나타났다. 선주민들은 자신의 영토를 지나쳐 가는 첫 번째 대륙 횡단자들을 보았던 소수의 목격자였다. 이 여행자들과 그들의 기계에 대한 선주민들의 반응은 대륙 횡단자들이 생산해 낸 이야기에서 중심적이었다. 남부의 리포터들은 언제나 여행자와 '미개한 원주민'의 만남에 대해 물었고 셀 수 없이 많은 이야기를 출판했다. 운전자와 그들의 기계에 대한 선주민의 고지식하고 우스꽝스럽고 두려워하는 반응에 대해 어떤 이야기는 공감했고 어떤 이야기는 조롱했다. 1914년 한 시드니 신문은 오스트레일리아 서부 최북단의 "야만인들"이 "이 기이한 것의 출현 앞에 급히 달아나거나 땅에 얼굴을 대고 엎드려서 꼴사납게 울부짖었는데, 이들은 분명 자동차를 자신들을 파멸시키러 온 새로운 괴물이나 악마로 여긴 것이다."라고 보도했다(《World's News》, 1914년 1월 24일자: 2; 《Register》 1917년 10월 20일자: 6). 1950년대까지도 이야기와 이미지들은 선주민을 영원히 근대적 테크놀로지 영역 밖에서 사는 원시인으로 규정했다(《Daily Telegraph》 1953년 8월 30일자: 1954년 7월 2일자, 9일자).

선주민의 자동차에 대한 공포를 묘사하는, 출처가 미심쩍은 이야기들은 실제 역사에서 벌어진 자동차와 선주민의 만남보다는 백인 우월주의 담론의 생산 과정에 대해 더 많은 것을 말해 준다. 이 이야기들은 정착민의 근대성과 선주민의 원시성 사이의 극명한 구분을 생산하고 있다. 델로리아(Deloria, 2004: 143)가 미국 선주민이 자동차 테크놀로지를 만난 초기 맥락에서 관찰하듯이, 비-인디언은 특히 백인 근대성의 기계적 혁신을 찬양하고 인디언을 기술적으로 원시적이라고 상상하면서, 사실 현대적 세계로부터 토착성을 분리시키고 이 현대적 세계에서 자율적인 인디언 존재의 가능성을 배제하려는 정치적 시도를 했던 것이다.

물론 실제로는 백인 정착민과 선주민 모두 현대 세계에 존재하고 있었으며 둘 다 거의 비슷한 시기에 함께 자동차와 조우했다. 세기 전환기에 오스트레일리아 대륙에 자동차가 처음 도착하고 얼마 되지 않아, 정착민과 선주민은 비록 늘 비대칭적이긴 했지만 그래도 함께 자동차 모빌리티 시스템의 초기 단계로 진입했다. 단지 오스트레일리아 대륙의 각 지역마다, 그리고 각 시기마다 이 시스템의 작동 방식이 매우 다양했을 뿐이다. 초창기에 내륙 지역을 운전할 수 있는 정착민의 능력은 선주민의 신체에 행사된 적나라한 권력 덕분에 보장된 것이었지만, 여행자들은 이 사실을 거의 깨닫지 못했다. 운전자들이 이용한 길들 중 일부는 원래 오래된 보행로였다가, 경찰관과 정부 하청업자의 명령에 따라 선주민들의 강제노동으로 공기주입식 타이어에 맞게끔 평탄하게 다져진 것이었다(Chief Protector of Aboriginals 1925: 6; Ellis 1927: 96-98; 《West Australian》 1889년 8월 29일자 3쪽; 《Adelaide Mail》 1926년 8월 28일자 11쪽; 《Adelaide News》 1939년 4월 29일자 9쪽). 선주민 무덤에서 나온 오래된 조개무지와 심지어 해골까지 도로 건설에 사용되었다(Peisley 1993; 《Austalasian Post》 1991년 9월 7일자: 21). 농장관리자, 선교사, 경찰은 "그들의 원주민들"을 강제동원하여 강이나 모래밭에 빠진 자동차 운전자들을 끌어내게 했다. 남아시아인과 선주민 낙타몰이꾼들은 자동차

도로변의 폐기장으로 연료와 오일을 운반했다. 백인의 정착을 위해서 사람들을 그들 땅에서 내쫓아 보호구역, 선교구, 감옥으로 옮기는 데 트럭이 사용되었다. 정부 차량도 선주민이 정착해 거주하던 곳으로 와 아이들을 실어가 가족들로부터 떼어 놓았다(Davenport, Johnsonm and Yuwall 2005). 이러한 변화는 매우 신속하고도 광범위하게 벌어져 1920년대까지 오스트레일리아 중부 지역의 선주민은 모두 그곳을 방문하는 고위 관료나 버스를 타고 오는 도시민 앞에서 공연을 하는 관광 자원이 되었다.

하지만 자동차 모빌리티의 특징이 노골적 강제이든 호혜적 교환이든지 간에, 선주민의 행위성은 결코 지워질 수 없는 것이었다. 선주민과 대륙 횡단 운전자들의 만남은 불평등했지만, 선주민이 새로운 경험을 포착하고 자신만의 이야기를 말할 기회가 늘어난 것도 사실이다. 일부 선주민은 여행안내인으로 일했는데, 이때 이 지역에 대한 선주민의 지식이 여행자의 생명을 구하기도 했다(Mulvaney and Calaby 1985, 296-298; 《Australian Motorist》 1914년 9월: 67; 《Northern Territory Times and Gazette》 1919년 9월 20일자 12; 《Argus》 1925년 5월 26일자 12). 어떤 선주민은 대륙 횡단 운전자들을 기꺼이 자기 땅으로 받아들였고, 심지어 자기 공동체의 사람들이 이 죽어 갈 때에도 이들과 지식 및 기술을 교환했다. 가장 글도 많이 쓰고 유명한 대륙 횡단 운전자인 버틀스Birtles(1917)는 남부의 정착민 행정 중심지들과는 멀리 떨어진 중간 상호거래 지점에서 선주민과 만난 일을 기록하고 있다. 그는 신문 기고문에서 보르케타운 북서부 걸프 지역에 거주하는 선주민에 대한 "노예제"와 무자비한 "흑인사냥 전술"에 항의했다. 자신을 친절한 "케이프요크의 앵글로색슨 왕"으로 상상하기 좋아했던 버틀스는 그 지역민들에게 의존하여 차를 계속 움직이게 했으며 아플 때는 그들의 보살핌을 받았다(Ellis 1927, 16). 지역민들은 버틀스를 "모터카 프랭크"라 불렀고, 그는 함께 사냥한 이들이 담배, 사탕, 낚시 도구, 총, 차량 등의 물품에 환호했다고 밝혔다(Birtles 1935, 174). 버틀스의 무수한 신문 기고문과 사진을 남겼는데, 책과 동영상은 현재 역사 아카이브에 보존되어 있다(그림 1과 2 참조).

선주민과의 여행에 대한 버틀스의 재현은 디지털 아카이브 형태로 연구자들에게 풍부한 자료가 되고 있다. 이런 자료에서 나타나는 정착민은 자신의 근대성을 '원주민'과 정반대되는 것으로 상상하고 있는데, 선주민이 자동차 모빌리티가 재현하는 진보의 외부에 있다고 그려 내는 것이다(Clarsen 2015). 하지만 이를 정반대로 해독하면, 정착민의 이야기는 선주민이 어떻게 고유한 방식의 근대성을 만들어 내고 그들의 개인적이고 집단적인 삶 속에 자동차를 들여오는지를 암시하는 귀중한 자료이다. 예를 들어 버틀스가 기록한 '원주민 형제'인 데이비Davy와의 여행에서 데이비는 "자동차가 무엇을 할 수 있고 어디로 갈 수 있는지 금방 배운다"(Birtles 1917). 그들은 퀸스랜드와 노던테리토리 경계 북단의 황량한 땅을 가로질러 버틀스의 차를 끌고 와서, 엔진을 정비하고 차축을 바로잡고 라디에이터를 수리한다. 버틀스의 설명은 데이비가 단지 자동차를 움직이게 하는 작업을 넘어서 이 작업에 지역적 의미를 부과함을 보여 준다. 데이비는

〈그림 1〉 블러드우드 나무 수액으로 버틀스의 라디에이터를 수리 중인 이름을 알 수 없는 선주민. Francis Birtles, 사진가, 오스트레일리아국립도서관 자료 협조, nia.obj-149653199.

〈그림 2〉 카올리나이트 디자인으로 그림을 그린 자동차에 타고 있는 버틀스와 그의 '원주민 형제'의 모습. Francis Birtles, 사진가, 오스트레일리아국립도서관 자료 협조, nia.pic-vn3301959.

그의 부족민들이 "매우 감탄한" 노래들을 작곡한다. "데이비의 듣기 좋은 목소리의 날랜 음조는 신속하게 달리는 자동차의 리듬과 움직임을 떠올리게 했다." 버틀스(Birtles 1917)는 이 노래들이 "엄청나게 유행했다"고 쓰고 있다. 젊은이들은 이 노래들에 맞춰 "자동차 코로보리춤"을 만들었으며 이 "멋진 춤"을 보러 수백 마일을 온 사람들도 있었다.

노던테리토리주에서 캥거루 사냥을 떠난 버틀스와 이름 없는 선주민 친구들의 모습이 담긴 주목할 만한 사진은 버틀스 자동차의 '토착화' 과정을 기록하고 있다. 이 사진의 정체를 밝혀 줄 만한 정보는 남아 있지 않지만, 흰색 오커 페인트로 차체에 그려진 그림은 이스트 엘리게이터 강변의 군발라나 지역에서 온 선주민이 그린 것이 거의 확실하다.[3] 판다누스 나무의 얇은 뿌리에서 나온 섬유로 만든 붓으로 그린 이런 그림들은 적어도 1,500년의 전통을 가지고 있으며, 인근의 암면미술 갤러리들에도 많고 현대 미술에서도 많이 발견된다(Wesley 2014).[4] 그림의 주요 모티브는 사람뿐 아니라 바다악어, 긴 목 거북이, 에뮤 새, 민물 사라토가, 손과 팔뚝 스텐실 등이다. 춤추는 사람의 모습은 전통적인 유바 제식의 유산으로 생기 넘치게 그려졌으며, 풀이나 잎으로 만든 머리장식과 발찌가 자세히 묘사되어 있다.

---

3 플린더스대학에 있는 박사후연구원 대럴 웨슬리Daryl Westley 박사의 도움에 감사드린다. 그의 전문 지식이 이 사진 해석에 도움을 주었다.

4 〈인자락 아트앤크래프트 협회Injalak Arts and Crafts Association〉를 참조(injalak.com).

이 사진을 상호문화적 커뮤니케이션 매체로 해석해 보면, 선주민들은 전통 의례와 문화적 표현 안에 능동적으로 자리 잡으면서도 새로운 경험과 기술에 열려 있는 사람들로 드러난다. 버틀스와 함께 여행한 '원주민 형제들'은 버틀스 자동차에 새기는 행위를 통해서 이 차를 그들의 목적에 따라 그들의 역사 안에 적어 넣었던 것이다.

정착민에 의한 자동차 모빌리티의 철저한 미디어화에서, 선주민은 거의 권력이 없었으나 그 행위성은 그대로 남아 있었다. 선주민 시각에서의 역사적 기록이 상대적으로 적다고 해서 자동차 모빌리티가 정착민의 테크놀로지였던 것은 아니며, 선주민의 삶의 현실이 그랬다는 것도 아니다. 전기와 회고록이 늘어나면서 선주민들이 가난하고 억압당하면서도 자동차를 개인적 삶과 집단적 삶에 재빠르게 결합시켰음이 드러나고 있다. 이런 기록들에 나타난 자동차들은 매우 가치 있는 탈것이자, 나름대로 즐거움을 선사하고 정착형 식민주의의 억압에 적응하여 잘 고쳐 쓸 수 있는 것이었다. (어려운 상황에도 잘 보존되어 있는) 선주민의 이야기와 가족사진들이 점차 공적 기록 안으로 들어왔다(Macdonald 2003). 선주민의 이야기는 자동차 모빌리티가 선주민과 비선주민 문화가 그 안의 동일한 경로들에서 함께 움직이고 공유된 실천이었음을, 다만 선주민에게는 거의 언제나 더 비싼 대가를 요구하는 실천이었음을 보여 준다.

선주민은 할 수 있는 한 어디에서든 어떤 방법을 써서라도, 자동차 모빌리티를 이용할 기회를 포착했다. 1920년대 동안 선교기지 수리소에서 자동차를 만진 어떤 선주민들은 혁신적 "시골 수리공"

이라는 전설적 존재였다(Brock 1993: 164, 165; Eckermann 2010: 146; 《Western Mail》 1932년 10월 27일자: 7; 《Courier Mail》 1938년 4월 6일자: 11). 오스트레일리아의 일부 농촌 지역에서 선주민들은 담장 쌓기, 우물 파기, 양털 깎기, 광업, 벌목, 댐 공사, 토끼잡이, 들개 가죽 벗기기와 같은 노동으로 나오는 임금을 모아서 (선교사가 당황하고 백인 이웃이 부러워하는 가운데) 중고 승용차와 트럭을 구입했다(Kidd 2007; 《Western Champion》 1925년 3월 19일자: 9쪽; 《Western Mail》 1932년 10월 27일자: 7; 《Courier Mail》 1938년 4월 6일자: 11). 자동차 소유는 노동력이 부족한 곳과 노조가 선주민 노동자에 대한 동일 임금을 고집한 곳에서 더욱 일반화되었다(Elton 2007). 비선주민 아버지가 선주민 자녀를 인정하고 최악의 공적 통제와 지역 인종주의에서 보호하는 경우에도 자동차 모빌리티는 더 용이했다(Probyn-Rapsey 2013). 선주민의 재산권이 허가되지 않는 곳에서는 비선주민 가족이나 친구들이 선주민 자동차의 소유인 척하기도 했다(Gifford 2002: 85-90). 선주민의 자동차 모빌리티는 지역 경찰관의 변덕에 좌우되기도 했는데, 지역 경찰관은 운전면허와 자동차등록을 정지시킬 권한이 있었고 이를 이용해 선주민 운전자들을 괴롭히기도 했다(《Western Australian》, 1938년 4월 29일: 12). 여러 가족들은 돈을 모아 승용차나 트럭을 공동으로 구입하고 사용했다. 수많은 사진 수집품 중에는 부상으로 전시된 자동차 앞에서 잘 차려입고 포즈를 취하는 사람들을 담은 스냅사진도 있다. 양차 세계대전 사이에 선주민들은 자동차를 활용해 다양한 문화적 실천을 유지했다. 돈을 벌어 이동주택을 끌고 다니기 위해, 여기저기 흩어진 친척들을 방문하기 위해, 정치적 조직화를 위해, 복지 행정보다 한 걸음 먼저 움직이기 위해, 장례나 출산이나 혼례에서 품위 있는 운송수단을 쓰기 위해, 소풍이나 휴가나 쇼핑을 위해, 길거리의 인종주의로부터 보호받기 위해, 긴급 의료 상황에 대처하기 위해 자동차를 사용한 것이다(Frederick 2011).

　대부분의 정착민은 보지 못했지만 선주민들에게는 상식이었던 것은 선주민 자동차 모빌리티의 변화무쌍한 얽힘이었다. 이에 대한 자료는 현재 점차 공공 기록으로 자리 잡고 있다. 이 특유한 선주민 모빌리티는 문화적 차이, 물질적 빈곤, 백인우월주의의 산물이라 할 수 있다(Byrne 2013: 295). 예를 들어, 메이 헌트May Hunt는 명민한 운전자였다. 그녀는 오스트레일리아에 처음으로 자동차가 유입된 1900년 출생했다. 선주민 어머니와 백인 아버지 사이에서 태어난 메이와 형제들이 자동차를 처음 접한 때는 1912년 기계화 물결이 뉴사우스웨일즈, 사우스오스트레일리아, 퀸스랜드가 만나는 접경지역의 '코너컨트리'라는 불모지까지 도달했을 때이다. 그녀 아들은 조그만 마을 변두리에서 임시 천막과 외양간, 휘발유 깡통을 펴서 집을 만들었던, 가족의 호시절과 역경과 트라우마에 대해 적고 있다(Hunt 2006). 헌트 가족의 버팀목이었던 어머니에 대한 아들 헌트의 애정 어린 기억은 다양한 모빌리티로 이루어진 어머니 메이 헌트의 삶을 드러내 준다. 도보, 손수레, 달구지, 말, 낙타, 자전거, 우마차, 트럭, 자동차 등이 그것이다. 메이 헌트 가족이 1921년 포드의 T모델 자동차를 구입하고 나서 운전은 주로 메이가 했는데, 그녀는 직장을 얻기 위해, 자녀들을 받아 줄 학교 근처에 살기 위해, 특별한 곳을 방문하기 위해, 흩어진 친척들을 만나기 위해 온 나라를 가로질러 자주 이동했다. 자동차 모빌리티는 나이가 들어서도 메이 헌트 삶의 중심으로 남아 있었다. 메이는 1950년대 초반 1927년형 위펫 승용차를 구입했다. 그리고 나중에는 지역 경찰의 묵인 하에 면허와 등록 없이 이동주택을 끌고 다녔다. 아들 해롤드 헌트는 나이 들어 자동차를 더 많이 운전하고 더 편안하고 우아하게 여행한 그녀의 능력을 회고하면서, 이를 그녀 생애의 성공과 위엄의 상징으로 여겼다.

정착민이 자동차로 보여 주는 솜씨는 국내외 대중을 향해 미디어화된 반면, 선주민 운전자들은 종종 역사적 침묵을 원했다. '흑인으로서 운전하기'의 위험[5]이 그들이 눈에 띄지 않으려 한 이유를 잘 설명해 준다(Hunter 2014; Clarsen 2017). 선주민들에게 자동차 모빌리티는 즐거움과 기회였을 뿐만 아니라, 반갑지 않은 호기심이 일으키는 위험, 폭력과 체포의 위협이기도 했던 것이다. 1952년 내륙 광산도시인 브로큰힐로부터 나온 신문 보도는 비선주민 가족에게는 별다를 것 없는 크리스마스 가족여행이 대중적 관심거리가 될 수 있음을 잘 보여 준다. 《배리어마이너Barrier Miner》지 기사의 제목은 "장보러 마을에 출현한 원주민들"이었다. 이 이야기는 플린더스산맥 북부에서 온 이름을 알 수 없는 여행자들에 대한 것으로, 이들이 이 마을에 도착한 날 아침에 바로 나왔다. "수줍고" "과묵한" 이들은 기자와 대화하기를 꺼려 했지만, 기자는 이를 극복하고 기사를 썼다. 이 40명의

---

5 [역주] 경찰이 운전자가 흑인이라는 이유만으로 차를 세우게 하는 인종차별적 행위를 뜻한다.

남자, 여자, 어린이는 "다양한 직업에 종사하는" 네파부나 원주민 선교구 근처의 워탈루나 기지로부터 200마일 이상을 여행했다. 이들은 이삼일간 마을 외곽에서 야영을 하고 집으로 돌아갈 것이다. 이들은 이 집단의 남자들이 소유한 트럭들을 "당연히 자랑스러워했다"《Barrier Miner》1952년 12월 22일: 2).

이 신문 기사는 선주민들의 모빌리티를 브로큰힐 거리에서 주목할 만한 일로 묘사했지만, 정작 식민화 전후 오랜 역사를 지닌 플린더스산맥 북부의 아드냐마다나 유라(암벽 사람)들의 모빌리티에 대해서는 침묵하고 있다. 1850년대부터 자신의 땅에서 정착민들에게 사냥당하면서도 아드냐마다나 사람들은 식민화의 새로운 조건들에 기발하게 대응하면서 자기 땅에 남아 있었다. 이들은 일을 찾아 자주 움직였다. 이들의 노동은 목축업과 광산업에서 중심 위치를 차지했다(Brock 1993). 아델레이드의 신문들은 1914년 세 명의 "재빠르고 부지런한" 아드냐마다나 남자들, 빌리 오스틴 · 딕 쿨사드 · 테드 쿨사드가 지역 목축업자들에게 운송 서비스를 제공하고 있다고 보도하고 있다. 세 남자는 약 500파운드 상당의 "정말 훌륭한 당나귀 세 무리"를 소유하고 있으며, 이들이 자갈밭을 지나 기차역까지 양모를 운반해 줄 것이라는 보도이다《Adelaide Adveriser》1914년 4월 6일자: 18). 1920년대 내내, 그리고 1930년대의 가뭄, 기아, 실업의 시기까지 네파부나 수용소에는 승용차와 트럭이 열한 대 밖에 없었다《Adelaide News》1930년 11월 21일자: 16). 하지만 선주민에게 자동차는 자동차 제조업체들이 상상한 것과는 완전히 다른 사물로 창조적으로 재상상되었다.

대공황 시기 그들의 "엉망이 된 자동차들"에 쓸 연료나 여유 부품이 없을 때, 유라들은 자동차를 당나귀에 걸었다. "다람쥐 수레"로 알려진 네파부나의 자동차들은 노동, 문화사업, 휴가, 배급품 수령, 수용소까지 물 운반, 아이들의 오락, 장례식 운구 등에 사용되었다(Brock 1993: 164). 1940년대와 50년대에 경기가 다시 좋아지자 아드냐마다나 사람들은 승용차와 트럭을 다시 구입할 수 있었고, 신문 기사에 난 것처럼 1950년대 초 브로큰힐 마을에 장보러 오는 일이 있었던 것이다(그림 3, 그림 4 참조).

향토사학자인 존 매니온John Mannion과의 최근 인터뷰에서, 세 명의 아드냐마다나 노인은 20세기 중반 그들 공동체의 특징이었던 일상의 모빌리티에 대해 회상했다.[6] 이니스 마쉬(쿨사드 가문), 베라 오스틴(쿨사드 가문), 그녀의 남편 윌리 오스틴은 가족들이 소유했던 많은 탈것들에 대해서 말했다. 반짝이는 새 차들이나 낡은 자동차나 모두 그들의 "자부심이자 기쁨"이었다. 이들은 예를 들어 사람을 더 태우기 위해 트렁크 덮개를 떼어 버리는 등, 자동차를 필요에 맞게 개조하는 유라들의 능력에 대해 익살스럽게 이야기했다. 또한 자동차를 움직이게 하는 '시골 수리공'의 요령에 대해서 이야기했다. 베라와 이니스 자매는 60년 전 《배리어마이너》지가 그렇게 놀라운 일로 묘사했던 브로큰힐로의 여행에 대해 떠올리면서 특히 즐

---

6 존 매니온, 베라 오스틴, 윌리 오스틴과의 인터뷰, 2013년 11월 15일 포트 아우구스타; 이니스 마쉬와의 인터뷰, 2014년 3월 14일 글래스톤. 저자의 녹취록. 이 인터뷰를 제공해 준 이니스 마쉬, 베라 오스틴, 윌리 오스틴, 존 매니온에게 감사 드린다.

〈그림 3〉 네파부나의 '다람쥐 수레', 1935년. Charles P. Mountford,
사진가, 사우스오스트레일리아 주립도서관 자료 협조. PRG 1218/
34/834C.

〈그림 4〉 쿨사드 가족과 오스틴 가족, 그리고 그들의 트럭, 1960년대 네파부나. 이 사진
의 출판을 관대하게 허락해 준 이니스 마쉬(쿨사드)에게 감사 드린다.

거워했다. 이들은 아이들에게 자주 이 이야기를 들려주었다고 한다. "두 쿨사드 가족과 맥켄지 가족"으로 구성된 세 가족이 실버톤 인근의 친구들을 만나러 가는 일이 연례 여행들 중 하나였던 그 당시 베라는 열입곱 살, 이니스는 아홉 살이었다.

이 가족들은 밤에 야영을 하고, 뜨거운 한낮에도 계속 이동하는 유디뉴(유럽인)와 달리 이른 아침과 저녁에만 이동했다고 말했다. 아이들은 보따리와 식량이 든 덮개 없는 짐칸에 타고 여행했다. 두 자매는 여행을 떠나기 전 짐을 쌀 때의 흥분을 회상했다. 브로큰힐에 장을 보러 간 날, 공원의 나무들과 푸른 잔디, 점심으로 먹은 고기파이를 기억했다. 가정부로 일해서 가족이 트럭을 사는 데 보탰던 베라는 자기가 번 돈으로 처음 손목시계를 샀던 일을 이야기했다. 하지만 이런 경험으로부터 이들이 얻은 사적 즐거움은 이들의 공적 가시성으로 흠집이 생겼다. 이 어린 방문자들은 상점가에 매혹되었지만, 거꾸로 자신들이 마을 사람들의 매혹의 대상임도 의식했던 것이다. 이니스는 "사람들도 너를 쳐다보고 있었지."라고 회상했다.

결론

'원주민'에 부과된 "고정성이라는 식민주의의 꿈"(Deloria 2004, 27)에도 불구하고, 그리고 선주민은 모두 곧 멸종될 미개인이라는 오만한 정착민들의 확신에도 불구하고, 선주민들은 살아남았다. 바로 이들의 현존이야말로 '원주민'을 대체하고자 했던 정착민 판타지의 실패를 선언하는 것이다. 더욱이 일부 선주민은 자신만의 자동차 문화를 만들어 고도의 이동성을 유지했다. 선주민은 기회가 있을 때마다 민첩하게 자동차 모빌리티를 받아들였다. 정착민을 모방하는 것이 아니라, 자신의 고유한 문화적 필요와 그들에게 열려 있는 물질적 가능성에 의거하여 자동차 모빌리티를 만들어 낸 것이다. 선주민은 자동차를 재맥락화하여 새로운 즐거움과 가능성을 열었고 정착형 식민주의 치하의 억압된 삶을 완화시켰다. 선주민의 초기 자동차 모빌리티는 정착민이 사용한 것과 동일한 공간을 가로질러 이루어지고 정착민이 관찰할 수 있는 공개된 수행이었음에도 불구하고, 결코 '대륙 횡단' 같은 가치 있는 행위로, 혹은 국가 건설의 힘을 지닌 이동으로 미디어화되지 않았다. 정착민 자동차 모빌리티의 미디어화는 선주민의 개입과 경험 주변을 침묵으로, 혹은 역사적 현실을 왜곡시키는 '백색 소음'으로 둘러쳤다. 선주민 모빌리티 기록들이 파편적인 것은 현재 디지털화 프로젝트로도 부분적으로밖에 메울 수 없는 결핍이고, 따라서 선주민이 근대 민족국가에서 주변적이라고 상상하는 데 크게 영향을 주고 있다.

다른 한편으로 정착민의 자유로운 모빌리티에 대한 역사적 기록의 과잉은 정착민으로 하여금 자기 자신, 경관, 선주민을 특정 방식으로 바라보게끔 했다. 정착민이 자동차 모빌리티와 특별한 관계를 맺는다고 주장하는 미디어 환경이 만연하기 때문에, 정착민은 적대적 영토와의 전투에서 일어난 영웅담을 말할 수 있으며, 어디라도 빠르게 움직일 수 있는 능력이 정당화해 주는 주권자로서의 지위를 확인할 수 있다. 하나의 결정적 민족적 실천으로 미디어화된 자동차 모빌리티 **권한**은 정착민 역사 중 구미에 맞는 판본을 확립함으로써 어떤 변화를 가져왔는데, 이 판본은 19세기 역사보다 훨씬 편한 것이었다. 19세기 역사는 선주민 살해와 추방에서 정착민의 역할을 공개적으로 인정했기 때문이다. 땅은 비어 있고 정착민의 역동성과 기술적 우월성이 여기에 의미를 부여한다는 판타지가 폭력적 정복 이야기를 대체했다. 미디어화된 자동차 모빌리티는 신생 국가의 정당성 부여라는 시급한 문제를 해결하는 데 기여했는데, 이는 평화로운 합의를 통해 정착민의 지배와 재산이 이룩되었다는 상식을 강화함으로써 이루어졌다.

하지만 선주민은 20세기 동안 단지 살아남는 데 그치지 않았다. 그들은 문화 생산 메커니즘에 개입함으로써 정착민의 정당성을 재현하는 정치에 대한 마찰력으로 작동했다. 무루뮤 왈루바라 이딘지나 버논 아 키처럼 새로운 질서를 추구하는 현대의 "주권적 전사들"(Moreton-Robinson 2009; Clarsen 2017)은 정착민이 거주하는 땅을 둘러싼 치열한 전투가 끝나지 않았음을 선언함으로써 정착민의 상식에 계속 도전하고 있다. 식민주의 유산이 현재에도 여전히 강력하다는 이들의 논쟁적 이야기는 진보적 모빌리티 역사가들로 하여금 자동차 모빌리티에 대해 더 복합적이고 섬세하며 변화하는 내러티브를 이야기하라고 촉구하고 있다. "오스트레일리아 사람들은 어떻게 선주민

의 땅에서 살고 있는가?"라는 무루뮤의 질문은 역사가에게 이중의
프로젝트를 다룰 것을 요구한다. 첫째, 현재 계속되는 식민주의 유
산을 남긴 다양한 역사적 실천들에 대한 세밀한 경험적 설명을 생산
하는 것이다. 둘째, 무루뮤의 질문은 선주민이 오스트레일리아 민
족국가 안에서 최초의 인간First Peoples이라는 고유한 지위를 지님을
주장하는 것이다. 선주민을 사회 변화의 능동적 행위자로 이해하고
자동차 모빌리티를 선주민과 정착민이 공유하는 근대성으로 이해
함으로써, 이런 역사가 미약한 방식으로나마 진보적인 오스트레일
리아의 미래에 기여할 수 있을 것이다.

4장

이디스 워튼 작품에서
모빌리티, 망명, 그리고
토착적 정체성

존 컬버트John Culbert

대학들이 신자유주의 경제에서 우선시하는 것들을 채택하면서, 학계의 지식 생산 조건들은 점차 붕괴되는 중이다. 그 결과로 모빌리티 연구는 그 자체가 매우 이동적이고 불안정한 환경에서 이루어진다. 이런 붕괴 상태가 반영하는 역사적 · 물리적 조건들은 특히 미학적 모더니즘 시기의 가속 위기를 되풀이하는 것이다. 이 글은 모더니즘 시대와 우리 시대의 연관을 검토하기 위해 이디스 워튼의 소설과 여행기들에 주목하면서, 특히 모빌리티가 좌절되는 장면들이 이 작가가 인종, 토착주의, 계급 같은 논점들을 고려하지 못한 징후라고 주장할 것이다. 위기에 처한 모빌리티의 이러한 곤경 혹은 **마비**는 운동에 대한 관습적 형상화에 저항하고 모더니즘 맥락뿐 아니라 작금의 세계화에서도 모빌리티 논의와 여행 정치학을 다시 프레이밍하는 수단이다.

최근 출간된 저서에서 마크 테일러Mark C. Taylor는 "모더니즘이 속도, 이동성, 추상성, 새로움을 숭배"함으로써 오늘날 가속화된 세계가 도래하는 데 기여했으며, 이 세계의 광적인 속도는 성찰과 공동체에 필요한 조건들을 파괴한다고 주장한다(Taylor 2014a: 2). 이런 비판적 태도는 우리에게 친숙하지만, 모더니즘을 지나치게 대략적으로 묘사하는 감이 있다. 테일러 본인의 이야기처럼, 근대주의자라고 해서 모두 미래주의자는 아닌 데다, 많은 예술가와 문필가들은 근대를 풍미한 "속도를 위한 속도"라는 기조에 저항했다.

엔다 더피Enda Duffy의 《속도 안내서Speed Handbook》는 모더니즘에 대한 테일러의 시각과 선명한 대조를 이룬다. 더피는 대중문화의 "아드레날린 미학"을 두둔하고 대중문화의 기계화된 모빌리티 수용을 옹호한다(Duffy 2009, 9). 그러나 더피의 주장은 테일러의 일반적 주장을 단순히 뒤집은 것에 불과하다. 더피는 "모더니즘 예술은 어떤 사색적인 (그래서 속도를 늦춘) 조우를 요구"하며, "대다수 모더니즘 생산"은 "속도와 그 극적 강도"라는 현대적 삶의 측면들을 "애매하고 의심을 지닌 채" 다룬다고 주장하는 것이다. 만일 "시공간 압축"이라는 관념이나 가속화하는 "질주학"이라는 관념이 이제 서구 근대화를 해명하는 표준적 담론의 일부라면(Harvey 1990: 240: Virilio 2006), 속도에 대한 테일러와 더피의 대조적 담론은 문화적 근대성을 이해할 때 해소되지 않은 견해 차이를 보여 준다. 이런 논쟁에서 중요한 것은 단지 속도에 대한 관점이 서로 다르다는 것이 아니다. 더 결정적인 것은 과거 모더니즘과 현재 학술 분야 양자에서, 저항적이고 해방적인 행위 수단으로서 모빌리티가 지닌 정치적 역능을 재현하는 것이다. 따라서 테일러와 더피의 견해 차이는, 현재 지식 생산 조건이 처한 맥락이 점차 "붕괴"되고 이동하고 있는 인문학의 상태와 직접 관련된다.

주디 와이즈먼Judy Wajcman의 《시간에 쫓겨서Pressed for Time》는 이런 견해 차이를 중재하는 방향으로 나아간다. "가속 사회"와 그것이 착근한 기계화된 근대성을 세밀하게 묘사하면서, 와이즈먼은 기술을 채택하는 방식이 사회적 관습의 영향을 받는다고 역설한다. 따라서 보통은 기술 홀로 이 세계의 가속화를 좌지우지한다고 생각하지만, 이 하나의 세계 안에서도 "시간 리듬"은 다양하게 생겨나는 것이다(Wajcman 2015: 3-4).

와이즈먼은 모빌리티와 기계화의 체험된 관계에 대한 이러한 행위자네트워크 관점을 채택함으로써, 기술에 대한 상반된 반응들이 처한 막다른 골목에 도전하며, 더피 같은 학자의 숨 가쁜 열광이나 테일러의 전원에 대한 향수에 가까운 관점을 모두 넘어서는 어떤 길을 보여 준다. 그러나 기이하게도 와이즈먼은 이러한 분석을 통해 모빌리티 연구에 대한 격렬한 비판으로 나아간다. 하나의 세계 안에서도 이동할 수 있는 특권은 상당히 상이하게 분포하고 있음에도 불구하고, 모빌리티 이론가들이 여기에 주목하지 않고 제1세계 학자로서의 자기 경험을 일반화한다는 것이다. 와이즈먼은 "소수가 누리는 속도"는 "다른 사람들이 멈춰 있는 데 의존한다."는 사실을 환기시킨다. 와이즈먼은 이러한 부유한 소수를 모빌리티 학자들과 암묵적으로 동일시하면서, "부유한 중산층에게 주어진 모빌리티는 국제적 난민이나 이주민의 모빌리티와는 매우 다르다"고 꾸짖는다 (Wajcman 57).

이동은 항상 속도 측정을 수반하므로, 와이즈먼이 시간에 초점을 맞추는 것은 이동 속도가 인종·성별·젠더·계급 차이를 형성하면서 거꾸로 이들에 의해 형성된다는 유익한 통찰을 제공한다. 그러나 이렇게 모빌리티 연구를 배척하기 때문에 와이즈먼은 이 분야의 범위가 넓다는 사실, 혹은 이 분야가 이동의 상이한 특권들을 집요하게 분석한다는 사실을 설명하지 못한다. 예를 들어, 새 모빌리티 패러다임과 장애 연구의 융합은 이동 네트워크가 장애를 지닌 신체를 제약하는 방식을 통찰하며, 모빌리티의 사회적 장애에 대한 이런 시각은 장애가 있는 이주민과 난민의 정치적 권리 및 인권에 대한 최근 연구들에도 영향을 준다(Moore 2013).

더 포괄적으로는, 한남과 셸러, 어리가 《모빌리티스》 창간호에서 지적한 것처럼, 모빌리티 연구의 과제는 "운동과 정지 양자를 창출하는 데 모빌리티 담론과 실천이 갖는 힘과 정치"를 추적하는 것이다(Hannam, Sheller and Urry 2006: 3-4). 어리 등은 "액체 근대성"의 모든 운동과 유동이 "움직이지 않는 방대한 시스템"을 요구한다고 주장한다 (Hannam, Sheller and Urry 2006: 3). 그런데 이 시스템은 역, 교차 지점, 계류장 같은 기반 시설뿐 아니라, 더 문제적으로는 "이동적 엘리트"를 지탱하는 차별적 특권도 포함한다. 이렇게 봤을 때 근대의 이동에 대한 연구는 차이에 대한 연구이다. 즉, "어떻게 움직이고 어떻게 정착하는가, 가질 수 있는 것은 무엇이고 가로막힌 것은 무엇인가, 움직일 수 있는 자는 누구이고 덫에 걸린 자는 누구인가"와 같은 차이에 대한 연구인 것이다(Hannam, Sheller and Urry 2006: 8). 따라서 와이즈먼의 주장과는 반대로, 모빌리티 연구는 움직이는 "소수"와 움직이지 않는 "다른 사람들" 사이의 정치적 차이와 무관하지 않다.

와이즈먼의 두 번째 논점과 관련해서, 학계의 중산층 모빌리티를 난민 및 이주노동자의 이동 조건과 구별해야 한다는 데 누가 이의를 제기하겠는가? 그렇다면 그 대신 물어야 할 것은, 이런 연관을 추구하는 것이 지니는 결정적 가치는 무엇인가라는 것이다. 존 노이스 John Noyes는 현대의 비판적 담론에서 '유목민'이라는 상징이 갖는 의미를 다룬 글에서, 바로 이를 추구하면서도 이 비교에 반드시 필요한 단서를 달았다.

우리 시대에 강제된 모빌리티의 희생자들이 겪는 극심한 고통을 고려했을 때, 학술 분야에서 국제 노동시장의 모빌리티를 에드워드 사이드Edward Said가 "UN 조직들의 창립 동기를 제공한 무수한 대중들, 혹은 배급카드와 관리번호만 든, 전혀 세련되지 않은 난민들"이라고 표현한 사람들과 비교하는 것은 냉소적으로 들린다. 하지만 우리가 가장 넓은 의미에서 이동성과 이동적 생활 방식이라는 수사적 표현들이 모두 동일한 세계적 경제 과정에 대한 응답임을 인식하지 못한다면, 유목학에서 쟁점이 되는 이론적 문제를 이해할 수 없다. 유목주의의 이론적 유행은 난민의 유목적 운명이 그렇듯이, 자본 팽창에 의한, 그리고 불균등 발전이 동반한 현상에 의한 지속적 결과이다(Noyes 2010: 58).

노이스에 따르면, 들뢰즈와 가타리(Deleuze and Guattari 1987)의 연구에서 기원하여 1980년대와 90년대에 비판적으로 널리 사용된 '유목학'이라는 용어는 "사유의 체계적 구조들에 대항하는 모빌리티 지리를 고찰한다는" "일반의지"를 담은 것이다(Noyes 2010: 54). 따라서 연구 분야로서의 유목학은 '모빌리티 전환', 혹은 팀 크레스웰이 "경험적 질료와 … (은유로서) 이론적 독해 양자에서 … 주제로서의 모빌리티의 출현"이라고 부른 것과 폭넓게 겹친다. 그러나 '경험적인 것'과 '이론적인 것'이 이와 유사하게 융합된 유목학은 이 주제가 여러 분야 중에서 특히 프랑스 철학, 비판이론, 번역 연구, 탈식민주의, 여행기 연구와 결부될 때 인문학에서의 모빌리티에 대한 다소 굴절된 의견을 드러낸다. 이 차이는 신자유주의 대학의 경제 논리로 인해 인문학이 다른 학부들 사이에서 불안정해진 데 대한 노이스의 평가에서 날카롭게 드러난다. 노이스는 이 같은 일자리의 불안정함은 그 자체로 골칫거리이긴 하지만, 더 거시적으로는 정치적 참여를 위한 비판적 사고를 자극한다고 주장한다. 노이스는 와이즈먼이 명백히 거부했던 비교를 강조한다.

유목학이 지니는 특별함은 지식노동을 규정할 때 그것이 현재의 국제적 자본 배치와 맺고 있는 관계에서 온다. 학술 분야 노동시장에서의 유목주의는 제국의 시대에 자본 팽창에 대한 대응으로 나타나기 시작한 유목주의 유형과 같은 체제이다. 다국적 기업과 정부가 요구하는 특별한 훈련 요건들 때문에 대학교육의 시장성이 점차 하찮아지는 이 세계에 대응하는 하나의 전략인 것이다. 이는 인문학에서 더 뚜렷하지만 인문학뿐 아니라 과학에서도 마찬가지다(Noyes 2010: 57, 58).

이러한 정치적·경제적 압박에 직면해서 노이스가 내리는 결론은 "학계는 높은 수준의 모빌리티를 채택할 필요가 있다"는 것이다. 학계의 불안정성 때문에 때로는 시간제 일자리를 오가는 일이 벌어지는 것을 감안한다면, 이런 결론은 자멸적이지는 않아도 너무 자명해 보인다. 그러나 노이스의 표현대로 결정적으로 이동적이어야 하는 "필요"는 **이중**의 유인을 담고 있다. 말하자면 상황에 적응하면서 상황에 도전한다는 한 쌍의 전략적 명령인 것이다. 노이스의 주장에 따르면, 추방자를 위한 비판적 방법론으로서 유목주의가 전략적으로 강력한 이유는 바로 유목주의의 "욕망의 지리적 유물론"(58)이 "통합적이면서 대립적"(56)이기 때문이고, 따라서 거대한 제도적 시스템들에서 구조적 이항대립과 이 이항대립의 통제 권력을 해체할 역량이 있기 때문이다. 수많은 인문학 비평가들이 유목주의의 이러한 양면적 성질을 상술한 바 있다(Braidotti 1994; Joris 2003; Holland 2011).

그러나 노이스 논리의 독창성은 비판적 트렌드로서의 유목학을 단순히 "자본 팽창"의 은유나 징후가 아니라 "자본 팽창의 산물"로 이해해야 한다는 주장에 있다. 이는 **흐름과 생성**이 일어나는 공유 공간으로 상상되는 세계적 탈식민 영역에서 추방의 이론과 학자, 물질적 조건들을 결합한다(56). 여기서 에드워드 사이드의 '망명' 개념과 비교할 때 노이스의 "지식 모빌리티"(57)가 지니는 전략적 장점을 추정해 볼 수 있다. 왜냐하면 사이드는 노이스처럼 정치적으로 참여하는 학자가 약탈과 추방 체험의 전형적 사례라고 생각하면서도, 이러한 "주변성 조건"을 어떤 "은유적 조건"이자 따라야 할 "본"으로 삼아 열망하는 다른 사람들까지 확대할 뿐이기 때문이다. 이때 사이드가 상정하는 지식 주체는 〔사이드의《문화와 제국주의》가 출간된〕 1993년 시점에는, 노이스보다 덜 붕괴되고 내재적으로 덜 유목적이다(Said 2000: 373, 380). 사이드가 열망하는 망명은 자신의 주변성을 **선택**하는 데 더 자유로울지 모르지만, 노이스가 말하는 학계는 분명 더 시급하고 더 본능적으로 참여적이다. 인문학자들은 바로 자신이 불안정하기 때문에, 온갖 유형의 이동적 맥락과 유목적 곤경에서 자본의 붕괴시키는 힘을 성찰할 각별히 유리한 위치에 있다. 노이스에 따르면, 실로 우리는 그렇게 할 **책무**가 있다. 그리고 우리는 폭력적으로 추방된 타인들과 공유하는 저 불안정성을 인정함으로써 모더니즘의 문화적 모빌리티 전략들로부터 물려받은 성찰과 저항의 가능성을 제대로 가늠할 수 있다.

민영화된 신자유주의 대학에 대한 가장 선견지명이 있고 정제된 분석 중 하나가 비교문학 교수에 의해 이루어졌음은 우연이 아닐 것이다(Readings 1996). 이런 연구들은 점차 제도 비판을 시간경영 연구와 결합시킨다(Fanghanel 2012: Taylor 2014b). 점증하는 이런 문헌들 중 최근에 출간된 문헌이 《느림보 교수The Slow Professor》이다. 식생활의 기업화에 도전하는 슬로우푸드 운동에서 영감을 받은 받은 이 책은 와이즈먼과 비슷한 의견을 표명하는데, 학계의 궁핍한 맥락 내부에서 벌어지는 일상적 저항에서 교수들의 "행위자적 위치"와 체험된 전술을 강조하는 점이 그렇다(Berg and Seeber 2016: 10).

스스로가 인문학 교수인 저자들은 "기업화된 대학에서 특히 인문학은 취약했다"고 말한다. 이는 인문학의 학문적 우선순위가 지닌 "비도구주의적" 특성 때문이다(13). "점증하는 업무 부담, 빨라진 속도, 기업화된 대학에 만연한 도구주의"에 직면하여(25) 저자들은 "시간과의 관계를 바꿀" 필요를 옹호하고 실로 "아무것도 안 하는 시간"을 옹호한다(31). 저자들은 "우리는 슬로우 운동의 영향을 받은 관점에 따라 우리 전문 분야의 실천에 접근하는 것이 속도라는 기업윤리를 붕괴시킬 잠재성이 있음을 논증한다."고 말한다(11). 아마 의도치 않게, 마지막 문구는 에듀테크 스타트업과 여타 벤처 기업에서 널리 쓰이는 기업 전문어인 '붕괴disruption'를 선택했다. 이것은 논증에서 어떤 전략적 약점처럼 보인다. 만약 **속도**가 자본주의적 약탈의 주요 수단이라면, "붕괴" 행위이고자 하는 느림은 그것의 가장 뚜렷한 저항 역량을 잃을 것이다. 다른 한편, 이런 애매함은 노이스가 이론화한 방식의 학술 유목주의와의 (유익할 수 있을) 어떤 친연성을 암시하는 것일지도 모른다. 그러나 이동의 두 가지 형상화, 즉 노이스가 지지하는 "높은 수준의 모빌리티"와 버그와 시버가 처방하는 "느림"의 대조에는 기이한 모순이 남는다.

속도냐, 느림이냐? 와이즈먼의 주장처럼, 실천적 관점에서 저항이 이 두 가지 "시간적 리듬"을 모두 포함함에는 의심의 여지가 없다. 하지만 이런 대조 때문에 우리는 모더니즘과 속도에 대한 테일러와 더피의 견해차로 돌아가게 되는데, 바로 정치적 저항을 위한 (실천적이고 경험적이고 **또한** 이론적인) 하나의 전술로서 모빌리티가 지닌 비판적 역량이라는 물음에 대해 이들이 내놓는 해법이 서로 모순되기 때문이다. 나는 이런 견해차에 나타나는 쟁점이 이동 및 속도에 대한 어느 한쪽 견해로 쉽게 해소될 수 없는 모순임을 입증할 것이다. 자본이 이동하는 대상과 신체에 스스로를 투자하는 곳이면 어디서나 근대적 문화의 사회적·경제적 모순이 드러난다면, 이 모순의 가장 첨예한 지점에서 모빌리티는 정체, 부동성, 마비를 산출하면서 위기로 휩쓸려 들어간다.

"제멋대로 Fast and loose**"**

위에서 제기된 질문들에 답하기 위해 나는 여행의 곤경과 좌절에 관한 나의 저서 《마비들Paralyses》의 주장을 가져오고자 한다(Culbert 2010). 내 정의에 따르면, 마비는 운동과 정체라는 대조되는 용어들 중 하나의 극에 있는 것이 아니라 여행의 곤경을 나타낸다. 이 여행은 겉보기에 부동적이지만, 이 부동성은 교통의 관습적 형상화에 대한 도전이다. 이런 형상화들은 종종 운동, 진보, 운명에 대한 이데올로기적이고 형이상학적인 개념들에 토대를 두는데, 이를 자본주의 근대의 주요 징후라고 칭할 수 있을 것이다. 나의 주장은 운동은 언제나 동적이면서 정적이라는 것이고, 양자의 관계는 상보적이거나 대조적이거나 변증법적이 아니라는 것이다. 이와 비슷한 비판을 제기하는 피터 메리만은 공간과 시간이 지배적 개념으로서 조직화 역할을 하는 것을 의문시하고, 그 대신 운동을 존재론적으로 "근본적"인 것으로 간주해야 마땅함을 주장했다(Merriman 2012: 3).

이러한 관점에서, 어떤 사람들은 운동과 정체라는 표준적 대립이 운동을 이차적 지위로 좌천시키는 사유 습관에서 기인하며, 그 결과 이항대립 논리의 함정에 빠지기 쉽다고 말하기도 할 것이다. 하지만 나의 접근 방식이 메리만과 다른 점은 수사법의 **표현**과 **비유**, 말실수에서 드러나는 심리적 **동인**drive, 그래서 암묵적이거나 은폐될 수 있는 **동기**motive에 초점을 맞추는 것이다. 이와 같은 이유로 '유목주의'는 이항대립이 아닌 비판적 방법으로서 소중하지만 생기론과 위반에 너무 밀착되어 있고, 심리학적 분석에는 지나치게 알레르기 반응을 보이기 때문에 외관상의 교착과 정체를 담은 텍스트 장면에서 비판적 잠재력을 읽어 내지 못한다.

나는 이항대립이 아닌 어떤 쌍으로 이루어진 마비의 역학에 주목할 때 모빌리티의 모든 측면에 연관된 무비판적 전제들을 의문시할 길이 열리고, 주어진 텍스트의 표면적 목적에 대한 이 텍스트의 암묵적 저항을 자세히 읽기를 통해 노정할 길이 열린다고 주장한다. 따라서 텍스트에 나타나는 마비들에 대한 연구를 통해 우리는 성급하게 읽으면 한낱 실수로 여겨질, 심리적 구속과 논리적 교착에서 예기치 않던 행위성과 해방의 전망을 탐지할 수 있다. 이러한 문제적 계기들은 종종 여행에서 좌절의 형태로, 그리고 여행자가 미지의 것과 마주치게 될 때 어떤 윤리적 위기를 야기하는 경험의 형태로 나타난다. 기술적 마비이든, 상징적 마비이든, 정서적 마비이든 간에, 마비는 이런 교통을 연구할 수단이 된다. 마비는 연구의 주제인 동시에 연구의 접근 수단이기도 하다. "마비paralysis"라는 용어에는 **분석analysis**이라는 말이 어울릴 듯하지만, 어원적으로 보면 여행 및 이동에 대한 관습적 연구의 범위 **옆에**beside 있거나 그 **너머**beyond 있는 것을 겨냥한다.[1]

모빌리티에 대한 이 같은 접근 방식이 지닌 의미를 입증하기 위해 나는 미국 소설가 이디스 워튼Edith Wharton(1862~1937)의 작품을 살펴볼 것이다. 자유롭게 살 만큼 부유하고 정치적으로는 보수적이었던 워튼은 내가 여기에서 소묘한 모빌리티 정치에 대한 사례 연구로 부적합해 보일 수 있다. 그러나 워튼은 20세기가 시작될 무렵의 기술적 모빌리티와 문화적 모빌리티의 몇몇 핵심 측면들을 보여 주는 완벽한 전형이다. 그뿐 아니라 워튼 작품은 모더니즘 문학에 대한 좀 더 관대한 정의 안에 점차 자리 잡고 있으며(Haytock 2008: Roffman 2010), 세계시민주의 논의에도 점차 자리 잡고 있기 때문에(Goldsmith and Orlando 2016), 작가의 문화적 맥락은 우리 논의 첫머리에서 다룬 테일

---

1 [역주] 그리스어 어원을 가진 접두어 'para'는 '옆'이나 '너머' 등의 의미를 지닌다.

러와 더피의 견해차에 새로운 빛을 던져 줄 수 있다. 나아가 워튼에 대한 연구는 노이스의 제안에 따라 스스로의 양면적인 학술 유목주의를 받아들일 학자들에게 유망한 기회를 제시한다. 이는 지식 생산 장소를 붕괴시키는 **동시에** 연구를 이동적 주제 쪽으로 몰고 가는 모빌리티를 성찰함으로써 이루어진다. 이 점에서 워튼의 사례는 매우 유익하다. 재닛 굿윈Janet Goodwyn은 1990년 저서에서 워튼에 대한 "관심의 부활"을 언급했다. 이러한 부흥은 제2차 페미니즘 비평의 물결 덕분일 수 있다(Goodwyn 1990: 154).

그러나 이 연구는 모빌리티 전환과 동시에 일어났기 때문에, "영원한 관광객"(Goodwyn 1990: 2) 워튼에 대한 연구는 노이스가 지적한 붕괴의 세계화에 대한 (간접적이더라도) 응답일 수 있다. 더 나아가 페미니즘의 학계 진입이 학술 분야 고용의 불안정화와 시기가 겹친다는 니콜라스 번스Nicholas Birns의 예리한 관찰(Birns 2010: 153)이 강력하게 암시하는 것은, 최근 워튼의 부흥이라는 좀 더 거시적인 이야기에는 모빌리티가 (적어도) 두 개의 분석 수준에서 관여한다는 것이다. 그 중 하나는 붕괴된 학계에서 체험되는 조건의 모빌리티라면, 다른 하나는 연구 대상의 모빌리티이다. 이러한 제도사制度史의 견지에서 보면, 워튼의 사회적 모빌리티에 대한 1980년대 초의 한 연구(Wershoven 1982)에서 "여성 침입자"를 테마로 삼은 것은 적절했지만, 이와 동시에 이러한 제도사는 연구의 잠재적 통찰을 제약하기도 했던 것이다. 오직 모빌리티의 제도적 맥락에 대한 비판적이고 자기성찰적인 설명만이 작가의 모빌리티 연구를 위한 건전한 지적 기초를 제공할 것이라고 주장할 수 있다. 그러나 이 모빌리티를 그 모든 복합성까지 포함하여 설명하려면, 지식 생산 조건에 대한 이해가 진정 세계적인 연관을 지닌 '지리적 유물론'과 결부되어야 한다.

이런 점에서 워튼 작품에 관한 연구들이 최근에 와서야 어떤 실질적인 방식으로 워튼과 식민주의, 제국, 인종의 연결에 대해 말을 꺼냈음은 의미심장하다. 강조할 점은, 이 주제들이 단지 현재 논의들에 "유관"할 뿐 아니라, 여행, 불안정성, 추방이라는 세계적 조건들과 물질적으로 연결된다는 것인데, 이런 조건들은 학자로서의 **우리를 움직이는move** 역사적 벡터들이다. 하지만 학자로서 우리가 움직여진다는 말이 암시하는 바는, 우리를 움직이는 동기motive들에 대한 설명은 우리의 욕망을 야기한 바로 그 맥락을 포함해야 한다는 것이다. 마치 우리가 '이동'할 때 우리 운동의 바로 그 수단을 우리가 포함하고 함유하는 것처럼.

여기서 모빌리티 연구는 마비를 불러오는 난제에 직면한다. 즉, 모빌리티 연구가 그것을 몰아가는 동기들을 완전히 설명하지 못한다면, 우리의 분석은 우리가 연구하고자 했던 것이 낳은 징후적 **결과**에 불과할 수 있다. 우리의 모빌리티 연구는 말하자면 우리를 이동화하는 힘들에 **추월당한다**. 그렇지만 다시 사이드를 불러오자면, "주변성 조건"은 이동적 불안정성에 처한 우리를, 계급 · 인종 · 젠더 분할이 사회 공간 전역을 가로지르기 때문에 늘 손 닿는 곳에 가까이 있는 저 주변, 경계, 한계에 노출시킨다. 따라서 지금부터 살펴보겠지만, 우리가 마주치는, 마비를 불러오는 경계들은 학자와 주제

사이의 생산적 접촉점일 수 있다.

유복하고 왕성한 지적 호기심에 쉬지 않고 다작을 한 워튼은 해외여행을 자주 그것도 종종 길게 다녔으며, 결국 프랑스로 영구 이주했다. 그녀의 소설들은 대서양을 횡단하는 고급문화 교류 세계를 반영하며, 종종 사회적 이동성을 지닌 현대 여성의 야심을 극화한다. 그러나 워튼의 여행은 이동의 좌절과 방해의 장면들로 점철되어 있기도 하다. 나는 이런 마비야말로 이 작가의 여행이 지닌 가장 큰 특징이며, 아마 그녀 작품에서 가장 현대적 측면을 이룬다고 주장한다. 워튼은 당대의 특권적인 사회적·기술적 모빌리티를 인상적으로 보여 주는 사례이지만, 나는 그녀의 계급적 시각이 그녀가 어둠 속에 남겨 둔 다른 이동 주체들을 비스듬하게나마 조명한다고 주장한다. 위협적인 하층계급 **군중mob**, 사회적으로 이동한 벼락부자, 소수의 추방된 선주민 타자가 그들이다. 뉴욕 사교계의 관습을 철저하게 풍자하고 여성혐오를 날카롭게 비판한 워튼이지만, 자기 계급 및 이 계급의 억압적 세계관과 완전히 결별할 수는 없었다. 워튼의 소설은 전통에 대한 향수와 관습적 가치에 대한 고발을 전형적으로 결합한다. 이런 점에서 워튼은 퍽 모순적인 작가이며, 이런 모순이 여행기와 여타 글들에서 표현될 때는 마비시키는 난제가 생겨난다.

20세기 초 워튼은 당시 흔치 않은 특권이던 자동차 여행을 했고, 자동차로 영국, 프랑스, 스페인, 북아프리카를 즐거이 탐방했다. 이런 여행들은 수다한 소설과 여행기에 영감을 주었다. 그러나 워튼의 자동차 모빌리티는, (혹은 이 단어의 어원을 강조하자면) **자주적self-**

moving · 自走的이고 **자율적**인 여행자로서의 그녀의 지위는[2] 여행의 물질적 조건들과 잘 어우러지지 않는다. 우선 워튼이 자가용인 프랑스산 신형 파나르 르바소를 직접 본 적이 없고 항상 운전기사가 함께 탔다는 사실을 지적할 수 있다. 워튼은 〔차를〕 **몰지**drive 않고 **몰아졌다** driven. 이것은 사소한 트집처럼 보일지 모르지만, 워튼의 예외적인 계급적 지위, 그리고 그녀의 모빌리티의 구체적 본성을 규정하는 데 이러한 특권의 역할이라는 중요한 쟁점을 제기한다. 이는 워튼의 여행습관과 정서적인 "자동차에 대한 열광"에 대한 〔워튼의 지인인 작가〕 헨리 제임스Henry James의 사적인 묘사(Pearce 2014)와도 일치한다.[3] 제임스는 친구 워튼을 "홀리고 사로잡힌 존재"로 묘사하면서, 자동차를 탈 때 워튼이 보여 주는 "부유함으로 인한, 마구잡이이고 거의 뒤죽박죽인 자유와 들뜸"에 대해 가혹한 평가를 내렸다(Bell 1965: 113, 133).

여기서 우리는 이렇게 물을 수 있다. 재산, 계급적 이익, 예정된 목표에 동기motive를 받는다면 이 사람은 어느 정도까지 스스로 움직인다self-moving고 할 수 있는가? 여행자의 모빌리티와 그 자신이 모를 수도 있는 동기는 어떻게 일치될 수 있는가? 어떤 사람의 이동의 자유는 어느 정도까지 타인들과 함께 받은 자유, 혹은 타인들로부터

---

2 [역주] auto와 mobility의 결합어인 자동차 모빌리티automobility가 어원적으로 자주적self-moving · 자율적autonomous 운동으로 새길 수도 있음을 지적하고 있다.

3 워튼의 강박적 '자동차 탈주motor-flight'에 관한 제임스의 묘사는 당대에 만연하던, 자동차의 물리적 · 심리적 위험에 대한 공포와 연관된다. 그러나 린 피어스가 보여 주는 것처럼, "자동차에 대한 열광"에 대한 염려는 운전이라는 새로운 경험이 야기하는, 의식과 체화된 지각과 재현의 복합적 변형 중 하나의 양상일 뿐이다. Pearce(2014) 참조.

가져온 자유에 의존하는가? 그렇다면 워튼의 자동차는 어떤 여행의 역설을 보여 주는 지표일 수 있다. 자유롭게 하는 동시에 구속하는 모빌리티 양상, 지평을 확장하는 동시에 제한하는 수단, 급진적으로 현대적인 태도와 과거의 귀족주의적 태도의 조합이 그것이다.

이런 태도들은 쉬이 버릴 수 없다. 허마이어니 리Hermione Lee의 워튼 전기는 워튼 출생 전 워튼 양친이 한 여행들을 예리하게 지적한다. 양친은 부유하고 교양 있지만 다소 편협한 여행자였다. 워튼 자신이 말했듯이, 양친의 유람에는 "어떠한 예술적이거나 지적인 호기심도 없었다." 워튼은 나중에 자신은 부모보다는 "감식가"라고 스스로를 구별짓지만, 리는 워튼도 양친의 관광객 기질을 물려받았다고 지적한다(Lee 2008: 7). 여행문학 연구자들은 '관광객', '여행자', '비관광객', '포스트관광객' 간의 흐릿하면서도 수시로 변하는 구별만큼 어려운 것이 없음을 잘 안다(Feifer 1985; MacCannell 1999; Urry 2002). 모빌리티가 초국가적이고 세계화된 세상에서 창발하는 새로운 정체성들을 규정하는 결정적 요인으로 간주된다면, 이러한 물음은 세계시민주의를 둘러싼 현재의 논의들에 새롭게 시급하고 중요해진다. 워튼의 비판처럼, 워튼 부모가 속한 여행자 계층은, 브루스 로빈스Bruce Robbins의 가혹한 명제에 따르면, "이 모빌리티에서 무언가를 배웠든 그렇지 않든, 그저 자신의 모빌리티 덕에 세계시민"이던 자들이다(Robbins 2012, 12). 그렇다고 해서, 워튼 자신이 더 결정적 의미에서의 세계시민, 즉 "국경 없는 연대"를 촉진하고 인종, 계급, 편협한 민족주의의 배타성을 극복할 수 있는 초지역적 세계관에 동의한다는 의미에서의 세계시민이었다는 뜻은 아니다(Cheah 2006: 180). 비록 워튼을 몇몇 측면에서는 원조 페미니스트 중 한 명이자 국제적 모더니즘 문학의 선구자로 여길 수 있지만, 세계시민적 여행에 대한 그녀의 인식은 감식안이라는, 그리고 대서양 횡단 고급문화 교류라는 좁은 의미에 제한되어 있다. 서로 경쟁하는 여러 세계시민주의 형태들 사이의 길항은 그녀가 어린 시절을 보낸 뉴욕 사교계에 대한 양가적 관계에서도 찾아볼 수 있다.

에드워드 사이드는 《문화와 제국주의》에서 "제국적이거나 … 국가적이거나 지방적인 한계들"을 넘어서는 모델을 제시한다(Said 1993: 335). 여행만으로는 이러한 한계들과의 단절을 보장하기에 부족하다. 망명과 이주 역시 여행보다는 결정적인 단절이지만 마찬가지로 부족하다. 사이드는 "독립과 분리"는 "애착의 거부가 아니라 오히려 애착의 **훈습**working through[4]을 통해" 성취된다고 말한다. "망명은 태생적 장소의 존재, 이 장소에 대한 사랑, 이 장소와의 진정한 결속에 토대를 두고 이루어진다. 망명의 보편적 진실은 이런 사랑이나 집을 상실했다는 것이 아니라 예기치 않고 반갑지 않은 상실이 사랑이나 집에 이미 내재한다는 것이다"(336). 따라서 다시는 돌려받거나 오롯이 가질 수 없음에 대한 통찰을 주는 망명을 통해서만, "자신이 물려받은 유산에 대한 긍지로부터 나오든, 자신이 누구인가에 대한 확

---

4 [역주] 프로이트의 정신분석에서 내담자가 억압적 요소를 인정하고 반복 기제의 지배로부터 벗어나도록 하기 위해 자신의 저항을 반복적이고 철저하게 체험시키는 일종의 심리 작업. '철저 작업'으로도 번역된다.

실성으로부터 나오든, 어떤 환영이나 독단"과 결별할 수 있다.

사이드의 세계시민주의적 망명에 대한 상상과 달리, 워튼의 유럽 여행과 이주의 특징은 미국에 대한 격렬한 거부와 역으로 프랑스 문화에 대한 열정적 지지이다. 상실은 계급과 영토의 맹점 지대에 이미 내장되어 있으나, 그녀의 애착의 "훈습"에서 단절과 거부는 불완전하다. 이 관점에서 가장 파멸적인 점은 워튼 만년의 자서전이 보여 주는 극단적 전향이다. 자서전에서 이제 연로해진 이 품위 있는 여성은 원조 페미니스트 면모를 보여 주는 초기 작품들이 지닌 비판적 힘을 부인하면서, 자신이 젊은 시절 "사회적 귀족주의"와 그것이 지닌 "명예와 행위에 대한 유서 깊은 규준"에 "감사하지 않았음을 마땅히 속죄해야" 한다고 선언하는 것이다(Wharton 1998a, 5). 이러한 반동적 전회는 향수 어린 워튼의 후기 작품에만 나타나는 것은 아니다. 사실 워튼의 여행 인식의 실패는 전 작품에 깊이 새겨져 있고, 그녀의 윤리적 부주의로 인한 무지는 이 재능 있고 다작이며 실로 불굴의 작가가 어떤 의미에서는 당대의 일급 문학가 반열에 들지 못하고 그 뒷자리에 있게 만든 가장 큰 이유이다. 그러나 다른 측면에서는 워튼의 글에서는 여행을 가로막는 마비들, 그리고 그녀가 의도한 메시지를 방해함으로써 여행의 목적과 수단에 대한 암묵적 비판을 담은 마비들이 표현되어 있다. 이러한 마비들은 최초의 작품에서부터 나타난다.

워튼은 14세에 첫 중편소설을 썼다. '제멋대로Fast and Loose'라는 제목의 이 활달한 청춘 이야기는 이 작가의 성숙한 소설들에서 다루는 초국가적 테마와 여러 면에서 닮은 로맨틱 드라마를 서술한다. 젊은 주인공 조지Georgie는 나이 든 영국 귀족과 결혼하기 위해 약혼자와 파혼한 아름다운 소녀이다. 이런 이기적 동기로 인해 결국 좌절하기는 하지만, 그래도 짧게나마 명예와 부로 점철된 화려한 시기를 누린다. 약혼자 가이 헤이스팅스Guy Hastings는 클럽에서 '성급한 녀석Hasty'으로 불리는데, 이 클럽 자체도 〔'재빠름'을 뜻하는〕'스위프츠Swifts'이다. 조지도 헤이스팅스처럼 "서두르는 데에서는 분명 뒤지지 않지만"(Wharton 1993: 20), 자신의 취향과 반대되는 짝을 찾아낸다. 이 결혼은 다음과 같이 요약된다. "펀치 씨가 늘 '빠른 꼬마'라고 부른 이 날랜 아가씨Miss Rapid는 착하고 온순한 느린 남자Mr. Slow에게 정착했다. 이는 유서 깊은 대조의 법칙이다." 이 이야기의 교훈은 "성급하게 사랑에 빠지고 두고두고 후회한다."는 속담에 있다(34).

《제멋대로》곳곳에서 워튼은 속도와 느림이라는 테마로 이야기를 엮어 나간다. 워튼이 빠르고 성급하고 날랜 것을 주장하는 데에서 'fast'와 'fastness'라는 말은 고정성보다는 속도를 뜻한다.[5] 이는 서사 내에서도 그렇고 아마 〔'fast and loose'라는〕 제목에서도 그렇다. 그러나 정확히 말하자면 'fast and loose'라는 구절은 부동적이고 **꽉fast** 잡힌 것과 자유롭게 움직이고 **느슨한loose** 것 사이의 대조를 표현한다. 어린 워튼이 멜빌Melville을 읽었다면, 특히《모비딕Moby-Dick》에서

5　[역주] fast에는 '빠른'이라는 의미 외에도 '(단단히) 고정된'이라는 의미도 있는데, 워튼은 전자의 의미로만 이 말을 쓰고 있다.

'꽉 잡힌 물고기Fast-Fish'와 '느슨한 물고기Loose-Fish'[6]라는 유명한 구절
(Melville 1892: 372-375)을 읽었다면 이에 대해 잘 알았겠지만, 부모님은 나
쁜 영향을 받을까 걱정해서 이 소녀가 이런 "자유분방한" 문학을 읽
지 못하게 했던 것이다.[7] 그렇다면 의미심장한 것은 워튼이 'fast'라
는 말을 (〔첫 작품 제목의 첫 글자이므로〕 소설가로서 워튼의 경력에서
첫 번째 단어임에도) 잘못 쓴 것은 양친의 귀족주의적 가치와 소녀의
반항적인 문학적 야심이 충돌한 결과라는 점이다.

워튼이 주인공이 자신을 반영하고 있다고 여겼음은 분명한데, 따
라서 이 이야기는 어린 작가의 자유에 대한 욕망과 그녀가 속한 사
회에서 여성의 모빌리티에 대한 비난을 둘 다 표현하고 있다. 이는
워튼이 끝내 완전히 해결하지 못한 갈등이다. 이런 양가성은 'fast'라
는 단어 자체에 들어 있는데, 이 단어의 두 의미는 언뜻 보기에 서로
모순적인 것 같지만 그 기원은 사실 같다. 어원학적으로 보자면, **빠
르다**fast는 것은 늘 꽉fast 잡힌 것과 다르지 않다. 워튼의 이런 실수는
또 다른 의미에서 암시적인데, 'fast and loose'는 '마비'에 꼭 들어맞는
번역일 수 있기 때문이다. 마비에 대한 상식적이지만 오도하기 쉬

---

6 [역주] Fast-Fish는 붙잡힌 물고기를, Loose-Fish는 추적 중이지만 아직 잡히지 않아서 여
   전히 남들도 잡을 수 있는 물고기를 의미한다.

7 워튼의 자서전에 따르면, 어린 시절에 멜빌 소설을 만나지 못했음이 분명하다. "우리 부모
   님과 그 지인들은 문학에는 찬탄을 보냈으나 문학가는 과민하게 두려워했다." 워튼은 "허먼
   멜빌은 판 렌셀레르Van Rensselaer 가문의 친척이고 태생적으로 상류 사회에 속할 자격이
   있었지만, 분명히 유감스러운 자유분방함 때문에 상류 사회에서 배제되었다. 나는 한 번도
   그 이름을 들어 보거나 그의 책을 본 적이 없었던 것이다."고 말한다(Wharton 1998: 68).

운 이미지는 돌처럼 굳어 버린 단단한 정체라는 것이다. 그러나 '마비'는 절대적으로 정적인 고정성이 아니라, 실은 불규칙하게 **풀림** loosening을 가리킨다. **para-lysis**의 **lysis**는 영어 단어 'loose'의 뿌리다.

이 야심찬 작가가 어린 시절에 쓴 이 중편소설 이후 첫 소설을 출간하기까지는 꼬박 22년이 걸렸다. 작가 경력에서 이 눈에 띄는 지체는 가족이 워튼을 통제했기 때문이다. 여기에는 적당한 남편감을 찾으라는 요구도 들어 있다. 여러 사람의 전언에 따르면, 워튼의 결혼 생활은 끔찍한 실패였다. 덫에 걸렸다는 작가의 느낌은 분명《이선 프롬Ethan Frome》의 허구적인 비애에 영향을 주었는데, 이 소설에서 주인공 이선 프롬은 절름발이이고 그의 연인은 가엾게도 마비된 것이다. 이는 바로《나무의 과일The Fruit of the Tree》(Wharton 2000: 406)에서 마비된 베시의 끔찍한 '산송장' 상태와 같다. 처녀작 출간 전 해인 1898년 워튼은 "마비를 가져오는 우울증과 신경쇠약에 시달렸다"(Lee 2008: 79). 그러나 1905년《기쁨의 집The House of Mirth》등 초기 저작들의 출판과 더불어 "오래도록 옭아매어 무기력하게 만들던 사슬을 마침내 끊었다"(Lee 2008: 159).

허마이어니 리는 이러한 "탈출 서사"(Lee 2008: 80)에 대하여, 워튼이 해방이라는 극적 언어를 쓰기 때문에, 실제로는 차라리 "점진적 과정"(Lee 2008: 159)에 가깝던 것이 은폐된다고 지적한다. 이러한 의심은 워튼의 전기를 통해 확인된다. 1913년 이혼 직전에, 그리고 몇몇 주요 소설과 단편집이 출간되었을 때, 워튼은 여전히 자기 작품이 불면 때문에 "마비되었다"고 불평한다(Bell 1965, 154). 나아가 워튼이 자신의 발전을 표현하는 방식은 이 시기 작가를 괴롭히던 모빌리티 위기를 오롯이 드러내지 않는다. 밀리센트 벨은 워튼이 "탈주 없이는" 결혼을 감당할 수 없었을 것이라면서(Bell 1965, 154) 자기의 자동차 여행을 자동차 탈주motor-flight라고 칭하는 워튼의 "무의식적 성향"을 지적한다(Bell 1965, 180). 벨의 말을 받아들인다면, 워튼의 "탈주"는 프로이트식으로 말하자면, 장애물을 극복하는 것이 아니라 치워 놓는 것에 불과하다. 이 소설가의 자동차 여행은 장애의 치유가 아니라 징후이며, 여행의 모든 지점에서 이동과 정체가 서로 얽혀 있다.

이러한 여행에서의 마비는《암초The Reef》첫 장면에서 극명하게 나타난다. 대로우Darrow에게 예정된 만남에 오지 말라고 경고하는 전보에는 "갑작스런 장애"라는 두 단어가 담겼다. 이 단어들은 연인을 향해 가는 길인 그의 마음속에서 규칙적인 기차 소음과 더불어 내내 울려 퍼진다(Wharton 1998b: 3). 이처럼 마비시키는 속박은 제니퍼 플라이스너의 통찰을 확인해 주는 듯하다. 이 통찰은 "장소에 갇힘"이라는 조건이 워튼의 이야기뿐 아니라, 일반적으로 자연주의 문학의 특징이라는 것이다(Fleissner 2004: 9). 자연주의 플롯이 결정론적으로 쇠퇴와 몰락을 향하는 호弧를 그린다는 표준적 가정에 도전하는 플라이스너는, 자연주의 플롯이 "진행형이고 비선형이며 되풀이되는 운동"(Fleissner 2004: 9)과 강박적 욕망의 "진동운동"(Fleissner 2004: 197)을 보여 주며, 이는 사회적 순응에 저항하고 정치적 행위를 가능하게 한다고 주장한다.

이런 논리는 모빌리티 연구에 중요한 함의를 지니는데, 주목할 만한 사회극과 가족극에서 운동, 본능, 욕망에 대한 자연주의의 재현이 세기전환기의 근대화와 사회 변화에 대한 만연한 우려를 반영하는 것임을 감안하면 그렇다. 플라이스너는 자연주의 소설의 유력한 플롯들을 재검토하면서, 목표지향적 운동이라는 은유에 도전하는 모빌리티의 사례들을 보여 주었다. 이러한 목표지향적 운동은 인종, 젠더, 사회적 역할에 대한 표준적 규정들에서 본질적인 것이다. 자연주의에는 병적이고 사회 부적응적인 인물들이 많이 등장하는데, 플라이스너는 이들의 집착적이고 강박적인 행동은 오히려 좌절된 욕망의 모호한 증상이며, 심리학자와 자칭 사회공학자는 이런 증상을 치료하거나 관리할 수 없다고 주장한다. 따라서 플라이스너는 이러한 지독하게 다루기 힘든 행동들이 "근대성에 대한 도전"(Fleissner 2004: 122)이자 근대성의 표준적 우선순위인 테일러주의와 "합리화"에 대한 도전이라고 말한다.

자연주의의 이동적 "갇힘"이 기계화, 순응, 삶의 근대적 관리에 대한 응답이라면, 이는 흥미롭게도 우리가 도입부에서 논의한 "느림"과 흡사하다. "느림"은 학술문화 가속화에 대한 도전으로서 최근 결집하는 정치적 전략인 것이다. 이런 점에서 플라이스너의 비판적 렌즈는 이동화하고 불안정해지는 학계라는 학자 자신의 사회적·역사적 맥락을 반영한다. 이러한 노동의 맥락은 합리화하는 표준화라는 그 자체의 위기를 뒤늦게 반영하고 있는 것이다. 따라서 근대적 주체들에 대한 자본의 관리가 다양한 이동성을 지닌 다른 사람들에 대한 추방 및 약탈과 교차하는 지점에서 이해되어야 한다면, 플라이스너의 이러한 논변은 더 넓은 규모에서 모빌리티에 연관되는 것을 얼마나 적절하게 프레이밍하는지에 따라 평가될 것이다.

플라이스너는 젠더 규범에 의한 여성의 가정성에 대한 자연주의의 묘사들이 강박적 '갇힘'의 핵심 특징을 전해 준다고 본다. 플라이스너는 뉴잉글랜드의 가정중심적 "지역색"이나 치료를 위한 "안정요법"이 잘 보여 주는 여성의 가정에 대한 구속은, 역시 강박적이긴 하지만 이동성이 높고 모험적인 미국 서부 남성의 무용담과 유사하다고 분석한다. 따라서 "안정요법"은 플라이스너가 농담조로 부르는 "서부요법"의 "거울이미지"다(Fleissner 2004: 110).[8]

모험 서사에 대한 이런 비판이 지닌 장점은 모빌리티의 남성적 알리바이와 이것들이 시사하는 온갖 권력, 영광, 독립성을 탈신화화하는 데 있다. 그러나 이런 비판에도 위험은 따르는데, 그것은 서부를 (미국 대륙의 "지방색"이라고 부를 수 있을) 더 포괄적인 가정성〔국내성〕domesticity 안에 포함시킨다는 것이다. 사실 시어도어 루스벨트의 남성적 "서부요법"(Fleissner 2004: 82, 83)은 플라이스너의 연구가 다루는 시기인 1890년대 루스벨트가 주창한 공격적 제국주의와 분리되지 않는다. 이와 마찬가지로 이런 제국의 팽창주의 시대에는 (이 책에서

---

8 [역주] 미국 의사 사일러스 위어 미첼Silas Weir Mitchell은 신경증이 있는 여성에게는 '안정요법rest cure'을, 남성에게는 '서부요법west cure'을 처방했는데, 전자는 아무런 사회 활동도 하지 않고 집에 머무르며 쉬는 것을 권장하는 반면, 후자는 서부에서 장기간 소몰이, 사냥, 남성 간의 유대를 경험할 것을 권장한다. 미국의 26대 대통령 시어도어 루스벨트도 '서부요법'을 처방받았다.

검토하지 않은) 〔서부 개척지의〕 변경에서의 폭력 문제를 무시하지 않는다면, 서부의 모빌리티는 플라이스너의 의미에서 "갇힌" 것일 수 없다. 이는 그 자체가 스튜어트 홀Stuart Hall의 표현에 따르면 "서구와 나머지"(Hall 1992) 사이의 거대한 세계적 항쟁의 일부이다. 플라이스너는 탈식민 이론을 비판하면서, 바로 미국 정체성 경계의 불순함과 중심/주변 및 식민자/피식민자 분리의 어려움을 인정하지 않는 것이다.[9]

내가 정의하는 의미에서의 마비는 늘 결정적 구별들이 해체되는 경계에서의 문제적 조우를 포함한다. 세계시민성의 물음이 여기에서도, 즉 영토적 경제의 경계들에서도 대두된다. 따라서 이제 필자는 워튼의 모빌리티에서 특별히 마비적 충위로서 미국 서부에서의 자취에 집중할 것이다.

무의식적 경관, 도주의 동기

재닛 굿윈은 워튼의 여행기에 대한 통찰력 있는 연구에서, 워튼의

---

9 플라이스너의 연구는 탈식민주의를 한낱 각주처럼 취급한다. 그녀는 과거의 피식민 문화를 "정화"하려는 욕망이 탈식민 이론의 동기라고 보는 것이다. 이런 설명은 아무리 잘 보아 주어도 편향적이다. 이 분야〔탈식민 이론〕는 혼종성과 양가성, 그리고 일반적으로는 이항대립이 아닌 정체성 구성을 줄기차게 주장하기 때문이다. 오히려 플라이스너의 이런 오류는 자신이 다루는 '미국적' 주제의 경계들을 유지하려는 그녀 자신의 필요를 보여 주는 듯하다. 다음을 참조하라 Fleissner (2004: 291).

작품이 "특별히 미국적인 지형도를 그리는 것"과 관계된다고 주장하며, 이런 "지형학" 기획은 서로 "분리"되었으나 "상보적인" 미국과 유럽의 경관을 비교하고 대조하는 워튼의 유럽 저술들에도 해당된다고 역설한다(Goodwyn 1990: 2, 6).

그러나 유럽과 미국의 "상보적" 관계라는 굿윈의 시각을 반박하는 것은, 워튼의 여행기와 소설에서 정치적으로 소거하고 거부하는 장소로서 서부가 하는 문제적 역할이다. 스티븐 그린블랫Stephen Greenblatt이 《문화 모빌리티Cultural Mobility》에서 환기시키는 것처럼, 서사는 구조화하는 부재를 극화할 수 있다.[10] 구조화하는 **부재**는 어떤 "숨겨진 것"인데 이것은 "종종 검열이나 억압의 체제에 대응하기 위해, 의식되지 않거나 인식되지 않거나 고의로 왜곡된 모빌리티"를 보여 준다(Greenblatt 2009: 251). 나아가 **숨겨진** 것이 언제나 노출될 수 있는 것은 아님을 지적하는 것이 중요하다. 프로이트의 억압이론이 규정하는 것처럼, 구조화하는 부재는 "효과적 행동의 능력을 유지"하는 기동起動적 행위자의 자취일 수 있는데, 심지어 이것이 여전히 의식될 수 없을지라도 그렇다(Freud 1997a: 29).

따라서 '토착민', '야만인', 미국 서부 등은 워튼의 소설과 여행기에서 동기를 주는 역할을 하는데, 물론 대개는 굿윈 같은 비평가들이 보지 못하는 생략과 전치를 통해 그렇게 한다. 바로 워튼의 미국적

---

10 [역주] "구조화하는 부재structuring absence"는 말해지지 않지만 현상들의 토대에서 그 구
    조를 결정하는 어떤 것을 뜻한다.

정체성의 문제적 경계들을 읽어 내지 못한다는 점에서, 워튼에 대한 굿윈의 "지형학적" 접근에는 실로 어떤 "지리적 유물론"(Noyes 2010: 45)이, 즉 세계적 모빌리티에의 체험된 연결에 대한 체화된 감각이 결여되어 있다. 예를 들어 보자. 굿윈은 워튼이 프랑스의 군사적 경관을 미국의 '변경'과 비교하면서 "황무지에 새로 식물을 심고 황무지를 다시 개발할" 필요를 현재 시제로 말하는 것을 지적하면서, 이것이 워튼의 정착형 식민주의 정체성과 그것의 "왜곡된 모빌리티"를 구체적으로 보여 주는 이미지라기보다는 "신세계를 소유하고자 했던 사람들"의 저 먼 역사를 불러일으키는 은유라고 독해한다(Goodwyn 1990: 49).

이러한 방해받는 모빌리티의 곤경들은 워튼의 '자연주의' 소설 《기쁨의 집》에 잘 나타난다. 이 소설은 일차적으로는 뉴욕의 풍습에 대한 이야기지만, 미국 서부에 대한 의미심장한 언급들도 담고 있다. 주인공 릴리 바트Lily Bart는 사회적 이력에서 결정적인 시점에 뉴욕의 한 부유한 가족에게 개인용 열차 객차를 타고 함께 알래스카 여행을 가자는 초대를 받는다. 이 아가씨가 고머 부부의 초대를 받아들이면 이미 소원해진 상류 사회와의 틈이 벌어지고 하류층으로 영구히 떨어질 위험이 있다. 결국 릴리는 불가피한 일에 굴복한다. 소설의 화자는 "바트 양은 고머스 부부와 알래스카로 떠났다."고 말하면서도 이 원정에 대해서는 들려주지 않는다. 그러므로 이 서쪽으로의 여행은 릴리의 출발과 "여행에서 돌아온 그녀는 상황을 다르게 바라보게 되었다"(Whaton 1985: 237)는 서술자의 짧은 언급 사이의 쓰이지 않은 빈칸에 들어 있다. 릴리의 '다르게 바라봄'이 이 여행 자체 때문이 아님에 유념해야 한다. 반면 그녀가 돌아올 때 처한 '상황'은 전적으로 뉴욕 사교계를 중심으로 한다. 워튼이 〔소설 속 여행 수단으로〕 열차를 택한 것은 의심할 바 없이 꽤 상징적이다. 티모시 크레스웰이 지적하는 것처럼, (워튼 출생 7년 후인) 1869년 대륙횡단철도 완성으로 "철도는 금방 민족국가 정체성의 한 상징이 되었다"(Cresswell 2006: 16). 여행을 소거하고 실은 〔여행에서 가로지른〕 나라 전체를 소거한 이 구절들에서 의미심장한 한 구절이 눈에 띈다. 워튼은 "고머스 부부가 자기들이 태어난native 대륙을 떠들썩하게 가로질렀다."고 냉소적으로 언급한다. 이는 분명 속물적일 이 벼락부자 가족이 "토착민native"으로서 미국 영토를 길게 가로지르는 것으로 묘사하면서 주인공을 〔벼락부자와 토착민이라는〕 두 가지와의 관계에서 은근히 빼 버리는 것이다.

고머 부부와 비슷하게 알래스카와 서부는 워튼에게 본질적으로 우스꽝스러운 것이지만, 더 중요하게는 어떤 문제적 소거의 징후이다. 이 문제적 소거가 남긴 자취들은 인종, 토착주의, 그리고 혼종의 문화적 유산이 복합된 형태들에서 나타난다. 이와 비슷하게《그 지방의 관습The Custom of the Country》에서 서부는 워튼이 속한 사회적 환경과 그로테스크한 대조를 이룬다. 그리고 놀랍도록 교활한, 주인공답지 않은 주인공 언딘 스프라그Undine Spragg의 신분 상승은 릴리 바트의 비극적인 사회적 추락과 풍자적인 한 쌍을 이룬다. 언딘이 프랑스 귀족과 결혼할 만큼 높은 곳까지, 물불을 가리지 않고 사회적 사다리를 기어오를 때, 그녀의 이 천박한 성공은 뉴욕의 신흥 부자들의 타락한 세계의 승리를 보여 주는 것이지, 워튼이 자란 세련된 옛 뉴욕의 승리를 보여 주는 것은 아니다. 그렇다면 서부 출신 언딘은 지독하게 멸시당하는 '토착' 미국인 고머 부부와 닮았다. 워튼에게 보낸 서신에서 헨리 제임스는 비정하고 탐욕스러운 언딘 스프라그를 감히 워튼과 비교한다(Lee 2008: 259). 이는 제대로 빗대어 말한 농담인데, 왜냐하면 워튼이 기본적으로 반성되지 않은 자신의 특혜를 격하게 거부하고 부인하고 투사하면서 이를 언딘에게 뒤집어씌우고 있음이 명백하기 때문이다. 흥미롭게도, 이 비교는 헨리 제임스가 여행자로서 워튼의 "비할 데 없이 들떠 있음"이 지닌 병리적 측면들이라고 여기는 바를 통찰할 수 있게도 해 준다(Bell 1965: 176).

제임스는 "1907년 무렵부터 계속하여 이디스 워튼의 삶에는, 무언가 참으로 냉철하거나 정상적이지 않은 면, 무언가 부산스럽고 필사적인 면이 있었다."고 말한다(Bell 1965: 148). 제임스가 워튼과 자동차 여행을 즐길 때 처음에는 그녀의 "황홀한 괴물"(Bell 1965: 148)에 대한 그의 시선은 기껏해야 양가적이었다. 그리고 제임스는 친구 워튼에게 별명을 붙여서 워튼이 뻔질나게 드나드는 것을 우스꽝스럽게 묘사했다. "자이레이터, 악마의 무용수, 황금 독수리, 불새 … 폐허의 천사 또는 파괴의 천사"(Bell 1965: 147). 제임스가 영리하게 추정하듯이, 그녀의 자동차와 마찬가지로 그녀의 모빌리티에는 폭력성, 공격성, 위험이 없지 않다.

워튼의 "부산스러운" 열정이 지닌 양가성은 유럽문화에 대한 그녀의 긍정적 평가에 종종 미국에 대한 대조적인 비하가 수반된다는 데에서 잘 나타난다. 이런 비하 중 하나가 여행 회고록《이탈리아의 배경Italian Backgrounds》의 첫 부분에서 이탈리아 국경에 감질나게 가까운 어느 스위스 풍경을 묘사하고 이탈리아의 역사와 문화와 로맨스에 대한 약속을 묘사하는 대목이다. 워튼에게는 이탈리아와 가까움은 기대보다 짜증나는 조바심을 불러일으킨다. 실로 하나가 다른 것과 가깝다는 바로 그 점이야말로 그녀가 문화적 황무지로 보는 것에 대한 경멸적 비판을 야기하는 것이다. 그리고 그녀는 관광객이 흔히 느끼는 격한 울분을 품고, 자기처럼 산길을 넘어가는 옆의 다른 관광객들을 조롱한다. 여기에서 이 자칭 세계시민은 **군중mob**으로부터 자신을 분리시킨다. 워튼은 사회적 이동성을 지닌 이 사람들의 위협적 신체가 차라리 국경에서 제지되는 것을 보고 싶어 한다. 그러나 워튼의 적대감은 그녀 자신의 여행을 마비시키는 정체성 위기를 누설한다.

실로 이러한 적대감은 워튼의 역사소설《심판의 골짜기The Valley of Decision》에서 명시적으로 정치적 형태를 띠게 된다. 이 소설에서 혁명적 군중은 "알프스를 가로질러 떼 지어 가는 … 새로운 프랑스의 특사들"로 묘사된다(Kassanoff 2004: 14에서 인용). 공격적 분위기, 여행하는 도플갱어들, 모조 이탈리아 양식을 포함하는 이 전체 장면은 프로이트가 "사소한 차이들의 나르시시즘"(Freud 1997b: 66)이라고 부른 것을 노출한다. 프로이트는 나르시시즘적 공격성이 낯선 것이 아니라 매우 가까운 것에 의해 더 고취된다고 주장한다. 이런 심리적 정체성 위기는 종종 **무의식적**인데, '무의식적'이라는 것은 워튼 자신의 표현에 따르면 "자꾸 떠오르는 형용사"이다. 따라서 워튼은 알프스를 묘사하면서 이렇게 말한다. "**아무 일도 결코 일어난 적이 없는** 장면처럼 느껴진다. 자꾸 떠오르는 형용사는 휘트먼Whitman이 미국 풍경에 대해 사용한 형용사이다." 여기에서 워튼은 이 시인을 인용한다. "내 천연의 땅의 광대한 무의식적 광경the large unconscious scenery of my native land"(Wharton 1928: 6).

이 구절은 자세히 읽을 가치가 있다. 학자다운 "가속을 이기는 신중함"(Berg and Seeber 2016: x)을 고취하고 어쩌면 심지어 시인 자신처럼 "빈둥대기"[11]에 충분할 만큼 찬찬히 읽고, 워튼의 **마비**를 드러내기에 충분할 만큼 참을성 있게 읽을 가치가 있다. 흥미롭게도, 워튼은 휘트먼을 잘못 인용했는데, 원문에는 "천연의native"라는 단어가 없는데 끼워 넣은 것이다. 휘트먼의 시 〈라일락Lilacs〉에서 이 구절은 실은 "내 땅의 광대한 무의식적 광경the large unconscious scenery of my land"이다. 이러한 인용 오류는 워튼이 휘트먼의 뜻을 자의적으로 취하면서 악화된다. 워튼은 휘트먼의 "무의식적 광경"이 "**아무 일도 결코 일어난**

---

11 벤 러너Ben Lerner는 휘트먼이 늘 빈둥거렸다고 지적한다. 그러나 러너의 적절한 관찰에 따르면, 이 시인이 자신의 게으른 문학적 작업을 노동계급의 작업과 구별하는 바로 그 때, 휘트먼의 외관상 무위는 두 종류의 작업을 결합하고 있다. "할 수 있는 가장 중요한 작업을 함"과 "아무 작업도 하지 않음"이 그것이다(Lerner 2016, 50). 러너는 "휘트먼은 차이difference를 노래할 수 있으나, 자신의 노동을 손상하지 않고서는 스스로를 차이화differentiation할 수 없었다. 이것이 그의 노동이 일종의 여가인 이유이고 직업을 넘어서는 어떤 직업인 이유이다"(51). **차이화** 없는 차이, 곧 "편들" 필요 없는 차이에 대한 러너의 통찰은 해체적이라고 불릴 수 있을 것이다. 그리고 학계의 시인들에 대한 그의 언급은 《느림보 교수》와 더불어 읽는 것이 유익할 것이다. "해체적 페미니즘은 빈둥거림에 관련된다"(Fleissner 2004, 104)는 플라이스너의 빈정대는 제안과 비교하라.

적이 없는 장면"을 뜻하는 것으로 해석하기 때문이다. 미국의 '장면'
에서 대체 어떤 일이 결코 일어나지 않았다는 것인가?

《이탈리아의 배경》은 1905년 출간되었는데, 이는 제임스의《미
국의 장면The American Scene》이 출간된 해이다. 워튼은 작가로서의 시
선을 제임스처럼 미국에 돌린 적이 결코 없으며, 제임스처럼 미국을
방방곡곡 여행한 적도 결코 없다. 워튼의 미국 여행은 결코 일어난
적이 없다. 앞서 우리는《기쁨의 집》에서의 어떤 간극을 지적했는
데, 이러한 부재는 여기에서 더욱 의미심장하다. 워튼은 미국에 역
사가 없다거나 적어도 주목할 만한 역사가 없다고 보는 것이다. 물
론 미국에 로마의 건축적 유산이나 예술적 유산에 필적할 만한 것이
없음은 기꺼이 인정할 수 있다. 그러나 워튼의 "아무 일nothing"이라
는 표현이 이보다 광범위한 소거임은, 원문에는 없는데 워튼의 인용
에 나타나며 그것이 가리키는 바가 늘 유동적인 "천연의"라는 용어
가 암시한다. "아무 일"은 워튼이 "무의식적"인 일들에 대해 적절히
말하듯이 "자꾸 떠오르지만" 그 범위상 숨이 멎을 정도의 대량학살
과 같고 미국 풍경에 대한 무신경한 폭력과 같다.

워튼의 식민지 정체성은《프랑스 방식과 그 의미French Ways and
their Meaning》에서는 복수심과 더불어 되풀이된다. 이 책에서 작가는
프랑스 전통이 구석기 시대 예술까지 거슬러 가는 문화유산의 소산
이라고 주장한다. 바로 이 예를 통해 우리는 워튼의 정체성을 구성
하고 그녀의 모빌리티를 위기로 몰아넣는 "지형학적" 논리를 더 완
전하게 평가할 수 있다. 워튼은 "3만 년 전 프랑스 남자들은 관찰력

과 눈썰미와 손재주가 뛰어나서 강에서 헤엄치는 물고기, 풀을 뜯거나 싸우는 수사슴, 고개를 숙이고 앉은 들소, 길게 늘어선 순록을 원근법으로 그릴 수 있었다고 말한다"(Wharton 1919: 77). "프랑스 남자들"이 동굴벽화를 그렸다는 주장은 두말할 나위 없이 신중하지 않은 시대착오이지만, 워튼의 자서전 제목〔《뒤돌아보며A Backward Glance》〕에서처럼 "돌아보는" 정체성 확립이라는 일종의 역사적 소급과 연관이 있다. 현재 보는 지점을 선택해야만 비로소 "연속성"이라는 중대한 주장을 할 수 있는 것이다. 이처럼 워튼은 수행적인 언어적 소급을 고수하면서, 구석기 남자를 근대의 민족 정체성으로 확대한다. 워튼은 "고도로 발달한 스케치, 회화, 심지어 조각은 바빌론보다 훨씬 이전에 이미 프랑스에서 나타났다"(78. 79)면서, 이 사람들의 예술은 분명 현재까지 "전달"되고 있다고 주장한다(81).

선사시대 유산에 대한 이런 편향적 설명은, 워튼의 서술 중 묘하게 친숙한 "들소"에도 불구하고, 아니 어쩌면 바로 그 때문에, 미국의 장면과 완벽한 대조를 이룬다. 워튼은 "미국와 중미에서 발견되는 매우 오래된 문화의 자취들을 보면, 최초의 유럽 탐험가들이 발견한 저 인종들은 이처럼 태고부터 예술과 도시가 발전했음을 몰랐음이 입증된다"(79)라고 말한다. 워튼의 주장을 유지하려면 아메리카 대륙의 토착민native들이 아메리카 대륙의 "오래된 문화"를 몰랐고, 따라서 그들의 삶이 이 문화와 불연속적이라는 것이 중요하고, 또한 그녀가 이 대륙 토착민의 시기를〔최초의 탐험가들과의〕첫 번째 만남의 시기까지 내려 잡고 있다는 것도 그만큼 중요하다. 따라서 식민주의 수사학 연구자들이 잘 아는 어떤 책략에 의거하여, 현재 존재하는 토착민들은 예변법적으로[12] "사라졌다"(Brantlinger 2003). 이런 예변법적 폭력에서 징후적인 것은 그 다음 문장에서 "사라진 사회들"이 두 차례 언급되지만, 그 앞에 한 번은 가까움을 뜻하는 "이러한these"이, 한 번은 멂을 뜻하는 "그러한those"이 사용되고 있다는 점이다.

그러나 이러한 사라진 사회들these vanished societies의 기원과 연대는 아직 추측할 수가 없다. 그리고 혹여 추측할 수 있다 해도, 우리의 예술적 유산과 사회적 유산에 포함될 수 없을 것이다. 왜냐하면 영국과 네덜란드 식민지 이주자들은 그러한 사라진 사회들those vanished societies과 기억에 의한 연결이 없는 야만인들이 사는 황무지만 발견했기 때문이다.

논리적으로 비비 꼬인 이 삼단논법으로부터 워튼은 "연속성의 완전한 단절이 있었다."고 단호한 결론을 내린다. 워튼이 이 "단절"을 설명하는 데 수동태를 사용함은 의미심장하다. 워튼은 아메리카 토착민들은 추방되거나 뿌리 뽑히거나 살해되지 않았다고 〔수동태로〕 말한다. 이들은 자기 역사와 단절했다는 것이다. 혹은 주어 없는 구

---

12 [역주] 예변법豫辨法 · prolepsis은 앞으로 일어날 일을 이미 일어난 일로 묘사하는 수사법을 뜻한다.

문으로 이런 토착민의 오류를 암시하고 있다. "연속성의 완전한 단절이 있었다There had been a complete break of continuity."는 워튼의 문장도 탈주어화라고 말할 수 있다. 프로이트의 어느 환자도 바로 이런 탈주어화로 폭력 장면을 "아이가 맞고 있다a child is being beaten."는 수동태 구절로 번역했다. 워튼의 식민주의 우화는 과거를 판타지로 만들어 역사와 직면하기를 회피한다.

워튼의 사이비 논리는 그녀가 미국의 "뿌리 뽑힌 식민지 이주민"(82)이라고 부른 것과 관련한 다음 주장을 예비하는 것이다. "야만인"에 대해 말할 때는 없던 연민은 모두 이 사람들을 위해 남겨 둔 것이다. 실로 이런 정서는 한쪽에서 다른 쪽으로 전치된 것으로 보인다. 다시 한 번 우리는 "무의식적"이라는 저 "자꾸 떠오르는" 단어를 만나게 되며, 앞서 휘트먼 인용에서와 똑같이 이 장면에서도 **아무 일도 결코 일어난 적이 없으며**, 특히 "야만인들"에겐 더욱 그렇다. 워튼은 프랑스의 연속성과 미국의 불연속성이 대조됨을 주장한다. 그리고 이토록 장황하게, 혹은 아마 의도치 않게 거트루드 스타인Gertrude Stein 식으로, "프랑스 사람들은 프랑스에서 계속 살았다."고 말한 후에, 그들이 어떻게 수많은 격변에도 살아남아 "태고의 저 먼 선조들"의 전통을 후대에 물려주었는지를 묘사한다. 워튼은 이렇게 묻는다. "우리 미국 선조들은 새로운 지역과 기후에서 새로운 재료들을 가지고 새로운 국가를 창조하기 시작했을 그때에, 갑작스레 뿌리 뽑히고 과거로부터 폭력적으로 단절된 것이다. 이것과의 대조를 이것〔프랑스의 연속성〕보다 더 크게 보여 주는 것이 있을 수 있을까?"(82)

워튼이 "우리 미국 선조들"이라고 부른 것은 이른바 "프랑스" 문화의 끊이지 않은 연속성과 절대적 대조를 이루는 것처럼 보일 수 있겠으나, 이는 오로지 그녀가 가리키는 미국 선조들이 토착민일 경우에만 그렇다. 물론 워튼이 뜻하는 것은 이것이 아니다. 그녀는 오히려 영웅적 식민지 이주민의 편에 서서, 그녀의 묘사에 따르면 이들의 유럽적 과거의 고통스럽고 폭력적인 상실이라고 표현하는 것과 동질감을 느낀다. 그 결과, 작가 자신의 모빌리티는 연결하고 결합하기보다는 분리를 떨쳐 내지 못한다. 이 때문에 근대성에 대한 워튼의 상상은 모더니즘의 세계시민적인 트렌드와 선명한 대조를 이루는데, 제니 카사노프Jennie Kassanoff는 이를 지적한다. "연결이 아니라 파열이 20세기의 특징적 제스처였다"(Kassanoff 2004: 10).

언젠가 워튼은 "상상으로 카우보이"를 묘사하기를 단호히 거부하면서, 자신의 주제가 뉴욕 상류층에 국한되는 것은 당연히 자기가 가장 잘 아는 사회적 환경을 반영하는 것이라고 정당화한 적이 있다(Wharton 1988: 91). 그러나 우리는 카우보이 관념에 대한 워튼의 신경질적 반응을 가야트리 스피박Gayatri Spivak이 "허가받은 무지"(Spivak 1999: 2)라고 부른 것에 대한 암묵적 인정으로 볼 수 있다. 이러한 관점에서 미국 서부에 대한 워튼의 거부는 제국적 지식과 완벽하게 일치한다. 제국적 지식의 완강한 무지는 변경으로부터 주의를 거두어들이는 것이라기보다는, 폭력과 정치적 자기기만, 그리고 이들이 늘어나게 허용하는 안일한 재현 오류에 찬동하는 것이다. 미국과 멀리 거리를 두고 어떤 주제들을 설명할 때조차, 워튼은 스피박이 "더 광범위한 제국주의 서사들의 독해를 방해하는 차단 알레고리"(Spivak 1999: 279)라고 부르는 것을 표출한다.

이러한 방해받는 서사들에는 다른 이동성을 지닌 식민지 이주민에 의한 토착민 추방, 다양한 계급과 재산을 지닌 이민자의 물결, 대중문화와 기계화된 이동의 출현, 근대 관광산업 등장 등이 있다. 이런 것들은 모두 워튼 여행의 가장자리에, 혹은 이것들의 모순을 표출하기에 충분할 만큼 오래 머물 때에만 어렴풋이 나타날 뿐이다. 이 역학 관계는 정체성의 불안정성을 보여 주고, 이로써 그녀 자신의 당연시되는 냉정한 기법에 대한 (그릇되기는 하지만) 어떤 작가적인 통찰을 보여 준다. 하지만 이러한 불안정성이 어떤 **마비시키는** 불안정성이 되는 곳에서 이를 추적하면, **자기**와 **타자**를 서로 분리된 자기동일적 범주들로 설정하는 대립적 프레임을 넘어서 워튼의 이동적 정체성을 읽어 낼 수 있다. 여기에서 가려진 토착민의 비판적 힘이 드러나는데, 이는 부정된 타자, 혹은 스피박의 표현으로는 "방해받은" 타자, 따라서 워튼의 정체성을 구성하는 규정적 대립들의 폭력적 작동에는 유용하지 않은 타자의 흔적이다.

마침내 에드워드 사이드의 앞선 인용으로 돌아가자면, 유럽에서 쓴 워튼의 글들은 상실에 대한 훈습의 미완성을 누설한다. 이러한 분리의 실패는 워튼 텍스트를 마비시키는 절뚝거리는 인물들에서 읽어 낼 수 있다. 역설적으로, 워튼의 윤리적 실패는 무엇보다도 토착적native-born 미국인으로서의 자신의 기원을 거부하는 데서 나오는 것 같다. 워튼은 미국적 정체성 대신 그녀의 유럽적 유산을 두둔하고, 그래서 이 유산의 상실을 가장 고통스럽게 느낀다. 하지만 다시 휘트먼을 인용하자면, 미국의 "무의식적 광경"은 워튼의 유럽 여행 내내 분명 "자꾸 떠오른다." 이 점은 작가가 다시 한 번 프랑스 전통을 상찬하다가 반동적인 봉건적 권리를 옹호하기까지 하는 구절의 이 의미심장한 전환에서 잘 드러난다. 만일 프랑스가 전통의 나라라면, 이는 연속성 때문이라기보다 토착민이 오래전에 성공적으로 근절되었고 워튼의 유감스러운 표현에서처럼, 경관이 "인간화"되었기 때문이다(Wharton 1909: 5).

물론 이는 단절되지 않은 계통이라는 그녀의 앞선 주장과는 모순되지만 비정합적이라고 하기는 어렵다. 오히려 이는 워튼의 프랑스 애호의 기저에 깔려 있는 것은 토착민(그녀 자신뿐 아니라, 그녀의 식민주의자 동족들에게 약탈당한 사람들)의 부인이다. 여기서 휘트먼의 《풀잎Leaves of Grass》은 또 한 번 워튼의 요새화된 정체성에 대한 반어적 서브텍스트 같다. 이는 워튼이 보지 않고자 하는 것들을 다 동원해서 미국의 "무의식적 광경"을 제공하는데, 이 광경이 프랑스에 대한 워튼의 관점 위에 겹쳐서 나타나는 것이다. 그렇다면 워튼은 수없이 여행을 했어도, 뒤에 남겨지기를 거부하는 다른 가려진 지형학으로부터 스스로를 분리할 수 없었던 것이다. 자동차 좌석으로부터 프랑스 전원을 바라보면서, 미국 작가 워튼은 "풀잎 하나하나가 저기 있음은 아주 오래전 쓸모없는 원주민의 잡초를 내쫓아 버린 오랜 봉건적 권리 덕이다."라고 만족스럽게 말하는 것이다.

결론

오늘날 인문학은 기업화된 대학에서 붕괴 위험이 가장 큰 학문 계열 중 하나이다. 이처럼 압력과 불안정에 처한 상황은 많은 학자들을 그 어느 때보다도 이동적이게 만들고 정착할 수 없게 만든다(Berg and Seeber 2015: 13). 이처럼 모빌리티가 증가한 상황 때문에, 결과적으로 인문학자들은 자신의 지식 생산 조건을 규정하는 세계적인 정치적·경제적 힘들에 대해 방법론적으로 성찰하고, 이를 통해 (불안정해진 노동자든, 난민이든, 이주민이든) 다양한 권리를 지닌 이동적 주체들과의 세계시민적 연대를 구축하기에 유리한 위치에 있다(Noyes 2010).

그러나 이러한 도전에 대한 최근 일부 학자들의 정치적 대응은 모빌리티 증가 지지와 느린 저항 작전 사이의 현저한 대조를 드러낸다. 이 대조는 개념적 함정을 노정한다. 그것은 이동성과 근대성을 이해하면서 운동과 정체를 양극화하여 대립시키는 것이다. 미국 소설가이자 여행작가 이디스 워튼은 초기 모더니즘의 문화적 맥락에서 이러한 모빌리티, 정치, 세계시민주의 문제에 대한 유용한 사례 연구를 제공한다.

워튼의 대서양을 넘나드는 생활 방식, 자동차 여행, 상류층으로서의 사회적 특권은 그녀에게 이례적인 이동의 자유를 선사했지만, 앞서 살펴본 것처럼, 그녀의 작품과 생애는 끈질긴 좌절과 부동화로 점철되어 있다. 이러한 **마비들**(Culbert 2010)은 워튼의 사회적·정치적 정체성에 존재하는 해소되지 않은 모순들을 보여 주는 지표이며, 이 모순들은 미국 토착민과 미국 서부에 대한 글에서 가장 극적으로 드러난다. 워튼의 작품과 여행에 대한 이 비판적 개입이 지니는 의미가 가장 잘 보이는 것은, 텍스트의 역설들과 끈기 있게 마주칠 때이다. 이러한 접근 방식은 방법론적으로 "느릴"(Berg and Seeber 2016)뿐 아니라, 더 중요하게는 이동적 주체성, 정치적 정체성, 경제적 특권에 대한 텍스트의 근본적 주장들이 **마비시키는** 본성을 지녔음에 주의를 기울이는 것이다.

5장

형식의 모빌리티

이안 데이비슨Ian C. Davidson

모빌리티 연구는 인간과 사물의 이동량 및 이동 범위 증가와 관련한 설득력 있는 설명을 제공해 왔다. 문학 텍스트도 이와 같은 모빌리티 증가에 반응해 왔다. 이 글은 '감각적인 것의 분배distribution of the sensible'라는 랑시에르Jacque Rancière의 관념과 '사건'으로서의 문학이라는 바디우Alain Badiou의 관념에 의거해, 이동하는 형식이라는 생각을 전개한다. 이는 문학 텍스트를 항상 소실점에서 순간적으로 구현되는 심미적 대상으로 인식하는 것이다.

서론

이 글은 모빌리티의 이념과 실천에 주목하면 산문픽션 및 시 작품들에 대한 새로운 독해, 즉 20~21세기 인간과 사물의 이동 증가를 고려하는 독해가 가능하다고 주장한다. 이 작업은 인문지리학, 문화지리학, 사회학, 인류학 등 다양한 분과학문들로 이루어진 모빌리티 연구의 발전에서 영향을 받았고 또 그 발전에 영향을 준다. 또한 문학작품이 서사나 소재를 통해 운동과 이동을 재현하는 방식, 그리고 모빌리티 실천이 문학 형식과 장르에 영향을 끼치는 방식을 이중적으로 강조한다.[1]

운동 관념은 많은 작가의 작품에 영향을 주었다. 문학은 운동과 이동의 재현을 공급하고 있고 또 항상 공급해 왔다. 호메로스Homer의 《오디세이아Odyssey》, 초서Geoffrey Chaucer의 《캔터베리 이야기 Canterbury Tales》에 등장하는 순례자, 셰익스피어William Shakespeare의 리어왕의 방황, 소설과 시의 일반 '지리학'에 이르기까지 말이다(Chaucer 2005: Homer 2003: Shakespeare 1997). 인물의 변화를 가져오는 모험이나 여행, 혹은 영웅적 행위나 연약한 행동을 구성하는 플롯으로서의 모험이나 여행은 잘 알려져 있는 구조이자 장치다. 따라서 나의 주된 목표는 문학작품에 모빌리티의 재현이 존재함을 실증하는, 유용하지만

---

1 문학 텍스트와 모빌리티, 특히 자동차 모빌리티의 관계에 대한 연구는 다음을 참조하라. Duffy (2009); Seiler (2008); Dettelbach (1976); Clarke (2007); Lackey (1997).

자명한 작업보다는, '형식의 모빌리티mobility of form'라는 관념을 전개하는 것이며, 이를 위해 문학작품, 특히 자기 안에서 모빌리티를 재현할 수 있는 문학작품이라는 구체적 사례들을 이용한다. 결국 목표는 개별 텍스트를 읽는 새로운 독법을 생산해 내는 것뿐만 아니라 서사와 관련한 새로운 생각을 제시하는 것이기도 하다. 이는 자주 간과되는 다양한 작품에 대한 광범위하고도 풍요로운 독해를 가능하게 할 것이다.

내가 이 글에서 다룬 구체적인 문학적 사례들은 미국의 전후 글쓰기에서 가져온 것들이다. 1940년대 말부터 1950년대까지 미국에서 모빌리티 증가의 상징으로서 자동차가 매우 널리 이용되었다.[2] 이는 내가 다른 데서 광범위하게 다룬 바 있는 미국 문학의 시기이자 양식이기도 하다. 거기에서 나는 찰스 올슨Charles Olson, 뮤리엘 러카이저Muriel Rukeyser, 에드워드 돈Edward Dorn, 프랭크 오헤라Frank O'Hara 등의 작가들과 관련해서 공간, 공간화, 시적 형식 간의 관계를 탐구한 바 있다(Davidson 2007, 2010). 모빌리티 형식을 다루는 이 글에서 나는 또한 이 연구 결과가 일국의 맥락이나 시기에 한정되는 것이 아니라, 적어도 부분적으로는 시간과 공간을 가로질러 이동할 수 있음을 주장하고 싶다. 맥락화된 실천의 특수함, 그리고 실천과 이념이 여러 맥락을 오가는 방식은 이후 알랭 바디우의 철학을 다루는 장에서

---

2 미국에서 자동차 소유는 1925년 6인당 1대에서 1950년대 중반 3인당 1대(Mcshane 1997: 177), 그리고 2015년 1인당 1대가 되었다. 이와 비교해 보면, 영국과 프랑스의 자동차 소유 수준은 1955년 20인당 약 1대였다(177).

충분히 설명하겠다.

이론적 맥락

이 글의 이론적 맥락은 모빌리티 연구와 현대 유럽철학, 특히 알랭 바디우 및 자크 랑시에르의 작업 사이에 새로운 관계를 설정하는 것이다. 바디우와 랑시에르는 서로 관련 있지만 다른 방식으로 커다란 영향력을 발휘하는 철학자들이다. 이들은 사회 변화와 그 속에서 문학·예술이 수행하는 역할을 사유하는 방식에 광범위하면서도 더없이 중요한 공헌을 해 왔고, 집단적 행위 가능성을 뒷받침해 주는 이론적 접근법 또한 발전시켰다. 이들의 작업이 모빌리티 연구를 뒷받침하는 다른 분과학문들의 경험주의를 결여하고 있을 수는 있다. 그렇지만 바디우와 랑시에르가 정치와 행동주의에 전념한 것은, 그들이 문화와 사회의 물질성에 연결되어 있음을, 그리고 이동하는 문화에서 예술 작품의 전달과 수용을 사유하는 새로운 방식을 만들어 내고 있음을 의미한다.

'감각적인 것의 분배'라는 랑시에르의 이념에서 비재현적 예술 형식은 현대 '미학적 체제aesthetc regime'의 일환으로서 사람과 세계의 관계를 변화시킨다(Rancière [2004] 2014: 7-14). 작품은 일상적 재료와 과정으로 만들 수 있지만 하나의 이동하는 미적 형식이라는 점에서 두드러지는데, 이 형식은 새로운 맥락들에서 이전과 다르게 구현된다(Rancière[2004] 2014: 15-26). 작품은 또한 예술에 거의 노출되어 있지 않은 사회 부문들을 가로질러 분배될 수도 있는데, 이때 예술이 생산해 내는 감각의 공통성을 통해 새로운 공동체를 만들어 내게 된다(Rancière [2011] 2014: 7). '감각적인 것의 분배'는 "공통된 것의 존재를 드러내고 이와 동시에 그 안의 각 부분과 입장을 규정하는 경계들을 드러내는, 자명한 감각적 지각의 사실들의 체계이다"(Rancière [2011] 2014: 7).

랑시에르에게 이 과정은 경험 형식으로서의 예술 및 정치의 장소 및 의의를 확정한다. 정치는 보이는 것과 말해지는 것을 중심으로, 볼 수 있는 능력을 소유한 자와 발화할 수 있는 재능을 소유한 자를 중심으로 돌아간다. 목소리를 갖지 못한 이들에게 목소리를 부여하는 것이 랑시에르 기획의 일환이기에, 그는 누구에게 말하는지 모른 채 아무 목적도 없이 말하는 것을 글쓰기로 인식하는 플라톤식 기획을 옹호하는 셈이다(Rancière [2004] 2014: 8). 예를 들어, 브렘저Bonnie Bremser의 작품은 순전히 남편에게 보내는 편지 형태로만 존재했을 때에는 틀림없이 정해진 수신인이 없었다. 인간이 늘 공간과 시간을 관통해 움직이는 존재라면, 그리고 지향이라는 현상학적 관념 때문에 무언가를 향해 움직이거나 무언가로부터 멀어지는 존재로 인식된다면, 글쓰기 역시 그렇다.

감각적인 것의 분배라는 관념, 즉 심미화된 문학 텍스트의 모빌리티라는 관념은 랑시에르가 다시 쓴 예술사 시기 구분 안에서 기능한다. 그는 예술의 세 '체제'를 지목한다. 윤리적 체제, 재현적 체제, 미학적 체제. 미학적 체제는 "재현적 체제" 및 "그것의 미메시스적 모방 원리"와 대조를 이루며, "예술 생산물 특유의 감각 양식"을 발견해 낸다(Rancière [2004] 2014: 18). 따라서 이 미학적인 것으로 인해 예술품은 그것의 맥락 내부에 있으면서 동시에 이 맥락으로 이루어져 있는 것으로 확인된다.

미학적 체제는 예술의 절대적 단독성을 주장하지만, 이와 동시에 이 단독성을 격리하는 실용적 규준을 모조리 파괴한다. 그것은 예술의 자율성을 정립하는 동시에, 예술 형식과 삶의 자기형성 형식의 동일성을 정립한다(Rancière [2004] 2014: 19).

랑시에르는 계속해서 "미학적 상태"란 "미결정의 순수한 단계, 형식이 독자적으로 경험되는 순간"이라고 말한다(Rancière [2004] 2014: 19).

랑시에르가 미학적 체제라고 명명한 것 덕분에, 미완성의 이동하는 형식이라는 관념을 발전시킬 수 있다. 이동하는 형식이 미완성인 이유는, 예술이 경험, 특히 '일상'의 경험과 통합되기 때문이다. 몇몇 작품들, 예를 들어 산문 작품들은 (아무리 장르를 인정하거나 위반하더라도) 새로운 형식과 대화할 뿐만 아니라 경험의 현상학과도 대화한다. 이것이 문학 텍스트에 대해 지니는 함의는 두 가지다. 첫째, 문학 텍스트는 결말이 없다. 결말이나 끝이 있다는 것은 삶이 끝나는 것인데, 하이데거Heidegger가 단언하듯이 경험은 자신의 끝을 목격할 수 없기 때문이다. 하이데거에게 죽음의 순간과 같은 순간의 본래성이 지니는 특성은, 그것이 무엇인지 홀로 경험한다는 데 있다. 목격자는 없다. 적어도 생존하는 목격자는 없다. 둘째, 순간의 본래성이 지니는 특성은 단지 그 서사에 긴요한 연결들뿐 아니라, 다중 세계들로 갈라져 나가는 연결들로 이루어진다는 데 있다(Heidegger 1962: 311). 이에 대한 유비는 흔히 형식적 시간 구조도 없고 공간적 범위의 한계도 없는 것 같은 텍스트, 따라서 영속적 모빌리티라는 조건 하에서 고르지 않고 완성되지 않은 것 같은 텍스트다.

알랭 바디우는 '사건'으로서의 문학의 잠재력이라는 이념을 전개한다. 여기서 '사건'이란 한 '집합'에 속한 비정합적이고 불안정한 원소들에 의한 결과이다(Badiou 2013: 65, 2006: 240). 바디우에게 '집합'이란 수학적 구조를 지닌 조직화 원리인데, 이는 상태의 조직에 담길 수 없는 집합 내부 원소들에 의해 비정합적이게 된다. 집합 혹은 상황을 불안정하게 만드는 비정합성은 사건으로 이끌어 갈 수 있는데, 사건은 예측 불가능하고 새로운 가능성을 생산한다. 이 새로운 가능성은 사건이 일어난 맥락을 초월하는 집합적 주체화 과정을 거쳐 '진리'가 된다(Badiou 2005b: xii). 이것이 뜻하는 것은 예를 들어 개별 문학 텍스트가 독자적으로 새로운 진리를 산출할 수는 없지만, 어떤 장르에 도전하는 시들은 문학 텍스트를 위한 새로운 가능성을 구성하고 장르에 대한 도전을 통해 새로운 진리를 산출할 수 있다는 것이다. 이 새로운 진리는 보편적이지는 않더라도 다른 맥락들에서는 참일 수 있는 것이다(Badiou 2013: 10).

그러므로 랑시에르와 바디우는 불안정하고 비정합적 조건 하에서 사람·사회·문화를 변형할 수 있는 이동하는 예술 형식의 역량을 믿는다. 이들은 내용이 아니라 형식을 강조하고, 예술 작품이 재현하는 것이 아닌 예술 작품의 물질성에 우선적으로 관심을 둔다. 바디우가 말하는 것처럼, "시는 우리가 매번 하나의 사건으로서 마주치는 하나의 언어 사물로 스스로를 현시한다"(Badiou 2014: 24). 랑시에르에 의하면, "… 예술은 공통된 것의 영토를 물질적이고 상징적으로 변형하기 위해서 공간을 구성하는 일이다"(Rancière [2004] 2009: 22). 이와 유사하게 바디우도 근대 시를 "사유의 형식"(Badiou 2005a: 20)이자 "미메시스의 대립물"(Badiou 2005a: 21)로 인식한다. 그는 여기에서 페소아Pessoa[3]의 다중적 정체성과 말라르메Mallarmé를 사례로 드는 것은 어느 정도 예상할 수 있다. 홀워드Hallwad도 이에 동의하면서, 바디우에게 "시란 순전한 현시의 현시로 축소된 언어"(Hallward 2003: 197), 즉 "기존 재-현 체제에서 벗어난"(Hallward 2003: 197) 언어라고 말한 바 있다. 바디우는 이렇게 요약한다.

시는 묘사도 표현도 아니다. … 시는 하나의 작동이며 … 독자는 순간적인 현전의 지점에 이르기 위해서 수수께끼 속으로 들어가야 한다. 그렇지 않으면 시는 작동하지 않는다 … 규칙은 단순하다. 시 속으로 들어가는 것. 시가 무엇을 의미하는지 알기 위해서가 아니라, 시 안에서 무슨 일이 일어나는지 사유하기 위해서 말이다. 시는 작동

---

3 [역주] 1888~1935. 카에이로Alberto Caeiro, 레이스Ricardo Reis, 캄포스Alvaro de Campos 등의 필명으로 작품 활동을 한 포르투갈 시인. 지극히 복잡하고 다중적인 개성의 소유자로 알려져 있다.

이기 때문에 사건이기도 하다. 시는 일어난다(Badiou 2005a: 29).

작품은 하나의 사건이라는 특질을 지니며 비정합성을 포함한다. 이러한 비정합성은 하나의 새로운 집합을 구성하는 유한한 예술 작품을 생산할 뿐 아니라, 주체화 과정을 통해서(이 경우 독자를 통해서, 즉 아마도 또 다른 작가가 되는 독자를 통해서) 포괄적 변화를 생산할 수도 있다. 이 변화는 작품이 외관상 그 안에 자리잡은 장르에 서의 변화이다. 텍스트의 물질적 형식, 그리고 텍스트의 전달 혹은 분배의 물질적 형식을 강조하는 것은, 그리고 집합 혹은 상황의 원소들을 강조하는 것은 모두 실재적이고 잠재적이고 개념적으로 이동하는 문학 형식을 생산하는 데 기여한다.

문학과 모빌리티

모빌리티의 지구적 분배가 불균등하고 경쟁적이기는 했지만, 20세기 동안 더 많이 이동할 수 있는 더 많은 사람의 능력이 증가했다(Urry 2007; Adey 2009). 이는 테크놀로지 진보와 (이 역시 불균등하지만) 상대적 번영에 따른 결과이다. 하지만 나의 우선적 관심사는 장소의 변화나 장소 재현의 변화가 낳은 효과를 검토하는 데 있지 않다. 이는 오랫동안 문학비평에서 여러 접근 방식의 영역이었다. 여기에는 탈식민 연구, 여행문학, '장소'에 대한 광범위한 낭만적·탈낭만적 관심 등이 포함된다. 나는 모빌리티 과정 자체에 관심이 있다. 즉, 모빌리티 증가의 효과에 관심이 있고, '사이에서', '이행 중에', '길 위에서' 무슨 일이 일어나는지에 관심이 있는 것이다(Cresswell 2006: Merriman 2007, 2012: Urry 2007). 모빌리티 연구는 어떤 완성의 의미가 들어 있는 여정보다는 끝없는 순환이라는 관념을 가지고 탐구하며, 따라서 이동의 상이한 특질들을 검토한다. 다양한 요인들로 시작될 수 있는 이 특질들은 따라서 다양한 범위와 강도를 지니고 일어난다.

운동과 관련한 철학적 관념들에 대한 역사적 이해는 모빌리티 실천, 그리고 그 변종과 상이한 강도의 폭에 영향을 미쳤다. 많은 작가들이 암묵적으로든 명시적으로든 이런 관념들을 활용한 것이다. 예를 들어, 필립 K. 딕Philip K Dick[4]은 다양한 철학들을 광범위하고도 이색적으로 연구했다. 이는 작품《주해Exegesis》에 기록되고 다수의 후기 작품들에 반영되기도 했다(Dick 2011). 시인 조지 오펜George Oppen[5]은 하이데거와 파르메니데스Parmenides에 의지한다(Oppen 2008). 1950년대 잭 케루악Jack Kerouac[6]을 포함한 다수의 미국 작가들과 마찬가

---

4 [역주] 1928~1982. 미국 과학소설(SF) 작가. 초현실적 분위기와 풍부한 상상력을 지닌 작품으로 유명하며, 프레드릭 제임슨, 장 보르리야르, 슬라보이 지젝 같은 비평가들의 주목을 받은 바 있다. 〈블레이드 러너〉(1982), 〈토탈 리콜〉(1990), 〈매트릭스〉(1999), 〈이퀼리브리엄〉(2002) 등은 모두 딕의 영향을 받아 제작된 작품들이다.

5 [역주] 1908~1984. 미국 시인. 객관주의 시인 그룹의 일원으로 유명하다. 정치적 행동을 위해 1930년대 시를 포기한 뒤, 나중에 하원 비미非美활동 조사위원회House Un-American Activities Committee(HUAC)를 피해 멕시코로 이주했다. 1958년 귀국 후 시를 다시 쓰기 시작해 1969년 퓰리처상을 수상했다.

6 [역주] 비트제너레이션을 주도한 미국 소설가 겸 시인. 기성 사회의 윤리와 무관하게 감각적

지로, 다이안 디 프리마Diane di Prima[7]도 선불교에 큰 영향을 받았다 (Kerouac 1997, 2000, 2007; di Prima 2001). 패트릭 해밀턴Patrick Hamilton[8]은 카를 마르크스Karl Marx의 이념에 영향을 받았다(Jones 2008: 201). 시인 빌 그리피스Bill Griffiths[9]는 누구보다도 보에티우스Boethius와 플로티누스Plotinus 를 참조했다(예를 들면 Griffiths 2014: 17-59, 137-150). 알렌 피셔Allen Fisher는 종종 자신의 시에 주석을 달곤 했는데, 이 주석은 특히 알랭 바디우를 포함하고 있고, 플라톤적 형식 관념에 대한 관심을 관찰과 관조 경험에 대한 아리스토텔레스적 접근법과 결합했다(Fisher 2010).

작가들에게 영향을 준 운동 관념의 역사는 소크라테스 이전 철학들로 거슬러 올라갈 만큼 유구하다. 여기에는 '진리의 길'이라는 관념이 포함되는데, 이 길을 통해서는 아무것도 이동하지 않고 아무것도 변화하지 않는다. 그리고 그 반대 관념, 즉 더 이동적인 속견俗見의 길이 있는데, 이 길에서는 "머리가 둘인 유한자들이 배회한다"(Parmenides). '길'이라는 지리적 이미지와 이동에 대한 암시에도 불구하고, 진리의 길은 아무것도 이동하지 않는 역학적 관계들로 구

자기만족을 찾아 방랑하는 자전적 소설을 주로 저술했다.

7 [역주] 1934~. 미국 시인, 극작가, 사회활동가. 1950년대 말부터 1960년대 초까지는 비트 운동에 참여했고, 1960~70년대에는 사회적·정치적 병폐와의 싸움을 다룬 시들을 발표했다. 뚱뚱해질 권리 운동Fat Acceptance Movement의 지지자이자 활동가로도 유명하다.

8 [역주] 1904~1962. 영국의 극작가, 소설가. 제1차 세계대전과 2차 세계대전 사이 런던 거리 문화를 전달하기 위해 디킨슨적인 서사 목소리를 효과적으로 사용한 바 있다. 신랄한 블랙 유머, 가난한 자에 대한 강한 동정심을 보여 주기도 했다.

9 [역주] 1948~2007. 영국 시인이자 학자.

성된 영역에 있다. 이 영역 밖은 '무'이다. 이 '무'는 공백조차 아니고, 그 이상의 기하학적 점이 불가능한 전—유클리드적 공간 관념이다. 하지만 플라톤은 대화록《파르메니데스Parmenides》에서 이런 세계관을 탁월하게 반박하면서 다음과 같이 주장한다. "움직임은 안정된 형식에 담긴 모든 것을 알게 해 주는 수단이다." 현대의 작가들은 다양한 서사들에서 운동을 활용하고 있는데, 이와 관련해서 중요한 점은 플라톤은 움직임의 두 가지 원칙적 종류를 구분한다는 점이다. 중심을 도는 운동과 주체나 객체를 한 장소에서 다른 장소로 옮겨 놓는 궤적이 그것이다(Oliver 2005: 2). 이 두 운동 사이의 차이는 고도의 상징적 의의를 지니며, 흔히 변화에 대한 저항 관념과 변화 자체의 관념과 모두 관련된다.

파르메니데스가 구축한 세계관이 고정된 보편자들에서 시작하고 나아가 더 유동적인 일상적 경험을 비판하는 데로 나아갔다면, 아리스토텔레스Aristotle는 감각에서 유래한 경험에서 시작하여 더 일반적인 추상들로 이동했다. 아리스토텔레스에게 객체들은 그 '자연적 장소', 즉 움직이지 않는 우주의 중심에 도달하기 위해서 아래로 떨어진다. 움직임에 대한 아리스토텔레스의 설명은 잠재성과 현실성 사이의 관계에 기초하고, 만물이 자기 안에 이동의 잠재성 또는 가능성을 갖고 있다는 사실에 기초한다(Apostle 1970: 52). 현실성은 잠재성의 실현이면서 운동의 원인이다. 서사의 견지에서 보자면, 현실성은 시작을 추동하는 끝이다. 그러므로 아리스토텔레스의 운동(그는 여기에 변화를 포함시킬 것이다) 이론은 존재론적이라기보다 목적론적이다. 이것은 최초의 원인으로부터의 운동이 아니라 설계에 의한 운동이고, 그 잠재성(비록 불완전하게라도 이미 늘 현전하는 성질들)에 의해 밀리는 것이 아니라 그 현실성을 향해 끌리는 운동이다. "운동은 … 현실성이면서 현실성이 아니고 … 파악하기 어렵지만 존재할 수 있다"(Apostle 1970: 190).

서사(Bal 1977), 소설(Watt 2001; Curriee, [1998] 2011, 2007), 그리고 포스트모던 소설 메타픽션의 구조적 요소들을 발견하려는 기도를 통해, 다양한 유형의 글쓰기가 어떤 기대를 예기하면서도 이 기대에 도전함이 확인되었다. 예를 들어, 마크 커리Mark Currie는 소설이 "삶에서 시간이 작동하는 방식"을 반영한다는 관념을 일축한다. "어떤 허구적 서사에서 독자를 위한 현재는 실은 결코 현재가 아니라 과거이다. 이것은 과거 시제에서 우리와 관계하는 다른 누군가의 현재이다"(Currie 2007: 5). 커리는 연대기적이지 않은 시간적 연쇄라는 규범적 실천을 용인한다. 그러나 나는 이런 규범적 실천이 여전히 허구적·소설적 형식을 위한 정적 구조들을 확인하는 데 의존한다고 주장하는데, 이 구조들은 독서 과정에서 시간적으로 펼쳐지더라도 공간적으로 파악될 수 있는 것이다.

나는 존재와 경험의 집단적 관념들과 관계하는 더 유동적인 형식 관념, 즉 문학 텍스트에 대한 구조적 설명이나 메타픽션적 설명에 분명하게 도전하는 관념을 확인하려고 한다. 내가 주장하려는 것은 텍스트들이 과거의 경험을 재–현하는 것이 아니라, 현재의 수행적 경험, 즉 쓰기와 읽기의 경험을 현시한다는 것이다. 문학 형식들을 검토하는 데 모빌리티의 개념들을 활용하면 '순간들'의 이러한 공간적 측면과 시간적 측면을 망라할 수 있는데, 이 측면들은 전체적으로 완성된 구조라는 관념에 도전한다. 서사는 허구 작품 전체에 걸쳐 주기적으로 일어나는, 결말이 열린 일련의 충돌들이 되고, 시는 어떤 완성된 형식을 전혀 규정하지 않은 채 이런 순간들에서 빛나는 일련의 공간/시간 일치로 정의된다(Rancière 2004a: 218-231). 철학 용어로 말한다면, 이는 진리가 점차 드러나는 하이데거식 탈은폐(Heidegger 1993: 115-138)로부터 형성된 서사와, 비정합적이거나 불일치하는 다수성(함께 존재하지만 서로 들어맞지 않는 것들)의 귀결인 사건에서 부상하는 진리 관념 간의 차이다(badiou 2005b: 23-30).

이동적 실천과 형식

움직임에 대한 견해들은 우리가 21세기 초 모빌리티를 사유하고 현시하고 재현하는 방식에 영향을 준다. 영화사의 한 사례를 짧게 살펴보더라도, 운동이 변화와 불가분하게 연결되어 있고, 그래서 기성 질서를 위협하는 방식을 예증할 수 있다. 이는 러스 메이어 Russ Meyer의 영화 〈더 빨리 푸시캣, 죽여라 죽여Faster, Pussycat! Kill! Kill!〉 (1965)[10]에서 완벽하게 예증된다. 여기서 여성 모빌리티의 서사에는

---

10 [역주] 캘리포니아 사막에서 납치와 살인을 저지르는 세 명의 여성 주인공이 등장하는 영

불길한 색조가 덮여 있다. 스트리퍼이자 댄서로 함께 일하던 세 여자는 사막에서 한 남자를 죽이고 그의 여자 친구를 납치하며, 그 다음에는 호색한 농장주가 모아 놓은 돈을 강탈한다. 이 영화는 고전적 컬트영화 혹은 성 산업화 영화로 서로 다르게 서술되지만 그 둘 다이기도 하며, 쿠엔틴 타란티노Quentin Tarrantino의 2007년 영화〈데쓰 프루프Death Proof〉가 참조한 영화이기도 하다.

이 영화는 이동하는 여성들을 예측 불가능한 서사를 만들어 내는 본성상 위험하고 불안정한 부류로 묘사한다. 이들은 메이어 특유의 만화적인 성적 특징들을 지녔는데, 이런 특징들은 익살스럽지도 않고 특별히 에로틱하지도 않지만 사막에 풀어놓자 약탈적으로 변모한다. 이들은 몰고 다니는 자동차 외에는 집이 없고, 경관과도 단절되어 있는 것 같으며, 가정중심적이거나 '정상적인' 여성적 가치나 행동이라고는 찾아볼 수 없다. 세 명 중 마지막 남은 여자는 마침내 농장주의 "선량한" 아들에게 살해되는데, 그전에 그녀는 이 아들의 형제가 탄 자동차를 여러 차례 벽에 충돌시켜서 그를 살해했다. 이제 이 "선량한" 아들은 그녀의 몸을 내려다보며 말한다. "너는 아무데도 못 가." 물론 그녀는 죽었다. 그러나 이 말의 함의는 그녀가 이제 움직일 수 없다는 점, 그리고 그녀를 위험한 존재로 만든 것은 이동, 특히 그녀의 자동차라는 것이다. 그러므로 여성의 모빌리티가

화. 적극적이고 강력한 여성들과 소극적이고 허약한 남성들을 통해 전통적인 성 역할을 전도시킨 영화로 유명하다.

증가하는 것은 무해하거나 문제없는 게 아니다. 이는 오히려 잠재적으로 여성이라는 성적 특질을 지닌 통제할 수 없는 분노의 일부로서 가족과 사회적 가치를 파괴할 것이다.

물론 영화는 본래 형식상 이동적이기에 '무비the movies'라고 불린다(영화 속 운전에 관한 포괄적 연구로는 이언 보든Iain Borden의《드라이브Drive》(2013)가 있다). 그렇지만 이와 같은 발상들 중 일부는 문학 텍스트에서도 나타나는데, 회고록과 소설을 뒤섞어 놓은 보니 브렘저Bonnie Bremser의《레이의 사랑을 위하여For the Love of Ray》[11]가 그렇다. 보니 브렘저는 경찰에게 쫓기는 남편인 시인 레이 브렘저Ray Bremser와 함께 멕시코로 이동하여 매춘을 하게 된다. 이들이 미국과 감옥 밖에 머물면서 마약을 살 돈을 마련하기 위해서다. 레이 브렘저는 포주 노릇을 한다. 보니 브렘저는 이웃들이 이런저런 방식으로 보살펴 준 자식을 결국 입양 보내게 된다. 그래서 보니 브렘저는 여성성의 모든 약호를 깨뜨린다. 살림도 하지 않고 아이를 돌보지도 않는다. 그녀는 노골적으로 성을 판매하는데, 자기 몸을 결혼이 생산하면서 신성시하기도 하는 상품으로 변모시키는 것이다. 하지만 그녀의 이런 행동은 자신에게 폭력을 행사하는 남편에 대한 사랑을 위함이며, 남편을 감옥에 보내지 않기 위함이다. 따라서 그녀는 충실과 예속이라는 여성적 성격을 보이는 것이다.

---

[11] 모든 인용의 출처는 영국에서 출간된 판본이지만, 미국에서 '트로이Troia'라는 이름으로 출간된 판본과 같다.

그러나 남편의 억압과 폭력에도 불구하고, 그녀의 몸은 여전히 그녀의 것이다. 그녀는 위험으로 가득한 여건에서도 어느 정도 자신의 성을 통제하고 있다. 이는 그 자체가 문제로 가득하면서 문제를 일으키는 상당히 예외적인 서사로서, 아내, 어머니, 연인, 예술가, 부양자의 역할이 매춘부로서의 노동과 뒤섞이는 것이다. 결국 그녀의 모빌리티는 미국적 특권의 결과이자 상징이고, 그녀와 남편이 법망을 피하는 수단이면서, 그녀를 신체적으로 마모시켜 아내나 어머니 역할을 하지 못하게 하여 나락으로 떨어뜨리는 수단이기도 하다. 소설의 시작 부분부터 가정과 육아에 대한 그녀의 태도는 아리송하다. 그래서 멕시코로의 버스 여행은 힘겨웠고, 성적 접촉 기회를 잃은 것을 애석해했으며, 한 부모의 역할에 억울해하는 것이다. 그녀는 성노동자로서 어느 정도 자유롭고 독립적일 수 있고 마음 내키는 대로 여러 도시를 이동할 수 있지만, 그 결과 아이를 잃고 만다.

이 책의 서사는 비선형적이다. 화자의 신체와 밀접하게 연결된 채로 순간순간 발생한다. 이 비선형성은 모더니즘적 실험의 에피소드 서사 형식의 사례도 아니고 메타픽션 장치도 아니다. 계속해서 설명하겠지만, 이것은 형식, 모빌리티, 경험, 주체성 사이의 공생 관계에 따른 결과인데, 이 점은 텍스트의 구성 및 생산의 특정 방식들에서 식별할 수 있다. 다시 말하지만, 이는 저자의 의도를 텍스트에 재각인하려는 시도가 아니다. 브렘저는 낸시 그레이스Nancy Grace와의 1999년 인터뷰에서 이 구성 방법을 두고 이렇게 말한 바 있다.

이 《멕시코 회고록Mexican Memoirs》은 책으로 내려고 쓴 것이 아니다. 이것은 감옥에 갇힌 레이에게 매주 보낸 두 쪽짜리 글들로 이루어져 있었다. 우리는 그것이 상업적 서신이라고 주장하여 일주일에 한 쪽이라는 서신 규칙을 비껴 나갔다(Johnson and Grace 2004: 113).

글쓰기라는 바로 이 행위, 교도소 관계자들이 설정한 한계를 넘어서는 바로 이 행위가 위반이다. 그리고 회고록과 소설 모두에 도전하는 이 책의 형식도 위반이다. 브렘저는 글쓰기 과정도 마찬가지로 막연한 행위로 묘사한다. "…《멕시코 회고록》을 쓸 때, 나는 그저 앉아서 마리화나를 한 대 피우고 타자기 앞에 앉아 썼다. 그걸 파일로 모았고, 이게 바로 그것이다"(Bremser [1969] 1972: 113). 이 책은 1962년 저술되었지만 나중에야 '탈고'되었다. 낸시 그레이스는 인터뷰 서두에서 이렇게 말한다. "브렘저〔레이〕는 이 책의 편집자 마이클 퍼킨스Michael Perkins와 함께 편지들을 하나의 서사에 배치했고,《트로이》는 브렘저의 고집으로 1969년 출간되었다"(Johnson and Grace 2004: 109). 이는 마지막으로 아내의 성을 착취한 행위, 최후의 포주 짓이었다.

이 텍스트에는 꽤 감동적이고 통찰력 있는 국면들도 있고, 어느 정도 성공적인 실험의 측면들도 있다. 너무 뻔한 케루악주의Kerouacisms는 진부해 보이지만, 이 책의 시작 부분은 한 편의 세련된 회고록이다. 이는 강력하고 집요한 목소리로 서사를 시작하면서도, 독자에게 무엇을 기대하지 않아야 하는지를 말해 준다.

우선 나에 관한 정말 중요한 몇 가지 사실을 당신에게 말하고 싶어. 나는 연속성이 필요함을 알고 있지. … 하지만 어떤 왜곡을 믿어. 내가 믿는 것은, 무언가 일어나고 있는 장소로 당신이 가서 당신이 창조했던 것을 이해하기를 절실히 원한다면 … 간극을 메우는 것이라면 아무리 낡아빠진 것이라도 충분하다는 거야. … 중요한 것은 기법도 아니고 기법의 결여도 아니고, 당신이 좌절을 극복하고 간극을 잇고 당신에게 믿을 수 없을 만큼 아름다운 무언가를 손에 쥐는 그 순간들이지 … (Bremser [1969] 1972: 7).

이것의 미학은 당신이 간극을 잇는 "그 순간들"에 발생한다는 점에서 이동적이며, 이것의 주체도 마찬가지다.

사건으로서의 텍스트라는 생각, 즉 주체를 바꾸는 물질적 현시와 순간순간 일어나는 이동적 형식이라는 생각은 브렘저의 이 회고록과 소설의 혼종이 지닌 특질을 성찰하는 데 도움을 줄 뿐 아니라, 잭 케루악의 가장 문제적인 텍스트이자 책의 형식에 대한 가장 극단적인 실험인《다르마의 일부some of the dharma》(1997)를 독해하는 데에도 도움을 준다. 수첩에 적혀 있지만 애초에 책으로 구상했음은 도입부를 보아도 분명하다. 하지만 당시 출간되지 않은 것은 의외가 아니다. 이것은 이동적 삶의 양식과 이동식 텍스트 형식을 연결하는 경험의 기록이다. 헬렌 위버Helen Weaver는 이 삶을 바라보는 새로운 관점을 제공한다. 그녀는 설득력 있고 통찰력 있게, 잭 케루악의 글쓰기 스타일 및 즉흥성 관념을 가톨릭의 고해(여기서는 경험을 '일어난 그대로 정확하게' 기록하지 않음은 죄악이다)와 불교의 명상 실천 양자에 결부시키고, "마음의 작동 방식에 대한 의식적 탐구"로서의 글쓰기에 결부시킨다(Weaver 2009: 226). 전체적으로 보면 이 작품은 다양한 자료들을 엮은, 케루악과 선불교의 관계에 대한 기록이다.

《다르마의 일부》는 큰 판형으로 인쇄되어 있고, 수첩들에서 가져온 텍스트가 원래 형태를 유지하고 있어 텍스트의 물질적 구성 과정에 주목하게 만든다. 여러 겹의 좌우 여백이 있는 기본적인 활자 면에는 육필의 논평들이 배치되어 있고, 각 쪽은 다양한 방식으로 분할되어 있다. 실천을 통해 공부하는 선불교와 마찬가지로, 이 책의 형식은 텍스트 레이아웃을 통해 물리적으로 마주칠 수 있다. 텍스트의 자료 역시 다채로운데, 신학적 명상, 교훈, 신문 기사, 시를 포함한다. 선이 자아를 지우기 위해 자아에 집중할 것을 요구하는 것과 마찬가지로, 이 책은 무형식을 도모하기 위해 형식에 대한 강한 자의식을 내비친다. "형식은 세계의 공포"(Jack Kerouac 1997: 46)라는 곳에서, 또는 몇 쪽 뒤 "꿈은 형식"(51)이라는 곳에서 그렇다. 형식은 사람, 사물, 과정이 그리로 끌려가거나 그리로 향하는 일종의 유혹이 되는데, 이는 오로지 파괴되기 위해서이다. 이는 서로 상충되는 방식들로 시간 경과 및 생애와도 결부된다. 《다르마의 일부》에 실린 긴 시 〈자메이카 묘지〉에서는 공허가 형식을 격퇴한다. "사랑의 한가운데 / 성스럽고 밝은 / 그 공허"는 "형식의 사막"에 있다(148). 시는 이렇게 끝난다. "… 형식이 그를 사로잡아 / 그의 본질을 도살장으로 끌고 가기 직전 / 바로 그때"(151). 형식의 관념은 공간과 시간의 관념 자체로 확장되고, 케루악은 윌리엄 버로스William Burroughs[12]의 주장을 인용한다. "공간-시간-운동 개념을 옹호하는 것, 그리고 여기에 의존하는 모든 것은 … 무지이다"(156).

　이 책 자체가 이런 딜레마에 대한 응답이다. 글쓰기의 견지에서 보면, 케루악이 회피하는 것은 전통적 문학 형식의 부담, 이 형식의 생산 절차, 어떤 심오하거나 유기적인 형식이라는 관념이다. 예술은 그것의 미학을 통해서 식별될 수 있겠지만, 일상생활로 이루어져 있어서 그와 분리가 불가능해진다. 유일하게 가능한 문학 형식은 이동적이다. 펼쳐지는 삶의 우여곡절을 따라가고, 완성에 저항하고, 재료를 조작해 플롯과 서사로 만드는 데 저항함으로써. 이것이 바로 랑시에르가 시간 경과의 한 순간으로서 형식의 순간적 성질에 관해 말할 때 가리키는 것이다. 작품은 고정된 형식이 없는 하나의 형식이 된다. 완성하기를 주저함, 문학의 불균등한 표면들을 균질화하기를 주저함은 게으르고 방자하고 무능하기 때문이 아니라 하나의 필요이다. 케루악의 말처럼, 어느 정도는 이것이 그를 일종의 전후문학의 대변인으로, 그 이전의 명성보다 더 급진적인 대변인으로 만들었다.

　　1955년 1월 1일 ─ 새해 첫날 ─ 일어나고, 씻고, 다시 침대로 가서

12　[역주] 1914~1997. 미국 소설가. 마약중독 체험을 토대로 마약 환자의 환각과 공포에 관한 작품을 주로 발표했다.

생각했다.

여전히 나는 마음의 책을 쓰는 것처럼

느낀다.

떠올리고 산산조각 내리라

잭 둘루즈[13]의 삶에 일어난 모든 사건을 —

관심의 중앙에서 시작하여

무지의 원리인

시공을 무시하며, 본질에

거주하며 — 형식들을 부수며 (194)

이 작품은 시간에 전적으로 몰두하면서도, 언제나 시간 바깥의 순간에 있고자 한다. 이 작품의 형식은 오직 사라지는 순간들에, 자아와 글쓰기의 결합에서 일어나는 공허의 순간들에 실현된다. 이 작품이 모빌리티에 대한 것, 미국 안팎에서의 운동들에 대한 것이라는 말은 내가 앞서 서술한 의미에서만이 아니다. 형식 자체가 스스로의 모빌리티를 활용하여, 계속 움직이면서 늘 자신을 파괴한다. 마치 늘 스러져 가는 꿈처럼, 삶의 다음 사건이 서사의 나아감을 변화시킨다는 듯.

에일린 마일스Eileen Myles의 《눈송이(신작 시집)/다른 거리들(최신작

---

13 [역주] 케루악의 반半자전적 소설 《둘루즈의 허무: 1935~1946년의 모험적 교육Vanity of Duluoz: An Adventurous Education, 1935–46)(1968)에서 케루악을 반영한 주인공.

시집)Snowflake—New Poems, different streets—newer poems》은 시집을 두 권 나란히 한 권으로 묶어서 출간한 것이다. 이 책은 형식의 모빌리티와 이동 주체의 재현을 결합한다. 시는 종종 어떤 에일린을 가리킨다. 그녀는 레즈비언이고 노동자이고, 그녀 목소리는 완전히 미국적이다. 그렇지만 이 어떤 에일린은 결코 작가의 서정시 안의 대변자로 축소되지 않는다. 시 안의 화자는 늘 분명히 나타나지만, 늘 여러 위치들 사이에서 옮겨 다니며 이동한다. 그러므로 마일스의 작품은 매우 전기적이다. 비록 전기의 새로운 관념을 구축하기는 하지만. 《눈송이/다른 거리들》은 주제의 측면에서 해석할 수도 있는데, 그 주제 가운데 하나가 자동차 모빌리티이다.

〔두 권의 시집 중〕 전자〔《눈송이》〕는 남부 캘리포니아의 유목적 자동차 문화에 뿌리내리고 있으면서도 이와 갈등한다. 후자〔《다른 거리들》〕는 몬태나에서든 맨해튼에서든, 현재 순간에 대한 몰입에 단단히 뿌리내리고 있다. 둘은 분명히 테크놀로지, 매개, 지각, 소통, 관계 같은 주제들을 공유한다. 이런 주제들이 욕망에 의해 연결됨(그리고 추동됨)을 지적하는 것은 중요해 보인다. 타인과 내밀하게 연결하려는 욕망, 마음과 세계의 관계를 명징하게 보려는 욕망, 이런 명징성에 응답하고 응답을 기록하려는 욕망, 어떻게 언어가 연결과 관계를 조직하고 유지하는지 살피려는 욕망, 연결·관계·응답을 언어를 통해 극적 긴장으로 몰아가려는 욕망(Teare 2012).

《눈송이》에 실린 첫 번째 시는 상호매체 경험을 묘사하는데, 이는 수용의 공감각은 아니더라도 생산의 공감각은 환기시킨다.

> 가끔
> 운전을 한다
> 그리고 누가
> 전화했나 보려고
> 버튼을
> 눌렀다 또
> 갑자기 나는
> 사진을 찍고 있다(Myles 2012: 1)

사진들은 단지 "대단히 어두운 것"이 되고, 그 시선은 자동차 내부로부터 나간다. 당신이 앉아 있는 곳에서 만들어진 영화다. 결국 시의 화자인 '나'의 말처럼, "나는 / 사진을 찍고 / 있지 않았다 / 나는 운전을 했다 / 그것은 검고 / 거기에는 모두 / 이 빛이 있다 / 나는 강하다 / 밤이다"(Myles 2012: 1-2). 강렬한 경험, 운전 행위와 시각성은 운전하는 신체를 외부 환경과 연결하는데, 이는 이후 시들의 주제다. 하지만 이것은 어떤 경험이 되고 내부와 외부는 이 동일한 경험의 일부가 된다. 그리고 우리는 시의 화자인 '나'가 빠른 속도로 도로를 질주하는 금속 발사체를 조종하고 있음을, 그녀가 집을 향해 운전하고 있으며 "강해야" 함을 잊지 않는다. 시집의 다른 시 〈8번 시 자동차 카메라#8 Car Camera〉에서 운전자는 자동차를 통째로 카메라로 상상한다. "저기 밖에서 가고 있는 모든 것이 들어올 수 있도록"(34) 초점 없이 촬영하는 카메라. 이는 운전의 거울 같은 과정이다. 운전할 때 운전자는 도로를 달리는 차에 의식적으로 초점을 맞추지 않고 달리는 차를 무의식적으로 조종한다. 운전자에게 자동차는 경관을 흡수하고 기록하는, 모든 것을 보는 눈이 된다. 운전자 신체가 그저 의식적 마음의 연장이 아니라 그 자체가 의식적이고 생각하고 지각하는 신체인 것처럼, 자동차 차체는 능동적 장치가 된다.

자동차 운전 경험은 시각에 집중될 수 있지만, 자동차 안에서의 경험은 청각적이기도 하다. 운전자는 "주말 / 음악을 / 계속 들을 … " 뿐 아니라 지나간 사랑과 " … 전화로 내게 시를 읽어 준 / 누군가"를 회상하기도 한다. 이 기억은 사랑에 대한 명상으로 이끌어 간다. 여정이 끝나고 "나는 집에 와서 기쁘다." 말하자면, "기술이 아닌 것 / 보는 일이 아닌 것"에 관해 생각할 기회인 것이다(2-6).

《21세기 아메리카의 11인의 여성 시인Eleven More American Women Poets in the twenty-first Century》에서 마일스는 자신의 시론을 이렇게 피력한다.

나의 시에는 경험이 일종의 앎이라는 생각, 그리고 이런 앎이 어떻게 일어나는지 묘사할 수 있는 새로운 방식들을 기술이 우리에게 끝도 없이 가져다준다는 생각이 담겨 있다. … 나는 늘 어렴풋한 단절 가능성에서 흥분을 느낀다(Rankine and Sewell 2012: 252).

고유수용감각 관념, 공간 속의 신체 관념, 그러나 여성적이자 퀴어적으로도 확인되는 신체 관념, 그리고 비정합성 관념을 결합하는 《눈송이》에는 12편의 연작시도 들어 있다. 마일스는 '감사의 말'에서 이 시들을 "땅거미 질 때 샌디에이고에서 로스앤젤레스로 운전하며 소형 디지털 녹음기에 구술한, 막연히 LA/운전 시들이라고 생각하는 작품 모음"(Myles 2012: 84)이라고 묘사한다. 연작시에는 속하지 않지만 그와 이야기를 나누는 운전 시 〈기름을 더More Oil〉(76-79)에서 마일스는 죽은 토끼를 보는 일을 묘사하면서 이렇게 반응한다. "… 나는 우리가 밉다 / 나는 우리 도로가 밉다 / … 엿 같은 타르와 / 폭발물을 지닌 / 우리는 / 그다지 친절한 / 포유류가 아니다." 이 구절에서는 브레어 여우가 설치해 놓은 '타르 아기'에 빠지는 브레어 토끼[14]가 연상된다. 인종주의 함의가 분명한 이 이야기에서 토끼는 결국 탈출한다. 이 시에서는 운전자와 자동차가 서로에게 녹아들고, 자동차가 시의 화자 역할을 하기도 하다. "나는 막 길 한쪽에 섰고 / 화석 연료 소리를 듣는다 / 뱃속이 뒤틀린다." 죄 많은 운전자 몸은 자동차가 되는데, 이 몸은 자동차의 사적인 내부와 공적인 외부의 관계를 그대로 반영한다.

---

14 [역주] 브레어 토끼Bre'r rabbit는 조엘 챈들러 해리스Joel Chandeler Harris가 미국 흑인 민담을 수집 각색한 《리머스 아저씨의 노래와 이야기Uncle Remus: His Songs and His Sayings》(1881)에 등장하는 주인공인 꾀 많은 토끼로서 힘센 여우를 골탕 먹인다. 이 중 〈타르 아기 이야기〉에서는 여우가 토끼를 잡기 위해 타르를 바른 인형을 미끼로 이용한다. 약자인 토끼는 흑인 노예를, 강자인 여우는 백인 노예주를 빗대고 있으나, 이후 미국 흑인들은 해리스의 각색이 오히려 인종주의적 함의를 담고 있다고 비판하기도 했다.

LA/운전 연작은 움직임이라는 감각적 경험에 기초해 있다. 첫 번째 시 〈1번 시(음악과 함께)#1 (with music)〉는 연작의 결말이다. "몇몇 젊은 / 사람이 내게 전하는 / 팝음악"(26)을 배경음악으로 삼은 이 여정에서, "이런 식의 / 글쓰기의 가능성이 / 떠오름"(26)을 반영하기 때문이다. 〈2번 시#2〉에서 자동차들은 패스트푸드/팻푸드 식당 체인점에 진입하면서 "거미줄에 걸린 이슬"이 되고, 그녀는 빨간 트럭들을 보고 그랜트 우드Grant Wood의 그림 〈릿지로드의 죽음Death on the Ridge Road〉이 떠오른다. 이 그림에서 언덕 너머로 내달리는 빨간 트럭이 자신을 피하려는 자동차 두 대를 들이받으려 하기 때문이다. 자동차에는 목소리가 없고, 자동차는 "마이크가 아니어서" 목소리를 전달하기보다는 받는다. 그러나 자동차는 "줄곧 나를 사로잡고 멈추게 하는" 신이다. 새로운 테크놀로지는 새로운 신체적 반응도 불러일으키는데, "나는 손톱으로 글을 쓰고" "스쳐 지나는 종려나무들로 시간을 센다"(30). 하지만 "운전driving"은 "땅과의 결혼wiving"과 어떤 충돌하는 각운을 만드는 과정인데, 이는 자동차와 환경의 경제적이고 법적인 영구적 결혼을 암시한다.

운전은 또한 모든 것을 뒤로하고 떠나는 일이기도 하다. 자유와 운전을 동일시하는 것은 흔한 일이고, 오펜(Oppen, 1978)부터 케루악(Kerouac 1984, 1988)까지 작가들은 이 관계를 구축해 왔지만, 시의 화자인 '나'에게는 '에일린'을 뒤로하고, 이 이름의 역사를 잃고, 시인·비평가·교육자·공연예술가로서 이 이름의 공적인 관계뿐 아니라 사적인 역사까지 잃고 떠남을 의미한다. "나는 이것을 잊었다 / 그리고

/ 그것을 잊었다 / 그리고 자유롭게 / 내가 왜 / 에일린을 떠나는지 / 내 이름을 떠나는지 / 잊어버린다"(32). 여기에는 이동 과정과 자동차 모빌리티 행위가 변화를 생산한다는 인식이 있다.

〈7번 시 어두운 물#7 Dark Water〉, 〈9번 시 미국 파괴하기#9 Destroying US〉, 〈10번 시 공#10 Ball〉 등에서 관심은 점차 환경으로 이동한다. 이 시들은 자동차가 땅에 미친 효과를 기록하고, 도로는 자동차와 땅의 별거를 유지시키는 지표면으로 구축된다. 도로는 빛과 열을 반사하는 뚜렷한 깊이를 지닌 어둠이고, 이런 반사 때문에 차들은 도로 위를 달리는 것이 아니라 도로를 뚫고 나타나는 신기루이다. 그녀의 모호함은 〈9번 시〉에서 분명히 드러나는데, 여기에서는 환경에 대한 관심을 인정하면서도 "두 시간 이상 / 행복하게 운전"하고, 특히 "우정을 위해서" 그렇게 한다. 〈10번 시 공#10 Ball〉은 동일한 패턴을 따른다. 여기서 "우리는 우리 자신의 유한한 과거 위에서 운전하고 / … / 언젠가 여기 있던 / 만물과 만인의 흐름 / 그것을 우리는 그저 돌아다니기 위해서 / 탕진하고 있다"(37). 기름 소비에 대한 이런 부정적 반성은 여정이 끝날 무렵 균형이 잡힌다. 운전자는 "어둠 속에서 / 여기저기 더듬을" 수 있고, 그 다음에는 "버튼을 눌러 / 불을 켤" 수 있다. 어쩌면 빛으로의 여정은 심야 귀가를 위해 가로등을 개선하고 지역 안내판을 더 설치하라는 초기 페미니즘 구호를 연상시킨다. 연작의 마지막 시 〈#선Lines〉은 자유와 구속 사이의 균형을 유지하는 가운데, 운전 행위를 글쓰기 행위와 결합시킨다. 여기서 "당신의 / 선[차선/행]을 지킬" 필요는 지상명령이 된다.

결론

　마일스의 시는 자동차 모빌리티라는 주제를 어떤 시적 형식과 결합하는데, 이 시적 형식은 자동차 여행의 속도와 방향을 반영하고 급변하는 짧은 선들을 가로지르는 인간 신체와 테크놀로지의 관계를 반영한다. 하지만 시적 형식의 사용법은 이보다 더 정교해서, 시의 화자도 급커브와 급회전을 거치며 이동하고 어느 방향으로도 나아갈 수 있다. 물론 작품은 때때로 자동차 여행과 뚜렷하게 결합하지만, 여행이 지니는 목적론적 형식은 채택하지 않는다. 그 대신 작품은 형식이 나타나는 순간들에 작동하는데, 이는 앞유리를 통해 번쩍이는 자동차 전조등, 힐끗 훑어보는 바깥 경치, 자동차 내장 엔터테인먼트에서 쇄도하는 음향 같은 것이다. 시들은 전후 미국의 급진적 시학에 의거해 구성되는데, 이 시학 자체가 모빌리티를 우선시하고, 하나의 문장을 결코 끝마치지 않는 진행형 목소리의 감각을 우선시한다. 이는 미국의 테드 베리건Ted Berrigan이나 앤 월드만Ann Waldman 같은 2세대 뉴욕 시인들, 그리고 영국의 톰 로워스Tom Raworth와 유사한 점이 많다.

　내가 이 글에서 검토한 다른 작품들은 어떤 문학적 문맥에 끼워 맞추기가 더욱 어렵다. 브렘저는 자신의 산문 문체의 발전이 케루악에게 빚지고 있음을 인정했지만, 그녀가 따를 수 있었던 선례들은 거의 없었다. 《레이의 사랑을 위하여》와 가장 유사한 작품은 아마 잔 케루악Jan Kerouac[15]의 회고록 스타일 소설들일 것이다. 이 소설들은 문체는 [브렘저의 소설과] 전혀 다르고 덜 성찰적이며, 20년 뒤에 출간되었지만 비슷하게 섹스 및 약물 업계에서의 모험담을 기록하고 있다. 하지만 브렘저의 참된 영감은 그녀 삶의 이야기다. 관습적인 소설의 구조와 비교하면, 이 작품에서는 부족함만 발견될 것이다. 완결되지 않고 일관성이 없으며 아는 체하면서도 무지하다. 그녀와 레이가 아이를 버린 후에 뉴욕의 방 안에 틀어박혀 마약을 하는 마지막 장면은 끝도 아니고 시작도 아니다. 그것은 또 다른 순간, 작품의 전체 형식과 그녀의 삶, 그 과거와 상상되는 미래가 비추어지는 또 다른 순간이다. 브렘저는 프롤로그에서 말한다.

"레이가 돌아왔음을, 모든 것에 끝이 없음을 알게 되자마자 … 그리고 시간이 다시 돌기 시작했을 때, 우리 둘은 다시 한 번 시작하기 위해서 서로의 쪽으로 차분하게 이동했다"(Bremser [1969] 1972: 10). 그리고 이 책에서 나중에 다시 말한다.

그러나 나는 결코 중간으로 돌아가지 않고 그것을 이처럼 남겨 두면서, 내 이야기를 앞지르고 있으며 차라리 다양한 결말을 이야기하는 위험을 감수하고 있다. 시간이 드러나지 않는 문장들을 용서해 달라. 나는 이것을 다시 한 번 경험하고 싶고, 그래서 필요하다면 회상하는 일을 떠맡는다(42).

---

15 [역주] 1952~1996. 작가이자 잭 케루악의 딸.

이 무한한 순환은 하나의 허구이다. 브렘저가 〔본명인〕 브렌다 프레이저Brenda Frazer로, 그리고 앨런 긴즈버그Allan Ginsberg의 농장과 공동체에서 보낸 시간 동안 생태주의자로, 스스로를 재발명한 것은 이제 사실로 기록되어 있는 일이지만, 이 책에 딱 어울리는 것이다.

잭 케루악의 《다르마의 일부》의 형식은 복합적이다. 케루악이 《다르마의 일부》를 한 권의 책으로 기획했음은 반론의 여지가 없지만, 이것을 소설로 읽는다면 만족스럽지 않다. 케루악이 이 책이 삶을 글로 쓴다는 총체적 기획과 동떨어져 읽힐 수 있다고 보았음은 더욱 의심스럽다. 이 작품은 케루악이 '둘루즈 전설'이라고 부른 것, 즉 그의 다수 작품을 포함하는 프루스트식 회고록의 일환이다. 케루악의 다른 작품들 가운데 일부는 소설이라고 광고할 수 있었지만, 이 작품은 분명 그렇지 않았다. 이 작품의 전체 구조와 작품을 이루는 관념들은 다른 작품들, 특히 《다르마 행려The Dharma Bums》와 같이 읽을 때 훨씬 울림이 크다. 따라서 이 작품 형식의 모빌리티는 두 층위에서 발생한다. 각 쪽의 수준에서는, 서로 다른 절과 단편들이 구성되고 재구성되며 단독으로나 조합되어 읽힐 수 있다. 작품의 수준에서는 케루악의 다른 모든 작품들과 유동적 관계를 맺고 있다.

이 세 가지 사례〔마일스, 브렘저, 케루악〕가 암시하는 것은, 형식의 모빌리티가 각 작품을 읽는 새로운 독법을 발전시킬 뿐 아니라, 일관성과 완결성이 없어 보이고 장르 관념에 도전하는 작품들을 결합할 수 있다는 점이다. 이를 통해 알 수 있는 것은, 자동차 모빌리티가 증가하는 전후 미국에서 생산된 여러 유형의 문화적 생산물들,

이 경우에는 문학 텍스트들이 사람과 사물의 모빌리티 증가로 인해 변화되었다는 점이다. 이런 발견은 영국의 소설 및 시에 대해 내가 발표한 다른 사례 연구들 및 유럽문학에 대한 조사 연구와도 일맥상통한다. 물론 맥락의 차이는 있지만 기본 개념들은 유지되고 있다. 내가 주장하고 싶은 것은, 이 모든 사례에서 예술 형식들에 비재현적 특질이 있다는 점이다. 이 예술 형식들은 삶의 시간과 영원의 비-시간을 포함하는 시간 범위를 넘어서 작동하는 것이다. 구조와 형식은 그 자체로서는 순간들에 등장할 뿐이다. 형식화하고 재형식화하면서.

6장

이전가능한 장소에 대한 글쓰기

조지 엘리엇의 이동적 미들랜즈

루스 라이브시Ruth Livesey

    이 글은 피터 애디, 피터 메리만, 케빈 한남 등의 작업을 토대로, 19세기 소설이 공간을 정태적인 것으로 재현하는 데 심취했다고 주장하는 상당한 양의 문학비평을 논박한다. 19세기 영국에서, 시골 생활을 다룬 리얼리즘 소설들은 예나 지금이나 흔히 미니어처가 되고 움직이지 않는 향수의 장소로 제시되었다. 이에 반해 이 글은 19세기 리얼리즘 작가 조지 엘리엇에 대한 사례 연구를 통해서 다음을 주장한다. 겉보기에 정태적인 엘리엇의 시골 생활 묘사는 지역 내부의 미시 모빌리티 패턴을 드러낸다. 엘리엇의 작품은 이동과 정박이 대립한다는 생각을 흐트러뜨리고, 보행 실천과 촉각 작업을 통한 역동적 장소 만들기라는 체화된 실천에 대한 관심을 드러낸다. 엘리엇의 소설은 독자에게 마찰 없는 모빌리티를 제공함으로써, 이전가능 장소의 감각을 부여한다. 또한 그녀의 저술은 '장소내존재'를 역동적 과정으로 전환시키는 운동 · 정지 · 만남의 패턴을 강조함으로써, 집과 귀환이라는 향수 어린 관념들에 문제를 제기한다.

허구적 작품은 어떻게 장소를 묘사하는 몇몇 산발적 구절만으로 강렬한 장소감을 주는가? 마일스 오그본Miles Ogborn이 "텍스트 지리"라고 부른 것을 자세히 독해하는 문학비평가들에게도 이 물음에 대답하는 일은 절망적일 만큼 어렵다(Ogborn 2005; Alexander 2015). 또한 소설(텍스트의 물질적 지리에 힘입어, 멀리 떨어진 독자들에게 순환·소비·개작되는 하나의 상품으로 재구성되어 온 대상)은 어떻게 작가나 이야기와 결부된 특정 지역에 열렬한 애착을 가지도록 자극하여 전 세계의 방문객을 끌어들일 수 있는가?(Hones 2008)

이 글은 영국에서 이동과 정박이 급변하던 시대에 이전가능한 portable[1] 장소감을 창조하는 데 19세기 소설이 한 역할을 탐구한다(Adey 2006; Hannam, Sheller and Urry 2006). 작가 조지 엘리엇을 대상으로 한 이 사례 연구에서, 나는 그녀의 작품이 뿌리 없는 근대에 지역 애착 감각 및 장소내존재being-in-place 감각을 창조하면서 이동, 기억, 물질성의 상호작용을 어떻게 탐구하는지 조사한다. 엘리엇이 한 비평에서 주장한 바에 따르면, 그녀가 생산한 유의 리얼리즘 예술은 이동적이고 뿌리 없는 세계에서 나타났음에도 불구하고, 사람들이 지역에 애착을 느끼면서 강한 장소감을 키울 수 있는 수단이다. 이런 의미에서 엘리엇의 리얼리즘적 시골소설이라는 예술 형식은 이동적이고 도시화되며 점차 세계화되는 19세기 공동체를 이전가능한 텍스트

---

1 [역주] 이후 설명되지만, 여기에서 '이전가능'은 특정 장소를 다른 곳으로 옮기더라도 (다른 장소들과 큰 차별성이 없어서) 다른 장소를 대체할 수 있다는 의미로 사용되었다.

로 정박시킨 것이다(Hannam, Sheller and Urry 2006).

엘리엇의 짧은 소설 《사일러스 마너Silas Marner》는 한 이주자〔사일러스 마너〕가 일련의 소소한 단계들을 거쳐 새로운 장소를 마침내 집으로 느끼게 되는 이야기를 담고 있다. 이 소설의 서사는 노동하는 시골 생활에서 일상의 모빌리티들로 체험되는 지역의 세목細目들을 성찰한다. 소설은 판에 박힌 일상의 미시 모빌리티에 주목함으로써 데이비드 시먼David Seamon의 "장소발레place ballet" 개념을 반복한다. 장소발레란 반복되는 습관적 이동을 통해 장소감을 만들어 내는 수단이다(Seaman 1979).

하지만 엘리엇은 19세기에 새롭게 등장한 기억이론을 받아들였는데, 이는 그녀가 마너의 이야기를 하는 방식에서 분명히 드러난다. 주인공 마너는 새로운 마을에 있는 것들과 자신이 도망쳐 나온 과거 세계에 있는 것들 사이의 유비적 유사성을 끌어모으기 시작하면서 다시 장소에 완전한 애착을 가지게 되는 것이다. 이는 손에 쥔 조그만 나뭇잎에서 시작해 지역의 자연사를 거쳐 점차 상승한다. 내 주장은 엘리엇의 글쓰기가 신체 주체의 체화된 이동과 기억의 물질화된 형식에 주목하고 있으며, 이는 오늘날 모빌리티 이론에 유용한 역사적 사례 이상을 제공한다는 것이다. 다시 말해, 엘리엇의 글쓰기는 역동적 장소 만들기에 관한 체화이론이 19세기의 세계화된 근대성의 문화적 생산에 핵심적이었음을 상징적으로 보여 준다.

조지 엘리엇에게 장소 주기

소설가 조지 엘리엇(필명. 본명은 메리 앤 에반스Mary Ann Evans, 이후 마리안 에반스Marian Evans로 개명)이 세 번째 소설 《사일러스 마너》(1861)를 출간했을 때, 영국에서는 월터 스콧Walter Scott 작품의 어마어마한 인기와 호반시인들[2]의 영향력으로 인해 이미 문학 여행이 발전하고 있었다(Watson 2006, 2009). 스콧 소설의 지리와 역사는 허구임에도 불구하고, 가이드북들은 새로 '발견된' 이 낭만적 황무지의 방문자들을 자극하여 모두가 생생히 기억하는 《웨이벌리Waverley》(1814)나 《롭 로이Rob Roy》(1817) 속 극중 만남의 '실제' 장소들로 향하게 했다.

한편, 엘리엇이 성공을 거두기 시작할 무렵 등장한 엘리자베스 개스켈Elizabeth Gaskell의 《샬럿 브론테의 생애Life of Charlotte Brontë》(1857)는 브론테 신화를 형성하는 데 큰 몫을 했다. 이 책은 브론테를 저주받은 황야에 포박되어 오도 가도 못하는 신비한 천재로 묘사하는데, 이는 브론테 가족의 모빌리티와 지적 네트워크에 대한 최근의 모든 연구에도 불구하고 그대로 유지되고 있다(Miller 2001; Barker 1994). 닐 알렉산더Neal Alexander가 주장하는 것처럼, 19세기 말에는 문학지리학의 최초 형태가 이미 형성되고 있었다(Alexander 2015). 허구적 사건들의 '실제' 장소를 추적하는 가이드북, 지도, 안내서는 스콧의 나라 스코

---

2 [역주] 19세기 초 영국의 호수 지역에 거주했던 윌리엄 워즈워스William Wordsworth, 새뮤얼 테일러 콜리지Samuel Taylor Coleridge, 로버트 사우디Robert Southey 등을 가리킨다.

틀랜드, 브론테의 고장, 토머스 하디Thomas Hardy의 웨식스, 디킨스의 런던을 기렸다(예를 들어, Anon 1830; Parkinson 1888; Stuart 1888; Allbut 1899; Harper 1904). 이러한 19세기 소설가들은 이동적이며 세계화하는 세계에 어떤 장소감을 주었고, 여전히 독자들(또는 각색된 영화 등의 관객들)을 자극해 여행을 떠나고 박물관을 방문하면서 작가와 작품, 실제 장소와 허구 배경 간의 흐릿한 경계를 즐기게 한다.

조지 엘리엇의 미들랜즈Midlands는 그 자체로는 코번트리와 너니턴 사이 지방의 브랜드를 새롭게 하지 못했다. 엘리엇 작품이 "시골 생활"에 대한 "겸허하고 충실한 연구"(Eliot 1856a: 368)에 몰두했음에도 불구하고 말이다. 지방 의회들의 온갖 노력과 조지 엘리엇 협회의 성과가 있었지만, 최근 수십 년 동안 노스워릭셔의 이 지방을 '엘리엇 고장'으로 바꿔 불러 봐도 좀체 대중 관광지로는 발전하지 못했다. 그 원인에 대해서는 이 글의 결론부에서 천착할 것이다. 하지만 (초기 소설들부터) 이 지방의 경관과 미시사를 언급할 때 보인 그 정밀함은 엘리엇을 단기간에 당대의 선도 작가 반열에 올리는 주요 요인이 되었다.

엘리엇의 소설은 대부분 그녀가 태어난 노스워릭셔를 배경으로 하지만, 런던에서의 자발적 망명 상태에서 저술되었다. 당대 어느 비평가의 주장처럼, 고인이 된 샬럿 브론테와 마찬가지로, 엘리엇 작품의 "특출함"은 대도시의 삶을 벗어나 명징하게 묘사된 시골 장면과 인물에게로 "독자를 데려 간다"는 데 있다(Anon 1896a: 458). 특히 《사일러스 마너》는 시골의 장소를 "유기적 전체"로 전해 준다는 점에서 찬사를 받았다.《웨스트민스터 리뷰Westminster Review》에서 결론 내리듯이, 인물과 사건의 분리된 단편들을 환기시키는 것이 아니라, "책을 내려놓으면 우리는 … 좁은 시골 생활에 있어서의 이들 모두를 그대로 받아들일 수밖에 없다. 다름 아닌 래블로〔미들랜즈의 가상의 마을〕가 기억을 채우는 것이다"(Anon 1861b: 281).

《사일러스 마너》도입부에서는 이처럼 모빌리티에 적대적인 장소, 자족적이고 정태적인 지방 장소에 대한 이런 유의 관점을 꽤 노골적으로 소중하게 평가하는 것 같다(Adey 2006; Merriman 2012). 엘리엇 본인은 그리프라는 조그만 마을의 촌락에서 어린 시절을 보냈다. 코번트리와 너니턴 사이의 운하 합류지와 간선도로 부근의 이곳에는 하루에도 몇 차례 장거리 역마차와 우편마차가 지나갔다. 이와 달리 "유료도로에서 말을 타고 한 시간이나 걸리는" 래블로는 "합승마차 경적의 진동도 닿지 않고 여론도 결코 닿지 않았다"(7). 40년 전의 과거가 배경인 소설 도입부에서 공간적 · 사회적 · 시간적 부동성/이동성이 함께 작동하면서 다음을 암시한다. 새로운 유료도로에서 고립됨은 곧 19세기의 발전하는 정치적·산업적 근대성의 외부에 놓이는 일이다. 19세기 초반 래블로 마을은 '멀리 떨어진 시간'을 대표한다. 화자의 암시에 따르면, 이는 이주자가 불신 받는 시간이자 장소이다. (마치 이 시기의 이주자에 대한 풀리와 턴벌의 분석을 소설적으로 재연하듯이) 이주자가 바로 옆 고장에서 왔다고 해도 마찬가지다 (Pooley and Turnbull 1996).

장소에 속하려면 몇 세대 계속 머물러야 한다고《사일러스 마너》

는 도입부에서 단언하는 듯하다.

옛날 농부들에게는 자신이 몸소 겪지 못한 바깥세상은 흐릿하고 신비한 지역이었다. 여행도 해 본 적 없는 그들 생각에는 방랑 상태는 마치 봄이면 돌아오는 제비들이 보낸 겨울처럼, 흐릿하고 먼 관념이었다(5).

그래서 언뜻 보면 엘리엇은 래블로를 부동의 장소로 제시하는 듯하다. 이는 어떤 성역이다. 바로 19세기 전반부의 특징이면서 1860년대 기차 여행을 하는 엘리엇 독자층의 이동성을 이루는 온갖 모빌리티와 커뮤니케이션 테크놀로지의 급변에서 벗어나 있는 성역. 하지만 이 글에서 나는 《사일러스 마너》에 등장하는 이동, 기억, 귀속의 패턴을 한층 자세히 살펴보려고 한다. 도린 매시Doreen Messey와 데이비드 시먼의 저작에서 영향 받은 독법에 의거하여, 나는 소설이 자잘한 이동들 또는 미시 모빌리티들을 살펴보도록 우리에게 촉구한다고 주장한다. 이런 것들은 우리를 장소에 대한 일상적 귀속으로 이끌고, 점차 움직이고 있는 세계에서 집과 같은 장소 만들기의 수단이기 때문이다(Saemon 1979; Massey 1994, 2005).

엘리엇이 처음 소설을 쓰기 시작할 무렵 고심했던 것은 이동하는 세계에서 장소감을 만들어 낼 필요성이었다. 1856년 어느 평문에서 엘리엇은 영국에서 지역에 대한 애착은 유럽 대륙보다 훨씬 박약하다고 지적했다. 엘리엇의 주장에 따르면, 독일의 경우 농경 생활의 정착된 습속과 공유된 종교는 "평민들" 또는 농민들을 "육화된 역사"인 지역 공동체로 묶어 냈다. 현재 사회는 과거 문화 형태들의 생생하고 유기적인 기록인 것이다(Eliot 1856b: 127). 이와 달리 영국에서는 "프로테스탄티즘과 상업이 땅의 표면과 사회의 각 부분을 훨씬 높은 정도로 근대화했다"(129). 결과적으로 영국 사람들은 "기억과 성찰이라는 노고"를 통해 과거와의 "살아 있는 연결"(129)을 환기해 내야 한다. 엘리엇은 19세기 영국에서 집처럼 편안하게 정착한 느낌을 받는 것은 어려운 작업이라고 주장한다. 그것은 기억과 상상을 통해 애착감을 만들어 내는 작업이다.

이처럼 꼭 필요한 "기억과 성찰이라는 노고"는 예술이 지닌 윤리적 힘에 대한 엘리엇의 주장과 얽혀 있다. 그녀의 주장에 따르면, 생활 환경과 지역에 대한 사실적 탐구보다 예술이 우월한 이유는, 예술은 사회적으로 먼 장소와 그 거주자들에 대해 애착을 느끼는 데 필요한 기억과 성찰의 노고를 모의模擬할 수 있기 때문이다. 또한 엘리엇은 위대한 예술가가 그려 내는 삶은 독자와 관람자를 놀라게 하여 자기 경험 밖에 있는 사람이나 장소에게 공감하고 동일시하게끔 한다고 주장했다(Eliot 1856b: 110). 그녀의 예술 형식은《애덤 비드Adam Bede》(1859)에서 명명한 것처럼 "단조롭고 흔한 삶"을 사는 이들에 대한 "깊은 인간적 공감"(Eliot 1859: 176, 177)을 계발하려는 노고에 기초해 있었다.

친밀하고 자의식적이며 성찰적인 공간 애착감을 형성할 수 있는 예술의 우월한 힘에 대한 주장은 바로 엘리엇의 가장 유명한 소설

《미들마치Middlemarch》(1871)에서 분명히 드러난다. 《미들마치》는 어떤 장소, 어떤 면에서는 정확히 1830년대 초 코번트리에 대한 소설이지만, 어떠한 마을에서라도 "시골 생활"의 일반적 사례로서 미들마치를 설정해 두기도 했다. 엘리엇 작품들에 등장하는 미들랜즈의 여러 장소의 이름은 모두 허구지만, 모든 촌락은 그 크기와 거리, 그리고 산업 분야와 교통 기술을 고려하여 주의 깊게 배치되었다. 그래서 이를 미들랜즈의 실제 지도로 옮기는 일은 독자나 비평가 모두 할 수 있는 매력적인 소일거리다.

그러나 엘리엇이 예컨대 '미들마치, 코번트리: 시골 생활 탐구'라는 제목을 붙이지 않았음을 간과하고, 예를 들어 지리정보시스템을 이용해 소설 속 행동의 '실제' 장소를 지도로 그리려 한다면, 작가 자신이 자기 작품에서 가장 중요하게 여겼던 구성 요소를 놓쳐 버리게 될 것이다. 그것은 "일반화와 통계에 기초한 호소"로는 할 수 없는 일을 할 수 있는 허구의 힘이다(Eliot 1856b: 110; 문학 연구에 지리정보시스템을 사용한 사례는 다음을 참조. Donaldson, Gregory and Murrieta-Flores 2015).

엘리엇이 장려한 리얼리즘 예술 유형이 몰두하는 것은 '거기에서' 함께 느낌의 감각을 창조하고, 그러면서도 우리가 알고 있듯이 우리 모두 '지금' 꽤 떨어진 채 있음을 환기시키고 (허구적 장소감을 포함해) '거기'란 붓질이나 지면의 단어로 만들어진 일시적 가상임을 환기시키는 것이다. 이런 의미에서 리얼리즘 예술은 단순히 경험을 재현하는 데 그치지 않는다. 리얼리즘 예술은 이동이 극심한 세계에서 개별 경험의 안정된 진리를 발견하는 게 얼마나 어려운지 독자들에게 환기시키는 것이다. 흩어져 있고 세계시민적이며 극히 세속적인 독자들의 세계에서, 리얼리즘적 허구는 애착과 근접의 감각을 육성하는 어떤 보철 장치였다(Plotz 2009; Rigney 2011).

소설 속 시골 장소 기억하기: 마찰 없는 모빌리티

'시골소설' 장르를 반추하는 문학비평가들은 엘리엇이《사일러스 마너》를 비롯한 여러 작품에서 장소 만들기에 어떤 기여를 했는지에 상당히 주목했다. 이안 던컨Ian Duncan은 시골소설provincial fiction이 스콧이나 브론테의 전통을 잇는 지역소설regional fiction에 비해 장소 정체성이 미약하다고 주장한다. 던컨의 주장에 의하면, 엘리엇이 불러내는 시골 장소의 정체성은 단지 "대도시"와의 차별화에서 생겨날 뿐이다. 이와 달리 지역소설에서 어떤 배경을 특정하는 "지리학적 · 자연사적 · 고고학적 · 민족지적 · 사회학적 특질들"은 이 배경을 **"모든 다른 지역과 차별화"**한다(Duncan 2002, 322, 원문의 강조).

던컨이 보기에, 시골소설은 보수적이고 부동적이다. 그것의 장소들은 제국주의 영국의 "전통적 속성들"을 포기하기보다는 "변화와 쇄신의 힘을 뽑아내 빼앗아 버린다"(331). 던컨의 논의에서 지역소설에는 "실재하는 역사적 지리에 연결된" 역동적 현장이 담겨 있다. 반면, 엘리엇의 작품을 포함한 시골소설은 실재하는 장소와 더 "흐릿하게 연결"된다. 이 연결은 소설 자체에 의해서가 아니라, 나중에

"〔작가의〕전기와 관광"에 의해서 유지될 뿐이다. 던컨의 해석에 의하면, 엘리엇이 설정한 배경은 (대도시만 아니라면) 어디라도 될 수 있다.

하지만 나는 여기 이어지는《사일러스 마너》독해에서 던컨이 확인했던, 시골 장소의 문학적 소환의 이전가능성portability이 지니는 가치를 재평가하려고 한다. 던컨뿐 아니라, 그의 저술에 대한 일련의 중요한 반대 논변을 펼친 조세핀 맥도나Josephine McDonagh에게도, 엘리엇의 시골소설은 정체停滯로서의 지역적 장소에 대한 글쓰기 양식을 전형적으로 보여 준다(McDonagh 2007, 2012, 2013a, 2013b). 맥도나의 논변에 의하면, 리얼리즘 소설은 모빌리티를 억누르거나 심지어 소거하기 위해 작동한다. 그녀는 마치 "모빌리티가 어떤 의미로는 재현 불가능한 듯하며, 리얼리즘의 직물 안에서는 재현될 수 없는 일종의 초과인 듯하다."라고 주장한다(McDonagh 2007: 63). 맥도나는 19세기의 강제된 경제적 이주의 맥락에서 "모빌리티는 근대 사회의 개인 정체성 중심에 자리 잡은 은폐된 트라우마로 작동하며, 리얼리즘은 이를 치유하려고 한다"(2007: 66)고 주장한다. 맥도나의 결론은, 엘리엇 작품에서는 모빌리티가 장소감으로 흡수된다는 것이다. 그녀의 독법에서 모빌리티와 장소감은 상호배타적 용어인 것이다. 이 점에서 맥도나는 잘 정착된 비판적 패러다임을 강화하는데, 이 패러다임은 19세기 새로운 모빌리티 형태들이 야기한 장소 정동 및 장소 경험의 변화에 대한 현상학적 연구들에서 나타난다.

볼프강 쉬벨부쉬Wolfgang Schivelbusch의 19세기 철도 여행 논의와 최근 미첼 슈왈처Mitchell Schwarzer의 '줌스케이프'[3] 논의에 의하면, 기계화된 속도 문화는 승객들의 사이장소를 소거한다(Schivelbusch 1980: Schnapp 1999: Schwarzer 2004). 철도의 새로운 공간/시간 연속체는 출발 지점과 도착 지점을 압축시키고, 추상적 거리량 외의 모든 것(장소에 가까운 모든 것)이 사라지게 하면서 여행 중 통과하는 공간을 음미할 가능성도 줄여 놓는다. 이러한 독법으로 보면 19세기의 교통과 리얼리즘 소설은 서로를 보완하는 대립물 역할을 한다. 교통이 신속한 모빌리티를 통해 장소를 소거할 위험이 있는 테크놀로지라면, 리얼리즘 소설은 정체로서의 장소를 재각인하는 장치인 것이다.

그러나 문화지리학 분야의 최근 연구를 보면, 로컬리티와 모빌리티가 서로 적대적인 힘들이어서 동일한 재현 공간을 동시에 점유할 수 없다는 견해는 소멸해야 할 때인 것 같다(Adey 2006: Hannam, Sheller and Urry 2006: Merriman 2012). 현상학적 저술들에서 속도에 의한 공간의 소거를 강조했다면, 모빌리티 연구는 더 광범위하게 탈주 중의 휴지와 중단의 중요성을 복원하기 시작했다. 존 어리와 그 동료들의 주장에 의하면, "모빌리티를 형성하고 가능하게 하는 필수적인 공간적·하부구조적·제도적 정박에 주목하지 않으면 모빌리티를 기술할 수 없다"(Hannam, Sheller and Urry 2006). 따라서 이러한 새로운 연구들은 세계화된 현재에서 정적과 속도, 장소와 장소의 우회, 재영토화

---

3 [역주] 교통 테크놀로지와 카메라의 발달로 인해 근본적으로 변화한 우리의 경험 및 지각을 가리키는 줌스케이프zoomscape는 오늘날 우리가 먼 거리를 고속으로 이동하면서 경관과 장소를 지각하는 방식을 보여 준다.

와 탈영토화의 상호 관계를 성찰하기에 이르렀다(Bissell and Fuller 2011; Merriman 2014). (이 경우에는 문학적 리얼리즘의 섬세한 세부 묘사를 통해 환기된) 어떤 강렬한 장소감이 반드시 장소감 안에서의 이동이나 장소감의 이전가능성에 적대적인 게 아니다.

제인 웰시 칼라일Jane Welsh Carlyle은 《애덤 비드Adam Bede》를 읽은 뒤 엘리엇에게 다음과 같은 편지를 썼다. "**건강을 위해 시골로 가는 것만큼 좋은 일이 또 있었군. 바로 이 책을 읽는 것!**" 런던으로 망명한 스코틀랜드 여성인 칼라일에게 이 소설은 "스코틀랜드를 방문하되, 거기에서 긴 여정의 피로, 늙어 버린 친구들, 나 자신이 잊어버린 나를 알고 있는 장소들을 만나는 비애는 **뺀 것**이다"(Haight 1954-1978: III, 17). 이런 시골소설에서 로컬리티를 읽는다면, 여기와 거기, 지금과 그때 사이의 여행 시간을 소거하는 마찰 없는 모빌리티를 얻게 된다(Cresswell 2010). 집에 있음은 이전가능의 느낌이 되는데, 이 느낌에서 〔엘리엇의 고향〕 노스워릭셔와 〔칼라일의 고향〕 이스트로디언이 대도시 너머 로컬리티의 전형들로 서로를 대체할 수 있는 것이다.

칼라일에게 엘리엇의 소설은 건강을 회복시키는 귀향의 감각을 준다. 19세기 내내 향수병으로 알려져 있던 질병의 치유책이라는 것이다. 1688년 스위스 의사 요하네스 호퍼Johannes Hofer가 처음으로 이 병을 이렇게 명명한 이래 21세기까지 향수병은 고향에 대한 강렬한 갈망을 가리켰다. 너무 지독해서 환자가 태어난 장소로 돌아가지 못하면 죽을 수도 있다(Roth 1996; Wagner 2004; Austin 2007). 이 병은 근대 초기 이민과 식민주의에 대한 병리학적 반응이었다. 향수병은 알프스에서 저지대로 쫓겨난 스위스 병사들, 남극해를 항행하는 선원들, 그리고 신세계에 도착한 아일랜드 이주민들과 결부되었다. 그러나 대부분의 경우 의사들은 환자를 태어난 장소의 광경, 소리, 냄새로 돌려보내면 즉각 회복될 수 있다는 데 동의한 것 같다. 그러나 강제적 이민과 노동의 세계에서는 그렇게 할 수 없었기에, 장소를 벗어나서 이동할 능력이 없는 사람들은 거의 확실하게 죽게 된다는 것이다.

이동 중의 세계에서 향수병에 면역력을 지니려면, 친숙한 일상적 물건들을 가지고 새로운 장소를 집처럼 보이게 만드는 능력이 필요했다. 19세기 여러 비평가들에 따르면, 바로 이 때문에 잉글랜드인과 스코틀랜드인은 향수병이라는 "수수께끼 같은 질병"에 비교적 면역력이 있다고 여겨지곤 했다(Sala 1866: 41: Papillon 1874: 217).[4] 언론인 살라G.A. Sala는 대영제국의 세계를 이렇게 (희극적으로) 묘사한 바 있다. 이 세계에서 스코틀랜드인은 포리지죽을 먹는 한 어디서나 행복했고, "명령하고 강요하고 곤란한 일을 뭉개는 데 익숙한 잉글랜드인"은 피클, 차, 페일에일 맥주 등 가정용품을 가지고 "집을 축성한다." "지구상의 여러 방랑자 중에서 잉글랜드인은 아마 가장 향수병으로 고통 받지 않는 사람들일 텐데," 테헤란이나 게달 거리에서도 깔끔하게 접은 우산을 흔들며 잉글랜드 상품의 세계에 계속 접하기 때문이다(Sala 1866: 42). 물론 이는 부분적으로는 제국주의 무역 네

---

4 "잉글랜드인은 무엇보다 모험가적 정신 때문에 향수병에 걸리지 않으며, 그래서 영국 국기가 나부끼는 곳이라면 어디라도 그의 나라라고 할 수 있다"(Papillon 1874: 217)는 견해가 남아 있었다.

트워크 속에서 잉글랜드 상품의 모빌리티에 대한 설명이다. 하지만 살라는 손으로 들고 와서 한 모금 마실 때마다, 한 걸음 걸을 때마다 망명자를 집에 있는 것처럼 느끼게 해 주는 조그만 물건들의 세계를 상상한다. 이런 상상은 19세기 심리학에서 기억의 물질화 및 장소감 구성에 대한 이야기다.

엘리엇과 연인 조지 헨리 루이스George Henry Lewes는 19세기 발흥한 심리과학과 이에 결부된 기억이론에 빠졌기에 정신질환을 다룬 프랑스 문헌에 밝았는데, 여기에는 향수병의 병인에 대한 분석이 만발했다. 루이스 자신이 이 신흥 학문에 현저하게 공헌했는데, 바로 《삶과 마음의 문제Problems of Life and Mind》(1875~1879) 3부작을 쓴 것이다. 여기에서 그는 마음 및 감각의 기능에 대한 생리학적 이해를 옹호했다. 영국 경험주의 전통에서 글을 쓴 루이스에게 기억 및 감정은 신경 연결 경로에 영구적 흔적을 남기는 연상 패턴 축적의 결과였다. 하지만 루이스와 엘리엇 모두에게 마음은 상이한 감정 상태들을 유사성에 따라 연결시키는 창조적 능력까지 포함하는 것이었다. 루이스의 주장에 의하면, "어떤 낯선 땅에서 처음 적소適所를 얻는 것"은 공통경험 덕분이다.

갑자기 도로가 굽거나 시냇물이 감아 흐를 때, 이전에 볼 수 없었던 어떤 장면이 우리 앞에 현전한다. 그리고 그것은 이미 친숙한 어떤 것에 대한 생생한 감각을 불러온다(Lewes 1880: 129).

204

"감정의 모호한 유사성들"로 일어나는 "환영"은 독서에서도 흔한 일이었다. 책장을 넘기면서 이 새로운 생각을 이전에 읽었다는 확신에 사로잡히면, "이는 새로운 생각이 기존 생각들과 조화를 이루기 때문이다. 아니면 감정의 흥분이 의식의 장을 넘어 퍼져나가 이전 생각과 새로운 생각을 구별할 경계표를 지우기 때문이다"(Lewes 1880: 129).

루이스의 설명에 의하면, 마음은 "감정의 흥분"을 통해서 생소한 것을 편안하게 느껴지게 할 수 있다. 독서 행위는 새롭고 외부적인 것을 단일하고 종합적인 장소감과 조화롭게 뒤섞는다. 그것을 독자의 기존 경험과 다른 것으로 보이게 만들 차별화하는 특질 혹은 경계표를 지우기 때문이다. 기억 작업에서 이러한 생소한 것과 새로운 것의 유연한 상호작용은 어떤 적응력을 암시하는데, 이런 적응력은 놀라움을 주는 변경 식민지에서 집을 인지함으로써 세계화하는 전 세계를 돌아다닐 태세를 갖추게 한다. 기억의 종합 작용은 향수병의 잠재적 해독제를 주는 것이다.

루이스와 엘리엇 모두의 저술에서, 이미 경험한 것의 파지把持·retention로서의 기억으로부터 새로운 것의 유비적 친숙함으로의 이러한 이동이 가능한 것은 감각 능력의 체화된 반응 덕분이다. 소리 패턴, 단어의 특수한 리듬, 저 앞 도로의 회전 같은 유사성의 미세한 단편만으로도 새로운 경험을 기존 회상 구조 안에 정착시키기에 충분하다. 신체적이고 감각적인 세계로부터 상상의 가소적可塑的 능력으로, 또 소소한 경험의 세목으로부터 정신적 성찰 작업으로 이렇게 이행하는 것은 이 두 문필가의 마음 개념에서 더없이 중요하다. 이들에게 마음은 결코 완전하게 몸에 종속되거나 몸에 의해 규정되지 않는 것이다. 엘리엇은 상상과 현실이라는 이런 맥락에서 예술가에게 특별한 책임이 있다고 본다. 〔엘리엇의 소설《테오프라토스 서치의 인상Impressions of Theophrastus Such》의 주인공인〕테오프라스토스 서치에 따르면, "훌륭한 상상은 언제나 **존재하는** 것에 대한 날카로운 시각과 의식에 기초하고, 내향적 시각을 구성하기 위한 재료로서 확실한 인식들을 저장하고 있다"(Eliot 1879: 109). 테오프라스토스는 "우리는 어떻게 스스로에게 허위 증거를 넘겨주고 이를 믿게 되는가"를 성찰하면서, 자신의 상상력을 자랑하는 지인 칼리스타Callista를 조롱한다. 그렇지만 칼리스타의 말을 들으면서 다음과 같은 점이 분명해진다.

그녀〔칼리스타〕는 흔한 사물들에 대해서도 아주 느슨한 개념을 갖고 있고, 사건들에 대해서도 그만큼 느슨한 기억을 갖고 있다. 돌에 이끼가 너무 끼어 있다고 말할지, 지의류가 너무 끼어 있다고 말할지는, 그리고 건물이 사암으로 되어 있다고 말할지, 화강암으로 되어 있다고 말할지는 그녀에게 아무래도 좋아 보인다(Eliot 1879: 109).

이끼 혹은 지의류, 사암 혹은 화강암, 낡은 초가지붕 조각들 위에 좁은잎해란초 혹은 잔디를 보는 것은 기억의 문제이다. 그래서 회상(이런 세목과 질감을 산문으로 옮기는 일)이 정확하다면, 새로우면서

도 지극히 친숙한 세계를 창조할 수 있다. 참으로 강력한 상상은

> 강렬한 내향적 재현이고 창조적 에너지이다. 이 창조적 에너지는
> 경험의 완벽한 세목들을 재생하여 계속 신선한 전체로 구성하며, 이
> 러한 세목들에 대한 감수성에 의해 끊임없이 유지된다. ······ 이는 이
> 상적인 폭넓은 연상으로서, 모든 물질적 대상과 모든 우발적 사건에
> 원대한 기억들 및 정열의 저장된 잔재들을 불어넣는다. 그래서 인간
> 실존의 그리 분명하지 않은 관계들에 새로운 빛을 던져 주는 것이다
> (Eliot 1879: 110).

새로운 유기적 전체는 대상의 '세목들'로 구성되는데, 이것은 자기 안에 기억과 정열의 공통된 저장고를 지니는 것으로 보인다.

《사일러스 마너》에서 이주자가 친숙한 장소감을 구성하게 만드는 기억의 세목은 동식물 표본이다. 이는 낯선 영토를 이미 친숙한 경관으로 자연화하는 수단이다. 엘리엇의 19세기 리얼리즘 미학이라는 맥락에서 볼 때, 자연 세계라는 바탕에 체화되어 있는 경험의 이러한 소소한 단편들은 단순한 기념품 이상이다. 그리움이 기념품에서 체화됨(기억과 재기억의 이전가능한 수단으로서의 기념품의 지위)에 대해서는 디비야 톨리아-켈리Divya Tolia-Kelly, 수잔 스튜어트Susan Stewart, 존 플로츠John Plotz, 엘레인 프리드굿Elaine Freedgood 등이 집중적으로 생산적 연구를 진행했지만(Stewart 1993: Tolia-Kelly 2004: Freedgood 2006: Plotz 2009), 내가 여기에서 부각하려는 것은 사물의 상품문화보다는 현

미경적 삶이라는 과학적 유비다.

엘리엇이 《사일러스 마너》를 쓰고 있을 때 루이스는 "현미경에 몰두했고" "단세포에서 인간까지의 생명"이라는 강의 준비에 분주했다(Haight 1954~1978: III, 378). 엘리엇은 소설 실험 이전에, 루이스의 《해변 연구Sea-Side Studies》(1858) 저술을 위해 일프라콤에서 루이스와 공동연구를 진행했다. 이들은 바위 틈 조그만 웅덩이를 들여다보면서 제한된 서식지의 작은 생물들을 관찰하고 명명하고 수집했다(Lewes 1858). 《사일러스 마너》에서 "분지에 … 자리 잡고 있지만" 여전히 세계의 파도가 찰싹이는 곳인 래블로 마을은 미니어처 세계의 모빌리티를 탐사하고 세부들의 고찰이 어떻게 장소를 집으로 만드는지 탐사하는 곳이다(Eliot 1861, 7).

이주자는 집이라 불리는 장소를 만든다
: 《사일러스 마너》의 미시 모빌리티

《사일러스 마너》 텍스트의 역사에는 아주 작은 것의 압도적 힘이 기록되어 있다. 엘리엇은 1861년 출판업자 존 블랙우드John Blackwood 에게 보낸 편지에서, (처음으로 젊은 시절의 미들랜즈 너머 설정한 배경인) 15세기 피렌체를 배경으로 하는 중요한 신간 소설 집필 계획이 중단되었음을 알렸다. "아주 미미한 생각의 수수씨에서 발아한"(Haight 1954~1978: III, 371) 또 다른 이야기 때문이다. 엘리엇이 블랙우드에게 전한 바에 의하면, 이 "구식 마을의 삶에 대한 이야기"는 "갑작스런 영감 때문에 나의 다른 계획들과 **우연히** 마주치게 되었다." 그리고 이 발상이 런던 중심가로 다시 이사한 직후 "구상하던 다른 책과 내 사이로 끼어든다."고 일기에도 썼다. 엘리엇은 이 이사 때문에 방황하게 되었음을 사라 헨넬Sara Hennell에게 인정했다. 그녀 친구들은 그녀가 마침내 "정착"하기를 원했지만 이런 희망에서 "뼈아프게 어긋나서", 엘리엇은 지난 8년간 쓰던 펜조차 찾지 못했다(Haight 1954-1978: III, 364).《사일러스 마너》는 애초부터 어떤 조그만 유도탄으로 등장한 것이다. 이 유도탄은 갈피를 잡지 못하는 엘리엇을 타격하여, 야심적인 세계시민주의 소설《로몰라Romola》저술의 경로에서 벗어나 미학적으로나 전기적으로나 그녀의 '집'이 되었던 곳으로 돌아가게 했다.

《사일러스 마너》를 해변의 바위 틈 작은 웅덩이 비슷한 스케일의 실험으로 읽으면 미시 이동들이 드러난다. 이런 이동들이 이야기 전체를 관통하면서, 이동하는 세계를 보충하는 장소 애착 과정을 극화한다.《사일러스 마너》는 몇몇 수준의 미니어처에서 전개된다. (19세기 기준으로) 분량이 적은 소설, 작품과 동명의 주인공 쭈그러든 "조그만" 인간, 부산한 유료도로에서 멀리 떨어진 채 "아늑하고 숲이 무성한 분지에 자리 잡은" 마을이라는 배경, 눈 위를 정처 없이 걷는 젖먹이라는 플롯의 중심 장치 등이 이 미니어처의 여러 수준들이다. 수잔 스튜어트에 의하면, 미니어처가 보여 주는 세계는 공간적으로 뚜렷하게 한정되어 있지만 시간적으로 얼어붙어 있어서 특수화되면서 일반화되는 세계다. 특수화된다는 것은 미니어처가 추상적 규칙이 아니라 단 하나의 사례에 집중한다는 뜻이고, 일반화된다는 것은 이 사례가 다른 사례들로 이루어진 스펙트럼을 넘어서면서 대표하게 된다는 뜻이다(Stewart 1993: 48).

미니어처 서사와 대상에 체현되는 그리움은 어떤 불가능한 기원, 즉 "아주 작고, 그래서 조작 가능한 경험 판본"(Stewart 1993: 69)으로의 귀환 욕망을 말한다고 스튜어트는 주장한다. 스튜어트의 설명에 의하면, 미니어처 스케일은 응축된 서술을 통해서 시간 경과를 늦춘다. 엘리엇의 이 소설 작품에 대한 당대의 비평들은 세밀한 장소 묘사에 따른 결빙 효과라는 용어를 사용했다. 《리터러리 가제트Literary Gazette》는 이 작품을 에둘러 칭찬했다. "《사일러스 마너》는 인간 사회의 정지기에 대한 단순한 사진이라는 점에서 희귀한 장점을 갖고 있다"(Anon 1861c, 316: Anon 1862, 399).

좀 더 최근의 비판적 독해는 텍스트의 작은 스케일이 어떻게 엘리엇 소설에 결부된 리얼리즘적 파노라마를 동화에 근접한 어떤 우화로 응축시켰는지 탐구한다. 그러나 자세히 읽어 보면, 작음은 곧 움직이지 않음이며 나아가 기원으로의 향수 어린 귀환이 불가능함을 극화한다는 함의를 이 서사는 모두 거스른다. 엘리엇과 루이스의 유물론적 마음이론에서와 마찬가지로,《사일러스 마너》에서 미니어처 사물들은 빼앗긴 자들로 하여금 장소내존재라는 새로운 감각을 만드는 역동적 과정에 착수하게 해 준다.

사일러스 마너는 직조공인데, 이 직업은 이 소설에서의 모빌리티 형식의 기조를 이룬다. 서사의 발단부터 (그리고 엘리엇 자신의 회상에서) 베틀 직조공은 정태적 경관 속에서 이주하는 인물이다. 말하자면, "초겨울의 지는 해를 배경으로 어두운 모습으로 고지대에서 … 낯설어 보이는 남자들" 중 하나이며 "무거운 가방에 짓눌려 굽어진 인물"이다(5). 마너는 집집마다 돌아다니며 방적사를 모아서 자신의 오두막집에서 아마포로 직조한 뒤 래블로의 주부들에게 되판다. 그의 이동 패턴은 행상인과 밀렵꾼의 수상쩍은 유랑 행위를 되풀이한다. 행상인과 밀렵꾼은 마너가 큰 애착을 가지고 인색하게 모은 금화들이 도둑맞았을 때 바로 의심 받았던 인물들이다. 마너의 모빌리티는 마을 주민들보다 크다. 그는 마을들을 오가며 변두리 채석장에 있는 자신의 오두막으로부터 지역 유지들의 대저택들을 중핵으로 하는 중심 궤도를 들락날락한다. 그러나 그의 베틀 북이 움직이는 것처럼, 마너의 빠른 이동 패턴은 규칙적이고 제한적으로 반복되면서 마을이라는 고정용 씨실과 꽉 끼게 짜여 있다. 크레스웰(Cresswell 2010)이 되새겨 주는 것처럼, (베틀의 빠르게 움직이는 북과 발판을 밟아서 돌리는 베틀, 혹은 직조 기간으로 규정되는 마너의 짧은 이동 같은) 이동 리듬은 유기적이고 내재적이지만, (이 경우에는) 산업화 직전 경제라는 정치 체제에 의해 외적으로 부과된 것이기도 하다. 마너의 모빌리티는 정박된다. 그러나 그가 정박하는 지점들을 규정하는 것은 기계적 행위와 습관이다. 엘리엇의 서사는 시먼(Seamon 1979:

49-50)이 '신체 주체'의 잠재의식적 모빌리티라고 칭한 것의 위험성을 묘사한다. 이런 모빌리티는 철두철미 반복에 묶여 있어서, 새로운 것을 탐색할 의지와 적응력이 없다.

마녀는 래블로 공동체에 온 이주자다. 그는 자진해서 산업도시로부터 망명을 와 여기 정착했다. 그는 (칼뱅주의적) 근본주의 종교 집단 출신으로, 이 집단은 거의 무학인 이 마을 사람들의 신앙과 공통점이 거의 없다. 또한 마녀의 직조술 및 약초학은 "수상한" 지식이다. 게다가 마녀의 강경증 "발작"은 이런 잠재적으로 악마적인 "이방인"에 대한 마을 사람들의 의심을 더욱 조장한다(8). 그래서 조세핀 맥도나의 경우, 이 소설의 서사가 19세기 역사적 진실을 전도시킨다고 본다. 이 시대의 특징은 농촌 지역에서 산업화되는 도시로의 대규모 이주이자 식민지 정착이었기 때문이다(McDonagh 2007: 63). 이와 관련하여 맥도나는 엘리엇의 이야기가 재연하는 것은, 19세기 리얼리즘 소설에서 장소에 의한 모빌리티의 소거라고 주장한다.

하지만 마녀의 서사는 이주의 여파를 상징하기도 하다. 그것은 낯선 땅을 집이라 불리는 장소로 만드는(혹은 만드는 데 실패하는) 일상적 삶의 실천이다. 폴리와 턴벌(Pooley and Turnbull 1996)이 지적한 것처럼, 통계적 연구가 시사하는 바는 이 시기에 영국에서 일반적인 이주 패턴은 비교적 단거리 이주였으며 작은 마을에서 큰 마을로의 이주는 두드러지지 않았다는 것이다. "〔소설 속 마녀의 이동과 같은〕 원거리 이동은 흔치 않았고 대개 부분적으로는 외적 사건에 의해 일어났다. 그래서 친숙한 지역을 떠난 사람들은 때로는 만년에 돌아오기도 했다"(Pooley and Turnbull 1996: 69). 엘리엇 서사의 길들여진 스케일은 시간을 가로지르는 장소내존재 감각 만들기를 가능하게 하는 미시 모빌리티에 뚜렷하게 초점을 맞춘다. 마너가 절도죄라는 무고를 피해 랜턴야드의 산업도시와 종교 공동체를 빠져나왔을 때, 마너의 "최초의 이동은 … 베틀로 일하기 위한 것이다. … 그는 아무런 성찰도 없이 순수한 충동에 의해 거미처럼 직조하는 것처럼 보였다"(16).

베틀의 기계 구조에 병합된 마너의 특징은 파편적이고 무의식적인 기계적 행위로서의 이동이다. 그는 늘 어딘가에서 걷고 있지만 결코 도착지에 닿을 수 없다는 듯이 베틀의 발판을 밟는다. 그래서 "그의 손은 베틀의 북을 던지는 데 만족하고, 그의 눈은 자기 노력으로 옷감의 작은 사각형 무늬들이 완성되는 것을 보는 데 만족한다"(16). 마너는 강경증 발작이 일어나면, 시간의식과 공간의식을 깡그리 잃은 채 행위 중에 신체적으로 "굳는다"(110). 그럴 때마다 마을 사람들은 마너의 영혼이 신체에서 풀려나와 "둥지를 들락거리는 새처럼"(6) 날아다닌다고 짐작한다.

이 서사 내내 트라우마적 이주의 여파로 자아는 균열되어 간신히 뭉쳐 있으나 끊임없이 움직인다. 이는 반복으로서의 모빌리티에 갇힌 순전한 신체 주체다(Seamon 1979). 마너로 불리는 이 인물은 의식의 통제 없이 서로 분리된 행동들을 수행하는, 일련의 분산된 신체 부분들이다(Willis 2015). 마너는 계단이나 출입문에서 옴짝달싹 못하게 만드는 이러한 의식의 단절 때문에 시간을 가로지르는 연속적 실존이 없다. 그리고 이런 계단이나 출입문은 단절된 삶을 살며 자기 장소를 벗어난 마녀의 문지방 같은 실존을 강조하는 곳들이기도 하다. 화자는 끼어들어 이렇게 말한다. "배움을 통해 다양한 삶을 살게 된 사람들조차 때로는 자신의 습관적 인생관을 굳게 유지하는 것이 힘들다. … 갑자기 새로운 땅으로 옮겨진다면 지나가 버린 기쁨과 슬픔이 어떤 현실적 경험이 된다는 뜻이다"(15). 이런 "숲이 우거진 저지대"의 망명지에 파묻힌 채 "이슬 맺힌 가시덤불과 거칠고 촘촘한 풀밭"을 내다보는 마녀에게는 "언덕들이 드넓게 펼쳐진 풍경 안에" 자리 잡은 이전의 집과 "어떤 관계"가 있는 것이 "아무것도 없는 듯" 보였다. 화자는 말한다. 망명자에게 "과거는 꿈이 된다. 과거의 상징이 모조리 소멸했기에. 그리고 현재도 꿈이 된다. 어떠한 기억과도 연결되지 않기에"(15).

이 소설에서 집에 있음은 고요한 정착이 아니라 조그만 도보 이동들의 누적이다. 노동에만 얽매인 장소발레에 사일러스를 엮어 넣는 제한적이고 경제적인 일과가 이런 이동들에 의해 부서진다. 사일러스가 금화를 도둑맞은 일, 그 직후 어린 에피가 마치 기적처럼 집에 등장한 일은 이 소설의 미니어처 틀이 어떻게 리얼리즘적 묘사의 짜임새를 동화의 상징경제로 압축하는지를 (주지하는 바와 같이) 대표적으로 보여 준다. 마녀로 하여금 (가죽 돈가방, 오랜 친구처럼 대하는 부서진 도기 물그릇 등) 애착을 지닌 고정된 사물들 둘레에서 신체 운동을 반복하는 데에서 벗어나, 새로운 역동적 리듬을 가지게 해 주는 것도 이러한 플롯 장치다. 이러한 새로운 리듬을 통해 그의 발걸음은 습관적 궤도를 벗어나 "관목이 늘어선 둑을 향해 돌아다녔고",

그러면서 마을 생활과의 새로운 관계를 형성하여 처음으로 술집에 들르고 지주의 파티에 참석하는 것이다. 마너의 신체 운동 패턴들로 제한되던 단독적이고 반복적인 '장소발레'는 아이 발자국의 시간–공간 경로를 추적함으로써 부서지고 만다(Seamon 1979).

소설의 1부에서는 본능이나 습관에 의한 이동이 두드러진다. 사일러스의 거미 같은 베 짜기, 그가 술집 레인보에 유령처럼 들어서자 깜짝 놀라서 "흠칫 놀란 곤충 더듬이처럼 일시에 움찔하는" 술꾼들의 파이프담배들, 오두막 불빛을 좇아 눈 위를 아장아장 가로지르는 에피의 걸음걸이, 자기 것 중 제일 좋은 신발을 신은 고드프리가 눈더미 속 시신이 자기가 숨겨 둔 정부 몰리인지 알려고 허둥대며 서두르는 모습 등이 그렇다. 2부의 배경은 이로부터 16년 후로서 1820년대의 분명히 "근대적"인 세계이다. 여기에서 인물들은 의식적 의도와 의지를 가지고 움직인다. 마너는 자기 삶을 주기적으로 방해해 온 운명의 신비를 해명하기 위해서, "커다란 제조업 도시"에 있는 예전 집으로 나흘간 여행을 떠난다. 그러나 거기에서 새 공장이 휩쓴 랜턴야드의 온갖 흔적과 기억들, 그리고 떠나 있던 30년간 당혹스러울 만치 알아볼 수 없게 된 도시만 발견할 뿐이다(179).

작가 엘리엇은 마치 여기서 19세기 도시화와 산업 발전이 문학 형식의 미학에 제기한 재현의 문제를 꽤 의도적으로 무대화하는 것 같다. 산업화의 소용돌이 와중에 시골에서 도시로 그렇게 급격히 이동하는 국가의 경우, 레이먼드 윌리엄스(Raymond Williams, 1973)가 "알 수 있는 공동체"라고 부른 것을 묘사하는 것이 어떻게 가능한가? 그리고 이런 새로운 불안정한 장소, 즉 산업도시에 어떻게 장소감을 부여할 수 있는가? 마너는 한때 랜턴야드에서 자신의 공동체였던 곳에서 아무것도 알아내지 못한다. 말하자면, "예전 집은 사라져 버렸다. 나는 집은 얻지 못했으나" 래블로에서 "이 지금을 얻는다." 도시에서의 괴롭던 과거는 "끝까지 어둡게" 남는다(179).

마너의 집이 된 마을의 이름 래블로Raveloe는 어떤 역설을 지닌다. 그것은 안전하고 정적인 은둔처이기보다는 얽히고설키는 가운데 울퉁불퉁한 길로 나아가는 역동적 과정으로서의 장소내존재라는 역설이다(Massey 1994). '래블ravel'은 자기반의어다. 이 단어에는 얽힘과 풀림, 찢음과 짜맞춤 등 상반된 두 의미가 담겨 있다. 이 이미지는 기억이 지닌 가소적 능력에 대한 루이스의 사색을 떠오르게 한다. 기억은 과거 연상의 조각들을 얽어서, 잃어버린 과거와 현재하는 미래 사이의 유비적 친연성의 새로운 패턴으로 만든다. 이 과정의 윤리적 함의는 어린 에피의 행위에 체현되어 있다. 마너는 안전을 위해 에피를 긴 아마포 끈으로 베틀에 묶어 두었는데, 에피는 이 끈을 싹둑 잘라 버리고는 들판을 가로질러 연못가 "황록색 진창"의 "깊은 말발굽 자국"에 고인 물에 발을 빠뜨린다(128). 에피는 빨간 꽹이밥 덤불과 "빨간 머리" 송아지 무리와 어우러지면서 마너를 이 미들랜즈 "세계"의 특별한 세목들로, "… [바로] 빨간 무당벌레와 둥근 조약돌들로" 이끌어 간다(127). 에피가 이런 사물의 세계와 만나면서 마너는 한때 익숙했던 약초 재배의 식물 지식을 다시 접한다. 그의 손에 놓인 "변치 않는 윤곽과 무늬를 지닌" 조그만 "나뭇잎"으로 인해, "그가 에피의 작은 세계 속으로 피신하면서 소심하게 외면했던 추억들이 밀려드는 감각"이 생겨나고, 그러는 동안 "그의 마음은 떨리면서 점점 이를 완전히 의식하면서 기억 안으로 자라났다(126). 마녀는 체현된 반복의 엄격한 리듬이 아니라, '집에 있음'이라는 새로운 장소 발레가 '펼쳐짐'을 체험한다. 미니어처 대상들로부터 자라나오는 촉감 및 유사성의 전개를 통해(Seamon 1979: 56).

하지만 내가 이 절을 끝내면서 주장하고 싶은 것은, 엘리엇의 서사가 시먼, 크레스웰 등 여러 학자들이 탐구했던 미시 모빌리티 모델을 적용할 수 있는 텍스트적 증거 이상이라는 점이다. 엘리엇의 작품은 장소, 모빌리티, 체화된 마음 같은 바로 이 패러다임들이 배치되는 19세기 생산 맥락의 일부라는 것이다. 예를 들어, 시먼의 토대적인 현상학적 연구에 나타나는 그렇게 많은 제사題詞와 사례들이 엘리엇의 서신 교환자들이나 거의 동시대인들, 즉 워즈워스, 괴테 Goethe, 윌리엄 제임스William James 등에게서 나온 것은 우연이 아니다. 19세기 리얼리즘 소설은 단지 산업화된 세계의 모빌리티와 '집에 있음'만 보여 주는 게 아니라, 이것이 주는 정동과 인식을 이론화하기도 한다.

대개 분과학문들이 분화하기 이전인 19세기라는 지적 맥락에서, 엘리엇은 특히 크레스웰이 모빌리티 연구에서 여전히 문제적이라고 되풀이 말하는 간극을 잇는 데에서 리얼리즘 예술이 지니는 권위를 기민하게 주장했다. 이 간극은 변화하는 교통 기술에 대한 통계적 연구와 절망적일 만치 불평등한 세계에서 상이한 사회적 행위자들마다 개인화되고 체험되는 모빌리티 사이의 정치적 · 윤리적 · 정동적 간극이다(Cresswell 2010). 하지만 크레스웰은 예술 형식을 모빌리티를 '재현'하여 '부호화'하는 다소 정태적인 수단으로 본다(Cresswell 2010: 20). 이와 달리 내가 여기에서 그런 것처럼 19세기 소설을 비교적 있는 그대로 읽어 내면, 이런 미학적 형식이 정치적 · 경제적 · 체현적 맥락에 두툼하게 포개져 있는 개인의 모빌리티를 어떻게 보여줄 수 있으며 이동성과 장소 사이의 역동적 관계에 대한 이론을 어떻게 설정할 수 있는지가 모두 드러난다. 왜냐하면 서사 형식은 (사회과학에서 지도 그리기 어렵기로 악명 높은 특질들인) 시간, 지속, 발전에 대한 개인적 경험에 투여되지 않는다면 아무 의미도 지니지 않기 때문이다. 예를 들어 모빌리티의 맥락에서 엘리엇의 《사일러스 마너》를 되풀이 읽으면, 얽히고 풀리는 직조의 역학이 드러난다. 이는 지속, 신체, 기계의 이미지이자 구식 기술이 되는 종점에 있는 산업의 이미지로서, 시먼의 "장소발레"라는 비교적 정태적인 개념에 의문을 제기한다(Seamon 1979).

마너가 사물을 통해 얻는 교훈들에 의해 애착과 정신적 성장의 유연한 모델로 가는 길이 닦인다. 마너는 조그만 물건들에 물질화된 기억을 통해 자신의 고정된 '장소발레'를 얽어내고 풀어낸다. 도둑 맞은 금화를 금발의 에피로 대신할 수 있었던 마너는, 한때 친숙했던 자연적 세계의 세목들로 돌아옴으로써 장소감을 새롭게 재구성할 수 있었다. 엘리엇은 일프라콤에서의 자연주의적 탐사 도중 쓴 일기에서, "눈은 관념들뿐 아니라 사물들에게 배워야 한다."고 결론을 내린다(Eliot 1856c: 220).

　루이스의 물질화된 기억과 비슷하게, 마녀가 한때 잘 알던 식물들을 손에 쥐자 한 무더기의 추억이 돌아온다. 잃어버린 과거 장소를 이처럼 촉감으로 재생함으로써 어떤 유비적 패턴들이 열리는데, 이 패턴들에 힘입어 마녀는 에피의 유기적 지역 소속감에 섞여 들어 갈 수 있었다. 그러나 망명지로부터 고향으로 돌아감으로써 완전한 해결을 이루고자 하는 기도는 수포로 돌아가는데, 이것은 이동하는 19세기의 세계에서 향수를 완전히 달래는 일은 불가능함을 통렬하게 상기시킨다.

　이 소설에서 장소는 정태적이지 않고 계속 변한다. 북부 산업도시라는 거대한 규모에서의 변화들이든, 우편마차 노선이나 "유료도로에서 말을 타고 한 시간이나 걸리는" 미들랜즈 마을의 현미경적 변화들이든 말이다(7). 이 소설에서는 집으로 돌아가려는 욕망이 매번 좌절된다. 진흙에 미끄러져 웅덩이에 빠지거나 눈더미에 덮이거나 문지방에서 강경증 발작이 일어난다. 그러나 자연 세계의 사물들을 자세히 관찰할 때 이 사물들에 체화되는 정동은 이주자가 장소를 구성하는 수단이 된다. 이동하는 세계에 처한 우리에게 집의 감각을 가져다주는 것이다.

엘리엇의 이동적 미들랜즈

이제 비피터 주점이 된 그리프의 엘리엇 집을 충실한 순례자들이 방문하고 있지만, 그리고 최근에 조지 엘리엇 협회가 엘리엇 가족이 일했던 별채와 사무실을 보존하고자 노력하고 있지만, '조지 엘리엇 고장'은 19세기의 다른 작가들과 연결된 장소들처럼 관광객을 끌어 모으지는 못하고 있다. 19세기 근대성이 파도처럼 찰싹거리면서도 매끈하게 씻어 내지는 못한 장소를 소급적으로 주의 깊게 보여 주는 점에서는 토머스 하디Thomas Hardy와 비슷하지만, 〔하디의 고향〕도체스터나 〔대부분의 작품 배경인〕 '하디의 웨섹스'의 상업지대에 비해 엘리엇의 미들랜즈와 그 집들은 현재의 교통에 대한 기록으로 거의 읽힐 수 없다.

이는 부분적으로 〔엘리엇의 고향〕 노스워릭셔의 특수한 역사적 지리 때문임이 틀림없다. 엘리엇 당대에도 그녀의 소설은 운하, 탄광, 폐쇄된 자갈 채취장, 새 철도 노선이 교차하는 어떤 경관을 기록하고 있다. 그것은 산업도시와 탄광 마을이 농촌 마을과 아주 가깝게 있는 경관인데, 이 지역들 각각은 세계의 중심으로서 스스로에게 열중해 있었다. 너니턴 자치구 의회에서 펴낸 안내서는 1917년부터 1953년까지는 영국 정중앙에 위치한 이 장소와 교통 네트워크를 강조했다. 엘리엇 시대 이 지역을 좌우한 구식의 리본ㆍ테이프 산업과 소규모 탄광이 쇠퇴한 후 새로운 제조업이 발전하기 좋은 지역이라는 것이다(Nuneaton Borough Council 1917, 1953).

이 안내서는 지역 유산으로서 엘리엇의 존재를 기념하는 동일한 에세이를 계속 재수록하고, 그녀 이름을 홍보 문건의 제목에 포함시키기도 했다. 전후에는 코번트리로드에서 그리프까지 새로운 주택단지가 들어섰다. 이 단지의 거리마다 소설의 인물이나 가상 장소의 이름이 붙여졌고, 병원에는 엘리엇의 이름이 붙여졌다. 가스앤제너럴엔지니어의 해럴드 버치Harold Birch는 "유명한 조지 엘리엇 오토바이"를 홍보하기 위해서 1917년 탁월한 광고를 만들었는데, 이는 20세기 이후 변화하는 산업적(그리고 지금은 일반적으로 탈산업적) 경관으로 전통을 동원하는 지역적 시도를 상징적으로 보여 준다.

하지만 노스워릭셔를 관광객의 시선(Urry 1990)을 맞을 준비가 된 '엘리엇 고장'으로 재기입하는 데 방해가 되는 것은, 산업화된 코번트리, 버밍엄, 너니턴을 잇는 조그만 삼각지대가 그리 뚜렷한 매력이 없다는 것뿐이 아니다. 엘리엇 작품에서 장소 애착이 지닌 어떤 특성도 방해가 된다. 이미 살펴본 바대로, 이안 던컨이 보기에 엘리엇 소설은 '시골적' 성격을 지니기 때문에 월터 스콧이나 샬럿 브론테와 결부되는 강한 지역주의와 달리 어떠한 실재하는 장소와의 연결도 지극히 박약해진다. 그리고 종종 엘리엇 작품들 자체가 처음에는 일반적 장소감을 새겨 넣는 것처럼 보인다. 예를 들어《급진주의자 펠릭스 홀트Felix Holt, the Radical》에서는 "한쪽 끝에서는 에이번 강이, 다른 쪽 끝에서는 트렌트 강이 물을 대는 중앙 고원에" 행동을 배치한다(Eliot [1866] 980: 5). 이런 경우에 미들랜즈는 어떤 일반적인 중부 잉글랜드(또는 또 다른 미들랜즈 사람 톨킨J.R.R. Tolkien의 작품에서는 미들어스Middle-Earth)[5]의 은유로 미끄러지는 듯하다.

그렇지만 《사일러스 마너》로 돌아가면 깨달을 수 있는 것은, 엘리엇의 리얼리즘 양식이 정확한 위치를 지닌 장소에 대한 감각을 준다는 점이다. 이런 장소는 여러 종류의 돌이 지닌 촉각적 세목, 진흙과 이끼의 색깔, 초가지붕이나 슬레이트 지붕, 이회토 웅덩이와 탄광, 산울타리 길이나 산들바람 부는 고지대 등에 의해 정확한 위치를 얻는 것이다. 에피와 함께 걷는 마너의 미시 모빌리티는 서사의 미니어처 스케일이 지닌 강렬함을 배가시킨다. 마너는 천천히 움직이기 때문에 주위의 오밀조밀한 사물들을 손으로 만지거나 지독한 근시의 눈으로 보면서 이들과 접촉할 수 있다. 집어 들어 간직할 수 있는 작은 부분, 색깔, 질감들로서 래블로라는 장소를 마너(그리고 그에 함축된 독자)에게 전해 주는 것은 보행자의 소요逍遙이지, 말을 탄 특권적 시점에서 내려다보면서 그려 내는 어떤 지역적 경관에 대한, 미학적으로 프레이밍된 시선이 아닌 것이다(Eliot 1861: 166).

자유롭게 이동하는 주체의 특권적 시선에 의한 장소의 소비와 암암리에 대조되는 것은, 자기 집에 있는 대상의 윤곽조차 그리지 못하는 남자의 머뭇거리는 발걸음을 통해 촉각적으로 형성되는 장소 내존재 감각이다. 트라우마를 겪은 이주자는 이처럼 장소를 느리게 더듬으면서 이미 기억하는 것을 낯선 것과 유비적으로 연결하고 이를 통해 애착을 느낀다(오늘날의 비슷한 사례는 Tolia-Kelly 2006 참조).

---

5 이런 비교를 제안해 준 애덤 로버츠Adam Roberts에게 깊이 감사 드린다.

그러므로《사일러스 마너》의 서사 구조는 동화 같은 특징들을 지 님에도 불구하고, 집에 대한 욕망으로서의 19세기 향수를 문제화한 다.[6] 이 소설에서 이주자의 추방은 귀환 행위를 통해서도 결코 치유 될 수 없다. 왜냐하면 장소 자체가 정체停滯가 아닌 끊임없는 역동적 과정이기 때문이다. 그것은 시간의 움직임, 산업, 신체 능력, 개인의 모빌리티로부터 끊임없이 나오는 얽히고 풀리는 직물이다(엘리엇의 거미

줄이 지닌 다원적 함의에 대해서는 다음을 보라. Beer 1983; Massey 1994, 2005).

이 소설에 등장하는 모든 인물은 뒤로 돌아가서 과거 사건을 풀어 내기란 불가능함을, 한번 떠난 집은 영원히 상실됨을 깨닫는다. 이 점은 랜턴야드를 둘러싼 어수선한 도시 발전에서뿐 아니라, 래블로 의 느린 시골 생활에서도 참이다. 친부가 자기를 딸로 인정하고 데려 가려 할 때 에피는 퇴짜를 놓아 그에게 충격을 준다. 그렇지만 엘리 엇의 유기체주의 사회사상과 이어지는 이런 허구 양식은 독자들에 게 흙에서 시작하여 올라가면서 지역성을 느끼는 방식을 전수하는 데, 이런 느낌은 그 미시 스케일 덕분에 이전이 가능하다(Graver 1984).

엘리엇의 소설은 이런 식으로, 세목들에 촉각적으로 간여하여 장 소감을 느끼고 다시 상기할 수 있음을 지속적으로 환기함으로써 19 세기 향수병의 치유 가능성을 보여 준다. 엘리엇의 작품은 종종 프 랑스어로 테루아terroir라고 부를 어떤 것에 비추어 이렇게 한다. 이

---

6 당시 비평가들이 "고향의 퇴비 더미" 수준의 상상력을 지닌 "재미없는 광대들"(Anon 1862) 이라고 생각한 것을 엘리엇은 전혀 이상화하지 않으면서 묘사했다. 이는 오늘날 소설이 향 수에 대한 우리의 해석에 맞서는 몇 가지 방법 중 하나를 보여 주는 것이기도 하다.

말은 흙, 바위, 진흙, 식물 색깔을 가리키는 섬세한 말로서, 지역적인 것을 환기시킬 뿐 아니라, 이런 환경에서 무엇이 자라는지에 대한 폭넓은 앎을 전제하기도 한다. 엘리엇의 분석이 내포하는 것은 장소감이 "우리 모국"의 "손쉽게 바뀌는 외형들"(Eliot 1897: 25)을 덮으면서 가로지르는 새로운 마찻길, 운하, 철도에서보다, (그녀가 "지속의 기호들"이라고 부르는) 사물들에서 훨씬 강렬하게 일어난다는 것이다. 이것들은 손으로 잡을 수 있고 냄새 맡을 수 있고 만질 수 있고 맛볼 수 있는 것이다. 이러한 유기적 장소성의 감각을 대도시 아닌 모든 곳이라는 일반적 시골 권역으로 읽는 것은, 윌리엄스(Williams 1973)가 문화적 교정을 탁월하게 시도했음에도 불구하고 20세기 이후에 장소를 보고 만지고 쓰는 방식에서 지역의 자연사를 아는 방식이 얼마나 사라졌는지를 알게 한다.

7 장

아동소설을 둘러보며

행위적 모빌리티와 불가능한 모빌리티

레슬리 머리Lesley Murray
소니아 오버올Sonia Overall

아동이 모빌리티를 상상할 때는 일련의 상호작용이 일어나는데, 특히 아동기 자체를 상상·서술·재서술·해석·재해석하는 허구적 이야기에 대한 참여가 이런 상호작용 중 하나이다. 아동의 모빌리티에 도구적으로 접근하는 바람에 이런 상상적 모빌리티를 간과하는 일은 너무 흔했다. 공간화된 문학 전통*에 의거하고 모빌리티 연구에서 문학에 대한 관심의 증대에 의거하여, 이 글은 상상 모빌리티가 어떤 '불가능한' 성인주의** 세계에서 아동의 행위성을 확장할 가능성을 모색한다.

---

*   [역주] 여기에서 '공간화'는 물리적 맥락이나 지리적 맥락에 위치 지운다는 뜻이다.
** [역주] adultism은 아동이나 청소년에 대한 편견과 차별 및 이들에 대한 성인의 지배를 뜻하는데, 여기에서는 '성인주의'로 옮긴다.

머리말

이 〔《모빌리티스》학술지의《모빌리티와 인문학》〕특집이 보여 주는 것처럼, 정의상 이미 초학제적인 모빌리티 분야는 문학과 관계할 잠재력을 받아들여 왔다. 피어스(Pearce 2012, 2014), 메리만(Merriman 2007), 몸(Mom 2015) 같은 학자들은 문학적 이야기를 통해 모빌리티 역사를 조명하는 방식을 보여 주었다. 그렇다고 해서 문학을 연구 도구로 쓰는 일이 모든 분과학문에서 아무 문제없이 받아들여지는 것은 아니다. 크로서와 파울러(Crawshaw and Fowler 2008: 457)가 주장하는 것처럼, 문학적 서사는 (이를 통하지 않으면 드러나지 않을) 사회적 삶의 측면들을 드러내는 데 "모방적"이지 않으며 다만 "사회에서의 삶에 소급적으로 적용될 뿐이다. 애초에 문학적 서사에 주목하는 것은 바로 그것이 어떤 사건에 대한 허구적 번역이기 때문이다."

모빌리티를 역사적 맥락에 위치 지우는 데 허구가 하는 역할을 생각할 때에는, 문학 텍스트의 이러한 소급적 특징이 유용하다. 허구적 서사는 이런 의미에서 연구자의 해석을 필요로 한다. 그러나 허구적 서사는 읽히고 다시 읽힐 때 의미 생산 과정을 겪는다. 이런 식으로 독자는 해석적 연구 과정에 가담할 뿐 아니라, 바르트Barthes의 표현에 따르면 "작품의 공동저자"로서 허구 생산이라는 "실천적 공동작업"에도 가담한다(Barthes 1989: 63). 왓슨Watson의 주장처럼, 이야기는 "'대안정치'를 둘러싼 관념들이 발전되고 탐문되는 공간을 연다"(Watson 2011: 40). 이 "대안정치"의 탐문은 아마 젠더와 관련해서는 좀 더 손쉬울 것이다(예컨대 다음을 참조. Murray and Vincent 2014). 예컨대 특정 맥락에서 남성이 쓴 텍스트와 여성이 쓴 텍스트를 살펴볼 수 있기 때문이다.

아동문학의 작가가 어른이라는 점에서 아동문학의 탐문은 더 문제적이다. 그래서 정서적·상상적 모빌리티와 모빌리티의 상상이 지니는 중요성에도 불구하고, 아동문학이 모빌리티의 문학적 연구에 거의 포함되지 않고 있음(주목할 만한 예외는 Merriman 2007이다.)은 의외가 아닐 것이다(Murray and Mand 2013). 크로서와 파울러(Crawshaw and Fowler 2008: 457)는 아동에 국한한 논의는 아니지만, "관념적 사회 집단의 사고방식의 특징"인 "재현 양상"으로의 문학 연구에 어떤 어려움이 있는지 토로한다. 그렇기 때문에 아동문학을 탐구하는 것은 특별히 문제적이 된다. 따라서 대안적 독해는 "창조적 과정"을 이해하는 데 토대를 두며, 이는 "특정 시간과 장소에서 유사한 사회 집단들이 겪은 경험에 대한 글쓰기 재현의 사전 조건인 과정들을 확인함"에 있다.

이 글에서 우리는 사회과학과 인문학의 접점에서 상상되는 것과 체험되는 것의 공동생산을 인식했던 이전 학자들을 따를 것이다. 배비지(Bavidge 2006: 320)는 "아동의 지리학을 이해하기 위해 아동문학의 장소 사례"를 상정하면서, 권력의 위계가 아동문학을 통해, 특히 아동과 도시의 관계를 통해 규정되는 방식과 씨름한다. 배비지는 성인이 특정 시간과 공간에서 아동의 목소리가 지닌 특징이라면서 아동 이야기들을 제시할 때 어떤 긴장이 드러나는지 설명한다.

우리는 아동소설[1]들을 선별하여, 아동 모빌리티가 놓인 '성인주의' 맥락에서 아동 모빌리티의 불가능성을 탐구하고자 한다. 아동기에 대한 사회과학 연구에서 생겨난 이 용어는 아동기의 담론과 실천이 성인중심적 사건으로 구성됨을 뜻한다(James, Jenks and Prout 1998). 이것은 "성인과 아동의 불가능한 관계"인데, 여기에서는 언제나 성인이 "저자, 제작자, 공여자"로서 먼저 오고 "아동은 나중에 온다"(Rose 1994: 1-2, 다음에서 재인용. Bavidge 2006: 323). 아동의 행위적 모빌리티는 언제나 이런 맥락 안에서 탐색된다(Barker 2009: Murray 2015). 이러한 성인주의적 서술들은 성인의 아동기 기억, 그러나 이미 경험이 축적된 성인의 아동기 기억에 토대를 두는 것일 수 있다. 배비지는 이 문학이 과연 "아동에 대해, 아동에게, 아동을 위해 말하는지" 의문시한다(Bavidge 2006: 320). 우리 두 사람이 여성 학자로서 젠더화된 해명을 하려 들면 여성 작가들에 주목할 수 있다(Murray and Vincent 2014). 그러나 아동에 대해서는 불가능하다. 이 점에 유념하여 우리는 아동 모빌리티가 어떤 상황에 처해 있는지를 해명하기보다는 아동문학에 나타나는 모빌리티를 탐구하고, 모빌리티를 "아동의 〔이동〕 공간에 대한 성찰의 자료"(Bavidge 2006: 321)로 삼아서 이야기가 아동과 아동기를 어떤 상황에 두는지 탐구한다.

마거릿 드래블Margaret Drabble은 어떤 의도에서 아동 독자를 향하는가라는 관점에서 일반적인 아동문학을 분류하고, 특수하게는 〔아

---

1 [역주] fiction은 문맥에 따라 '소설' 혹은 '허구'로 번역한다.

동)소설을 분류한다. 즉 이것이 상상적인지, 오락적인지, 도덕적 교훈을 주는지, 아니면 독자의 배경이 투영된 일종의 사회비평인지에 따라 분류하는 것이다(Drabble 2000: 198). 여기에서 분명한 것은 성인주의 관점의 함축이다. 또한 드래블은 1950년대 이전 책들과 이후 책들 사이의 단절에 주목하는데, 이때 이전 시기는 판타지가 주였다면 제2차 세계대전 이후로 현실적 모험담이 증가했다고 믿는다(Drabble 2000: 199). 이에 해당하는 많은 작품들을 꼼꼼하게 따져 볼 수도 있겠지만, 이 글의 범위 내에서 이처럼 광범위하게 탐구할 수는 없다. 그래서 드래블이 상정한 각 분류로부터 아동을 **향해** 겨냥하는 소설 작품들을 선별했다. 즉, 모빌리티가 성인의 세계 안에서, 그리고 성인의 세계 없이 아동에게 '허용'될 때 생겨나는 긴장을 탐구하는 텍스트들, 그리고 이런 렌즈를 통해 아동과 성인의 관계를 고찰하게 하는 텍스트들을 선별했다.

이 텍스트들을 모빌리티 관점에서 탐문하면서, 우리는 셸러Sheller와 어리Urry의 모빌리티로의 새로운 접근법이라는 독창적 촉구가 지닌 한 가지 핵심 측면에 공헌하고자 한다. 이 새로운 접근법은 "사회적 삶의 공간성들이 장소에서 장소로, 사람에서 사람으로, 사건에서 사건으로 사람들의 실제 운동과 **상상** 운동을 전제함(그리고 종종 이를 둘러싼 갈등을 수반함)"을 이해하고자 하는 것이다(Sheller and Urry 2006: 298. 인용자 강조). '상상되는 것'은 여전히 탐구가 미진한데, 아동 모빌리티 연구에서 특히 그렇다. 그런데 분명 아동 모빌리티에는 상상되는 것이 성인 모빌리티보다 더 자주 끼어든다. 이 때문에 우리는 분과학문 사이를 움직이면서 초학제적 접근 방식을 채택한다(Murray and Upstone 2014). 우리는 또한 아동문학이 아동 모빌리티에 미치는 영향에 유념하고 있다. 배비지의 주장처럼, "아동문학은 이 세상이 해석되고 아동에게 설명되는 방식을 가장 강력하게 드러내는 것"이다 (Bavidge 2006). 다음에서는 아동문학에서 모빌리티가 아동과 아동기를 어떻게 구성하는지를 논의하는데, 특히 초점을 맞추는 것은 어떤 긴장, 즉 성인주의 맥락에서 아동 모빌리티의 불가능성과 아동이 모빌리티를 스스로 결정할 때 아동의 행위성 사이의 긴장이다. 우리가 전제하는 것은 텍스트의 허구적 세계(그리고 이것이 포함하는 상상 모빌리티)가 불가능한 자유들과 행위성 차원들을 재현한다는 것이다.

모빌리티의 행위적 공간 구성

우리가 여기서 다루는 이야기들에서 아동은 비행하는 엘리베이터, 복숭아, 옷장, 봉투를 타고 이동한다. 아동문학은 평범함을 넘어서는 판타지 모빌리티 양상들을 다룬다. 과학소설에서처럼 이런 모빌리티 양상들은 방향과 크기가 다양한 무한한 운동이며 기술적 제한이 없다. 《이상한 나라의 앨리스》에서는 지하 운동이고, 《찰리와 거대한 유리 엘리베이터》와 《제임스와 거대한 복숭아》에서는 수직 운동이며, 《사자, 마녀 그리고 옷장》에서는 초시간적 운동이고, 《납작이가 된 스탠리》에서는 말하자면 '납작한' 운동이다. SF에서 수직 공간과 도시의 관계를 논의하는 휴이트와 그레이엄(Hewitt and Graham 2014)의 주장처럼, 판타지와 현실은 상호적이다. 소설이 공간을 구성하고, 공간이 특수한 문학적 재현을 생산하는 것이다. 여기에서 판타지 모빌리티는 아동의 이동하는 상상의 일부가 되고, 따라서 아동의 모빌리티의 일부가 된다. 아동에 대한 연구들이 보여 준 것은, 자신의 모빌리티를 전유하며 자신의 이동 행위성을 드러내는 아동에게 이런 상상이 때로는 꽤 중요하다는 것이다(가령 다음을 참조. Murray and Mand 2013). 여기에서 우리는 이동 공간이 (아동이 자기의 모빌리티를 결정할 잠재력을 주는) 행위적 공간으로 구성되는 방식을 검토하고 아동문학에서 아동이 어떻게 행위적 존재로 제시되는지 살펴볼 것이다.

19세기부터 20세기까지 문학에서 이동 공간은 변형 잠재성을 지닌 경계 공간으로 구성되었다(Bavidge 2006). 예컨대 로버트 마틴Robert Martin의 《고속도로의 신비The Mystery of the Motorway》에 대해 논의하는 메리만(Merriman 2007: 169)의 제안은, 〔영국의〕 고속도로 M1이 "흥분, 근대성, 위험의 공간으로 기능"하며, 따라서 이 책이 "10대 소년들을 위한 사회적 입문서"라는 것이다. 고속도로의 이동 공간은 아동기의 이행을 위한 사이공간이 된다. 에디스 네스빗E. Nesbitt의 《철도 위의 아이들The Railway Children》에서 철도는 "헤테로토피아 공간"(Bavidge 2006, 320)으로 묘사된다. 20세기 후반 이런 이동 공간들은 상상 세계와 현실을 잇는 다리다. 《사자, 마녀 그리고 옷장》에서 옷장은 아이들을 나니아로 나른다. 《제임스와 거대한 복숭아》에서 복숭아는 제임스를 날라서 이모들이 학대하는 현실에서 벗어나게 해 준다.《찰리와 거대한 유리 엘리베이터》에서 엘리베이터는 찰리와 가족을 우주로 데려간다.〔《테라비시아로 가는 다리》에서는〕제시와 레슬리를 테라비시아로 데려가는 것은 다리이다. 그리고《해리포터》연작에서 킹스크로스역의 9번과 10번 플랫폼 사이 공간은 아이들을 호그와트 마법학교로 나른다. 특히〔《해리포터》의〕이 공간은 이동의 상상에서 아주 중요해져서 모빌리티 기반 시설에 아예 편입되었는데, 런던 킹스크로스역의 9 3/4 플랫폼 모형이 이제 관광객에게 인기 있는 명소가 된 것이다. 이것은 또한 어떻게 공간이 허구를 통해 변형되고 상상을 통해 계속 (가령 영화 촬영지로) 재생산되는지를 보여 준다. 요크셔의 키슬리&워쓰밸리 철로와 서섹스의 블루벨 철로는 네스빗의 책을 영화화할 때 주요 촬영지였다고 홍보했다. 그러나 나니아나 이상한 나라 같은 공간을 둘러싼 아동문학의 담론은 아주 강력해서 이 공간들이 "아동기 자체의 환유로 기능"할 정도였다(Bavidge 2006: 324).

《철도 위의 아이들》에서 세 남매는 기찻길 근처에 살면서 다사다난한 모험을 겪는다. 이 모험들은 어린이의 행위성과 이들이 놓인 도덕적 경관 사이의 긴장을 그려 낸다. 예를 들어 산사태가 나서 기찻길이 막혔음을 기차에 알리려고 빨간 속치마를 이용했을 때, 아이들은 더운 날 무거운 속치마가 성가시다는 데 주의가 쏠린다.

"아, 너무 더워!" 그녀가 말했다. "난 추워질 거라고 생각했는데. 이

걸 안 입었으면 좋았겠다." 그녀는 잠깐 쉬었다가 아주 다른 말투로
말을 맺었다. "이 플란넬 속치마 말이야."(Nesbitt [1906] 2015: 46)

당시 아동복은 이렇게 아이들을 부동화했는데, 이런 측면에 대해
이런 식으로 말하는 것은 위해 방지라는 도덕적 명령과 대조를 이룬
다. 아이들이 이 속옷으로 깃발을 만들어 기차에 흔들었기에 참사
를 막을 수 있었기 때문이다. 철도는 모험의 원천이기도 했지만 그
이상의 어떤 약속이었다. 가장 주목할 것은 철도가 누명을 쓰고 런
던의 감옥에 갇힌 아버지에게 아이들을 데려다주었다는 것이다. 이
책이 쓰인 시대는 철도가 모더니즘을 상징하고 모더니즘과 모빌리
티의 관계를 드러내는 시대였다. 철도의 운용에서 아이들은 부수적
이고, 〔아이들이〕 있을 수 있는 장소에 대한 규칙은 단호했다. 아이
들은 철로 자체에는 들어가지 않도록 조심하고, 우연히든 초대를 받
아서든 철도의 사적 공간에만 들어갔다.
　개인 자동차와 관련해서는, 아이들은 모빌리티를 통한 진보에 오
히려 위협이 되었다. 20세기 전반의 대서양 연안 국가들의 자동차
모빌리티에 대한 몸(Mom 2015: 99)의 설명에 따르면, 운전자 단체, 특히
독일의 아우틀러게마인샤프트Autlergemeinschaft는 회원들에게 "운전자
자녀"에게 규율을 가르치라고 촉구했다. "돌을 던지거나 도로를 가
로질러 밧줄을 묶거나 아니면 그저 길에서 노는" 아이들은 자동차
의 진보를 막는 "타자"로 묘사되었다. 그리고 아이들이 이처럼 사보
타주할 위협도 (자동차 사고로 인한 사망자 중에서 상당 부분을 차지하

234

는) 아동 사망자라는 '문제'에 비하면 아주 부차적이었다(Mom 2015, 99).
이와 동시에 운전에 토대를 둔 연작소설들이 '청년'을 겨냥했다.《모
터 보이즈Motor boys》(Clarence Young 1900-1917),《모터 메이즈Motor Maids》
(Katherine Stokes 1911-1917),《모터 걸스Motor Girls》(Margaret Penrose 1910-1917),《오
토모바일 걸스Automobile girls》(Laura Dent Crane 1910-1913)는 비록 꽤 젠더화
된 표현을 쓰기는 했지만, 자동차를 모험의 원천으로 상찬했다(Mom
2015). 이러한 자동차 교통의 '새로운' 양상은 흥분되고 참신한 것(그
리고 접근 불가능한 성인의 상징이므로 두 배로 매혹적인 것)이었으며,
동시대의 아동문학에 기꺼이 통합되었다. 일단 허구세계의 부분이
되자, 상상을 위한 재료가 되었다. 아동문학이 기차나 자동차를 상
상의 일부로 만들어 허구에 동화시키자, 행위성은 모빌리티를 '경
험'하는 어린 주인공과 그것을 상상하는 어린 독자 모두에게로 확장
되었다.

자동차 모빌리티화 과정에서 아동들은 배제되었기 때문에(Barker
2009), 상상 모빌리티와 행위성의 원천으로서 자동차를 활용하기보
다는 자동차 모빌리티의 판타지적 형식을 창조했는데, 어쩌면 이는
허구에서만 가능한 일이다. 로알드 달Roald Dahl의《제임스와 거대한
복숭아James and the Giant Peach》([1961] 2007)와《찰리와 거대한 유리 엘리
베이터Charlie and the Great Elevator》([1972] 1995)에서는 무제한하고 판타지
한 자동 모빌리티[2]의 사례를 묘사하지만, 아동 모빌리티의 물질적

---

2 [역주] 여기에서는 automobilities가 '자동차 모빌리티'보다는 '자동 모빌리티'나 '자율 모빌리

'현실'도 묘사한다. 아버지가 세상을 떠나고 집안 사정이 변하여 제임스는 이모들과 살 수밖에 없었는데, 이모들은 제임스를 학대하고 부동화하는 데 여념이 없다. 이는 아이가 어른의 세계에서 부동화되는 흔한 방식이다. 그러나 제임스는 정원의 나무에 마술처럼 생겨난 거대한 복숭아 덕분에, 성인의 통제를 상징하는 이러한 상황으로부터 탈출한다. 복숭아는 제임스를 행위자로 유도한다. 그리고 복숭아는 이모들을 말 그대로 납작하게 만들고는 일종의 탈것이 되어 제임스와 새 친구들, 즉 거대한 곤충들을 대서양을 넘어 뉴욕으로 데려간다. 이들은 이 여행에서 많은 모험을 겪는다. 이제 행위자가 된 똑똑한 제임스는 복숭아를 항공기로 변형시켜 바다 위를 가로질러 천천히 움직이게 한다. 제임스는 뉴욕에서 동력 항공기를 만나고 그 때문에 빠른 급강하를 경험하게 된다.《찰리와 거대한 유리 엘리베이터》의 교통수단도 이와 비슷하게 판타지다. 유리 엘리베이터가 우주선이 되는 것이다. 이 이야기는 모빌리티의 변형 잠재력을 보여 줄 뿐 아니라, 노인들의 부동성을 이야기하고 세대 관계의 변형적 힘을 이야기한다. 노인들의 여행은 특히 그들 자신의 부동성과 대조되는데, "그들은 모두 지난 20년 이상 〔침대에만 있어서〕 땅에 발을 디디지 못했다"(Dahl [1972] 1995: 47). 찰리 할머니의 실수 탓에

티'의 의미로 썼다. 가령 《제임스와 거대한 복숭아》의 복숭아와 《찰리와 거대한 유리 엘리베이터》의 유리 엘리베이터는 (때로는 조종도 하지만) 보통 특별히 조종하지 않아도 스스로 ('자동적으로') 움직이므로 일종의 '자동 모빌리티'이며, 이것들을 통해 주인공이 자발적으로 움직인다는 의미에서 일종의 '자율 모빌리티'이기도 하다.

엘리베이터는 지구 주위 궤도로 들어가고, 찰리와 그의 대가족은 무중력을 경험한다. 이것은 최대의 모험이다.

> "내가 이 중에서 제일 빨리 날 수 있어." 조지 할아버지가 쌩하고 지나가면서 외쳤다. 할아버지 잠옷 뒷자락이 앵무새 꼬리처럼 부풀어 올랐다(Dahl [1972] 1995: 33).

이것은 교통의 전복, 그리고 《제임스와 거대한 복숭아》에서처럼 수직 모빌리티의 전복에 대한 또 하나의 이야기다. 이것은 이 대안적 모빌리티에 대한 조부모의 열광에서 분명하게 드러나듯이, 아동성과 성인성의 경계를 흐릴 뿐 아니라 수평 운동과 연관된 모빌리티 규범도 흐린다. 이런 모빌리티 규범은 바로 자동차에게 특권을 주는 것이다. 휴이트와 그레이엄(Hewitt and Graham 2014: 924)의 주장에 따르면, 학문적 연구는 종종 "지표면 지리학으로의 경험적 편향"을 지님으로써 이러한 연구의 수평적 차원에 머문다. 이들이 대안으로 제안하는 것은 "공간의 3차원적 개념화"를 더 강조하는 것이다. 이는 모빌리티 가능성을 상상으로 확장함을 뜻한다.

루이스C.S. Lewis의 《사자, 마녀 그리고 옷장The Lion, the Witch and the Wardrobe》([1950] 2009)에서 부동화된 아이들이 활용하는 상상적 자유를 떠올리면 행위적 모빌리티 공간이 특히 관심을 끈다. 이 텍스트에서 판타지 모빌리티는 뒤쳐져 있는 다른 제한적 공간에 대한 응답으로 출현한다. 이야기의 시대 배경은 제2차 세계대전 중으로 설정되는데, 이는 유례없이 대규모의 군사적 동원/이동화의 시기인 동시에 여성과 아동에게는 강요된 부동화의 시기다. 주인공인 네 아이는 런던을 떠나 어느 시골의 큰 집으로 피난을 떠난다. 아이들의 새로운 모빌리티 자유의 잠재성은 나니아라는 '다른' 세계로 들어가면서 '현실 세계'의 위치를 넘어서 확장된다. 전쟁의 부동성과 선명한 대조를 이루는 나니아는 무한한 모빌리티 잠재성을 지닌 판타지적 장소이다. 이는 아이들이 멀리 이동할 능력을 가지는 것뿐 아니라, 공급이 부족한 버터, 달걀, 정어리 같은 음식을 먹을 수 있는 것에서도 나타난다. 아이들이 전시 영국의 현실로부터 멀리 떠나왔음을 환기시키는 것이다. 나니아에서 아이들의 역할과 실천은 어른과 다르지 않다. 보통은 아이들이 접근할 수 없는 모빌리티 양상들에 이 아이들은 정말로 가담한다. 어떤 의미로는 세계들 사이의 경계가 흐려진다. 다시 말해, 아이들에게 주어진 기이한 모빌리티 자유에서 집은 경계 공간이고, 옷장은 '현실' 세계와 나니아라는 판타지 세계를 잇는 도관이다. 옷장으로 가는 길을 비추는 가로등은 삶의 평범함을 상기시킨다. 그것은 모험 초기 루시를 인도하였으며, 나니아를 다스리는 긴 시간이 지난 후에는 모든 아이를 인도하는 랜드마크이다. 옷장은 아이들에게 모빌리티 어포던스(Urry 2007, 50)를 제공하며, 이로써 아이들은 공간뿐 아니라 시간도 이동할 수 있게 된다. 아이들이 옷장에 들어가자 '현실' 세계의 시간은 멈추고, 그 덕분에 나니아에서 한 생을 살고 집으로 돌아왔을 때에도 여전히 아이들로 남는 것이다. 집에서 아이들은 다시 '정상적' 제한들에 종속된다.

아이들은 권력과 지배력을 가진 것으로 재현되는데, 이러한 방식은 1977년 캐서린 패터슨Katherine Paterson의 이야기《테라비시아로 가는 다리Bridge to Terabithia》에서 되풀이된다. 주인공 중 하나인 레슬리가 〔상상의 세계를〕 창조하는 데에《나니아 연대기Chronicles of Narnia》가 준거로 인용된다. 다른 주인공인 제시는 내성적인 아이로서 자기 마을로 이사 온 레슬리와 친해진다. 이 이야기에서 아이들은 강건너 숲을 마술적 장소로 변형시키면서 친구이자 적인 신화적 존재를 만들어 내며, 이를 통해 아이들의 상상은 더 정교하게 기록된다. 이 두 텍스트 모두에서 아이들은 행위자로 재현되지만, 성인 세계의 시공간이 아니라 그들의 시공간에서만 그렇다. 여기에서 아이들의 행위성은 사회적 행위성으로 재현되는데, 이 행위성은 오직 사회적 상호의존성과 연관되어서만 가시화되기 때문이다(Murray 2015). 이런 상호의존성은 가령 가족 모빌리티에 대한 최근 모빌리티 연구에서 확인된다(Holdsworth 2013; Jiron and Iturra 2014). 이에 비해 다른 이야기들에서는 아이들은 좀 더 단독적으로 이동하는 존재들이다.

행위적 심리지리학자인 아동

루이스 캐롤Lewis Carroll의《이상한 나라의 앨리스Alice 's Adventures in Wonderland》(1866년 출간)와《거울 나라의 앨리스Through the Looking-Glass》(1872년 출간)는 일련의 행위적 모빌리티와 불가능한 모빌리티로 시작되어 이들을 탐색한다. 앨리스의 모험은 그 자체로 꿈이라는 서사적 프레임 장치 안에 들어 있다. 즉, 의식적으로 실행되든(각성 상태의 "백일몽") 잠재의식적으로 실행되든(잠), 상상을 통한 모빌리티인 것이다. 앨리스는 떨어지고 줄어들고 커지면서 이상한 나라에 들어가지만,《거울 나라의 앨리스》에서 앨리스의 모험은 아이의 행위성과 모빌리티를 확장한다.《거울 나라의 앨리스》전반부 세 장은 가능한 모빌리티, 불가능한 모빌리티, 판타지 모빌리티의 요약으로 읽힐 수 있다. 앨리스는 집의 벽난로 위에 걸린 거울을 지나 거울 나라로 들어간다(Caroll [1897] 1982: 28). 앨리스는 벽난로에 떨어진 체스 말들을 들어 올려 탁자에 놓아 줌으로써 다른 사람의 모빌리티를 가능하게 한다(131). 그리고 앨리스는 〔그들을 들어 올리는 앨리스가 보이지 않기 때문에〕 허공에 둥둥 떠가는 것 같은 체스 말들을 두렵게 하고, 그래서 자신이 보이지 않음을 알아차린다. 집을 구경하려고 계단을 달려 내려갈 때 계단 위 허공에 떠가는 앨리스 자신도 이러한 〔둥둥 떠가는〕 방식의 모빌리티를 경험한다.

그녀는 그냥 손가락 끝을 난간에 놓고, 발로 계단을 건드리지도 않고 부드럽게 떠서 내려왔다. 그리고 계속 뜬 채로 홀을 지났다. 문설주를 붙들지 않았다면 이런 식으로 문에서 곧바로 나가 버렸을 것이다. 그렇게 오래 허공에 떠 있어 좀 어지러웠고, 다시 자연스럽게 걷게 되자 오히려 즐거웠다(136).

거울에 비치는 세계 안에서는 어디로 가려면 걸어서 오히려 거기로부터 멀어져야 했다(141). 앨리스가 원하는 랜드마크에 들르기 위해 그 방도를 궁리할 때, 이 풍경을 넘어가는 것은 체스 게임이 된다. 이 텍스트 안의 게임에서 "졸"인 앨리스의 모빌리티는 붉은 여왕과 비교하면 느리고 제한적이다. 붉은 여왕은 아무 방향으로나 단번에 여러 칸을 이동할 수 있다. 앨리스는 멈춰 있기 위해서는 달려야 했다. 붉은 여왕의 "봐라. **여기에서는** 제자리에 머무르려면 **네가** 할 수 있는 한 전력으로 달려야 한다."는 설명처럼(145). 3장 앞부분에서 앨리스는 걸어서 언덕에서 멀어짐으로써 마침내 언덕에 도달한다. 그녀는 이 풍경의 위상학적 고점을 차지하고 거기로부터 자기가 갈 길을 바라본다.

물론 제일 먼저 할 일은 가로질러 여행할 이 나라를 샅샅이 조사하는 것이었다. 앨리스는 더 멀리 보기 위해 까치발을 하면서, "지리 공부하고 아주 비슷하네."라고 생각했다(148).

판타지적 경관을 조사하기 위해 멈춘 앨리스는 세계를 합리적으로 지도 그리고자 하는데, 이는 풍경 위에 자신을 투사하는 것으로 볼 수 있다. 그러나 이러한 성인주의적 접근은 앨리스의 본성이 아니다. 앨리스는 잠시 멈춘 것이고 '지리학자'로서의 포즈는 곧 사라진다.

제한 없는 모빌리티이든 제약되는 모빌리티이든 모빌리티는 흔히 어떤 기능을 지닌다. 하지만 아동의 '목적 없는' 모빌리티는 해방적이라고 볼 수 있고, 어떤 점에서는 전복적이라고도 볼 수 있다. 미리 결정된 목적이 없는 모빌리티는 '즉흥적' 모험에 접근하는 수단이 되고, 따라서 규범에 도전한다. 이것은 능동적 배회로서, 변화를 가능하게 하는 것이다.

앤더슨(Anderson 2004: 257)에 따르면, 이런 목적 없는 이동 혹은 "어슬렁거리기"는 〔급진적 환경운동자로서〕 "당신이 거기에서 정치 이슈로 만들어서 보호하려는 주위 환경과 재-접속"할 기회이다. 그러나 모빌리티 연구에서 우선순위는 종종 더 도구적인 접근 방식이다. 하지만 《앨리스》 연작에서 앨리스는 탐색하는 것이 아니다. 그녀의 여행에는 목적이 없고, 그녀의 경험은 목표를 달성하는 것이 아니다. 앨리스의 모빌리티는 호기심에 의해, 그리고 그때그때 기회 닿는 대로 계속된다. 이상한 나라와 거울 나라에서의 여정은 실은 본질적으로 판타지 경관들을 가로지르는 표류dérive이다. 앨리스는 지리학자가 아니라 심리지리학자이다.[3] 드보르Debord는 '표류'를 "다양한 환경을 가로지르며 빠르게 통과하는 기법"이라고 정의했다. 이러한 정의는 앨리스의 접근 방식에 어울린다. 그뿐 아니라 표류에는 "유희적이고 구성적인 행동이 개입"된다는 관념도 앨리스의 접근 방식에 어울린다. 드보르의 이론은 절대적 행위성에 의존한다.

---

3 [역주] 심리지리학psychogeography은 1950년대 상황주의 인터내셔널의 기 드보르Guy Debord가 처음 사용한 용어로서, 도시 환경을 유희적으로 표류함으로써 지리적 환경이 감정과 행동에 미치는 영향을 탐구하는 이론이다.

표류자는 "한결같은 흐름, 고정점, 그리고 어느 지역의 출입을 심하게 방해하는 소용돌이"에 도전할 완전한 자유를 가져야 한다. 앨리스의 이러한 행위성은 표류자의 마음으로 세계를 탐색하는 그녀의 장난기와 개방성에서 잘 나타난다. 이러한 표류자는 "어떤 영역의 매력에 이끌리고 거기에서의 조우에 이끌리도록 스스로에게 내버려 두어야" 하는 것이다(Debord [1959] 2006: 62). 이따금 앨리스의 번뜩이는 반항도 이러한 실천에 적합하다. 멀린 커벌리Merlin Coverley가 《심리지리학Psychogeography》에서 말한 것처럼 "배회자는 표류하면서 무관심한 관찰자나 예술가의 땅을 떠나 전복적 위치에 들어간다"(Coverley 2010: 97).

주인공 앨리스는 가능성에 개방적이고 우연을 수용하는 태도를 취하고, 텍스트에서 권위적인 인물들(《거울 나라의 앨리스》의 차장이나 《이상한 나라의 앨리스》의 판사같이 어른의 규칙과 지시를 재현하는 사람들)에게 도전하는데, 이는 그녀가 실질적으로 심리지리학자임을 보여 준다. 앨리스 연작은 드보르의 이론을 확장하고 표류를 실천할 가능성을 보여 준다. 즉, 상상의 세계에서 어린이들은 심리지리학자일 수 있는 것이다. '현실' 세계에서는 자율성과 행위성이 크게 제한받는 외로운 아이가, 절대적으로 성인의 자유를 전제하는 심리지리학적 실천에 문학을 통해 바로 접근할 수 있다. 이 텍스트들은 또한 목적이 약하거나 목표가 없는 모빌리티를 통해 지배적 모빌리티 양상에 도전하는 지식 창조가 가능함을 강조한다.

표류를 실천하는 '외로운 아이'라는 인물의 최근 사례는 오랜 기간 동안 작품이 나오고 있는 로저 하그리브스Roger Hargreaves의《미스터 맨Mr Men》(1971-)과《리틀 미스Little Misses》(1981-) 연작에도 있다. 이 그림책들 중 상당수에서 미스터 맨들은 오랫동안 외롭게 걷다가 우연한 만남을 통해 삶이 변화한다. 미스터 맨 연작에서는 때로는 걷기에 표면적 목적이 있다. 예를 들어, 시끄럼 씨Mr Noisy나 호기심 양 Little Miss Curious이 걸어서 상점에 갈 때 그렇다. 하지만 심리지리학자가 표류하거나 산보자flâneur가 배회하는 것처럼 종종 규정된 목표 없이 그저 걷는다. 즉, 그저 걷기 위해 주의 깊게 걷는 것인데, 이때 걷는 사람은 가능성에 열려 있다. 단순하며 독립적인 모빌리티 방식인 걷기를 통해서, 미스터 맨들은 걸음마를 배우는 어린아이와 긴밀히 연관된 행위성 차원에 놓인다. 여러 미스터 맨과 리틀 미스는 그 자체로 아이와 같다. 단순하게 묘사되고 극단적 특징을 지닌 주인공들인데, 이런 특징은 아동기의 경험 및 정체성이 지니는 여러 측면을 각각 따로 체현하는 것이며 이 주인공들의 이름으로 요약되고 정의된다. 책을 읽는 아이(혹은 읽어 주는 이야기를 듣는 아이)는 자신을 이 특징들과 쉽게 동일시할 수 있다. 다시 말해, 미스터 맨과 리틀 미스가 거주하는 세계는 가족 도덕과 행동 코드에 지배되는, '현실적' 경험에 대한 어른의 해석을 반영한다. '행실 나쁜 사람'으로 인식되는 구두쇠 씨Mr Mean, 수다 씨Mr Chatterbox, 참견 씨Mr Nosey 등은 권위를 지닌 '성인' 인물(마법사, 모자 가게 주인인 모자 씨Mr Bowler, 티들 타운 주민 등)에 의해 검열되고 훈육된다. 이처럼 어른의 해석이 지배적이기는 하지만, 독립적 모빌리티는 변화의 촉매가 된다. 즉, 보행은 등장인물에게 자신의 인식에 도전하고 기존 정체성을 재평가하게 만드는 경험과 만남을 열어 준다. 구두쇠 씨, 수다 씨, 참견 씨는 마술처럼 탈바꿈하고 장난을 치는데, 이런 일은 밖에서 걷는 동안에도 일어나서 이들이 자기 행동을 다시 생각하고 조정하도록 만든다.

변형의 힘을 지닌 만남으로 이끄는 걷기는 《거만 씨Mr Uppity》(Hargreaves 1972), 《걱정 씨Mr Worry》(Hargreaves 1978a), 그리고 《겁쟁이 씨Mr Jelly》(Hargreaves 1976) 이야기로 들어가는 열쇠이다. 거만 씨는 자기 정원에서 걷다가 만난 꼬마 요정을 따라가면서 버릇없는 태도를 '치료'한다. 걱정 씨는 걸으면서 다른 사람들을 걱정하고 이런 걱정을 밖으로 내비치다가 마법사를 만나는데, 마법사는 걱정을 영원히 없애 주겠다고 약속한다. 겁쟁이 씨는 초조하게 걷다가 어느 들판으로 들어가는데 거기에서 잠자는 부랑자와 우연히 마주친다. 겁쟁이 씨는 이 사람의 코 고는 소리를 사자가 으르렁거리는 소리로 착각했는데, 부랑자는 두려움에 맞서는 법을 가르친다. 이 서사 장치를 메타소설적으로 비트는 《스타 양Little Miss Star》(Hargreaves 1984)의 여주인공은 오랫동안 유명세를 갈망해 왔지만 어떻게 이룰 수 있을지 자신이 없다. 하지만 걷다가 서점 진열창에 들어 있는 무엇인가를 발견하곤 작가 로저 하그리브스를 찾아가고, 그 다음에 이 작가의 책에 등장한다. 모빌리티는 등장인물의 성격만큼 중요한데, 이 모빌리티의 역할은 긍정적 변화를 가져오는 것이다. 이 연작의 초기작 중 하나에서 행복 씨Mr Happy는 앨리스처럼 나무에 있는 자그마한 문에 들어선다.

어느 날 행복 씨는 집 근처의 저 숲에서 큰 나무들을 지나쳐 걷다가 정말 특이한 것과 마주쳤어요.

아주 큰 나무 몸통에 문이 하나 있는 거예요 …

"여기 누가 살까?"라고 행복 씨는 속으로 생각했지요 … (Hargreaves 1971a: 13)

행복 씨는 나무 안의 계단을 따라가다 또 다른 문에 이르고, 이 문 뒤에서 자신과 반대인 불행 씨Mr Miserable를 만난다. 행복 씨는 불행 씨를 집으로 데려와서 명랑한 도플갱어로 서서히 변형시킨다. 이와 비슷하게 《틀려 씨Mr Wrong》(Hargreaves 1978b)의 주인공은 표류하다가, 반대 방향으로 걷고 있던 옳아 씨Mr Good와 만난다. 틀려 씨가 옳아 씨 집에 머물면서 둘의 정체성이 융합된다. 틀려 씨의 잘못은 교정되고, 옳아 씨의 완전함은 적당히 손상되는 것이다. 그러므로 모빌리티와 정체성(서사 용어로는 개인의 성장이나 등장인물의 발전)은 서로 연결된다. 거대한 복숭아 이야기에 나오는 제임스의 여행에서처럼, 미스터 맨 시리즈에서도 모빌리티는 자기 자리가 아닌 곳에 있던 등장인물들이 각자 올바른 집을 찾게 해 준다. 《재채기 씨 Mr Sneeze》(Hargreaves 1971b)의 주인공은 추워나라로부터 걷다가 재채기가 멈출 만큼 따뜻한 곳을 발견한다. 인정받지 못하는 착해 씨Mr Good(Hargreaves 2003)는 오래 걸어서 자기가 태어난 나빠나라를 떠나 목가적인 착해나라로 가서 새 삶을 시작하기로 마음먹는다. 이런 모든 사례에서 심리지리학적 접근은 주인공의 행위성을 확장한다. 모빌리티의 수단 자체(도보)는 여전히 단순하고 쉽게 접근 가능하지만, 모험과 경험의 기회는 '현실'의 한도를 훌쩍 뛰어넘어 확장된다. 그러나 여기에서는 모빌리티를 위해 판타지적 탈것을 얻는 것은 아니다. 오히려 걷는 사람의 행위하는 태도가 기회를 만들어 내고 이어지는 사건을 만들어 낸다.

《미스터 맨》과 《리틀 미스》 연작에서 모빌리티의 지배적 형식은 걷기이지만, 후기 작품 몇몇에서는 자동차 모빌리티도 등장한다. 《고집 양Little Miss Stubborn》(Hargreaves 1990)에서는 길을 잘못 든 버스 여행과 눈과 얼음을 가로지르는 자발적 걷기를 모두 활용한다. 《밝아 양Little Miss Sunshine》(Hargreaves 1981)에서 패기만만한 여주인공은 차를 타고 휴가에서 돌아오다가 불행나라를 만난다. 런던 교통국과 협력 하에 최근 발간된 《런던의 미스터 맨Mr Men in London》(Hargreaves 2015)에서는 이 연작에 등장했던 여러 인물들이 런던의 곳곳을 대중교통으로 방문하는데, 여기에는 지하철을 이용한 지하 여행도 포함된다. 하그리브스의 책에서 모빌리티는 본래 불가능한 모빌리티이기보다는 '현실적' 모빌리티이지만, 이를 이용하는 등장인물과 이를 상상하는 독자가 일상을 넘어서는 경험으로 들어가도록 하여 판타지적이고 마법적이고 비합리적인 것을 조망하게 한다. 이 미스터랜드에는 성인주의적 제약들이 있지만 이 제약들에도 불구하고 모빌리티는 아이 같은 주인공들에게, 더 나아가 어린 독자들에게 새롭고 예기치 않은 자유를 제공한다.

아동의 불가능한 모빌리티

아동소설을 통해 어린이는 보통은 아이에게 닫혀 있는 현실 세계의 모빌리티, 가령 혼자 걷기나 자동차 운전 등에 접근할 수 있다. 하지만 본성상 허구적인 이러한 불가능한 모빌리티 혹은 판타지 모빌리티는 또 다른 자유, 또 다른 차원의 행위성을 제공한다. 앞서 말한 대로,《앨리스》연작에는 불가능한 모빌리티의 사례가 무수히 많은데, 이는《이상한 나라의 앨리스》에서 앨리스가 흰 토끼를 따라가는 순간부터 펼쳐진다.

> 토끼 굴은 얼마 동안은 터널처럼 똑바로 가다가 다음에는 갑자기 아래로 꺼졌다. 너무 갑자기 내려가서 앨리스는 멈출 생각을 할 틈도 없이 아주 깊은 우물 같은 데로 **빠졌다**(Caroll [1897] 1982: 10).

이렇게 떨어지면서 앨리스는 몸을 바로 세워 주위를 둘러보다가, 자기가 지나치는 한 선반에서 항아리를 꺼내어 박쥐와 고양이에 대해 곰곰이 생각한다. 앨리스는 그 어느 지점에서도 이런 상황에 대해 두려움이나 걱정을 내비치지 않고 어떻게 안전하게 굴에서 나갈지 궁리하지도 않는다. 앨리스는 신기한 (그리고 나중에는 더 신기한) 규칙을 지닌 이 여정을 받아들이고 그 결과에 대해 열려 있다. 그 다음 앨리스는 먹고 마심에 따라 커지고 줄어드는데, 이런 변화는 처음에는 우연이었으나 나중에는 앨리스가 모빌리티를 높이기 위해

의도적으로 제어한다. 앨리스는 하얀 여왕의 정원으로 가는 작은 문을 통과하기 위해서 줄어든다. 하지만 작아지자 이제는 문을 열 황금 열쇠에 손이 닿지 않는다(14). 그래서 앨리스는 "이 세상에서 제일 큰 망원경처럼 펼쳐지면서" 다시 커져서 열쇠에 손이 닿는다 (16). 그 다음에는 너무 커져서 문을 통과할 수 없었다. 앨리스가 부채를 집어 들자 다시 작아지기 시작해서 자기 눈물이 만든 웅덩이 안으로 미끄러져 빠지면서 이걸 바다로 잘못 인식한다. 앨리스는 "'그렇다면 기차로 돌아가면 되겠지.'라고 혼잣말을 하는데"(20), 이는 '현실 세계'에서 어린 시절 경험한 해안 여행을 기억하는 것이다. 그렇지만 앨리스는 이상한 나라의 불가능한 논리에 순응하는데, 여기에서 여행의 '정상적' 규칙은 적용되지 않는다. 그 대신에 앨리스는 갑작스러운 홍수로 밀려가는 다른 생명체들과 같이 헤엄쳐서 자기 눈물 둘레의 둑까지 가야 했다(23).

5장에 이르러 앨리스는 애벌레가 준 버섯의 양쪽을 번갈아 먹어서 마음대로 커지고 줄어들 수 있게 된다(Caroll [1897] 1982: 48). 이런 판타지 모빌리티는 그녀가 이 텍스트의 나머지 모험들로 들어가게 하고 마침내 바라던 정원으로 들어가게 해 준다(68). 이상한 나라 꿈에서 깨어나자 앨리스는 언니에게 모험담을 들려주는데, 이야기를 통해 자기 경험을 언니에게 전달하는 것이다(110). 책의 말미에는 앨리스가 묘사한 생생한 장면들, 그리고 언니가 '꿈꾸는' 상상이 언니를 이상한 나라로 데려간다. 이는 이야기를 통한 대리경험의 직접적 사례이다.

그래서 언니는 눈을 감고 앉아서 자기가 이상한 나라에 있다고 반쯤 믿었다. 하지만 눈을 다시 뜰 수밖에 없고 그러면 모든 것이 따분한 현실로 변할 것을 알았다. … 아기의 재채기, 그리핀의 비명, 그리고 다른 기상천외한 소리가 바쁜 농장 뜰의 뒤섞인 소란으로 변할 것임을 (그녀는 알았다)(111).

《거울 나라의 앨리스》에서도 불가능한 모빌리티가 앨리스를 몰고 간다. "셋째 칸"에 도달해서 이 게임을 넘어서고 이 풍경을 가로질러 나아가려는 앨리스는 체스에서 졸들을 잡음으로써 "여섯 개의 개울 중 처음 개울"을 뛰어넘는다(Caroll [1897] 1982: 149). 그러자 곧바로 기차 객실의 자리로 옮겨진다. 여기에서 동승자들은 앨리스를 꼼꼼하게 관찰한다. 차장이 물었을 때 앨리스에게 표가 없자 승객들은 그녀를 어떻게 돌려보낼지 궁리하게 된다.

"짐짝으로 돌려보내야 해!" … "우편으로 보내야 해. 머리가 붙어 있으니까."[4] "전보로 보내야 해." "이제부터 애보고 기차를 끌라고 해" 등등(150).

거울나라 거주자들은 이처럼 불가능한 모빌리티들을 마구잡이로 제안하는데, 생명 없는 물건을 나르는 수단이라면 생명체(그리고 어

---

4 [역주] head에는 '머리' 외에도 '우표'라는 의미가 있다.

린 소녀)에게도 똑같이 사용할 수 있다는 것이다. 거울나라에는 말하는 체스 말 같은 '살아 있는' 물건들이 살고 있기에, 이런 모빌리티들은 판타지 세계의 논리를 확장한 것이다. 앨리스는 전보나 우편으로 부쳐야 한다는 제안에 선뜻 반응하지는 않았지만, 이 여행과 동승자들이 점점 지겨워져서 풍경으로 돌아가기를 원한다.

저는 이 기차 여행과 상관없어요. 좀 전에는 숲에 있었어요. 그리로 돌아갔으면 좋겠어요!(151)

기차 객실은 앨리스를 억눌렀다. 권위를 가진 인물들과 대치하게 만들기 때문이다. 이는 '현실' 세계에서 홀로 여행하는 아이가 검열하는 성인들의 주의를 끄는 것과 똑같다. 차장은 앨리스가 "엉뚱한 길"을 가고 있다고 비판한다. 흰 종이옷을 입은 신사는 "이렇게 어린 아이는 … 자기가 가는 길은 알고 있어야지"(150)라고 단언한다. 거울나라를 지나가면서 좌절했지만, 앨리스에게 걷기는 강렬한 행위성 감각을 주는 모빌리티 형태이다. 그리고 그녀가 돌아가고자 하는 것은 바로 걷기다. 기차는 열심히 또 다른 개울을 뛰어넘어 앨리스를 풍경으로 다시 데려간 후 "네 번째 칸"에 내려놓는다(152). 이런 조치로 인해 앨리스는 단순한 이동으로 돌아간다. 즉, 여기에서부터 앨리스는 풍경을 가로지르며 걷고 개울들을 뛰어넘어 새로운 칸으로 들어간다. 5장의 마지막 이동 모험에서 앨리스는 뜨개바늘로 노를 삼아 배를 젓는다(180). 이 강은 어떤 가게에서 시작하고 끝나는

데, 이 가게의 선반들에 꽉 찬 진기한 것들은 그 자체가 너무 움직여서 붙잡기 어렵다.

"여기서는 물건들이 이렇게 흘러 다니네!" 앨리스는 마침내 풀죽은 어조로 말했다. 그녀는 1분 이상이나 크고 빛나는 물건을 잡으려 했으나 실패한 것이다. 이 물건은 인형처럼 보이기도 하고 반짇고리처럼 보이기도 했으며, 항상 앨리스의 눈길이 향하는 선반의 윗 선반에 있었다(179).

《앨리스》 연작의 두 작품에 나오는 판타지 모빌리티에서 가장 눈에 띄는 것은 아마 이런 모빌리티에 대한 앨리스 본인의 자신감 있는 태도일 것이다. 토끼 굴에 처음 떨어졌을 때부터 체스 칸에서 뛰는 것까지, 앨리스는 이 세계의 기이하고 비논리적인 모빌리티 양상을 그대로 받아들인다. 그렇지만 앨리스는 자기 마음대로 둥둥 떠가거나 줄어들고 커지는 것이나 걷기를 더 좋아하는데, 이는 궁극적으로 사건을 제어하고자 하는 것이다. 최초의 판타지적 모빌리티 양상들이 만들어 준 모험으로 들어가고 난 후, 앨리스는 자신의 독립적 행위성을 활용해 자기가 있는 세계들을 탐색한다. 그러므로 판타지 모빌리티는 심리지리학을 쏘아 올리는 투석기이자 앨리스의 표류를 촉발하는 촉매처럼 작용한다.

제프 브라운Jeff Brown의 《납작이가 된 스탠리Flat Stanley》(1964)에서는 주인공의 몸 자체가 판타지적으로 변형되어, 불가능한 모빌리티 양상이 현실적 무대에서 가능해진다. 떨어진 게시판에 맞아 납작해졌지만(Brown [1964] 2012: 4) 그 외에는 멀쩡한 스탠리는 이전에 가지 못하던 장소들에 갈 수 있는 이 새로운 모빌리티를 시험한다. 스탠리는 "그저 누워서 문 바닥의 틈 사이로 미끄러지면" 닫힌 문을 드나들 수 있음을 발견한다(7). 또 엄마가 떨어뜨린 반지를 찾기 위해 자기 몸을 구두끈에 묶고는 하수구 뚜껑의 창살 사이로 내려가서 반지를 건져 온다(11).《거울 나라의 앨리스》에서 앨리스의 철도 여행과 일맥상통하게, 스탠리는 납작해진 덕에 오후 소풍이 "더 쉬워진다". 즉, 스탠리의 아빠 램찹 씨는 "스탠리가 다치지 않게, 둘둘 말아서 끈으로 묶어 꾸러미로 만들어 한 손으로 들고, 다른 손으로는 동생 아서 손을 잡고 다닐 수 있음"(22)을 알게 된 것이다. 이런 방식의 모빌리티는 복잡한 데에서 어린 사내아이를 둘이나 데리고 다니느라 고생하는 아빠에게 딱 맞는 것이다. 그리고 아빠를 기쁘게 해서 스탠리도 기쁘다. "스탠리는 이렇게 들려 다니는 게 언짢지 않았는데, 어차피 걷기를 그리 좋아하지 않았기 때문이다."(22) 스탠리는 동생 아서를 기쁘게 하려고 허리에 실패를 달고 마치 연이 된 것처럼 군다(27). 그렇지만 이런 방식의 모빌리티에 너무 흥분해서 스탠리는 아서를 저 아래 두고 혼자서 날게 된다.

공원의 사람들이 다 가만히 서서 지켜보았다. 스탠리는 오른쪽으로 급강하하다가 이번에는 왼쪽으로 오랫동안 멋지게 급강하했다. 팔을 옆구리에 붙이고 땅바닥에서 마치 로켓처럼 급상승하고 다시

해를 향해 커브를 틀었다. 미끄러지다가 원을 그리고 8자와 십자와 별 모양을 만들었다.

… 물론 잠시 후 사람들은 보는 게 지겨워졌고 아서는 빈 실패를 들고 뛰어다니는 데 지쳤다. 하지만 스탠리는 자랑스럽게 계속 달렸다(28-29).

심통이 난 동생 아서가 공원에서 친구들과 놀려고 실패를 나무에 박아 두는 바람에 스탠리는 가지 사이에 끼어 버린다(31).

성인의 지시와 관습을 따르는 '현실적' 세계에 거주하면서도, 《납작이가 된 스탠리》의 등장인물들은 스탠리의 변형을 빨리 받아들이고 합리화한다. 부모님인 램찹 부부는 납작해진 아들이 "아주 자랑스럽다"(Brown [1964] 2012, 7). 그리고 아들이 새로운 모빌리티를 탐색하도록 허락한다. 동생 아서는 스탠리가 납작해진 것이 부럽고(7) 주목을 받는 것도 부럽다(24). 스탠리처럼 모빌리티가 불어나지 못한 아서는 자신의 제한된 행위성 때문에 뼈저리게 갑갑함을 느낀다(26).

결국 스탠리의 납작함은 '미술관 도둑' 에피소드에서 성인의 정의를 구현하는 수단이 된다. 굴욕적으로 변장해야 해서 "화가 났지만"(Brown [1964] 2012, 42), 그래도 스탠리는 미술품 도둑들을 잡기 위해 초상화 안에 들어가 양치기 소녀 포즈를 취해 준다(51). 스탠리는 미술관 도둑을 붙잡아서 유명해지지만, 어른들이 그의 모빌리티를 이용하고 난 후 생겨난 유명세 때문에 금방 괴로워진다. 친구들은 아마 스탠리가 권위 있는 인물들(이 경우에는 경찰)을 도와주었기 때문에 그 행위성이 손상되었다고 느꼈을 것이다. 즉, 그의 모빌리티가 자율적인 방식으로 이루어지지 않는다면 그것은 더 이상 바람직한 것이 아니다. 연 에피소드에서 본 것처럼 스탠리의 '다름'은 재미있는 것이지만, 그것은 다른 아이들을 지배하는 정상적인 사회적 규칙을 넘어서는 것이다. 미술관 도둑 에피소드가 진행되면서 스탠리는 점점 더 아이들의 비웃음을 사게 된다(54). 그리고 이렇게 고립된 스탠리는 납작함을 거부하게 된다. 아서는 스탠리가 밤에 울면서 이렇게 말하는 것을 듣는다.

이제 즐겁지 않아. 납작한 게 싫어졌어. 원래 모습으로 돌아가고 싶어. 다른 사람들처럼. 하지만 영원히 납작하게 살아야 해. 너무 슬퍼(57).

아서는 스탠리가 예전 모습으로 돌아오도록 돕는다. 이 두 번째 판타지적 변형을 위해 아서는 자전거 바퀴에 바람을 넣는 펌프로 스탠리를 "다시 부풀게" 한다(59). 부모님은 스탠리를 보고 기뻐한다.

"여보." 램찹 부인이 말했어요. "스탠리가 다시 동그래졌어요!"
"그렇네요." 램찹 씨는 이렇게 말했어요. "스탠리, 잘 됐어!"
"제가 한 거예요." 아서는 말했지요. "제가 형한테 공기를 넣었어요."
당연히 모두 엄청나게 흥분하고 기뻤지요. 램찹 부인은 축하하기 위해 코코아를 만들었고, 영리한 아서를 위해 여러 번 건배를 했지요.
이 조촐한 파티가 끝나고 램찹 부부는 아이들을 다시 침대로 데려

가서 뽀뽀해 주고 불을 껐어요. "잘 자거라"(62-63).

앨리스가 갑자기 커지고 작아지거나 스탠리가 납작해지는 것과 같은 불가능한 신체 변화가 주는 행위성 형태는 본질적으로 체화된 것이며, 세계를 체험하며 헤쳐 나가는 수단이다. 스탠리가 삼차원 형태로 돌아오는 것은 이 모빌리티에서 모험의 목표이자, 이 책의 막다른 골목을 뜻한다. 스탠리는 처음에는 가능한 것의 경계에 도전함으로써 이 독특한 모빌리티를 시험했지만, 스탠리의 다름은 성인의 현상 유지에 동화된다. 적극적인 앨리스나 모험심이 강한 제임스와 달리, 성인의 규칙과 지시에 의해 인도되고(어쩌면 이와 결탁하는) 공모하는 태도 및 의지 때문에 스탠리의 행위성은 제한된다. 결국 스탠리의 다름, 그리고 그 결과 생기는 모빌리티는 일시적 일탈이고 성인이 감시하고 통제하는 세계에서 누리는 판타지적 막간에서의 독립성인 것이다. 그러므로 불가능한 모빌리티라는 관념은 일상에서 체험되는 모빌리티의 지배에 도전하는 것이다. 이는 르페브르Lefebvre가 말하는 재현 공간의 귀결인데, 이 공간에서 "상상은 변화시키고 전유하고자 한다. 그것은 물리 공간을 덮어씌우면서 그 대상들의 상징적 사용을 만들어 낸다"(Lefebvre 1991: 39).

아동 및 아동기의 부동화

아동의 모빌리티는 일련의 불가능성들을 가로지르며 묘사되는
데, 이러한 불가능성은 모빌리티 실천과 관련될 뿐 아니라 모빌리
티가 아동기 자체를 구성하는 방식과도 관련된다. 아동의 모빌리
티는 아동에서 성인으로의 규범적 이행을 재현하기 위해 사용될
수 있다. 홀즈워스(Holdsworth 2013)는 아동의 상상적 지리와 여행이 발
달에 대한 하나의 은유임을 논의했다. 그녀는 프랜시스 호지슨 버
넷Frances Hodgson Burnett의 고전인 《비밀의 화원The Secret Garden》([1911]
2012)을 예로 든다. 이 작품은 어린 메리가 요크셔 무어의 후견인 집
으로 이사하고 비밀의 정원으로 탈출하는 것을 세밀히 묘사한다.
비밀의 정원은 아이가 노는 장소가 되지만, 동시에 사촌 콜린의 치
유의 원천이 된다. 이와 비슷하게 홀즈워스가 보기에 아서 랜섬Arthur
Ransome의 《제비호와 아마존호Swallows and Amazons》도 성인과 아동 사
이의 긴장을 암시한다.

배비지(Bavidge 2006) 역시 루스 소여Ruth Sawyer의 《롤러스케이트 타는
소녀Roller Skates》([1936] 1982)를 논의하면서 이 주제를 넌지시 언급하는
데, 그는 아동문학을 성인소설로 편입시키는 것을 '일반적'인 것으
로 간주한다. 이 텍스트에서 어린 주인공 루신다는 부모와 떨어져
서 뉴욕으로 옮겨 가고, 여기에서 받은 롤러스케이트를 이용해 도시
를 탐사한다. 배비지(Bavidge 2006, 326)가 주장하듯이, "스케이팅은 도시
에서의 자유와 연관되는데, 이런 자유는 그녀가 자라면 더 이상 허

락되지 않을 것이다." 스케이트는 부동화로 보호해야 할 시기로서의 아동기를 상징한다.

> "오늘 스케이트는 안쓰러운 리듬으로 노래했어. 그녀는 다시는 그녀 자신에게 속하지 않을 거야. 결혼해서 남편이 생기고 그녀가 남편에게 속할 때까지도. 그녀가 공원에서 영원히 스케이트를 탄다고 생각해 봐!"(Sawyer [1936] 1982: 175, Bavidge 2006: 326에서 재인용)

재클린 윌슨Jacqueline Wilson의 《일주일은 엄마네 일주일은 아빠네 The Suitcase Kid》에 대한 《가디언》지의 독자 기고에서 피브즈(Pheebz 2014) 씨는 이렇게 말한다. "내게는 부모 중 한쪽에서 다른 쪽으로 매주 오가는 친구가 몇 있습니다. 그래서 한 주가 끝날 무렵 짐을 꾸리는 게 어떤 느낌일지 잘 이해합니다." 이 기고문은 이동의 상상을 규정하는 데 허구가 지닌 힘을 보여 준다. 《일주일은 엄마네 일주일은 아빠네》는 부모가 이혼하고 장난감 토끼 래디시에만 의지하는 열 살 소녀 앤디에 대한 현실적 이야기다. 앤디는 가정들 사이에 있고, A와 B 사이의 이동 공간이라는 덫에 걸려 있다.

> 엄마의 새 집에도, 아빠의 새 집에도 가서 살고 싶지 않았어. 우리 옛집인 멀베리의 오두막에서 셋이 모여 살았으면 했지(Wilson 1992: 7).

> 〔상담자 책상 위의 모형〕집 A를 봤지. 그리고 집 B를 봤어. 또, 래

디시를 봤어. 난 래디시가 한쪽으로 걸어가게 했어. 그리고 다른 쪽으로 걸어가게 했어. 래디시가 책상을 가로질러 왔다 갔다 하게 했어(12).

앤디는 한 주는 엄마와 살고 다음 주에는 아빠와 살기로 결정한다. 두 집 중 어느 쪽도 그녀의 공간이 아니기 때문에 그녀는 여행가방suitcase으로 존재하는 것이다. 앤디는 정착할 장소가 없고 끊임없이 이동한다. 그녀의 모빌리티는 분열된다. 더 이상 친구들과 하교할 수 없고, 더 복잡한 길을 거쳐 훨씬 많이 이동해서 두 집 중 한 집으로 가야 한다.

이제 혼자 학교에서 집으로 와. 태워 줄 사람은 없어. 시무어로드까지 걸어 내려가 락스퍼레인을 돌아서 빅토리아스트리트를 올라가 시내로 들어가야 해. 버스 정류장으로 가서 아무 말도 하지 않고 있다가 29번 버스를 타고 크리케터스 주점까지 가지. 그리고 10분 걸어야 해. 그리고 아빠 집에 있을 때는 버스를 두 번 타야 해. 62번하고 144번. 버스를 두 번 탄 다음에도 또 15분 동안 걸어야 하지. 진짜 녹초가 된다니까(45).

앤디에게 모빌리티는 삶의 부정적 측면이다. 스탠리가 납작함을 거부하고 정상임을 택했듯, 앤디는 엄마 아빠와 같이 멀베리 오두막에 다시 정착하기를, 그리고 '정상적' 가족으로 돌아가기를 갈망한다.

아빠는 금요일 저녁에 데리러 와. 아빠가 올 때까지 너무 흥분하고 안달해서 가만히 앉아서 〈네이버스〉를 시청할 수도 없다니까. 아빠가 여기 도착할 때까지 기다릴 수가 없어. 하지만 아빠가 자동차 경적을 울리면 가기 싫어져서 갑자기 엄마를 부둥켜안지. 맨날 이런 식이야(29).

이것은 실로 모빌리티를 통한 가족의 규범적 구성이자, 모빌리티 안에서 아동기의 규범적 구성이다. 홀즈워스(Holdsworth 2013: 89)의 주장처럼, 작가 윌슨이 두 집을 옮겨 다니는 아이를 묘사하는 방식은 "아이는 이동 중이면 안 된다는 규범적 기대를 강조"하는 것이다. 홀즈워스는 이 이야기가 "비슷한 경험을 겪는 아이들을 위한", 그리고 그렇지 않은 아이들을 위한 "롤 모델"을 제공함을 인정하면서도, 아이들에게 부동성이 필요하다는 담론은 해롭다고 주장한다. 오히려 아이들은 "이동하는 세상에서 이동 중"일 필요가 있다(Holdsworth 2013: 92).

결론

여기에서 논의한 사례들을 통해 우리가 보여 준 것은, 아동문학의 모빌리티가 아동의 이동적 상상을 현시하는 어떤 대안적 수단이라는 것이다. 현시나 재현은 정적이지 않고 계속되는 지식 창조 과정이다(Murray and Upstone 2014). 아동들은 무제한으로 움직인다고 묘사된다. 또 허구적 이야기는 아이들이 보통은 가질 수 없는 모빌리티 어포던스를 제공한다. 이런 방식으로 아이는 사회적으로나 개인적으로 행위자로 재현된다. 부동화하는 맥락들에 응답하여 행위성 공간이 구성되는데, 《철도 위의 아이들》의 철로부터 나니아와 이상한 나라까지 모두 그렇다. 이는 아마도 20세기 자동차 모빌리티의 증가에도 불구하고 아이들은 이로부터 배제되었음을 보여 주는 것일 것이다.

아이의 행위성은 표류의 형태로 나타나는데, 《앨리스》 연작에서는 자발적이며 전복적이고, 《제임스와 거대한 복숭아》나 《찰리와 거대한 유리 엘리베이터》에서는 덜 선명해 보인다. 문학 텍스트에서 행위성은 모든 아이에게 가능한데, 단순하면서도 독립적인 모빌리티를 보여 주는 《미스터 맨》 연작에서는 아주 어린 아이들에게도 가능한 것이다. 《철도 위의 아이들》에서의 여정처럼, 이런 이야기들은 이동 규범 및 성인주의의 경계 내부에 위치한 모빌리티 어포던스를 제공하는 교훈담이다.

허구에서 아동의 모빌리티는 이런 식으로 불가능성에 물들어 있다. 이러한 불가능성은 어른이 구성하는 사회적 세계에서 상상되는 것의 불가능성으로서, 앨리스의 기차에서는 승객과 차장이 방해하는 데에서 나타나고 《납작이가 된 스탠리》에서는 어른이 편하자고 스탠리의 신체 변형을 활용하는 데에서 나타난다. 아이들은 허구에서 흔히 부동화된다. 《일주일은 엄마네 일주일은 아빠네》에서처럼, 이동하는 존재의 어포던스를 아이에게도 어른과 동등하게 제공하는 것은 한마디로 너무 위험하다는 것이다.

모빌리티와 행위성에 대한 허구적 이야기를 통해, 아동문학은 독자에게 어른의 자유를 대리적으로 맛보도록 한다. 이런 자유가 서사 내부에서 최종적으로 억제되거나 제거되더라도 마찬가지다. 현실 세계에서는 결코 되풀이될 수 없는 판타지적 모빌리티를 탐구함으로써, 허구는 아이들이 어른의 경험을 넘어서는 모빌리티와 행위성 차원을 상상하도록 허용한다. 아동문학은 그 자체로 어른에게 주어지지 않는, 혹은 어른의 구속에 복종하지 않는 자유를 제공한다. 그것은 제한 없이 상상되는 모빌리티와 행위성의 어떤 형식이다.

8장

사건으로서의 운전

자동차 여행 다시 생각하기

린 피어스 Lynne Pearce

이 글은 개별 자동차 여행을 자동차 탑승자가 이동한 **인지적** 거리의 특질이라는 측면에서 '평가'할 가능성을 탐색한다. 이런 관점에서 문학 텍스트는 중요한 자원이다. 왜냐하면 문학 텍스트는 운전 경험의 내재성에 초점을 맞추기 때문에, 내가 여기서 '자동차 의식'이라고 부르는 것을 이론화 하는 작업에 상당한 도움을 주기 때문이다. 이 글에서 나는 각각의 자동차 여행은 모두 가변적인 심리적 · 상황적 요소들과 관련하여, 운전자와 승객의 삶에서 독특하고 재생 불가능한 하나의 **사건**으로 사고될 수 있음을 주장한다.

서론

나는 종종 이틀 동안 그리고 가끔은 사흘 동안 여행을 한다. 한번은 하루 동안 여행을 한 적이 있다. 하루 당일치기 여행은 여행의 성격을 송두리째 바꾼다는 걸 알았다. 하루 여행은 더 이상 영국의 한 성당에서 다른 성당으로 가는 그런 여행이 아니라 하나의 단호한 이동이 된다. 이 경험은 구족具足하고 완벽하고 감정적 정점을 이루며, 따라서 매우 고양된 경험이다. 〔스코틀랜드 국경지대인〕카터펠에서 보는 스코틀랜드는 당신이 런던에서 바로 그날 부리나케 도착한다면 전혀 다른 방식으로 당신을 맞아 줄 것이다(Maclehouse 1930: 59).

사회과학자의 과제는 우리 삶의 사회적·문화적 측면에 걸쳐, 패턴을 구분해 내고 트렌드의 지도를 그리면서 미래의 발전 방향을 예측하는 것이다. 여기에는 자동차 모빌리티에 대한 획기적이고 예지력 있는 최근 연구도 포함된다(다음 논문을 참조. 2004년 학술지 《이론, 문화, 사회Theory. Culture & Society》의 두 차례 특집에 실린 Dant, Laurier, Sheller, Thrift 및 다른 저자들의 논문; Miller 2001; Wollen and Kerr 2002; Edensor 2003; Merriman 2007, 2012; Urry 2007; Dennis and Urry 2009). 하지만 이런 연구에서는 개별 자동차 여행의 특이성은 상대적으로 덜 주목했다. 그리고 운전을 문화적·사회적 현상으로만이 아니라 하나의 뚜렷한 인지적·정동적 '사건'[1]으로도 보려는 우리에게는, 예

---

1 '사건event'이라는 용어는 많은 철학자들이 각자의 목적에 따라서 사용한 개념인 만큼, 하

외는 그것이 어느 정도로 규칙을 입증한다고 간주될 수 있는가에도 덜 주목했다.[2]

    이 글에서 나는 (대부분 20세기 초반의) 문학 텍스트를 선택하여, 우리의 자동차 여행을 어떤 독특한 막간으로 재개념화하고자 한다. 이 막간을 규정하는 것은 일반적인 용도(통근, 주말 운전, 자동차 여행 등)뿐 아니라, (총체적으로) 반복될 수 없는 개별 사건에 내재한 지각적·인지적·정동적인 과정의 복합적 종합이다. 이 글의 주장은 정말로 아무리 습관적이며 일반적인 것 같은 자동차 여행(예컨대 등교, 15분간의 통근, 매주 슈퍼마켓에 가는 이동)조차도 결코 그렇지 않다는 것이다. 왜냐하면 때로는 앞서 언급한 변수들(지각, 인지, 정동)이 긴밀하게 함께 작동하여 운전자(또는 승객)의 삶에서 결정적인 순간이 될 수 있기 때문이다. 물론 이러한 주장은 다른 형태의 교통수단(예를 들어, 기차 여행, 비행기 여행, 그리고 분명 마차 여행)에도 똑같이 적용될 수 있다(De Certeau 1988; Livesay 2016). 하지만 이 글은 더 수동적인 교

나의 문화적/이론적 맥락에 무리하게 끼워 넣기에는 너무 과잉결정되었음을 잘 알고 있다 (Bergson [1910] 2008; [1910] 2010; Badiou 2013; Nancy 2001; Zizek 2014). 하지만 이 글의 결론에서 다루고 있듯이, 이 용어는 내가 개념화하는 (이동하는) 시공 간격이라는 개념을 표현할 최선의 언어적 선택이며, 이전의 용법과는 무관하게 사용된다.

2 두 명의 자동차 모빌리티 연구자, 즉 메리만(Merriman 2004, 2007)과 이든저(Edensor 2003)의 연구가 나의 연구와 가장 가깝다. 이들은 각각의 운전 사건의 특이성과 잠재적 독특성을 역설하기 때문이다. 이든저는 운전 사건을 구별하고 규정하면서 운전자 의식의 역할도 강조한다. "도로 상황들을 느긋하게 의식하는 운전자에게는 [운전 후의] 만남들을 생각하고 계획하고 예행연습하며 공상에 빠지는 성향이 자리 잡으며, 이는 운전자의 제2의 본성, 즉 아비투스의 일부가 된다"(Edensor 2003: 161).

통 방식에서는 확실히 존재하지 않는 행위성과 창조성을 지닌 지각 및 인지를 주는 것은 자동차 모빌리티에서의 '자기성$_{auto}$'이라는 점도 보여 줄 것이다. 자기성은 승차라는 개념에는 잘 적용되지 않는 중요한 의미를 운전에 부여하며(Katz 1999: 32, 33; Merriman 2007: 14; Dennis and Urry 2009: 40, 41을 참조), 이러한 면에서 어떤 특정한 유형의 운전을 자전거 타기와 같은 열에 위치시킨다(Pearce 2016: 59).

내가 다른 연구에서 밝혔듯이(Pearce 2012, 2014, 2016), 이러한 관찰들을 서술하는 것은 "자동차 문화를 칭송하기 위함"이 아니라, "(딱히 교통과 연관된 것이 아니더라도) 어떤 다른 사회적 · 문화적 실천이 자동차가 유도하는 독특한 '사유 공간'[3]을 경우에 따라 대체할 수 있을지를 상상하기 위함"이다. 더욱이 운전에 의한 모빌리티, 지각, 인지의 종합은 돌이켜 보면 급속하게 물러나고 있는 20세기 **시대정신**을 상징적으로 보여 주기 때문에, 이제 새 천년이 시작된 **이후** 개인적 · 집단적 의식이 얼마나 변화했는지를 평가하는 데에 중요한 역사적 표지가 되고 있다. 달리 말해, 이는 마치 우리가 곧 영원히 사라질 어떤 것을 처음으로 뚜렷하게 관찰하고 있으며 그 특별함을 기록하는 것 같다.

일부 역사가와 문화이론가의 이러한 학문적 노스탤지어의 초점은 증기기관, 철도, 자전거에 대한 경탄일 수도 있지만, 내게 영감을

---

3 나는 《운전시간Drivetime》(Pearce 2016)에서 운전(그리고 승차)이 광범위한 인지적 · 정동적 방식으로 일으키는 다양한 유형의 사유(그리고 백일몽과 공상들)들을 탐구하고 구별하였다. 운전 덕에 더 구조화된 사색과 문제 해결이 가능함은 주목할 만하다.

주는 것은 자동차 교통의 첫 번째 세기다. 2004년 나이절 스리프트가 관찰하고 있듯이, "자동차 모빌리티 탄생 이후 백 년 이상 지나는 동안 운전 경험은 우리의 "기술적 무의식"으로 가라앉고 있으며, 우리가 점차 당연시하지만 사실 역사적으로 새로운 어떤 현상을 만들어 내고 있다"(Thrift 2004: 75). 석유 연료 자동차 교통은 "역사적으로 새로운" 동시에, 데니스와 어리(Dennis and Urry 2009) 같은 예언자들에 따르면 불가피한 종말을 맞고 있다. 하지만 바로 이 때문에라도 인문학자와 사회과학자들이 이러한 순간을 그냥 흘려보내지 않는 것이 중요하다. 교통이 진화하고 변이함에 따라, 이에 수반되는 인간의 지각·인지·정동의 변화를 추적하는 것은 분명 테크놀로지 자체의 변화를 추적하는 것 못지않게 중요하다. 더욱이 우리는 서로 다른 교통 형태들에 관련된 서로 다른 시각·사유·느낌이 교통 경험 자체를 훌쩍 넘어섬을 인식해야 한다. 다시 말하면, 운전, 자전거 타기, 기차 여행 및 여타 교통 양상들은 꼭 그 사건**에 대한** 인지적 실천은 아니더라도 그 사건**에** 고유한 인지적 실천을 야기한다.

이 글은 운전 사건을 분석하는 데 세 가지 중요한 측면에 집중하고 있다. (1) 습관적 실천이자 독특한 사건이라는 운전 사건의 지위, (2) 개별 운전 사건들의 독특한 성격과 특질은 오로지 심리적 통합 작용들에 의해 소급적으로만 포착될 수 있다는 점, (3) 하나의 여행이 여러 사건들을 포함할 수 있기 때문에, 운전 사건은 흔히 '자동차 여행'으로 간주되는 것과 동일시될 수 없다는 점이다. 이 글은 각각의 이러한 측면들에 대하여 20세기 전반부의 다양한 문학 텍스트의 도움을 얻어 고찰할 것이다. 어떤 텍스트는 자서전이며, 어떤 텍스트는 허구이고, 어떤 텍스트는 언론 기고문이다. 대부분의 텍스트가 운전자의 지각·사고·느낌을 보여 주지만, 좀 더 이른 일부 텍스트는 승객의 관점도 재현한다. 내가 다른 연구에서 논의하듯이(Pearce 2014), 이런 텍스트 출처들은 물론 최근 불(Bull 2001)과 레드쇼(Redshaw 2008) 같은 사회학자들이 수행한 매력적인 민족지적 연구와는 구별해야 한다. 우리는 문학적 텍스트에서 운전의 재현이 종종 운전 자체에 특별한 관심이 있어서가 아니라, 어떤 서사적 효과 또/또는 상징적 효과를 위해 주어짐을 인식해야 한다. 하지만 그렇다고 해서 이런 텍스트가 문화이론가와 역사가들에게 쓸모가 없다는 것은 아니다. 왜냐하면 분명 이런 재현 역시 우리가 운전자와 승객의 관점에서 (신체적이거나 인지적이거나 정동적인) 변화하는 운전 경험에 접근하게 하는 최선의 방식이기 때문이다.

운전 : 습관적 실천/독특한 사건

20세기의 운전에 대한 문헌들을 연구하면, 가장 초기의 운전에서부터 운전/탑승이 습관적인 것**이면서 동시에** 어떤 놀라운 것의 수단이라는 점이 언뜻 역설처럼 보임에도 불구하고, 이것이 복합적이면서 진화하는 시너지 효과임을 알게 된다. 예를 들어 역사적 관점에서 본다면, 자동차 운전의 시작부터 1920년대 후반까지, **대부분의** 운전은 운전 경험의 새로움과 운전의 신체적 고됨 때문에 두드러진 사건이 될 잠재성을 지녔다(Urry 2007: 125)고 충분히 말할 수 있고, 특정 유형의 자동차 사용이 완전히 당연시되는 것은 20세기 후반에 이르러서였다고 충분히 추측할 수 있다. 다시 말해, 이런 문헌들은 1930년에는 다수의 운전 및 승차가 친숙하고 일상적이고 기능적이 되었으며, 나아가 운전 자체의 경험과 직접 관계없는 다양한 인지적 사건들의 기회(본 장 각주 3 참조)도 그렇게 되었음을 암시한다(Van Lennep 1987; Groeger 2000; Dant 2004; Charlton and Starkey 2011; Laurier 2011).[4] 다음의 논의에서 이러한 역사적 진화, 즉 운전/승차 자체의 경험을 중심으로 하는 운전 사건의 독특성으로부터 이에 기인한 사유 과정으로의 진화가 잘 드러나길 바란다.

이와 동시에, 이러한 습관적인 것과 독특한 것의 복합적 상호작용에 관련된 여타 초역사적 변수들을 인정하는 것도 중요하다. 예를 들어 어떤 경우에는 운전 사건이 (종종 직관의 형태로) 현재와 관련된 사유와 각성을 불러일으키지만, 다른 때에는 과거의 기억들을 불러온다. 이때 바로 친숙하고 반복되는 운전 사건(Edensor 2003: 155, 156)이 종종 현재를 과거와 연결시키고 이것들을 하나의 연속적 경험으로

---

4 깁슨(Gibson [1932] 1982)까지 거슬러 올라가는 (여기 인용된 학자들을 포함하여) 자동차 심리학자와 문화이론가들은 운전이 '자동적' 기술로 분류되어야 하는가에 대해 오랜 논쟁을 벌였다. 운전은 방향성 없는 사고와 대화, 그리고 (CD를 바꾸는 등의) 일상적 행위를 허용하기 때문이다. 이에 대한 자세한 논의는 피어스(Pearce 2016: 162-166)(〈운전과 백일몽 Driving and Daydreaming〉)을 참조하라.

뒤섞는 것이다. 나아가, 운전 사건이 야기하는 인지적이고 정동적인 각성은 장소와 시간뿐 아니라 사람들(자기와 다른 사람들)과 관련되기도 한다. 몇몇 텍스트는 운전자와 승객이 자동차를 타고 난 후에 마치 '다른 사람'이 된 것 같다는 것을 보여 준다.

이러한 초역사적 측면에도 불구하고 이러한 습관성과 독특성의 시너지에 역사적 구분이 적용될 수 있음을 인정하면서, 1917년 영국 뉴포레스트 지역에서의 야간 운전에 대한 딕슨 스콧Dixon Scott의 탁월한 에세이에 대한 논의로 텍스트 분석을 시작하고자 한다.

문학비평가이자 수필가인 딕슨 스콧의 저작들은 제1차 세계대전 시기에 시작하지만 1915년 애석하게 끝난다. 터키 갈리폴리 작전 당시 병원선에서 이질로 죽음을 맞이했기 때문이다. 수필집《다수의 사물A Number of Things》(1917년 초판 발행)에는 운전과 직접 연관된 두 에세이 〈신비로운 길The Mysterious Road〉과 〈야간 운전Motoring by Night〉이 들어 있다. 특히 후자는 분명히 이 초기의 운전 사건이 지닌 새로움과 독특함을 포착한 가장 표현적이고 자의식적인 글 중 하나이다. 아래 인용에서 알 수 있듯, 1910년대에 야간 운전은 인지적으로 매우 도전적이고 매혹적이어서 어떤 면에서도 습관적이라고 주장하기는 불가능하다. 게다가 이 사건은 명백하게 지각적 · 인지적으로 낯선 경험 자체에 의해 규정되는 것이지, 이 경험이 야기하는 연상되는 생각들에 의해 규정되는 것이 아니다.

당신이 산울타리에 늘어선 관목 사이를 한동안 달리면, 산호가 가지를 치듯이 어둑한 수풀들이 활짝 피어오른다. 당신은 마치 잠수함 안에 앉아 있는 듯하다. 관목들을 뒤따라 나무들이 나오고 길게 이어진 큰길이 나온다. 머리 위에는 나뭇가지들이 서로 맞닿는다. 그리고 이제 완벽한 원호를 그리는 이 장애물들에 전조등 불빛이 부딪혀 부서지면, 공간을 가로지르는 당신의 널빤지〔자동차〕는 갑자기 이 공간에 구멍을 뚫는 백설 같은 터널이 된다. 이 얼어붙은 원 밖에 존재하는 모든 것들에 대해서는, 당신도 런던 지하철의 승객만큼이나 알지 못한다. … 당신은 둥근 세계 안에, 비늘 모양 고리의 한가운데 살고 있다. 떡갈나무, 느릅나무, 너도밤나무들 모두 자신의 정체성을 버리고 유령처럼 떠다니는, 산사나무처럼 흰 이 굴렁쇠 안으로 엉켜 들어간다. 이것은 언제나 똑같은 고리처럼 보인다. 떨릴 때마다 와사삭 소리를 내면서 흔들리고 진동하지만, 결코 넘어지지는 않는다. 당신의 속도를 측정할 것은 없으며, 움직임의 감각은 송두리째 사라진다. 마치 엔진의 저음과 이 황홀한 홍예의 속삭임 외에는 아무것도 없는 마비된 황홀경에 든 것 같다. 자동차가 방향을 급히 틀거나 옆으로 빠져나오면 아마 당신도 함께 그렇게 되어 또다시〔나무들의 고리〕밖에서, 빙빙 돌고 떨어지는 별들 아래 노출된 건널판자〔도로〕 위에 있을 것이다(Scott 2012: 43, 44).

이 인용문은 독특하고 황홀한 운전 사건의 예시다. 유령이 나올 것 같고 아세틸린 가스처럼 빛나는 풍광이 지각과 인지를 어렵게 하므로, 사물을 판별하려는 분투 이외의 모든 생각은 중단된다(샌디 아이젠스타트Sandy Isenstadt의 〈미국의 밤을 가로지르는 운전Driving through the American night〉과 고든 크로스비Gordon Crosby의 의미심장한 스케치인 그림 1을 참조). 지속과 관련해서는 (이 글의 마지막 절을 미리 본다면) 운전자가 개방된 도로라는 "노출된 건널판자"로 다시 나타나자마자 이 사건은 종료된다. 이것이 보여 주는 것은, 하나의 공통된 특징(이 경우에는 야간 운전의 새로움)이 규정하는 여행조차도 서로 분리되는 사건들로 구분된다는 점인데, 이 사건들은 이런 식으로 의식에서 통합된다.

이 시기에 운전에 대한 수많은 문학적 서술들이 그렇듯이, 이 인용문에서 운전 사건에 대한 재현은 암묵적으로 현상학적이기도 하다. 이는 저자가 특별히 의식에 현시하는 저 시각과 감각들에 대해 새롭고 "선입견 없는" 방식으로 초점을 맞추기 때문이다.[5] 이 에세이의 다른 곳에서는 이러한 날것 그대로의 경험을 발판으로 삼아 더 확장된 철학적 사색을 전개하는데, 여기에서는 야간 운전이 어떤 개인적 초월의 수단으로 보인다.

이 스펙터클에는 이상하게 움직이는 어떤 것이 있다. 이는 마치 이 교외 지역을 무심코 감지하다가, 이것이 이전에 알던 것보다 더 단순

---

5 현상학에 대한 모란Dermot Moran의 기본적 정의를 참조하라. 그에 따르면 "넓은 의미에서 현상학의 일차적 특징은 의식에 나타나는 것에 대해, 그것이 무엇이든 바로 그것이 나타나는 방식 그대로, 선입견 없이 기술적으로descriptive 연구하는 것"이다(Moran and Mooney 2002: 1).

그림 1. 고든 크로스비, 자동차의 최면들 10번, "신기루" **자동차**, 1929년 11월 22일. 스코틀랜드 국립미술관National Gallery of Scotland의 관대한 허락을 받아 여기 실음.

하고 더 순수하다는 것을 발견하는 것과 같다. 그리고 이것은 운전자가 할 수 있는 깨달음이다. 보행자도 어떤 부분은 깨달을 수 있겠지만, 최고의 부분은 깨달을 수 없다. 보행자는 이 상황의 바로 그 정수를 맛볼 수 없다. 그것은 거의 신과 같은 무심의 감각이다. 보행자는 새처럼 고요하게 관찰하면서 한 지점에서 다른 지점으로 홀쩍 옮겨 갈 수 없다. 보행자는 풍경의 일부이며 풍경의 꿈에 결박되어 있다. 그리고 차가운 달빛이 마치 진짜 거미줄처럼 보행자의 사지를 정말 옭아매는 것을 우리 모두 알고 있다. 자동차 소음이 무심의 효과를 완성하는 데 일조함도 기이하다. 〔보행자의〕 발소리는 침묵을 훼손하면서 밤의 얼굴에 흠집을 낸다. 하지만 엔진 소리는 당신을 꿈꾸는 대지로부터 더 완벽하게 이격시킨다. 당신은 소리의 그물에 매달려 흔들리고 있는 듯하다(Scott 2012: 47, 48).

여기에서 인상적인 점은, 자동차가 초월의 순간에 절대적 중심이라는 것이다. 자동차는 운전자에게 신과 같은 판옵티콘의 시각을 부여할 뿐만 아니라, (아마 놀랍게도) 이 기계적 본성("엔진 소리")이 몽상에 일조한다는 것이다. 내가 사례로 드는 20세기 후반 텍스트들과는 대조적으로, 이러한 운전 사건들을 규정하는 것은 단연코 운전 자체가 지닌 지극히 직관적인 성질이다. 하지만 여기에서 보듯이, 이러한 감각들의 '의미'는 결국 이 감각들을 의식하는 데에 달려있으며, 이런 면에서 여행은 분명 체화된 경험의 단위일 뿐 아니라 (소급적으로) 사유의 단위로 존재한다.

1930년대 후반 자동차 교통은 (결코 모든 사람이 누릴 수는 없더라도) 영국의 인프라에 친숙하고도 불가결한 부분으로 정착되었다. 종종 자동차의 "황금기"로 불리는 1930년대(Thorold 2003: Demaus 2006)는 진정으로 운전(및 탑승)이 일상적이면서도 특별한 것으로 경험되는 시기였다. 이 당시 자동차를 소유한 행운아들은 자신들이 누리는 것을 당연시했다. 이와 동시에 자동차는 (문자 그대로) 다른 세계로 이동시켜 줄 수 있는 어떤 것이었다. 주말에 교외나 바닷가로 소풍을 가거나, 의욕적인 휴가 여행이거나 마찬가지였다(Jeremiah 2007: 67-83). 잰 스트러더Jan Struther의 책《미니버 부인Mrs. Miniver》([1939] 1989)은 자동차 활용의 두 가지 형태를 다 담고 있으며, 습관적인 것과 독특한 것의 역동적 교체가 운전 사건을 규정한다는 것을 묘사한 이례적인 자료이기도 하다.

이 작품의 2장에서 독자는 일상적 가정사에서 자동차의 핵심적 역할과 자동차에 대한 애정을 알게 된다. 실로 이 특별한 장면의 중심은 오래된 자동차를 떠나보내는 미니버 여사의 감상적 비애인데, 화자는 자동차와의 관계에 끼어드는 의인화에 대해 자각적으로 성찰한다.

자동차에 대해 말하자면, 이것은 가구와 개의 중간쯤에 있는 또 다른 부류이다. 그녀에게 이는 한심한 착오가 아니다. 그녀는 차에 영혼이나 심지어 마음이 있는 양 가장하지 않았다. … 아니, 그것은 단순히 **미장센**의 문제이다. 요즘에는 자동차란 한 사람의 삶에서 분리할 수 없는 부분이다. 자동차가 한 사람의 사고, 느낌, 대화, 결정의 많은 부분에 청각적이고 시각적으로 동행함을 염두에 둔다면, 집에서 적어도 방 하나의 지위는 차지했다. 그 어떤 과실 탓이라고 해도 자동차로부터 멀어지는 것은 배경의 친숙한 어떤 부분을 잃는 것이다(Struther 1989: 5, 6).

내 논지에 비추어 본다면, 자동차가 한 사람의 삶을 이루는 물질적 직물의 온당한 부분으로서, "사고, 느낌, 대화, 결정"을 "동행"한다는 인식은 매우 통찰력 있는 것이다. 그리고 이 텍스트는 이 동행 형식을 보여 주는 매혹적이고 다양한 사례들을 많이 담고 있다. 최초의, 그리고 가장 단순한 사례들에서는 운전이 지니는 친숙하고 습관적이며 (가장 중요하게는) 편안한 특성이 드러나는데, 이 특성은 미니버 부인에게 온갖 종류의 철학적 성찰을 허용하고 촉진한다. 이 중 가장 재미있는 부분 중 하나는 '크리스마스 쇼핑'에 관한 장에서 신호등의 역할에 대한 미니버 부인의 기호학적 분석이다. 미니버 부인은 출퇴근 시간에 옥스퍼드 거리의 교통 체증에 갇힌 채, 민족의 정서적 경관이 색깔로 코드화되고 있다고 생각한다.

신호등이 바뀌었다. 자동차 기어를 저단에 놓고 잠시 멈춘 후 클러치를 넣는다. 이 동작을 하는 동안에 한 가지 생각이 떠오른다. 이 세 가지 색깔에 대한 사람들의 신체적 반응뿐만 아니라 심리적 반응도 자동화된다. 빨강, 노랑, 초록, 그것은 좌절, 희망, 기쁨이다. 완전히 새로운 조건반사. 몇 년 더 있어 이것이 정착되면, 정신과 의사들은 우울증 치료를 위해 색깔 있는 광선을 이 순서대로 배치할 것이다. 또한 장래 세대에게 초록은 더 이상 선망이 아닌 자유를 의미할 것이다. 이런 우연한 방식으로 상징들은 생겨나고 또 생겨난다(Struther 1989: 16).

그러니까 이 사례에서는 일상적 운전 사건(쇼핑하러 가기)이 (기이하면서도 도저한) 명상의 기회를 제공하는 것이다. 이 명상으로 이 이동은 독특해지고, 기억(혹은 여기에서처럼 글쓰기)에 넘겨질 경우 유사한 다른 이동들과 영원히 차별화된다. 흥미롭게도, 이러한 통찰의 순간을 더 피상적인 또 다른 사고 흐름이 포장하고 있다. 앞유리 와이퍼는 무슨 단어를 흉내 내고 있는 것일까? '리시브Receive?' '비퀴스Bequeath?' '위프리Wee Free?' '비프티Beef Tee?'(14-16)[6] 이는 이 이동을 규정하는 것으로 볼 수도 있다. 왜냐하면 이것은 미니버 부인이 집으로 돌아와서 남편 클렘에게 들려주는 생각이기 때문이다. 하지만 이 장면의 이러한 근사한 형식이 암시하는 것은 이 퍽 기발한 생각이 더 심오한 '기호학적' 사유를 위한 텍스트적 포장일 뿐이라는 점이다. 그리고 이것은 와이퍼의 공허하고 리듬감 있는 비트와 고립된 자동차에서의 '휴지기'로 야기된 것이다.

한편 스트러더의 텍스트 다른 곳에서는 습관적인 것과 독특한 것

---

6 [역주] 와이퍼 소리를 의성어로 표현하고 있다.

의 좀 더 복합적인 맞물림이 또 다른 종류의 운전 사건이라는 형태로 나타난다. 그것은 휴가철 자동차 여행이다. '스코틀랜드로의 운전'이라는 제목의 장은 미니버 부인과 남편 클렘이 "지난 15년 동안 여름마다 스코틀랜드로 운전해 갔다"(Struther 1989: 48)는 말로 시작한다. 그리고 이 행위가 지닌 참신하면서도 반복적 성격이야말로 어떤 일회성 사건들이 덧붙여지기 전부터 이 행위 자체를 습관적이면서 독특한 것으로 만들어 주는 것이다(Edensor 2003: 155, 156). 이 텍스트는 다음과 같은 자의식적인 관찰을 보여 준다.

> 그들은 지난 15년 동안 여름마다 스코틀랜드로 운전해 갔다. 하지만 핀츨리로드 위에 있는, 좌측을 가리키면서 그저 "북쪽"이라고 적힌 표지판에 이를 때면 여전히 어떤 흥분을 느꼈다. 이 표지판은 그들 휴가의 일종의 표제가 되었다(Struther 1989: 48).

이 대목에서 미니버 부인의 명상이 말해 주는 바는 여행을 독특하게 만드는 사건들(보이는 사물, 만나는 사람, 운전자들 사이의 농담)이 (반복적 여행의 경우) 하나의 통합적 기억의 일부가 된다는 것이다. 이 통합적 기억에는 새로운 사건들이 매년 더해지고 예전 사건들이 다시 일어난다. 미니버 부부에게 이런 과거 사건들(당시 운전 사건을 규정하는 사물들)은 "기억의 깃발들"이라는 견지에서 생각된다.

> "이곳이 2년 전 그 집시들을 지나쳤던 곳이에요." 클렘이 말했다.

"내 말이요." 미니버 부인이 말했다. "방금 그걸 생각하고 있었어요. 얼룩무늬 말을 데리고 있던 집시들." 놀랍게도 이들 마음의 지도에서 그 길에는 수많은 조그만 기억의 깃발들이 촘촘히 꽂혀 있었다. 지금은 깃발들이 십여 개 있고 매년 몇 개씩 더해진다(Struther 1989: 49).

이 젊은 부부에게 자동차에서 보는 사소한 사건들(집시, 무지개, 가짜 수염을 붙인 수상쩍은 남자)은 그들의 깊어 가는 친밀함을 표시("깃발")하는 것이고, 어떤 해의 여행을 다음 해의 여행과 구별하는 것이다. 이런 식으로 습관적인 것은 기억할 만한 것이 되며, 기억할 만한 것은 반복할 만한 것이 된다(다음도 참조하라. Struther 1989: 48-50).

이 절에서 내가 보여 주고자 한 것은, 운전 사건을 규정하는 특질들 중 하나가 운전 사건이 (사용과 실천의 수준에서) 습관적이면서 (운전 사건이 유발하는 각 개인에 특유한 사고 과정과 관련하여) 독특한 성격을 지닌다는 것이다. 하지만 역사를 감안하면 이러한 시너지 효과는 복합적이 된다. 자동차가 처음 등장한 때에는 특정 운전 사건(가령 고속 운전이나 야간 운전)은 지극히 참신하고 도전적이었는데, 이는 해당 이동에서의 거의 모든 사고 과정이 운전 경험 자체를 향했음을 뜻한다. 이는 분명 현대의 "밀폐된" 자동차가 유도하는 몽상과는 날카로운 대조를 이루는 것이다(Urry 2007: 126-130; Merriman 2012: 2; Pearce 2016: 130). 또 하나의 (비역사적인) 특징은, (여기 인용된 텍스트 사례들에 함축되어 있듯이) 운전 사건이 오롯이 주관적인 것이 아니라는 점이다. 이는 운전자가 하고 있는 이동의 성격이 아니라 운전자의 의식이라는 견지에서 볼 때에도 그렇다. 우리가 살펴본 것처럼, 운전 중의 사고 과정을 형성하고 구조화하고 인도하는 것은 운전이라는 실천의 습관적이고 기술적인 요소들이다. 이는 자기 앞의 "빛의 널빤지"를 도로로 다시 형상화하려는 딕슨의 노력이든, 자동차 앞유리 와이퍼로 인한 미니버 부인의 최면 상태이든 마찬가지다. 나아가 운전이 보통 우리의 사고 과정에 부과하는 그 **제약들**이야말로 종종 이러한 명상과 현시의 순간을 용이하게 해 주는 듯하다 (Pearce 2016: 147-151). 그리고 이러한 순간은 어떤 이동을 기억할 만하고 두드러지게 만든다.

소급적 통합으로서의 운전 사건

《모빌리티스》에 실린 이전 논문(Pearce 2012: 100-113)에서 나는 처음으로 운전 사건을 분리된 사고 과정들(지각, 파지, 예지, 기억)의 연쇄로 비유했다. 자동차가 마침내 이동을 마치고 정지할 때 이 사고 과정들은 마치 카드 한 벌처럼 서로 포개진다. 이동과 정체의 대조는 운전의 문학사에서 계속 회귀하는 모티프이다. 필슨 영A. B. Filson Young은 이를 인상적으로 표현했는데, 카레이서와 더불어 맨 섬을 유람하다가 '정지'했을 때의 이야기다.

우리는 향긋한 노변에 잠시 정차했다. 엔진의 맥박이 서서히 죽어

가면서, 엔진의 호흡이 우리에게 주던 비범하고 신성한 생명의 기이한 감각도 죽어 갔다. 더 이상 신이 아닌 우리는 산사나무 수풀 아래서서 어렴풋하게 처음 들리는 새소리에 귀를 기울였다. … 폭풍처럼 내달리던 흥분이 가라앉고, 이제 새벽의 고요함이 우리의 감각을 차지했다. 앞뒤로 1마일에 이르는 우리의 시야를 꽉 채운 길은 텅 비어 있다. 하늘의 장대한 서곡이 거의 끝나고 이제 구름의 장막이 걷히면서 동녘의 광채가 짙은 황색에서 황금색으로 변하며 장려하게 드러났다(Filson Young 1904: 317).

여기서 주목할 점은 질주뿐 아니라 정지도 숭고하고 몽환적 의식을 생겨나게 할 수 있다는 것이다. 질주와 정지가 병치됨에 따라 가장 강렬한 경험들이 일어난다. 하지만 내가 알기로는, (여행 중의 일시적 휴식이든, 여행의 최종적 종착이든) 이처럼 운동의 정지 순간을 누구도 개념화하지 않았다. 또한 여행자의 마음이 (보통은 무의식적으로) 여행의 마지막 구간에서 지각들과 사고 연쇄들을 (이야기나 수사나 감정의 형태로) 하나의 통합된 전체로 주마등처럼 융합하는 순간 역시 누구도 개념화하지 않았다. 미니버 부인의 크리스마스 쇼핑을 위한 이동은 이러한 반사작용의 탁월한 예이다. 미니버 부인이 현관문을 지나 남편에게 인사할 때, 그녀의 이동에서 남은 것(이 이동을 차별화하는 것)은 자동차 앞유리 와이퍼에 대한 골똘한 생각이다. 어떤 기이하고 복잡한 꿈에서 갑자기 깨어날 때 꿈꾸던 사람의 인지적 반사작용처럼, 방향감을 잃은 운전자는 자신의 여행이 어떤 것이었고 그 의미는 무엇인지 파악하기 위해 허둥지둥 애쓴다.

의심의 여지없이, 자동차 여행이 끝날 때의 이 '수합'의 순간을 가장 인상적으로 재현한 사례 중 하나가 버지니아 울프Virginia Wolf 의 에세이 〈서섹스의 저녁: 자동차로부터의 성찰Evening over Sussex: Reflections from a Motor-Car〉(Wolf [1927] 1942)에 등장한다. 나는 다른 곳에서 이 텍스트에 대하여 자세하게 썼다(Pearce 206: 26-28). 이 글의 목적을 위해서 여기에서는 "결산의 순간" 자체에만 집중한다.

이제 해가 수평선 아래 낮게 드리웠다. 어둠이 빠르게 펼쳐진다. 나의 어떠한 자아라도 산울타리 위에서 점점 가늘어지는 전조등 불빛 외에는 아무것도 볼 수 없다. 나는 이들을 모두 소환하여 말했다. "이제 계산할 계절이다. 이제 우리를 모아야 한다. 그래서 하나의 자아가 되어야 한다. 아무것도 더는 보이지 않는다. 우리의 〔전조등〕 불빛이 끊임없이 비추는 길과 둑의 연결 말고는. 우리에게 더할 나위 없는 상황이 주어졌다. 담요가 우리를 따뜻하게 감싼다. 바람과 비로부터 우리를 보호한다. 우리만 있다. 이제 결산의 시간. 이제 〔자아들의〕 이 회합을 통솔하는 내가 우리 모두 가져온 전리품들을 정리하려 한다. 보자. 오늘 아름다움을 많이 가져왔구나. 농가, 바다로 튀어나온 절벽, 대리석 같은 들판, 알록달록한 들판, 빨간 깃털 같은 하늘, 이 모든 것들. 또 개인의 소멸과 죽음도 있구나." 사라지는 길과 창문이 잠시 빛나다가 어둠이 드리운다([1927] 1942: 13).

울프의 화자, 혹은 그녀의 "통솔하는 자아"([1927] 1942: 12)는 자동차에서 바라본 여러 대상(농가, 절벽, 들판 등)에 대한 인상과 운전 중 자신을 사로잡았던 철학적 문제들을 모두 수합하여 "결산"할 것을 촉구한다. 이 결산은 여행을 우선 물질화하고 그 다음에 기억으로 남길 것이다. 이러한 지각적/인지적 종합 작용이 없다면 운전자/승객은 자신의 모든 경험을 함께 보는 눈을 잃을 위험이 있으며, 내가 다른 곳에서 주장했듯이 "세부 사항에 익사하여 미쳐 버리기" 쉽다 (Pearce 2014: 89). 이 텍스트는 여행 중에 작은 점토 인형을 비유적으로 상상해 내는데, 이 인형이 상징하는 예술적 추상은 감각 자료들에 압도당한 자동차 여행자를 위한 심리적 생존 전략이다.

사건 통합의 전략적 필요성을 보여 주는 또 다른 20세기 초반 텍스트는 이디스 워튼Edith Wharton의 《프랑스 횡단 자동차 탈주A Motor-Flight through France》([1908] 2008)이다. 자동차 유람(그리고 그 뒤를 이은 장거리 자동차 여행)이 며칠, 몇 주, 몇 개월까지 길어지면서, 워튼의 작품과 같은 텍스트들은 (전체로서의) 여행과 이를 구성하는 사건들을 더 분명하게 구분한다. 이 글의 마지막 절에서 더 논의하겠지만, 실로 단기 여행조차 반드시 복합적인 운전 사건들을 포함한다. 운전 사건을 물질적인 출발 지점과 종착 지점이 아니라 운전자 의식의 변전하는 지평이라는 견지에서 이해하면 그렇다. 워튼의 여행 초반부로부터 짧지만 시사적인 부분을 발췌해 보자.

어디에나 똑같이 멋진 하얀 길이 어디에나 똑같이 널찍한 풍경을 가로질러, 큼직한 나선 모양으로, 그리고 화살이 날아가는 모양으로 펼쳐진다. 이 길은 다음 날 보베를 거쳐 우리를 휩쓸어 갔다. 길을 따라 기억할 만한 사건들이 거의 없어 보인다면, 마을들이 북부 지방 특유의 검소함과 아늑함이라는 전체적 매력 외에는 개성이 별로 없다면, 아마 이는 첫인상의 강렬함이 무뎌졌기 때문이리라. 하지만 우리는 들판과 과수원과 산비탈 숲이 저 멀리까지 곱게 펼쳐진 것을 놓치지 않았다. 그래서 이곳의 전체적 인상은 살기 좋은 땅이라는 것이다. 하지만 보베의 압도적 인상은 이런 자잘한 감각들을 삼켜 버렸다. …

보베를 지나 풍경은 깊게 노르망디의 특색을 띤다. … 그렇지만 세부 사항들을 언급하는 한에서 우리는 실로 **보베를 지나지** 않았다. 우리는 〔보베의〕 저 어마어마한 기억에 사로잡힌 채 여행을 하는 것이다. 루앙으로 이어지는 길고 푸른 계곡이 돌연 강물에 비치는 것을 우리가 언덕 마루로부터 내려다보기 전까지는(Wharton 2008: 23-26).

자동차 여행 장르의 초기 사례로서 워튼의 텍스트가 이토록 아름답게 보여 주는 것은 운전 사건들의 긴 연쇄가 하루가 끝날 때마다 소급적 통합 작용으로 수합되는 방식이다. 통합은 일기 형식의 글쓰기에서, 그리고 이런 글쓰기를 통해 이루어지는데, 이는 이러한 인상들을 형성하는(실은 누그러뜨리는) 데 분명 유용하다(물론 여기에서 나의 포괄적인 논지는 통합 경향이 운전 사건 자체를 규정하는 특징이라는 것이지만). 워튼의 인용이 또 확실하게 보여 주는 것은, 하루 동안의 자동차 운전이 하나로 기록되고 있지만 하나의 단일한 사건으로 경험되지는 않는다는 것이다. 지형과 건축의 변화들, 휴식(혹은 실은 자동차 수리)을 위한 다양한 정차들이 시속 20마일이라는 상당한 속도로 지나치는 경관에 대한 운전자/승객의 인지적 · 정서적 인상을 단절시킨다. 울프에게서 그랬던 것처럼, 이러한 감각적 과부하 때문에 복합적 사건들을 단일하게 만들어서 운전자가 이 사건들에 압도되지 않도록 할 인지적 필요성이 생겨난다. 워튼이 자동차 탈주를 이런 식으로 "관리"하는 데 성공했다는 증거는, 벌써 어제 인상들의 "강렬함이 무뎌졌다"(그들이 빠르게 지나친 수많은 쾌적한 마을들이 "전체적 매력"이라는 도식 안으로 녹아들어 버렸다)는 사실, 그리고 그녀가 "보베의 압도적 인상"을 받아들여 단 하나의 "사건"을 이 특별한 날의 대표 모티브로 삼기를 열망한다는 사실이다.

그럼에도 불구하고, 내가 여기에서 '운전 사건'의 규정에 필수적인 것으로 제시하는 '소급적 통합' 과정이 딱히 (20세기 초 스트러더, 울프, 워튼 문학이라는 사례들에서처럼) 외부 현상들에 의해 주도되는 것은 아님을 인식하는 것이 중요하다. (완전 밀폐된 자동차 내부에서) 여행하는 풍경에 조금도 주의를 기울이지 않으면서 몇 시간이고 운전하는 것도 충분히 가능하다. 물론 안전을 위해서 준수해야 할 (표지판, 신호등, 굽은 곳, 사거리, 다른 차들 같은) 요소들을 제외하면 말이다(각주 4 참조). 일상적 통근이든 더 오랜 여행이든 간에, 운전자와 승객은 흔히 "다른 일들"을 생각하며, 따라서 창 밖 세계는 텅 비어 있고 자신이 있는 곳은 아무래도 마찬가지라고 생각한다(이에 대한 경험적 증거는 다음을 참조하라. Redshaw 2008: 51-77). 하지만 운전을 둘러싼 지형적 맥락이 인지적으로 무의미한 이러한 여건에서조차, 여행의 끝이나 여행의 어떤 단계를 표시하는 사고 통합 과정은 여전히 이를 내가 정의하는 운전 사건으로 만든다.[7]

그렇다면 운전자와 승객이 참여하는 운전 사건은 (자동차 안에서 일어나는 대화나 다른 일로 지나치게 주의가 산만해지지만 않는다면) 창밖의 세상에 대한 인상들을 이와 무관한 사고 연쇄들(백일몽, 불안, 성찰, 분석)과 **결합**시킨다. 그리고 이런 것들은 **함께** 여행의 어떤 특정 구간을 특징 짓게 된다. 앞에서 살펴보았듯이, 대부분의 경우에 이런 통합의 순간은 무의식으로부터 의식으로 홀연 전환하는 형태를 띨 것이다. 이 짧은 순간은 아마 우리가 차에서 내리면서 몇몇 문제가 해결되었음을 깨닫고 행복과 안도를 느끼는 때일 것이다. 비록 이 문제가 무엇이었는지, 혹은 길을 따라 이동할 때 어떤 지각적 프롬프트나 여타 프롬프트가 이 문제를 해결하게 했는지는 이미 잊었더라도 말이다.

---

7 나는 '소급적 통합'에 대한 이러한 성격 규정이 피터 메리만 같은 모빌리티 연구자들이 치열하게 문제 제기해 온, 일종의 이동/정박 이분법을 함의하고 있음을 인정한다(베르그손에 대한 애디Adey의 설명은 다음을 참조. Adey 2010: 5, 6; Merriman 2012: 6-9). 하지만 내가 여기에서 끌어온 많은 운전 시나리오들에서 자동차의 정차는 긴 여정 중의 일시적 휴지에 지나지 않는다. 이러한 사실은 메리만이 지지하는, 더 '과정적'인 시공간 모델을 예증한다. 운전 사건에 대한 내 정의에 의거하여, 나는 정체의 순간이 모빌리티와 이분법적 대조를 이루며 존재하는지 아니면 어떤 연속체의 한 점으로 존재하는지보다는, 운전자/승객이 이것을 잠시 멈췄다가 다시 움직이는 **프롬프트**로 경험한다는 데에 관심을 둔다.

운전 : 사건 대 여행

내가 가장 최근 소유한 자동차에서 재미있는 부분은 '이동 시간'을 재는 대시보드 계측기다. 이 시계는 두 시간 이하의 일시적 정차는 무시한다. 그래서 더 긴 운전을 하나의 단일한 시간적·인지적 단위로 느끼도록 한다. 이것이 전형적인 운전 사건과 어울리지 않는다는 점은 운전 사건을 프레이밍하는 데 소급적 통합이 하는 역할에 대한 나의 앞선 논의에 함축되어 있다. 하지만 이제 이 점에 대해서 운전자의 사고 연쇄 또/또는 기분이 이동 경로의 방향을 바꾸는 방식에 초점을 맞추어서 좀 더 자세히 논의하고자 한다. 운전의 **구체적 목표**로부터 **주관적 경험**으로 초점을 전환하는 것은 이동/교통 연구자들이 여행으로 지칭하는 것과 내가 '운전 사건'으로 제시하는 것을 구별하는 시도에서 핵심적이다. 하지만 지나친 단순화를 피하기 위해, 해당 운전자가 인지적·정서적 단위로 경험하는 것처럼 보이는 긴 여행에 대한 텍스트적 재현도 고려할 것이다.

운전자가 여행을 단연코 하나의 단위로 경험하지 않는 첫 번째 사례는 딜런 트리그Dylan Trigg의 《장소의 기억The Memory of Place》(2012)에서 나오는 고속도로 운전에 대한 자기의식적인 현상학적 묘사이다. 이는 이 글의 다른 곳에서 다루는 허구적 텍스트들과는 다소 다른 텍스트 유형에 속하지만, 휴식으로 인해 여행이 서로 상당히 다른 두 개의 운전 사건으로 조각나는 방식에 대한 완벽한 예시다. 오제(Augé 1995)가 그랬던 것처럼 트리그도 고속도로 휴게소에 들렀다가 너

288

무 당황한 나머지, 다시 차에 타서 여행을 재개했을 때에는 완전히 새로운 운전 사건을 시작할 뿐 아니라 스스로를 "다른 사람"으로 경험한다.

일단 〔차에〕 다시 들어가자, 경험과 방향 감각이 다시 조화를 이루는 것은 즉각적이거나 자동적이거나 투명하게 일어나지 않았다. 최종 목적지로의 여행이 시작되자, 오히려 몸이 이전에 흡수했던 것들을 서서히 불규칙하게 배출하는 일이 태아의 신체 기억 방식으로 나타났다. 차 안에서 나는 불안을 느꼈다. 무언가 바뀌었고, 그것은 마치 내 피부에서 휴게소의 어떤 흔적을 여전히 느끼는 것 같았다. 이 흔적의 규모를 완전히 의식할 수는 없으면서도. 자동차가 다르게 느껴졌을 뿐 아니라 내 몸도 그렇게 느껴졌다. 나는 문고리를 너무 꽉 잡았다. 불안이 시작되기 이전에 존재했던 세계로 나를 다시 돌려 놓으려 노력하면서. …

이상한 휴게소의 세계는 이제 우리와 함께 있다. 자동차 안에서, 내부에 스며들면서, 집 같은 분위기에 결코 집 같지 않은 아우라를 주입하면서. 다른 장소의 침입은 어떤 장소로의 여행이 지닌 통일된 전체로서의 명징함을 잠식한다. 여행을 시작할 때는 여행이 분명하게 전개되었지만, 이와 대조적으로 이제 연속성은 단절되었고 이와 동시에 정체성의 확신도 사라졌다(Trigg 2012: 154, 155).

이 사례에서 여행의 휴지기는 매우 중요하다. 이것이 운전자로

하여금 지나간 이전 일들을 하나의 두드러진 사건으로 통합하고 규정하게 하기 때문만은 아니다. 이것은 또한 분위기 및 심리적 초점에 매우 근본적인 변화를 조장하여, 고속도로 운전에 흔히 수반되는 희열을 흩뜨려 버리기 때문이다. 그래서 주체는 스스로의 고유한 정체성에 대한 확신조차 사라졌다고 느낀다.

운전 사건에 대한 나의 정의를 위하여 이러한 인지적·정서적 해체를 고찰하면서도, 나는 휴게소 같은 오제의 '비장소'(Augé 1995)에 들르는 등의 어떤 으스스한 것이 있어야만 이런 유의 변화가 일어나는 것은 아니라고 주장한다. 오제를 비판하면서 메리만(Merriman 2004: 10, 11; 2007: 210-212)이 관찰하듯이, 인지 또/또는 상황의 아주 미세한 뒤틀림에도 우리의 사고 및 느낌의 방향과 기분이 변할 수 있다. 우리가 운전을 하든 하지 않든, 일상적인 하루를 보내면서 이러한 급변은 다양하게 일어난다. 그런데 운전 사건이 사고 연쇄를 유지하면서 더 강렬하게 만드는 것을 감안한다면, 자동차 여행의 특징인 어떤 단절이 문학 텍스트의 스토리나 플롯에서 중요한 분위기 변화나 인간관계의 위기, 방향 급변 등과 결부됨은 의외가 아니다. 이런 단절들은 휴게소에 들르거나 음악이 바뀌거나 휴대폰이 안 되거나 앞유리로 보이는 무언가가 어떤 기억이나 예상을 불러일으키는 일일 수 있다(예를 들어 다음을 참조하라. 로자먼드 레만Rosamund Lehmann의 《거리의 날씨The Weather in the Streets》[1936] 1981; 다음도 참조하라. Pearce 2016: 182-187).

두말할 나위도 없이, 이러한 분절되는 운전 사건들은 운전의 스펙트럼에서 수백 마일을 방해 없이 달리는 '전체' 경험의 정반대 말단에 있다. 이런 '전체' 경험은 이 글 서두에 인용된, 알렉스 매클하우스Alex Maclehouse의 1930년대 런던에서 스코틀랜드까지의 '자동차 탈주'에서 나타난다(제사題辭 참조). 이런 경우들에서 풍경과 '심경心景 · mindscape'은 모호하고 융화되어 운전 사건이 된다. 그래서 통합이라는 이차적 작용이 불필요하다. 하지만 매클하우스의 텍스트가 그토록 이례적인 것은 장거리 자동차 여행이 어떻게 운전하느냐에 따라 그렇게 상이한 형태일 수 있고 그 '성격'이 그렇게 '완전히' 바뀔 수 있다는 자각이다. 이 글의 목표와 관련해서 지적할 점은 이것이 3백 마일을 넘는 여행이 운전자의 의식에 나타나는 방식의 차이, 즉 "구족具足하고 완벽"한 어떤 것(Maclehouse 1930: 59)으로서 단일하고 통일된 인상으로 나타나는 방식과 명백히 분리되는 운전 사건들 혹은 '우발 사건들'의 집합으로 나타나는 방식의 차이를 정확히 짚어 내고 있다는 점이다.

멈추지 않고 최대한 멀리(그리고 종종 최대한 빨리) 운전한다는, 아드레날린 넘치는 도전에 대한 가장 유명한 문학적 표현 중 하나는 잭 케루악의 《길 위에서On the Road》([1957] 2000)에 나온다. 샐 파라다이스Sal Paradise와 딘 모리아티Dean Moriati는 (뒷좌석을 차지한 '대학생' 히치하이커 두 명과 더불어) 무려 17시간에 걸친 마라톤 운전 중 딱 세 번만 멈춘다. 아침 식사를 위해 한 번, 경찰이 세워서 한 번, 기름을 넣기 위해 한 번. 이 짧은 휴식들은 운전 사건의 일관성을 방해하지 않는 것처럼 보인다. 적어도 운전자(딘)의 의식에는 그렇다. 이처럼 이음매 없는 여행이 이루어지는 것은 일차적으로는 딘이 잠자기를 거부하기 때문이고, 두 번째로는 샐이 보기에 딘이 단순하지만 결연하게 세 가지에 집중하기 때문이다. 그것은 "빠른 차, 해변이라는 목적지, 이 길 마지막에 있을 여자"(Kerouac 2000: 209)이다. 이것은 운전 사건이 특정 사고 연쇄를 인도하고 유지하여 집착의 수준(딘에게는 "여자들, 여자들, 여자들"(Kerouac 2000: 211))에까지 이를 수 있음을 보여 준다. 그리고 이것은 장거리 여행이 하나의 단일 사건으로서 오롯이 남으려면 (어쩔 수 없이 산만하게 만드는) 멈춤을 최소화해야 함을 말해 준다. 실로 딘은 '두루마리에 쓰는 작가'[8] 케루악 자신처럼, (운전이라는) 작업을 끝내기 전에는 방해받지 않으려는 운전자이다(오로지 목적지에만 집중하는 것 같은 현대의 운전자들에 대해서는 다음을 참조. Virilio [1984] 1995: 105). 이처럼 (일부는 의식적 의지에 의한, 일부는 무의식적 성향에 의한) 단호한 외곬수가 아니라면 어쩔 수 없이 새로운 시작, 새로운 마음 상태가 필요해질 것이다. 케루악 작품에서 동승자인 화자(샐)에게 시카고까지의 질주는 심적으로 과도한 여행("몸서리가 쳐져. 더는 견딜 수 없어"(Kerouac 2000, 213))이며, 표면적으로는 사고의 두려움에 의한 신체적 반응이면서도 의식 자체의 투항으로 볼 수도 있다. 이 운전자만큼 아드레날린 넘치는 집중력이 없는 동승자는 내면의 눈에 번득이는 이 끝없는 현상들(보이는 것들과 생각되는 것들)의 '실타래'를 견뎌 낼 도리가 없다. 그리고 울프의 〈서섹스의 저녁〉

---

8 케루악이 《길 위에서》의 초고를 연속되는 롤 페이퍼에, 그리고 쪽수나 장절 구분도 없이 타이핑한 것은 유명하다. 이는 아마 주인공이 시작하는 여행에 의해서 재현되는, 의식의 끊임 없는 흐름을 모방하는 것 같다. 《길 위에서》의 도입부를 참조하라(Kerouac 2002, xix).

속 화자와 마찬가지로 샐은 결국 광기를 모면하기 위해 내릴 수 있는 장막이 필요하다. 이와 반대로 (운전의 반사작용과 목표에 대한 외곬의 요구로 생각이 온통 쏠리고 예민한) 딘은 멈출 필요도 없고 멈출 욕구도 없다. 실로 이러한 숭고한 운전 사건을 순수하고 온전하게 보존하는 것은 딘의 타협할 수 없는 목표이다.

하지만 이것은 일반적인 운전이 아니다(물론 우리 중 많은 이들에게는 인생의 어느 시기에 1천 마일 '연속운전'의 스릴과 도전을 추구했던 가족이나 친구가 있겠지만). 이 글이 보여 주고자 했던 것처럼, 장거리 여행이 서로 분리되는 소우주적 운전 사건들로 파편화되는 일이 더 일반적이다. 이는 우리가 경로를 계획하고 (음악, 전화, 내비게이션이 지속적으로 주의를 분산시키는) 현대의 자동차를 타는 방식 때문이기도 하고, 길가마다 매복하고 있는 기억 프롬프트들(미니버 부인의 '깃발들') 때문이기도 하다.

결론

이 글 초안을 세미나에서 발표했을 때 어느 동료 학자는 내가 어떤 '사건'의 이론적 모델을 참조했는지 물었다. 나는 솔직하게 "없다"고 대답했다. 내가 각주 1에서 설명한 것처럼, 나는 이 용어를 순전히 수단으로 선택했다. 내게 필요했던 것은 (이동적) 시간−공간의 한 단위를 지칭하되, (가령 '여행'과 같은) 다른 개념들과 대조를 이루고, 또 운전자의 의식 및 운전자의 물리적 이동에 모두 적용 가능한 개념이었다. 이 기술어記述語가 필요해진 것은, 내가 운전의 인지적 차원을 연구하기 시작하면서 어떠한 기존 용어도 운전자 의식의 역할을 설명하기는 고사하고 내가 '운전'이라는 말로 뜻하는 바를 획정하거나 특정하지 못함을 깨달았을 때이다. 20세기에 걸쳐 있는 문학 텍스트들을 연구하면서 금방 분명해진 것은, '운전'은 오락적일 수도 있고 기능적일 수도 있고, 길 수도 짧을 수도 있으며, 긴 여행 전체일 수도 있고 단지 그것을 이루는 한 부분일 수도 있다는 것이다. 따라서 특정한 운전자 경험을 다루고자 하는 텍스트 비평가로서 내게는 (얼마나 짧거나 긴지를 막론하고) 자동차 여행의 (변화하는 도로 환경과 운전자의 사고 과정 모두에서) 변화하는 '지평들'을 특정할 수 있게 하는 용어를 찾는 것이 매우 중요했다.

'사건'에 대한 철학적 논의들 중 몇몇은 공교롭게도 이 용어에 대한 나의 더 기능적인 전유와 공명했다(각주 1 참조). 지젝의 짧은 에세이(Žižek 2014)는 이런 점에서 유용한 논의이다. 이 개념의 오랜 철학적 역사를 현대 세계에서 여기에 부가된 (상당수는 폭력 또/또는 격변의 성격을 지닌) 구체적 함축들과 도발적으로 연결시키기 때문이다. 그렇지만 지젝은 바디우(Badiou 2013)의 논의를 따라, 사건이 개인적이고 또/또는 '사소'할 수도 있고, 공적이고 또/또는 '중대'할 수도 있음을 공들여 주장하고 입증하고 있으며, 이런 방식은 운전 사건에 대한 나 자신의 개념화와 일맥상통한다. "따라서 하나의 사건은 **원인들을 초과하는 것처럼 보이는 결과**"(Žižek 2014: 3)라는 전제에서 출발하여, 지젝은 일반적으로는 유용한 이 〔'사건'에 대한〕정의가 자아내는 인과성의 불안에 직면한다. 그 후 지젝은 또 하나의 구별을 하는데, 이는 "실재가 우리에게 나타나는 방식을 변화시키는" 사건(프레임 파괴자)과 "실재 자체를 분쇄하는 변형"인 사건의 구별이다(Žižek 2014: 5). 지젝은 그 다음에는 이 이항대립을 뜯어내기는 하지만, 나의 제안은 '프레임 파괴' 범주가 내가 여기에서 상술한 운전 사건에 의한 인지적 변형의 본성을 적절하게 담아낸다는 것이다. 이는 특히 길에서 만나는 시각적 프롬프트들이 (늘 그런 것은 아니라도) 흔히 연루되기 때문이다.

그러나 위에서 언급한 것처럼, 나의 개념을 '사건'과 직간접적으로 연관된 오랜 철학적 전통 안에 놓는 것은 결코 내가 의도하는 바가 아니다. 이보다 훨씬 소박한 목표는 내가 연구하는 운전(그리고 운전 경험)의 측면을 적절하게 가리킬 단어를 찾는 것일 따름이다. 그리고 다른 모빌리티 연구자들이 내가 관심을 가진 연구에 동참하기를 기대하는 것이다. 후자와 관련해서 다음을 되풀이 이야기하는 것도 중요하겠다. 즉, 자동차 이동에서 독특한(그리고 종종 흥미로운) 모든 것을 특정할 때, 운전의 '주관적'이고 또/또는 정서적인 조건들을 분석하거나 이런 (신체적이면서 심리적인) 요인들을 감안하는 것이 중요함을 분석한 것은 내가 처음은 아니다(이 글 앞부분에서 언급한 문헌들을 참조). 하지만 이든저(Edensor 2003), 메리만(Merriman 2007, 2012), 로리에(Laurier 2011), 로리에와 던트(Laurier and Dant 2011) 같은 두드러진 예외를 제외하면, 이런 논의들은 운전 실천 자체에 필요한 인지적 기술이나 여타 기술들의 연구에 경도되어 있지, 이와 동시에 운전자가 생각할 수 있을 '다른 것들'의 광범위한 스펙트럼의 연구를 지향하지는 않았다. 따라서 나는 이 글이 텍스트 기반 연구가 이 분야에서 이미 수행된 획기적인 사회학적 연구 및 심리학적 연구에 긍정적 기여를 할 수 있음을 보여 주는 하나의 사례가 되기를 희망한다.

운전자로서의 운전자의 '머릿속에 들어가기'란 도전적 과제이다. 그 이유는 대부분의 민족지적 실천은 대화를 통해 운전자와 관계 맺는데, 이 경우 대화 자체가 그의 생각을 사전에 점유하고 인도할 것이기 때문이다. 이동 중의 운전자가 자기 생각을 스스로 기록함은 우리로 하여금 자동차 운전자의 의식 흐름을 어느 정도 포착하게 해 줄지도 모른다. 하지만 이는 까다롭고도 인위적인 (그리고 위험할 수도 있는) 관찰 절차로서, 그것이 포착하고자 애쓰는 바로 그 즉흥성을 저해한다. 이런 모든 방법들에는 한계가 있기 때문에, 문자기록들은 풍요롭고 매혹적이며 보충적인 자원인 것이다. 그것은 자서전적이거나 허구적인 텍스트일 수도 있고, 울프나 워튼의 경우처럼 사건 직후 만들어졌거나 스트러더(Struther 1989)나 케루악(Kerouac 2000)의 경우처럼 소급적으로 만들어진 텍스트일 수도 있다. 물론 이러한 '이동적 의식'의 재현은 "우리가 운전할 때 생각하는 것"(Pearce 2013)에 대한 과학적 증거로 사용될 수는 없다. 그러나 이 과정을 풍부한 상상력을 동원하여 이론화하는 데에는 일조할 수 있다. 내가 정의를 내리면서 그랬던 것처럼 우리는 다음을 깨닫는다. 각각의 운전 사건은 어떤 특별하고 독특한 것이 될 잠재성이 있는데, 이는 운전자의 사유가 이 운전 사건과 관련하여 유발하는 어떤 것 덕분이다. 또한 합당한 거리의 여행은 수많은 이런 사건들을 통합하는 경향이 있다. 그렇다면 우리는 그렇게 많은 작가들이 그들의 운전(혹은 그들의 등장인물들의 운전)을 규정하는 특질을 포착하고자(실은 통합하고자) 애썼다는 사실에 대해 흐뭇해해야 할 것이다.

9장

도시 이동

1840~1940년 생활글을 활용한,
도시 이동의 개인적 경험에 대한 탐구

콜린 풀리|Colin G. Pooley

이 글은 1840년 이후 한 세기 동안 영국에서 도시에서 이동하는 사람들이 교통의 새로운 기술 및 경험들에 어떻게 관계했는지를 살펴보기 위해 다양한 생활글을 활용한다. 이 글은 사람들이 새로운 모빌리티 형태 및 장소들과 손쉽게 관계 맺었으며, 다양한 교통수단을 환승하면서 이를 자신의 일상적 이동 안으로 통합시켰음을 주장한다. 도시 이동자들은 이제 그들이 누릴 수 있는 신속한 이동을 즐겼으며, 교통 네트워크가 제대로 작동하기를 기대했다. 이 글은 보통 20세기 후반을 연상시키는 '새로운 모빌리티'의 특징들 중 다수가 이미 한 세기 이상 존재해 왔으며, 그럼에도 전통적인 모빌리티 형태들 중 일부는 잔존했음을 주장한다.

1840년부터 1940년까지 도시 이동[1]의 경관

1840년 이후 한 세기는 아마도 사람들의 이동 방식이 가장 빠르게 변했던 시기일 것이다. (늘 비교적 소규모였던) 운하여객 교통은 쇠퇴했고 철도는 빠르게 확장했다. 합승차와 시가궤도차 모두 수적으로 증대했고 새로운 기술들(합승자동차, 시가전차)이 도입되었다.[2] 자가용 자동차는 여전히 소수에게만 가능한 영역이긴 했지만 도로 공간을 지배하기 시작했으며, 부자들의 여가용 교통수단이던 자전거는 많은 노동자들의 일상용 교통수단으로 변했다. 동시에 보행은 여전히 비교적 가까운 거리를 이동하는 가장 흔한 교통수단 중 하나였다. 이런 변화들과 연계하여, 새로운 이동 기술들을 수용하기 위하여 도시 인프라가 근본적으로 재구조화되었다. 도로는 넓혀지고, 20세기 중반까지 모터 교통수단들을 수용하기 위해 점차 조정되었다. 많은 도시들에서 전차길이 도로 공간의 주요 부분이 되었다. 철도 확장을 수용하기 위해 역, 터널, 다수의 측선들이 새롭게 건설되

---

1 [역주] 여기에서 '이동'은 travel의 번역어다. 이 글의 핵심 연구 대상인 travel은 일반적으로는 (장거리) 여행을 의미하지만, 이 글에서는 훨씬 일반적이고 일상적인 의미로 사용되기 때문에 '이동'으로 옮긴다. 또한 travel과 유사한 맥락에서 사용되는 journey도 '이동'으로 번역했다. 단지 travel이나 journey가 드물게 휴식이나 레저의 의미로 사용된 경우에 한해서 그 의미를 살려 '여행'으로 옮긴다.

2 [역주] 여기에서는 bus가 motor bus(합승자동차, 버스)뿐 아니라 합승마차까지 포함하는 넓은 의미로 쓰이므로 '합승차'로 옮기며, tram도 electric tram(시가전차)뿐 아니라 시가궤도마차까지 포함하는 넓은 의미로 쓰이므로 '시가궤도차'로 옮긴다. 그러나 이후 문맥이 허용하는 곳에서는 bus는 단순히 '버스'로, tram은 단순히 '전차'로 옮긴다.

었다(Dyos and Aldcroft 1969; Kellett 1969; Hadfield 1981; Freeman and Aldcroft 1988; O'Connell 1998; Oddy 2007). 새로운 교통 기술의 발전은 종종 직간접적으로 도시 공간 근대화와 연계되었으며, 자전거나 보행과 같이 기술적으로 단순한 구식 교통수단들을 도로 공간 주변으로 점차 밀어내기 시작했다. 자전거와 보행은 여전히 중요했지만, 영국 도시들의 재구조화에서 특별하게 계획되거나 공급되는 일은 드물었다. 이러한 과정은 1940년 이후 속도가 붙고 지배적이 되었으나, 그 기원은 훨씬 이전 시기까지 거슬러 추적될 수 있다(Pooley 2010; Gunn 2013).

도시민들이 도시 교통수단의 이러한 분화와 급변을 활용하는 것은 일반적이고 필수적이었다. 도시를 빠르고 손쉽게 이동하는 능력은 예나 지금이나 도시 생활의 중요한 부분이다. 이용 가능한 교통 형태에서 배제되거나 소외되는 것은 심각한 불리함을 가져올 수 있다(Lucas 2004; Hine 2012). 이 글은 교통 기술 자체에 주목하기보다는, 도시 이동자들이 이러한 이동 형태들과 관계 맺는 복합적 방식에 주목한다. 도시 이동자들은 새로운 교통 형태들에 어떻게 반응하고 이것들을 사용하는 데 얼마나 쉽게 적응했는가? 더 빠르고 다양한 교통 기술을 생산하는 교통 시스템 근대화는 도시 이동 경험에 어떠한 영향을 미쳤는가? 진화하는 도시 교통 시스템들은 가장 흔하게 일어나는 이동 유형들에 얼마나 편리했는가? 도시계획자들이 교통 시스템들을 제공하면서 점점 근대성을 수용하는 가운데, 전통적인 교

302

통 형태, 특히 보행은 어떻게 되었는가? 이 글은 당대의 생활글[3]들을 활용하여 이런 물음들을 다루며, 1840년 이후 한 세기 동안 도시 내 이동의 경험적 측면들을 규명한다. 여기에서 제시하는 사례들은 어쩔 수 없이 선택적이지만, 전체적으로 보면 도시민들이 19세기 말과 20세기 초 도시 교통 인프라 변화들에 어떻게 대처했는지를 담은 한 장의 그림을 그려 준다.

이른바 '새 모빌리티 패러다임'의 맥락 안에서 발전된 이론적 틀에 의존하는 연구자들의 광범위한 연구는 21세기 모빌리티에 광범위하게 주목했다(Hannam, Sheller and Urry 2006: Sheller and Urry 2006: Urry 2007: Cresswell 2010: Shaw and Hesse 2010). 이러한 접근법은 과거의 모빌리티를 살펴보는 데도 적용될 수 있다. 이 새로운 모빌리티 개념들을 수용한 연구들이 광범위하기 때문에, 이런 관념들이 다양한 방식으로 해석되고 사용되어 온 것은 불가피하다. 이를 통해 이 연구 분야는 더욱 풍요로워진다. 하지만 나는 가장 최근의 모빌리티 연구의 중심에 몇 가지 핵심 특징들이 있음을 주장한다. 최우선적이며 가장 중요한 전제는 모빌리티가 단지 한 장소에서 다른 장소로의 사람, 사물, 관념의 이동에만 관련되는 것이 아니라, 사회 자체의 토대적 부분이 되었고 사회에 매우 깊이 뿌리내린 과정이라는 것이다. 모빌리티는 지역 차원에서 전 지구적 스케일에 이르기까지, 한마디로 무엇인가

---

3 [역주] 생활글life writing은 자신이나 타인의 삶에 대한 기억과 경험을 기록한 글들을 통칭하는데 자서전, 전기, 회고록, 일기, 편지, 유언장, 사적 에세이, 그리고 최근에는 블로그나 이메일 등이 포함된다(https://en.wikipedia.org/wiki/Life_writing).

작동하게 만든다. 어리의 말처럼, 모빌리티 전환은

　… 한 가정에서부터 거대 규모 기업에 이르기까지 모든 사회적 존
재들이 수많은 실제적·잠재적 이동의 상이한 형태들을 전제로 함
을 강조하는 전환이다. … 모빌리티 전환은 상이한 형태의 이동, 교
통, 커뮤니케이션에 대한 분석과 경제적·사회적 생활이 시간을 가
로지르고 다양한 공간들에 퍼져서 수행되고 조직되는 복합적 방식
들을 연결시킨다(Urry 2007, 6).

첫 번째 논점과 연결되는 두 번째 논점은, 이동이란 한 위치에서
다른 위치로 어떤 사람이나 사물의 물리적 이전을 넘어서는 중요한
의미들을 지닌다는 전제이다. 이것이 함의하는 바는, 이동이 그 결
과와 관련하여 영향력과 중요성을 지닌다는 것을 넘어서서, 이동의
행위와 경험 자체가 중요하다는 것이다.

셋째, 새 모빌리티 패러다임은 새로운 이동 형태의 역할과 영향
에 주목해 왔다. 특히 소셜미디어, 스마트폰, 기타 컴퓨터 기반 커뮤
니케이션 형태들 같은 새로운 모바일 기술들이 촉진하는 새로운 이
동 형태에 주목해 온 것이다. 이런 테크놀로지들은 (물리적 이동 없이
도) 신속하고 가상적인 상호작용을 허용할 뿐 아니라, 이동 중에 거
의 즉각적인 커뮤니케이션을 허용함으로써 그 자체가 모빌리티 혁
명의 부분이라고 주장되었다.

넷째, 새로운 모빌리티 개념들을 활용하는 많은 연구들에는 우리

가 21세기에 새로운 수준의 모빌리티를 경험하고 있다는 암묵적 가정이 있다. 사람, 사물, 관념이 이제 그 어느 때보다도 빠르고 완벽하게 지구를 흘러 돌아다니고 있다는 것이다. 나아가 이 때문에 모빌리티에 대한 기대가 훨씬 높아졌다. 따라서 만약 우리가 예측하지 못한 방해 탓에 신속하고 용이하게 이동하거나 소통할 수 없다면, 좌절의 수준도 높아질 수 있다.

마지막으로, 이런 연구들은 새로운 모빌리티 장소들이 발전한다는 점에 주목했다. (공항 출국장 같은) 장소가 존재하려면, 수많은 사람들이 빠르고 용이한 이동에 대한 기대와 능력을 지녀야 한다. 모빌리티가 이런 장소를 통해서 현대적 생활양식을 떠받치는 사람, 사물, 관념 흐름의 네트워크들을 연결하는 교점들을 창출함으로써, 일부 도시 공간들의 구조와 기능을 변형시켰다고 주장되어 왔다(Kaufmann, Bergman and Joye 2004; Cresswell 2006; Larsen, Urry and Axhausen 2006; Banister 2008; Adey 2010; Cresswell and Merriman 2011; Grieco and Urry 2012; Merriman 2012; Sheller and Urry 2016). 최근 교통과 여행의 맥락에서 이러한 모빌리티 접근법의 역사적 타당성에 대한 몇 편의 연구들이 있는데, 특히 학술지《트랜스퍼스》와《T2M 연감》에 실려 있다(예컨대 다음을 참조. Mom, Divall and Lyth 2009; Divall 2011; Merriman et al 2013). 이 주제들 중 몇몇은 이 글의 논의 틀을 잡는 데 활용되었고, 나아가 새 모빌리티 개념들이 과거 모빌리티에도 타당함을 서술하는 데 활용되었다.

생활글과 모빌리티

오늘날 모빌리티 연구는 대체로 연구자가 이동에 동행하는 것을 포함하여 다양한 질적 기법과 민족지 기법을 사용하여 일상적 이동 경험을 탐구한다(Hein, Evans and Jones 2008; Carpiano 2009; Fincham, McGuiness and Murray 2009). 하지만 이는 역사적 연구에서는 분명 불가능하다. 가까운 과거의 구술사에는 이런 기법들이 사용될 수 있지만, 그 외에는 현재 남은 기록 증거들에 의존할 수밖에 없다. (자서전, 생애사, 회고록, 편지, 일기, 기타 사적인 성격의 자료들을 포함하는) 생활글[4]은 한 가지 중요한 자료인데, 그중에서 일기는 자주 (가급적이면 매일) 기록되므로 역사적 민족지에 가장 가깝다. 하지만 사적 일기를 증거로 사용하는 데에는 많은 문제점이 있다. 일부는 대부분의 생활글에서 일반적으로 나타나는 문제이고, 일부는 특수하게 모빌리티 연구에서 나타나는 문제이다(Posonby 1923; Fothergill 1974; Vickery 1998; Lejeune 2009).

첫째, 일기 쓰는 사람들이 전체 집단을 대표하지 않는다. 일기 쓰는 사람들은 시간, 문해력, 일기 쓰는 성향을 지닌 사람들 중에서 나오고, 게다가 우리는 지금까지 살아남은 일기만 읽을 수 있다. 따라서 그 정의상 일기는 불균등하게, 전체 집단 중 상대적 특권층으로부터 나온다고 볼 수 있다. 둘째, 일기는 일기 쓰는 사람들이 이야기

---

4 생활글이 포괄하는 범위에 대한 유용한 정의는 다음을 참조. https://www.wolfson.ox.ac.uk/what-life-writing.

하기로 선택한 것만 드러낼 수 있다. 무엇이 빠졌는지, 그리고 포함된 자료는 어떻게 선택되었는지 판단할 길이 없다. 가끔 어떤 일기 구절은 나중에 줄을 그어 삭제되지만 적어도 일부는 읽을 수 있기도 하다. 이 때문에 일기 쓴 사람이 명백히 삭제하려 한 자료를 연구자가 사용해도 되는가라는 윤리적 문제가 생긴다. 남자와 여자가 서로 다른 방식의 생활글을 쓴다는 증거가 일부 있는데, 남자는 자서전 쓰기를 좋아하고 여자는 일기 쓰기를 좋아한다. 자서전과 생애사는 일상적 활동의 지표로서 신빙성이 다소 낮은 경향이 있다. 생애 중 시간이 지난 후 기억이 희미해지는 가운데 쓰이기 때문이고, 종종 자신의 삶을 정당화하는 강력한 메시지도 있기 때문이다(Humph -ries 2010: 12-48; Griffin 2013). 그래서 이 글에서는 사적 일기만 사용했다.

일기 쓰기의 특징 때문에 모빌리티 연구에서 추가적 문제가 생긴다. 매일의 이동은 당연하게 여겨지는 평범한 활동이기 때문에 이런 이동이 모조리 일기에 기록되었을 확률은 낮다. 일기에서는 매일매일의 삶 중에서도 판에 박힌 일의 온갖 세부 사항에 관련된 측면들보다는 표준에서 벗어난 측면들이 주목받는 경향이 있다. 따라서 우리가 어떤 생활글에서 얻는 모빌리티의 그림은 판에 박힌 일과 일상보다는 이례적이거나 문제적인 것에 불균등하게 초점을 맞춘 그림일 위험성이 실제로 존재한다. 예를 들어, 판에 박힌 출근 이동은 이례적으로 지연될 때에야 꼭 집어 기록될 것이다. 또한, 대부분의 일기는 무엇을 했는지는 말해 주지만 이동의 실제 경험에 대해서는 별로 말해 주지 않는다고 주장할 수 있다. 이 연구에서 인용한 일기를 쓴 사람들이 느낌과 감정을 기록하는 일은 드물며, 그렇게 할 때는 대개 이례적이고 예상하지 않거나 원하지 않던 사건의 맥락에서이다. 이는 감정이 더 중요하게 나타나는 문학적인 일기와 대비되며(Wordsworth and Woof 2012), 이동 경험이 서사의 주요 부분인 허구와도 대비된다(Pearce 2012, 2016). 대부분의 역사적 연구에서 그런 것처럼, 이러한 자료의 제약들에 맞서 우리가 할 수 있는 것은 자료들을 분석하고 해석하는 내내 이런 제약들을 충분히 의식하는 것 외에는 별로 없다. 이 글에서 대부분의 이동 '경험'은 일기들이 보통 포함하는 물질적인 증거들과 관련되는데, 이런 물질적 증거들에는 느낌과 정서에 대한 직접적 정보가 훨씬 드물다.

이 글은 다양한 종류의 생활글을 이용하여 과거의 거주지 이전 및 일상적 이동 양자를 모두 검토하는 장기 연구 프로젝트에서 나온 것이다. 지금까지 총 50개의 (주로 일기이지만, 생애사와 편지도 포함하는) 생활글을 검토했지만, 이 글에서는 1840년 이후 한 세기 동안 쓰인 6개의 일기를 대상으로 하여, 도시 이동자들이 그들이 지나치는 공간과 관계 맺는 방식을 연구한다. 이 일기들을 선정한 이유는 이들이 광범위한 시기와 위치를 포함하고, 도시 이동에 대한 꽤 풍부한 자료를 담고 있기 때문이다. 일기 작성자들의 기본 특성은 〈표 1〉에 있고 이후 논의 와중에 더 많은 정보가 주어질 것이다. 그렇다고 이런 자료들이 꼭 더 큰 집단을 대표한다고 암시하려는 것은 아니다. 그것은 이런 질적 증거들을 활용하는 연구의 목표도 아니다. 이 자료들은 그보다는 양적 자료들에서 드러날 수 없는 모빌리티 과정과 개인적 이동 경험을 통찰하는 것이고, 따라서 최근 모빌리티 연구에서 자주 사용되는 민족지적이거나 그와 유사한 증거들을 되풀이하고자 하는 것이다.

표 1. 일기들

작성자 성명	직업	생년	일기 작성 당시 위치	일기 기간	일기 소장지
존 리슨	부동산 임대업자	1803	런던	1846–1865	비숍스게이트 연구소 아카이브 (GDP/8)
존 리	포목상 도제	1842	랭커셔	1859–1864	개인 소장
엘리자베스 리*	무직	1867	머지사이드	1884–1892	Pooley et al. 2010 출간
아이다 베리	무직	1884	맨체스터	1902–1907	비숍스게이트 연구소 아카이브 (GDP/28)
제랄드 그레이 피츠모리스	변호사	1901	런던 및 기타 지역	1926–1927	비숍스게이트 연구소 아카이브 (GDP/52)
로나 리틀	타자수	1919	런던데리, 이후 런던	1932–1959	개인 소장

* 존 리의 딸

새로운 것과의 만남

1840년 이후 한 세기 동안 도시민들은 주변 환경이 다양한 새로운 교통 기술들로 변형되는 것을 관찰했을 것이다. 어떤 것은 거의 인식되지 못했고 일상생활에 거의 영향도 미치지 못했지만, 어떤 것은 이들이 지나치는 공간과 이동하는 방식을 근본적으로 변화시켰을 것이다. 일기 내용은 이러한 과정의 성격 및 규모에 대한 실마리를 줄 수 있다. 19세기 중반부터 철도는 도시 공간과 이동에 가장 큰 영향을 끼쳤다. 이 연구에서 다루는 일기 작성자들은 주변에서 일어나는 변화들을 확실히 인지하고 있었다. 존 리슨은 19세기 중반 런던 시내와 그 주변을 이동하고 멀리 있는 친구와 친척을 방문할 때 기차를 자주 이용했다. 그는 기차가 빠르고 편리함을 인정하면서, 새로운 역과 노선이 개통되면 도시를 편하게 이동할 것 같다며 호의적으로 언급했다. 가상 모빌리티를 촉진하는 새로운 형태의 커뮤니케이션에 대해서, 그리고 통행료가 폐지되면서 런던 내 도로 교통이 자유로워지는 것에 대해서 긍정적으로 언급한다.

크레센트 맞은편에 생긴 새 기차역을 보았다. 널찍하고 편리하다. 템즈강 북쪽 철도와 남쪽의 철도를 잇는다. 6월 1일 개통(리슨 일기, 1862년 5월 17일).

아일랜드에서 뉴욕까지 놓인 전신선이 처음 작동했다. 빅토리아 여왕과 미국 대통령 사이에 메시지가 전송되었다(리슨 일기, 1858년 10월 8일).

켄싱턴, 첼시, 해머스미스, 노팅힐, 매릴번, 리젠트파크, 캠던, 켄티시타운, 이슬링턴의 요금징수소가 모두 폐지되고 철거됨. 도로는 통행료가 없어졌다(리슨 일기, 1864년 7월 2일).

중년이자 중간계급인 존 리슨은 새로운 교통 기술과 운영 방식을 환영했다. 자신이 살고 일하는 런던에서의 이동이 쉬워졌기 때문이다. 리슨보다 훨씬 나이 든 사람들도 새로운 교통 기술을 수용하는 것처럼 보였다. 1847년 존 리슨은 76세 노모가 기차 여행에 어떻게 반응했는지 기록했다. 아마도 난생 처음일 기차 여행은 분명 긍정적 경험이었다.

어머니는 리처드를 보러 저녁 7시 기차로 노르위치로 가셨다. 안전하게 도착한 어머니는 기차 여행을 좋아하셨다. 리처드는 바빴고 어머니는 그의 집이 맘에 드셨다(리슨 일기, 1847년 7월 10일).

영국의 다른 도시 지역들도 혁신을 겪고 있었는데, 이러한 변화를 마주한 일기 작성자들은 긍정적으로 반응했다. 머지사이드의 버컨헤드는 유럽 최초로〔말이 끄는〕시가궤도차를 놓은 도시였는데, 이는〔미국 기업가〕조지 프랜시스 트레인George Francis Train이 1860년 설치한 것이다(Culture 24 웹사이트: O'Flaherty 1972). 그해 10월 젊은 존 리도 머지사이드에 있는 친척을 방문하면서 이 시가궤도차와 마주치게 된다.

리버풀로 기차를 타고 가서 월터 이모와 삼촌과 저녁 식사, 거기부터 트랜미어를 지나 버컨헤드까지 걸었고, 아메리칸〔원문대로〕철도의 객차를 탔다. 여기에 얼마 전 만들어진 이것은 선로 위에서 거리를 달린다. 우리는 매일 공원까지 그걸 탔고 거기서부터는 즐겁게 조금 걸었다 … (존 리 일기, 1860년 10월 14일).

여러 해가 지나고 존 리의 딸 엘리자베스 역시 머지사이드에서 이 새로운 교통 기술을 접했으며 그 후 여러 번 이용했다. 버컨헤드와 리버풀을 잇는 머지철도의 터널은 1886년 개통해서 금방 머지의 다른 지역들과 리버풀을 잇는 가장 편리한 이동 수단이 되었다(Patmore 1961). 버컨헤드 외곽 프렌튼에서 부모와 함께 살았던 엘리자베스 리는 이 철도가 개통되자마자 이용했는데, 승강기와 인파에 놀랐다.

날씨 좋음. 터널 아래를 지나는 철로가 오늘 개통. 리버풀 갈 때 타고 갔다. 리버풀에 도착해서는 '승강기'를 타고 올라갔는데, 거기는 끔찍하게 만원이었다. 리버풀 구경 잘하고 기차로 돌아옴. 기차역에 있던 많은 신사들. 재밌었지만 사람들에 짓눌려 죽을 뻔(엘리자베스 리, 1886년 2월 1일).

기차와 시가궤도차가 19세기의 신생 교통 기술이었다면, 모터 차량은 20세기 초 근대화와 혁신의 전형으로 간주됐다(O'Connell 1998; Merriman 2007). 1900년대와 1910년대 영국 도로를 누비던 차량은 아직 많지 않고, 1920년에는 오토바이와 스쿠터가 자가용보다 많았지만, 1930년이 되면 영국에 자가용 등록 대수가 1백만 대에 이르고 모터 버스와 화물차는 합쳐서 거의 50만 대가 있었다(〈표 2〉 참조).

이 글에서 인용하는 일기 작성자들 가운데 일기를 쓸 당시 승용차

표 2. 1909~1939년 영국의 차량 등록 대수 (단위: 1,000대)

연도	자가용	화물차	오토바이, 스쿠터, 모페드	버스	총 등록 모터 차량 대수
1909	53	30	36	24	143
1920	187	101	228	75	591
1930	1056	349	712	101	2272
1939	2034	488	418	90	3148

출처: 교통부 차량 통계, 표 VEH0103 (http://www.gov.uk/government/statistical-data-sets/veh01-vehicles-registered-for-the-first-time)

를 소유한 사람은 없었다. 하지만 몇 사람은 모터 차량을 이용할 수 있는 가족이나 친구가 있었다. 일기 내용들을 보면, 20세기 초반 '자동차 타기motoring'는 확실히 뭔가 이례적인 것으로 여겨졌다. 대부분 여가 여행과 결부되었고 종종 이국적이거나 낭만적인 연상과 관계됐다. 아이다 베리는 맨체스터 남쪽에서 홀어머니와 살았는데 승용차를 탈 수는 없었다. 그녀의 이동은 다양한 형태의 대중교통, 자전거, 도보로 이루어졌다. 하지만 그녀의 몇몇 젊은 남자 지인은 (아마 그들 것이 아니라 가족 소유의) 승용차를 이용했다. 그녀는 보통 친구들과 걷거나 자전거를 타다가 이들과 마주쳤다. 아이다 본인이 승용차에 탔다는 증거는 일기에 없다. 그러나 '자동차 타기'에 대한 아이다의 짧은 언급은 어떤 로맨스, 새로운 것을 만나는 흥분을 암시한다.

우리는 올해 처음으로 8마일의 〔자전거〕 여행을 나갔다. 멋진 저녁 시간이었고 즐거웠다. 석양이 깁레인 아래쪽 새로 움트는 나뭇잎들을 다 비추었고 새들이 지저귀고 공기는 상쾌했다. 우리는 스톡포트로드 아래쪽에서 잠시 쉬었다. 눈에 익은 풍경을 보고 지나가는 장미빛 구름을 관찰했다. 집에 오는 길에 자동차를 탄 해리를 만났다. 해리는 노던그로브를 따라 차를 돌려와 우리 사이에 내렸다. 문 앞에서 잠깐 이야기를 나누었다(베리의 일기, 1905년 3월 27일).

맨체스터에서 모터버스는 1906년 노던든에서 처음 운행하기 시작했는데, 이곳은 아이다가 가족과 사는 곳에 가까웠다(Greater Manchester Museum of Transport website). 아이다는 이 새로운 교통 형태로 아마 최초로 이동했던 일을 기록하고 있다. 하지만 자신이 더 흔히 이용한 합승마차 및 시가궤도차와 비교하는 언급은 없다. 20세기 들어 영국의 많은 도시에서는 기존의 주요 대중 교통수단이던 시가궤도차를 모터버스가 점차 대체해 갔다(Pooley and Turnbull 2000a).

모드는 펑크 등을 수리하기 위해 자전거를 쇼스까지 끌고 갔다. 밤에 우리는 노던든에서 모터버스를 탔다(베리의 일기, 1906년 6월 16일).

제랄드 그레이 피츠모리스는 아이다 베리보다 훨씬 부유한 가정에서 태어났다. 캠브리지 대학을 다녔고 일기를 쓸 당시 런던에서 젊은 변호사로 일하고 있었다. 젊은 시절 승용차가 없었고 대개 대중교통이나 도보로 일상적으로 이동했다. 하지만 일기를 쓰던 1920년대에는 승용차가 훨씬 일반화되어 몇몇 친구와 지인은 승용차가 있었다. 아이다 베리에게 그랬던 것처럼, 자동차 타기는 여가, 재미,

로맨스와 결부된 어떤 것이었다. 이는 제랄드의 25세 생일파티에서 특히 분명하게 드러나는데, 이는 20세기 초반 여성 운전자에 대해 어떤 태도가 생겨나고 있는지를 암시한다.

오늘부로 스물다섯 살이다. 글래디와 나의 생일을 합동으로 축하하기 위해 밴 레슨스 가족과 주말을 보내고 있다. 어제 우리는 프루에의 새 자동차를 타고 멋진 드라이브를 했다. 5인승 피아트 살롱, 작고 귀여운 녀석이다. … 프루에는 운전을 참 잘한다. 귀여운 프루에 … 그날 저녁 프루에와 샬포드 공원에 가서 춤을 췄다. 프루에는 처음으로 밤 운전을 했지만 아주 잘 했다. … 오늘 저녁은 비가 쏟아 부었다. 프루에와 난 비를 피할 수 있는 곳에 자동차를 넣느라 한바탕 소동을 겪었다. 프루에가 찰스톤이라는 새로운 춤을 방금 가르쳐 주었다. 정말로 기분 좋은 주말이다(피츠모리스의 일기, 1926년 1월 8일).

물론 1920년대의 승용차는 종종 믿을 만하지 않았고, 만일 작동하지 않으면 대안이 되는 교통수단이 필요했다. 자동차 타기가 예측을 불허하며 이 새로운 교통 형태가 신뢰하기 어렵다는 것은 제랄드 일기에 기록되었다.

저녁 식사가 끝날 무렵 우리는 자동차가 또 작동하지 않는다거나 라이트가 고장 났다는 소식을 들었다. 자동차를 빌리거나 택시를 타고 가려 했지만 결국 존 아서의 오토바이를 타게 되었다. … (피츠모리스의 일기, 1926년 1월 8일).

　이 일기들에 나타난 증거에 따르면, 새로운 교통 형태들과의 만남이 비교적 일반적이었고 대개 문제가 없었음을 알 수 있다. 일기 작성자들의 일상 이동은 그때그때 가장 편한 교통수단을 이용했다. 그리고 낡은 교통 기술과 새로운 교통 기술 사이에서 비교적 쉽게 오갈 수 있었다. 당연히 모터 자동차 같은 새로운 교통 기술이 제대로 작동하지 않는 일도 있었지만, 모터 자동차가 일상의 핵심적 이동보다는 주로 여가와 재미를 위해 사용되었기에 이로 인한 불편은 비교적 사소해 보인다(예시로 Levitt 1909를 참조). 의심의 여지없이 새로운 교통 기술을 다르게 경험한 사람들도 있었을 것이다. 하지만 여기에서 연구하는 일기의 작성자들은 교통 인프라와 교통 기술의 근대화를 수용하고 환영했으며 새로운 형태의 도시 모빌리티를 기꺼이 받아들였다. 오늘날 모빌리티 연구에서 대다수 응답자들이 그렇듯이, 이 이동하는 사람들에게도 모빌리티는 중심적인 것이었다.

속도의 경험

　20세기 후반 '근대화'의 주요 특징 중 하나는 모든 게 빨라진다는 징후였다. 그저 우리가 더 빠르게 더 멀리 이동할 수 있다는 것이 아니다. 삶 자체가 더 빠른 속도로 살아지고, 어떤 주어진 시간에 더 많은 활동이 쑤셔 넣어질 것으로 예측되는 것이다(Harvey 1989 284-307; Thrift 1994; Kern 2003). 예전의 도시 이동자들은 새로운 교통 기술들로 인해 속도가 빨라지는 데에 어떻게 반응했는가? 교통이 빨라짐에 따라 도시 생활도 빨라졌다는 증거가 있는가? 이런 질문들에 답변하는 실마리가 다음의 일기들에서 발견된다.

런던에서 고급 부동산을 다수 경영하던 존 리슨은 임차인에게 세를 걷기 위해 이동하는 시간이 많았다. (어떤 방식으로 이동했는지 특정되지 않는 경우가 많아도) 대부분은 도보, 핸섬 마차택시, 합승차, 기차로 이동한 것 같지만, 때로는 가벼운 '플라이' 마차를 렌트하기도 했다. 이는 특별한 모임을 위해 가장 자주 사용되었다. 속도에 대해서는 거의 언급하지 않지만, 말이 제어가 안 된 적이 있었고 이 경험에 분명 충격을 받았다.

플라이 마차를 타고 런던에서 집으로 오는데 나 혼자 탄 마차의 말이 갑자기 내달려 집에서 멀어졌다. 말은 천우신조로 애디슨로드 근처에 있는 말의 예전 마구간에 이르러서 겨우 멈췄다. 지켜 주시는 하나님께 감사 드릴 일이 하나 더 생겼다. 하마터면 마차에서 내동댕이쳐져 죽거나 크게 다칠 뻔했던 것이다. 그렇게 지켜 주신 데 대해 그분의 거룩한 이름으로 기도 드린다(리슨 일기, 1861년 4월 26일).

존 리슨이 내달리는 말과 마차에서 겪은 이런 속도 경험은 겁나는 일이었지만, 때로 속도 감각은 아주 상쾌하고 신날 수도 있었다. 20

세기 초 맨체스터 남부에서 자전거를 타던 아이다 베리에게는 분명히 그랬다. 주로 동생이나 친구들과 탄 자전거는 아이다의 주요 오락이었는데, 한번 타면 하루에 50마일(약 80킬로미터) 정도 상당히 멀리까지 탔다. 자전거를 탈 때 풍경과 주변 조건들을 언급하는 것으로 보아 주변 환경을 아주 잘 의식했던 것 같다. 그렇지만 속도 경험은 자전거 타기에 상쾌함을 더해 주었다. 아이다는 자전거 이동이 가져다주는 속도감 및 주변 환경과의 운동감각적 관계를 한껏 즐겼다(Spinney 2006: Larsen 2014).

저녁때 모드와 나는 개틀리와 치들을 가로질러 자전거를 탔다. 스쿨스힐 아래 아름다운 해안이 펼쳐졌다. 디드즈베리에서 크리스를 봤다(베리의 일기, 1903년 7월 28일).

모드와 나는 차를 마신 후 자전거로 앨덜리엣지까지 갔다가 전속력으로 집까지 멋지게 타고 왔다(베리의 일기, 1906년 8월 8일).

로나 리틀은 1938년 1월 (북아일랜드 런던데리로부터) 런던으로 왔다. 북아일랜드를 벗어난 이 첫 여행에서 그녀는 곧바로 (런던 시민에게는 새로울 게 없지만) 그녀에게는 새로운 교통 기술들을 만났다. 런던에서 보낸 처음 몇 달 동안 도시를 탐색하고, 버스, 기차, 지하철, 도보 등 꽤 다양한 교통수단을 이용했다(Pooley 2004). 그녀는 이런 새로운 환경에서 이동하는 데 거의 어려움을 겪지 않았다. 런던데리라는 작은 마을과 비교해서 빠른 런던에서의 생활 속도와 교통 속도에 흥미를 느낀 기미는 전혀 없다. 런던 도착 후 겨우 한 달이 지난 다음 사례에서처럼 때로는 교통 시스템 때문에 곤란해하지만, 작은 마을에서 거대 메트로폴리스로 이주한 것은 비교적 문제가 없었다.

차링크로스에서 열차를 탔는데, 열차는 얼스코트를 지나 해머스미스로 쏜살같이 날아갔다. 깜짝 놀랐다! 다시 피카딜리 라인 열차를 탔지만 집에 생각보다 늦게 도착했다(리틀 일기, 1938년 2월 7일).

모든 일기에서 교통 속도나 도시 생활의 속도를 언급하는 일은 드물다. 속도를 언급하는 경우 대부분 즐거움이나 두려움 중 하나의 감정과 결부되었다. 일기 작성자들은 이보다는 속도가 느려서 문제인 경우를 더 자주 언급했다. 거의 모든 일기 작성자들은 일기의 어디에선가 교통이 느리거나 연결편이 없거나 열차나 버스가 늦거나 차가 밀리거나 승객이 많은 것을 언급했다. 예를 들어, 존 리는 1860년 이스트랭커셔에서 리버풀까지 소풍을 갔다. 즐겁게 하루를 보냈지만 오가면서 연착이 있었고 불편함을 느꼈다.

리버풀 근처 노슬리파크에서의 사열식을 보러 가벼운 여행을 했다. 애크링턴 역에서 사소한 사고가 있었는데, 몇몇은 눈에 멍이 들고 코피를 흘리고 그랬다. 우리는 커크비 역까지 가서 노슬리까지 4마일을 걸어야 했다. … 난 사열식이 끝날 때 출발해 역까지 갔다. …

우리가 역에 도착하자 수많은 인파로 북적였다. 역은 절개지에 있는데, 그 옆에는 쪼그리고 앉아 참을성 있게 기다리는 사람들로 가득했다. 나는 바깥에서 3시간 정도 기다린 끝에 다행스럽게도 일등석 객차에 올랐다. 밤 10시쯤 출발하여 번리에 도착했을 때는 새벽 2시였다(존 리 일기, 1860년 9월 1일).

제럴드 피츠모리스도 런던 바깥에서 여행할 때 교통이 형편없다고 불평하고, 런던 열차들이 불편하고 불쾌하다고도 불평한다. 일례로 웨스트컨트리에서 짧은 시간을 보낸 후 이렇게 불평한다.

난 어둡고 탁한 런던으로 돌아온 게 싫다. 우리는 불쾌하고 불편하기 짝이 없는 여행을 했다. 무더운 날씨에 열차는 꽉 찼다. 나는 오는 길 내내 거의 서서 왔다(피츠모리스 일기, 1926년 8월 19일).

일기 내용들에서 유추할 수 있는 것은 1840년 이후 한 세기 내내 도시민들은 교통이 제대로 작동하고 이동이 꽤 빠르기를 기대했다는 점이다. 삶의 가속이나 도시 교통의 가속이 문제였다는 것은 타당하지 않다. 도시민들은 이를 매일의 일상 속에서 대개 수용하여 기꺼이 통합했던 것이다. 오늘날도 마찬가지지만, 교통 시스템들이 예상처럼 작동하지 않는 것이 더 골칫거리였다. 이는 최근의 많은 모빌리티 연구에서 재연되는 주제들이다.

이용의 편이성

19세기 중반부터 교통수단 선택의 폭이 늘어나면서 서로 다른 교통수단들의 상호연결〔환승〕이 중요한 문제가 되었다. 여러 교통수단을 편리하게 이용하는 이동은 예를 들어 버스, 전차, 기차를 지나친 지연이나 어려움 없이 갈아탈 수 있는 능력을 필요로 했다. 이런 서비스 대부분이 각기 다른 회사에 의해 제공되었고, 따라서 이 회사들에게는 이러한 〔교통수단의〕 통합이 반드시 우선순위였던 것은 아니다. 그리고 교통수단의 상호연결은 교통 네트워크의 지연과 중단으로 더욱 위축될 수 있었다(Dyos and Aldcroft 1969; Schivelbusch 1986; Freeman and Aldcroft 1988). 물론 모든 교통 시스템은 어떤 장애를 겪을 수밖에 없으며, 종종 날씨를 비롯하여 운영자의 통제를 넘어서는 상황들 때문에 장애를 겪는다. 그렇지만 과거의 이동자들은 대개의 경우 이렇게 생기는 이동의 어려움들을 손쉽게 극복했다(Pooley 2013). 특히 20세기 초 맨체스터 남쪽에 살던 아이다 베리가 그랬다. 일상적 이동 수단의 상당 부분이 도보와 자전거였지만, 그녀는 다양한 대중교통수단(버스, 전차, 기차, 택시)도 이용할 수 있었고 자주 이용했으며 때때로 손쉽게 환승할 수 있었다. 이러한 이동을 위해 시간표와 관련한 상세한 계획이 필요했다는 증거는 일기에 없다. 오히려 여러 교통수단을 이용할 수 있으며, 이들 간 환승도 가능할 것이라는 기대가 다음 예시들에서 잘 나타난다. 첫 번째 예시는 맨체스터 남쪽 변두리 농촌으로 성금요일 나들이를 간 때이고, 두 번째 예시는 놀기도

하고 집도 구할 겸 시내를 돌아다닐 때이다.

우리는 예배당에 들르고 루비, 노먼과 함께 걸었는데, 이들이 우리를 집까지 바래다주었다. 식사 후에 애들이 우리를 불러내서, 버스를 타고 치들로 갔다. 그리고 스톡포트 가는 전차를 탔고 다시 우들리 가는 전차로 갈아탔다. 가는 길에 버논파크를 지나쳤다. 우리는 700피트를 걸어 올라 웨르네스로우 정상에 도착했다. 주변의 시골 풍경이 다 아름다웠고 저 멀리 킨더스카우트가 보였다. 우리는 콤스탈에서 차를 마시고 마플까지 걸어 내려왔다. 멋진 나들이였고 즐거웠다. 마플에서부터 기차를 타고 집으로 왔다. 루비와 노먼이 우리를 집까지 바래다주었다(베리 일기, 1904년 4월 1일, 성금요일).

식사 후 우리는 다 같이 촐튼까지 기차를 타고 간 다음 거기서 스트렛포드까지 걸었다. 그 다음에 버스 지붕 자리에 타고 엄스톤까지 집 보러 갔다. 날씨는 좋았고 우리는 가게에서 차를 마셨다. 집에 오는 길에 스트렛포드 역에서 촐튼 역까지 택시를 탔다. 6시 57분 기차를 놓치지 않고 집으로 왔다(베리의 일기, 1905년 5월 10일).

19세기 중반의 존 리슨과 그의 가족에게는 〔20세기 초반의〕 아이다 베리보다 교통수단의 선택지가 적었지만, 특히 런던 바깥으로 장거리 이동을 할 경우에는 별 어려움 없이 다양한 교통수단을 갈아타는 것이 일반적이었다. 보통은 이 경우 먼저 목적지까지 기차를 타고 가서 그곳에서 특정 유형의 택시를 전세 냈다. 물론 어떤 여행에서는 런던에서 다른 해안 도시로 갈 때 배를 타기도 했다. 다음의 두 사례는 이러한 이동을 전형적으로 보여 준다.

8월 9일 우리는 몸이 많이 아픈 로티, 존 그리고 간호사인 수전과 함께 증기선을 타고 마게이트로 갔다. 프론트크레센트에 숙소를 잡고 6주간 머물렀다. … 그 후에 램스게이트의 스펜서스퀘어로 이동한 뒤 4주간 머물렀다. 집으로 오는 길에는 기차를 탔다. 목초지가 펼쳐진 아름다운 전원에 아직도 홉 열매들이 열려 있었다(리슨의 일기, 1855년 8월 9일에서 10월 11일까지).

샬롯은 문델시에 사는 비니에게 편지를 받았다. 그들은 여기를 떠난 그날 아침, 역에서 쿠퍼 마차더러 대기해 달라는 전신을 노르위치로 보냈다. 그리고 쿠퍼 마차와 플라이 마차를 타고 집으로 갔다. 모두 그들을 반갑게 맞아 주었다(리슨의 일기, 1859년 11월 19일).

이로부터 70년쯤 지난 후 제럴드 피츠모리스도 런던 이곳저곳과 그보다 먼 지역을 널리 여행했는데, 여흥이면서 업무 여행(한동안 영국 남서부에서 순회재판판사의 사법비서관이었다)이었다. 런던을 돌아다니는 일상적 이동 대부분에 이용된 정확한 교통수단은 나타나 있지 않다. 그러나 일기에 적힌 것으로 봤을 때 모두 도보이거나 다양한 대중교통이었을 것으로 추정된다. 피츠모리스는 1926년 총파업이 런던 교통에 미친 영향을 자세히 말하고 있다. 이 과정에서 런던 시민들이 보통 이용하는 다양한 교통수단에 대해 생생하게 전해 준다. 피츠모리스는 파업에 강력하게 반대했고 〔교통 지원을 위한〕 자원봉사 활동에 지원했으며 그 활동이 끝났을 때 아쉬워했다.

> 파업이 진행 중이다. 전차와 버스가 모조리 멈췄다. 지하철과 기차도 멈췄고 항만 노동자 등도 일을 멈췄다. 택시와 민영 버스만 다닌다. 모두들 오토바이, 자전거, 화물차, 관광버스, 자가용을 타고 출근한다. 제방, 화이트홀, 스트랜드 등에는 출퇴근 시간에 차들이 넘쳐났다(피츠모리스 일기, 1926년 5월 4일).

보통 때에는 런던 교통은 대부분 순조롭게 작동하는 것처럼 보였지만, 제랄드 피츠모리스는 런던 밖으로 이동할 때는 열차 연착이나 환승 시스템 미비에 대해 상당히 자주 불평했다. 예를 들어 (도셋의) 차머스에서 샐리스베리를 경유해 윈체스터로 이동할 때 버스와 기차 연착에 대해 몹시 불평했다. 하지만 잊지 말아야 할 점은 총파업 이후에도 이어진 광부들의 파업으로 일부 기차들이 영향을 받고 있었다는 것이다(Morgan 1987).

요약하자면, 일기 내용들은 현대의 모빌리티와 많은 유사점을 다시 보여 준다. 대부분의 경우 도시민들은 교통의 다양한 선택지에 접근할 수 있었고, 이 교통수단들은 서로 대체할 수 있었으며, (총파업같이) 비정상적 조건들을 제외하면 서로 다른 교통수단 사이의 환승은 대개 까다롭지 않았다. 영국의 도시민들은 1840년 이후 한 세기 동안 급변하고 급성장하는 교통수단들과 모빌리티의 새로운 장소, 형태, 속도를 조우했겠지만, 이 사적인 기록들에 따르면 이들은 그리 큰 어려움 없이 여기에 적응했던 것이다.

옛 모빌리티 형태들의 지속성

'새 모빌리티 패러다임'(Sheller and Urry 2006)의 한 가지 함의는 완전히 새로운 형태의 이동이 가능했으며 이로 인해 우리가 이동하는 방식이 변했다는 것이다. 위에서 살펴보았듯이, 도시민들의 교통수단 선택 폭은 점점 넓어졌지만, 대개의 경우 이들은 금세 익숙해졌고 교통수단을 바꿔 가며 쉽게 이용했다. 더욱이 일기 내용들을 자세히 분석해 보면, 전통적인 이동 수단들도 여전히 일반적으로 이용되고 있었다. 도보 이동의 경우가 특히 그러하다. 보행은 아마도 시간이 지나도 변하지 않은 유일한 일상적 이동 수단일 것이다. 오늘날 우리가 걷는 방식과 속도는 기본적으로 수백 년 전과 같을 것이다. 부의 증가로 인해 건강, 영양, 신장이 개선되고, 따뜻하고 방수가 되는 의복과 신발이 생겼으므로 걷는 일이 더 쉬워졌으리라고 주장할 수도 있다. 하지만 이러한 변화에도 불구하고 영국에서 걷기의 비중은 20세기 내내 점차 줄어들었다. 전국이동조사National Travel Survey 의 데이터에 의하면, 전체 이동 수단 중 보행이 차지하는 비율은

1975/76년에는 34.8퍼센트였지만, 2015년에는 22퍼센트에 불과했다(Department for Transport 2016). 이보다 이른 시대에 대한 정확한 데이터는 없지만, 통근에 관한 연구(Pooley and Turnbull 2000b)에 따르면 모든 통근에서 도보 이동이 차지하는 비율은 1900~1910년 사이에는 대략 50퍼센트였으나, 1940년대에는 20퍼센트 이하로 떨어지며 2011년 인구 조사에서는 (잉글랜드에서) 겨우 6.9퍼센트였다. 하지만 주목할 점은 이용 빈도를 기준으로 보면 2013년에도 여러 이동 방식 가운데 도보가 (자동차 다음으로) 두 번째로 중요했다는 것이다. 오늘날에도 도보는 여전히 (간과되기는 하지만) 중요한 교통수단 중 하나이다. 1840년 이후 한 세기 동안 도보 이동은 도시 교통에서 가장 일반적 형태 중 하나였으며 여러 가지 목적의 이동들에서 지배적이었다.

(이 글에서 명시적으로 언급하지 않은 일기들까지 포함해서) 모든 일기 작성자들은 수많은 도보 이동을 기록하고 있다. 걷기는 어디에서나 가능하므로, 이동 방식이 특정되지 않은 경우에는 상당수의 이동이 도보로 이루어졌을 가능성도 높다. 교통수단이 새로울 때야 이 방식이 일기에 기록될 가능성이 훨씬 크다. 그뿐 아니라, 공식 조사는 보통 중요한 교통수단만 기록하지만, 보행은 여러 수단을 이용하는 많은 이동의 일부였을 수 있음을 유념해야 한다. 따라서 버스 이동이나 기차 이동은 언제나 걷는 국면을 포함한다. 기차역이나 버스 정류장으로 걸어가야 하는 것이다. 도보 이동에는 업무, 재미, 쇼핑, 친구 방문, 절약, 운동 등 다양한 목적이 있을 수 있다. 이 글에서 연구한 일기들에는 이런 것들이 모두 기록되고 있는데, 그중 일부를 다음

〈박스 1〉에 소개한다. 재미와 운동을 위한 보행이 가장 많이 기록되었으나, 친구나 친척 방문, 쇼핑, 출퇴근을 위한 보행도 기록되었다. 보행이라는 활동이 일상적이고 당연시되기 때문에, 보행이 이루어진 모든 이동을 확인하기란 불가능하다. 하지만 모빌리티의 가장 오래고 가장 단순한 이 형태가 연구 시기 내내 실질적으로 중요하고 즐거운 것이었음은 분명하다. 이는 분명 오늘날에도 그러하다.

박스 1. 도보의 다양성

살롯, 로티, 쟈니와 나는 오후에 세인트제임스파크를 걸었다. 공원은 휴일을 즐기는 어른과 아이들로 가득했다. 온갖 사람들과 개들, 모두 참 즐거워 보였다(리슨 일기, 1854년 4월 15일, 성금요일).

린톤 가는 우편마차를 탔다. 차비가 1실링 6펜스, 내 생각에 9마일 가는 데 드는 차비치고는 너무너무 비싸다. 날씨가 맑을 거라고 확신할 수만 있었다면 걸었어야 했다(존 리의 일기, 1863년 7월 30일).

밤에 가게에 갔다. 홉 아주머니가 있었다. 아빠와 난 함께 집까지 걸어왔다(거의 밤 12시가 되었다). 너무 피곤했다(엘리자베스 리의 일기, 1884년 5월 24일).

모드와 나는 전차 지붕 자리에 타고 워팅톤에서 올세인츠까지 갔다. 쇼핑하기 위해서 … 우리는 걸어서 집에 돌아왔다(베리 일기, 1906년 6월 14일).

화요일 밤 일식을 보러 북쪽으로 올라가기로 맘먹었다. 유스톤에서 프레스톤으로 가는 11시 5분 기차를 탔다. 프레스톤에는 3시 20분경 도착했다. 정북 방향이나 정서 방향으로 5마일 정도 걸으면 개기일식 핵심 지역에 이른다는 것을 알고 있어서, 휴대용 나침반을 보면서 계속 갔다. 북쪽으로 난 길을 발견하고 그걸 따라서 계속 걸었다(피츠모리스 일기, 1927년 6월 30일).

오늘 아침 리슬리와 함께 뭘 좀 사러 나갔다. … 그 다음에 크룩스 상점으로 갔다. 도착하기 직전 베티를 만났다. 난 흰 재킷 두 벌, 조끼 한 벌, 팬티 두 장을 샀다. 총 4실링 6펜스. 그리고 리슬리, 베티와 좀 걸었다. 조안 해트릭을 만나 같이 걸어서 돌아와야 했다. 그리고 난 울워스 상점에 갔다 … (리틀의 일기, 1939년 1월 27일, 런던데리).

결론

이 글은 단 여섯 개의 일기를 선택적으로 연구했지만, 훨씬 많은 표본의 일기를 연구하더라도 결론은 신중하게 내릴 필요가 있다. 위에서 살펴본 것처럼, 연구 대상이 되는 일기들은 전체 집단의 부분집합으로부터 나온 것이기 때문이고, 거기에서도 무엇이 생략되었는지 알 수 없기 때문이며, (매일의 이동을 포함하여) 일상적인 것은 종종 기록되지 않기 때문이고, 느낌이나 감정은 종종 빠져 있기 때문이다. 하지만 여기에서 제시한 증거에 입각하여, 1840~1940년 적어도 일부 도시 이동자들이 새로운 교통 기술들과 상호작용하고 반응했던 방식에 대해 몇 가지 신중한 결론을 내릴 수 있다.

일기들에 나타난 증거에 따르면, 도시 이동자들은 이용 가능한 신생 기술들을 긍정적으로 활용했고, 대개 이런 기술들이 도시 이동에 있어 참신한 기회와 발전을 제공한다고 보았다. 그리고 더 빠른 속도를 환영하고, 한 차례의 이동 안에서 결합될 수 있는 복합적 교통 방식들의 이용 가능성을 환영했다. 그리고 이러한 교통수단들을 활용해서, 일상생활을 유지하고 풍요롭게 하는 데 필요한 온갖 활동을 했다. 적어도 이러한 의미에서 도시 이동자들은 '새 모빌리티'와 결부된 많은 개념들과 관계를 맺은 것이다. 그들은 자주 이동하고 쉽게 이동했으며 그렇게 할 수 있기를 기대했다. 새로운 기술들을 받아들였고, 지연이나 어려움이 생기면 가끔 불만을 표출하더라도 대개 침착함을 유지했다. 일기에 기록된 것처럼 감정과 느낌을 일으키는 그러한 이동들은 대체로 비일상적 이동이었고 종종 좌절, 두려움, 즐거움 등을 야기했다. 그렇지만 이러한 새로운 교통 형태들이 도시의 일상생활로 통합됨과 동시에, 예전의 교통 형태들도 지속되었다. 특히 도보 이동, 종종 상당한 거리를 주파하는 도보 이동은 여전히 일반적이었고 많은 사람들에게 통상적 이동 수단이었다. 여기서 연구한 모든 일기의 저자들이 비교적 부유해서 버스, 전차, 기차, 택시 등을 탈 만큼의 여유가 있었음을 감안한다면, 훨씬 가난한 사람들, 그리고 일기를 거의 쓰지 않은 사람들은 편의성과 비용 절감을 위해 도보 이동을 더 많이 했을 것이라고 추측하는 것이 합리적이다.

여기에서 제시한 증거들로 미루어 보았을 때, '새 모빌리티 패러다임'에서 구체화된 개념들은 오늘날 모빌리티에 적절한 만큼이나 과거의 모빌리티에도 적절하다고 나는 주장한다. 이 글 도입부의 인용구에서 존 어리는 모빌리티와 사회적·경제적 삶의 연결이 모빌리티 연구에 핵심적임을 강조하는데, 이러한 연결은 여기에서 제시한 논의에서 분명하게 나타난다. 하지만 모빌리티의 경험 및 기대는 20세기 말과 21세기 초에 새로 나타난 것이 아니다. 이 일기들에 드러난 증거들에 입각하면, 이와 같은 특징들이 한 세기나 그 이전부터 있었음을 알 수 있다. 예를 들어 일기들에 기록된 감정들을 야기한 상황들은 이동과 정동에 대한 오늘날 연구들에서 드러난 상황들과 일맥상통한다(Katz 1999: Sheller 2004). 그리고 과거에 이동하던 사람들은 적어도 오늘날 존재하는 것만큼의 많은 복합적 교통 양상들을 활용했다. 지난 160년 동안 아무것도 변하지 않았다고 주장하는 것이 아니며, 이 글은 인터넷과 소셜미디어가 제공하는 가상 모빌리티의 역할이 커졌음은 감안하지 않았다. 하지만 과거와 현재의 유사점은 놀라울 정도라고 나는 주장한다. 모빌리티 이론들은 과거 사회들을 분석하는 도구로 사용될 수 있으며, '새' 모빌리티의 특징들은 종종 이야기하는 것보다 훨씬 오랫동안 있어 왔던 것이다.

10 장

이동적 방법의 재고찰

피터 메리만Peter Merriman

지난 몇 해 동안 다양한 분야의 학자들이 모빌리티 연구에서 방법론의 혁신과 다양화가 결정적 의미를 지님을 강조해 왔다. 이 글은 이처럼 연구 방법이 많아지는 것을 환영하면서도, 이동적 방법mobile method에 대한 촉구를 오롯이 받아들이는 학자들이 유념할 점을 논한다. 이 방법들은 종종 '관례적' 방법들 혹은 '전통적' 방법들이 실패했다는 전제 하에 정당화되던 것들이다. 나는 이동적 방법의 발전에 대한 몇 가지 설명을 개괄할 것이다. 이러한 설명에는 이동적 방법이 '새 모빌리티 패러다임'으로부터 불가피하게 나타났다거나, 사회과학 방법에서 그리고 포착이 어려운 실천을 이해하는 데 혁신과 정치적 유관성이 중요하다는 점 등이 포함된다. 그 다음에는 이런 작업이 지닌 여러 문제를 확인할 것이다. 모빌리티 연구가 필연적으로 사회과학 연구의 한 분야라는 전제, 과잉활동적인 이동하는 주체와 객체의 생산, 특정 연구 방법과 실천의 선호, 특정 기술에 대한 과잉의존 등이 이에 해당한다. 나는 모빌리티 연구에서 '비재현적 이론'과 실천 이론의 활용에 특별히 주의를 기울일 것이다. 여기에서 학자들은 자주 다음을 제안한다. 즉, 특정한 수행적·참여적·민족지적 기법을 채택하여 연구자가 연구 주체*와 함께 있고 함께 보고 함께 움직일 수 있으며, 더 효율적이거나 정확하게 이 실천과 주체를 이해할 수 있다는 것이다. 마지막 절에서는 초기의 운전 실천에 대한 역사적 연구들을 끌어들여서, 특정 실천·사건·주체·공간을 이해하려는 모빌리티 학자에게 다양한 방법과 자료가 유용할 수 있음을 강조하고자 한다.

---

* [역주] 여기서 subject는 연구 대상 혹은 연구 참여자로서의 주체를 뜻한다. 이후 subject는 object(객체, 대상)와 짝을 이루어 빈번히 등장하므로 '주체'로 옮긴다.

머리말

모빌리티 패러다임은 어떤 대안적인 이론적이고 방법론적 경관을 생산함으로써 … 사회과학을 변형시킨다. … 이 패러다임은 이제까지 대부분 보이지 않던 이론, 방법, 연구 사례들이 전면에 드러나고 정립되도록 한다(Büscher, Urry, and Witchger 2011: 4).

지난 몇 해 동안 다양한 분야의 학자가 모빌리티 연구에서 방법론의 혁신과 다양화가 결정적 의미를 지님을 강조해 왔다. 연구자들로 하여금 이동하는 연구 주체와 **더불어** '있고' '보는' 것을 가능하게 하는 방법들이 특히 강조되었다(Fincham, McGuinness and Murray 2010). 뷔셔, 어리, 위치거(Büscher, Urry, and Witchger 2011)의 글에서 가져온 상기 인용이 암시하는 것처럼, 이러한 방법론적 혁신과 다양화는 종종 '새 모빌리티 패러다임'(Sheller and Urry 2006)으로 도입된 인식론적 전환의 필연적 결과로 여겨졌다. 그 결과, 모빌리티 연구자들은 종종 "현대 세계의 특징을 이루는 것으로 보이는 움직이는 체계 및 경험 유형들을 포착하고 추적하고 모의模擬하고 모방하고 동행하고 이들과 '더불어 가는'" 새로운 방식을 찾고자 했다(Büscher, Urry and Witchger 2011: 7). 이러한 방법론적 혁신은 세계 모빌리티의 새로운 이론 · 기술 · 실천의 창발에 대한 자연스럽고 필연적인 응답으로 간주되었다. 또한 다양한 종류의 공적이고 사적인 신체들이 인간 이동 및 금융 거래를 발생시키고, 이에 대한 (종종 조야하지만) 광범위한 지리인구통계적 조사들이 대규모로 이루어졌는데, 앞서의 방법론적 혁신은 이러한 조사들로 제기된 도전들에 대한 자연스럽고 필연적인 응답으로도 간주되었다(Savage and Burrows 2007; Büscher, Urry, and Witchger 2011; Merriman et al. 2012).

연구 방법과 방법론이 이처럼 다양하고 많아지는 것은 환영할 일이다. 오늘날 가장 혁신적이고 흥미진진한 모빌리티 연구들도 이로 인해 촉발되었다. 그러나 이 글에서는 이러한 이동적 방법에 대한 촉구를 오롯이 받아들이는 학자들이 유념할 점을 논하고자 한다. 이동적 방법에 대한 촉구 중 상당수는 방법론적 다양화와 복수화 및 혼성적 방법으로의 접근에 대한 열망에 기초하는 것 같지만, 일부 학자들은 이러한 방법론적 혁신 노력을 정당화하면서 '관례적' 방법들 혹은 '전통적'[1] 방법들이 운동과 사건에 대한 '효율적'이거나 '근접적'이거나 '정확한' 이해로 이끄는 데 실패했다고 강조한다(Fincham, McGuinness and Murray 2010). 혁신적인 이동적 방법을 촉진하려는 노력이 빠지기 쉬운 위험은, 연구자들로 하여금 '관례적'이라는 딱지가 붙은 방법들(인터뷰, 설문조사, 담론 분석, 기록 연구 등)을 재고찰하고 재작업하고 연구 접근법의 레퍼토리를 확장하고 다양화하는 것이 아니라 아예 포기하도록 권장한다는 것이다. 이동적 방법을 둘러싼 논쟁이 빠진 위험은, 모빌리티 연구를 다양한 방식으로 용이하게 수

---

1 여기에 주의를 환기하기 위한 인용부호를 사용한 이유는, '관례적'이나 '전통적'이라는 말이 너무 자주 비하하는 판단과 결부되기 때문이다. 이런 방법들은 단순하고 비효율적이고 고루하고 보수적으로 간주되는 것이다. 물론 이런 방법들은 단 한 가지가 아니고 고정되지도 않았다. 학자들은 끊임없이 이들을 재작업하면서 '조야한 부분들'을 혁신하고 있다.

행할 다양한 방법들에 대한 토론에서 아예 벗어나, 연구자가 연구 주체들과 더불어 움직여야 한다는 방법들에 초점을 맞추는 **쪽으로** 전환하는 것이다. 이 차이는 "이동성 연구 방법들"(Sheller and Urry 2006: 217)을 "이동적 방법들"(Büscher, Urry and Witchger 2011)과 혼동하기 때문에 생겨나는 것 같다. 이러한 환원은 다양한 사회과학 및 인문학 연구자들이 모빌리티 연구에 한 소중한 기여를 흐릴 위험이 있다.

이 글에서 나는 이러한 움직임이 지닌 여러 문제를 확인할 것이다. 1절에서는 모빌리티 연구의 현재 흐름에 대한 몇 가지 이론적 영감을 추적함으로써, 이러한 혼동이 어떻게 생겨났는지를 예비적으로 설명하고자 한다. 이동적 방법은 '새 모빌리티 패러다임'의 창발을 자연스럽고 필연적으로 보완하는 것으로 간주된다. 그리고 적절하고 개입적인 사회과학을 진전시킬 새로운 접근들을 발전시키고, 실천 이론과 비재현적 이론에 대한 현대의 매혹을 반영할 수 있는 강력한 방식으로 간주된다. 나는 이 방법들이 이렇게 간주되는 양상을 검토할 것이다. 2절에서는 많은 이동적 방법이 일련의 수행적 · 참여적 · 민족지적 기법들과 결부되어 있음을 검토할 것이다. 이러한 기법들은 연구자들이 효율적으로 연구 주체 및 객체들과 더불어 움직이거나 있거나 볼 수 있게 한다. 이런 방법들이 분명 효용이 있음을 인정하면서도, 나는 이동적 방법의 힘이 때때로 과장되었다고 주장한다. 특히 이 방법들이 특정 실천과 사건에 대한 더 정확하고 근접적인 지식을 준다는 주장은 과장이다. 나는 이동적 방법이 종종 이동하고 능동적인 주체들에 초점을 맞춤으로써 물질성 ·

실천·사건에 대한 더 넓은 이해를 가로막음을 보여 줄 것이다. 또한 이동적 방법이 너무 자주 방법적 문제들에 대한 기술적 해법과 결합되고, 특정 종류의 참여적·민족지적 연구가 다른 종류의 경험적·이론적 연구보다 가치 있다는 평가와 결합되는 양상을 추적할 것이다. 3절에서는 후기 빅토리아 시대 및 에드워드 시대 영국에서의 운전에 대한 나의 역사적 연구를 참조하여, 모빌리티 학자들이 특정한 모빌리티 관습을 이해하려 할 때 끌어들일 수 있는 다양한 방법과 자료들 중 몇 가지를 지적할 것이다.

이동적 방법의 계보학

사람들은 한 장소에 머물지 않는다. 그래서 이러한 불규칙한 모빌리티를 모의하기 위해서는 연구 방법들 역시 움직여야 한다(Bærenholdt et al. 2004, 148).

이동적 방법에 대한 현재의 저술 흐름에서, 방법론적 실험·혁신·복수화는 단지 이 새롭고도 널리 확산되는 학제적 분야 내에서 불가피하거나 바람직한 사건 정도를 넘어, 이동하는 연구 주체의 체화된 행위·실천·경험을 연구자가 더 정확하게 추적하고 알고 재현하게 하는 필수적 전략으로 간주된다(Urry 2007; Hein, Evans, and Jones 2008; Büscher, Urry, and Witchger 2011; D'Andrea, Ciolfi, and Gray 2011). (새로운 형태의 모빌리티와 의사소통도 끊임없이 생겨나는 이 세계에서) 모빌리티 연구라는 학제적 분야가 빠르게 확대되고 있으므로, 사회과학자들이 어떤 체화된 실천의 느낌과 의미를 효율적으로 포착하기 위해서는 새로운 기법들이 필요하다는 것이다. 저스틴 스피니Justin Spinney가 자전거에 대한 연구의 리뷰에서 표현한 것처럼, "일상의 모빌리티에서 잘 감지되지 않는 몇몇 측면을 가시화할 수 있는 방법들로 움직일" 필요는 있다.

이 리뷰 내내, 나는 모빌리티의 잘 감지되지 않고 일시적인 의미들을 강조하면서 특정 연구 방법들이 어떤 점에서 부적합하다고 생각하는지를 언급했다(Spinney 2009: 826).

자전거에 대한 스피니의 연구는 지난 5년에서 10년 동안에 생겨난, 방법론적으로 혁신적이고 탐색적인 모빌리티 연구 유형들 중에서 중요한 사례이다. 이 연구는 학자들이 비디오, 민족지적 · 참여적 방법들, '더불어 가기', 그리고 일련의 다른 기법들을 활용한다는 것을 발견했는데, 이는 자전거 타는 사람, 걷는 사람, 여객선 승객, 운전자 및 다른 이동 주체들의 이동 실천을 파악하고 이해하기 위함이다(Anderson 2004; Laurier 2004, 2010, 2011; Spinney 2006, 2009, 2011; Laurier et al. 2008; Watts 2008; Middleton 2011; Vannini 2011). 이런 연구들 중 다수는 실로 이 연구 분야에 새로운 활력을 불어넣었다. 그렇다면 이러한 발전의 동기는 무엇이고, 이 방법론적 발전이 모빌리티 연구라는 분야에 본질적인가?

이동적 방법의 출현에 대한 이야기는 종종 어떤 표준적 견본을 따른다. 새로운 방법론들, 특히 이동적 방법들의 발전은 새 모빌리티 패러다임의 창발을 자연스럽고 불가피하게 보완한다고 제안되어 왔다(Bærenholdt et al. 2004: 148). 이에 따라, 사회과학자들은 그들의 연구 주체와 객체의 본성에는 "변화하고 모핑되고² 이동하는"(Hannam, Sheller and Urry 2006: 10) 독특함이 있고, 이 본성 자체가 역동적이고 이동적인 연구 방법의 개발을 요청한다는 것을 깨달았다. 연구의 새로운 초점이 새로운 연구 방법을 요청한다고 생각했으나, 그 토대에는 기존 연구 방법들이 어떤 것(특수한 모빌리티)을 포착하고 추적하는 데 실패할 수밖에 없다는 문제적 전제가 있었다(다음을 참조. Letherby, Shaw and Middleton 2010). 뿐만 아니라 이것은 이 새로운 연구 기획과 문제들이 무의미와 무지로 가득한 공허한 세계에서 생겨난다고 전제하는 것 같다. 사회과학자들이 그동안 자전거 타기, 걷기, 운전하기의 체화된 실천을 상세히 탐구하지 않았으니, 기존 사회과학 방법들이 이러한 실천을 어떻게 조명할 수 있겠는가? 내가 보기에는, 연구 주제의 참신함, 이동 경험과 감각의 참신함, 그리고 실로 이 이동적 방법의 참신함을 과장하는 노골적 위험이 있는 것이다(Letherby, Shaw and Middleton 2010; Middleton 2011). 또한, '새 모빌리티 패러다임'(Sheller and Urry 2006)의 참신함을 과장하거나 '모빌리티 전환'(Hannam, Sheller and Urry 2006; 다음을

---

2 [역주] 모핑morph은 하나의 이미지를 다른 이미지로 연속적으로 변형시키는 디지털 시각효과를 뜻한다.

참조. Merriman 2007, 2009a; Cresswell 2010)의 범위를 과장할 위험이 있다.

이 지점에서부터 또 다른 많은 염려가 뒤따른다. 이동전화, 웨어러블 컴퓨터, GPS 기술의 확산은 비교적 최근 일로서 모빌리티와 의사소통의 새로운 실천과 유형을 가능하게 하지만, 다른 많은 모빌리티 실천과 기술은 (비록 변화하기는 하지만) 오래전부터 정착된 것이다. 이는 컴퓨터 사용, 이주, 탐험과 휴일 행락 같은 실천들, 그리고 자전거 타기, 자동차[3] 타기, 걷기, 항해, 철도 여행, 항공 여행 같은 방식, 그리고 카누나 말 타기 등 많은 '대안적' 이동 실천을 포함한다(Vannini 2009; Evans and Fraklin 2010). 모빌리티 학자들이 종종 선구적 정신을 가지고 이런 기술과 실천에 접근하고 있지만, **이동 주체**가 이동의 체화된 실천을 능동적으로 경험하고 신중하게 성찰하며 재현해 온 역사는 오래되었으며(다음을 보라. Schivelbusch 1980; O'Connell 1998; Duncan and Gregory 1999; Cresswell and Merriman 2011; Merriman 2012a), **학자들**이 여행과 모빌리티의 사회적 관계들, 체화된 경험과 실천을 탐구해 온 역사도 오래되었다(Appleyard, Lynch and Myer 1964; Hollowell 1968; Goffman 1971; Dannefer 1977; Schivelbusch 1980; Hawkins 1986; Thrift 1994; Katz 1999). 뿐만 아니라, 탐구적이고 혁신적인 사회과학 연구 방법들이 그보다 오랜 접근법들(종종 양적 접근법들)에 맞서는 것으로 간주되는 일도 잦다. 오래된 접근법들이

---

3 [역주] 이후 본문에 설명이 나오듯이, 초기 자동차는 (증기)기관차량locomotive이었고 18세기 후반에야 기름 연료를 쓰는 모터 차량motor-car이 등장했다. 따라서 motor-car는 문맥상 기관차량과 구분하는 의미가 있는 경우에는 '모터 차량'으로 옮기지만, 그렇지 않을 경우에는 '자동차'로 옮긴다.

이동의 체화된 실천과 경험을 적절하게 서술하기에는 너무 고루하고 무능하다고 생각되었던 것이다. 아주 일반적으로 어떤 이항대립이 이것을 표면화한다. 바로 교통지리학과 교통 연구에서 쓰이는, 양적 연구 방법으로 간주되는 것과 모빌리티 학자들이 쓰는 질적 방법으로 간주되는 것의 이항대립이다. 이 두 가지 방법군은 자주 극과 극으로 상반된다고 소개되었다.

교통지리학의 방법론적 공구 세트를 지배해 온 것은 비용편익 분석, 잠재선호 조사, 모델링이었다. 이 공구들은 자전거 타기의 '합리적인(합리화된)' 추진-유인 요인들에 대해 무언가 말해 줄 수는 있어도, 자전거 타기의 좀 더 '표현이 어렵고' '비합리적인(합리화되지 않은)' 의미들을 밝히는 데는 실패했다. 이런 의미들은 흔히 자전거 타기의 수행이 지니는 감각적이고 체화되고 사회적인 본성에 있는 것이다(Spinney 2009: 826; Spinney 2011도 참조).

어떤 의미로는 스피니 말이 맞다. 교통지리학과 교통 연구들에서는 양적 방법들이 지배적이었고, 대다수 모빌리티 연구자들이 쓰는 질적 방법들은 확실히 이와 다른 것을 제공한다. 그러나 쇼와 헤스(Shaw and Hesse 2010)와 쇼와 시더웨이(Shaw and Sidaway 2011)가 최근 논평에서 주장하듯이, 이런 발언은 교통지리학과 모빌리티 연구의 여러 분야에서 시도되는 연구 유형들에 대한 고정관념과 희화화로 기우는 것이다. 이런 발언은 다학제 분야 연구들의 다양성을 간과할 뿐 아니라,

이런 연구가 쉽게 어느 한 영역에 배치되지 않고 그 양도 막대함을 간과하는 것이다. 이런 연구는《교통연구Transportation Research》와《교통지리학지Journal of Transport Geography》같은 학술지에 발표된 많은 질적 연구들(가령 Lyons and Urry 2005: Adey, Bissell and Laurier 2011), 양적 연구 방법과 질적 연구 방법을 조합한 연구들(가령 Pooley, Turnbull, and Adams 2005), 교통사, 모빌리티 역사, 이주 연구 등의 기치 아래 행해질 수 있을 연구들, 그리고 지극히 관례적인 질적 연구 방법들을 포함한다. 이 관례적인 질적 연구 방법들은 기록 연구 및 텍스트 분석(Schivelbusch 1980: O'Connell 1998: Cresswell 2001a, 2006: Merriman 2007: Ganser 2009: Adey 2010)부터 초점집단(Redshaw 2008), 구술사(Pooley, Turnbull and Adams 2005), 인터뷰(Middleton 2009, 2010), 일기(Middleton 2009, 2010), 자서전적 성찰(Letherby and Shaw 2009: Letherby 2010)까지 포괄한다. 더 나아가, 예나 지금이나 많은 학자가 정도의 차이는 있어도 관습적인 기성 연구 방법들을 불가피하게 조합하여 활용한다. 이런 조합에는 텍스트 분석과 민족지(Cresswell 2006), 인터뷰와 사진일기(Middleton 2009, 2010, 2011), 기록 연구와 구술사와 설문조사(O'Connell 1998), 대규모 조사와 구술사(Pooley, Turnbull and Adams 2005)가 있다.

혁신적이고 실험적인 '이동적 방법'을 촉구하는 상당수 경우들에는 더욱 근본적인 문제가 있다. 모빌리티 연구가 **사회과학** 연구의 특수 유형으로 개념화되고 시도된다는 전제가 빈번한 것이다. 어떤 의미에서 의외는 아니다. '새 모빌리티 패러다임'을 이루는 연구의 최전선에 있던 것은 사회과학 전통 내부에서 연구하는 사회학자, 인류학자, 인문지리학자들이었던 것이다. 그렇지만 모빌리티, 여행,

교통을 연구하는 오래전부터 정착된 접근 방식 및 연구들이 많이 있었고, 이들의 위치를 어떤 인문학 전통 내에, 그렇지 않으면 분명 인문학과 사회과학의 확장된 분야 내에 설정하는 것이 더 유용할 것이다. 이런 분야는 핵심적 사회과학 분야들의 몇몇 분과학문적·방법론적 관습들에 덜 집착하기 때문이다. 실로 역사학자, 역사지리학자, 문학이론가, 철학자, 예술사학자, 건축가, 예술가들은 모빌리티·여행·교통 등에서의 실천, 경험, 재현, 기술들에 대해 오래전부터 관심을 가져 왔다. 이런 관심은 모빌리티·교통·여행기·탐험 등의 역사를 쓰는 것일 수도 있고, 운동·유동·변화를 중시하는 철학적 접근법을 발전시키는 것일 수도 있다(가령 다음을 보라. Schivelbusch 1980; Kaplan 1996; Pearce 2000, 2012a, 2012b; Merriman 2007, 2012a; Merriman and Webster 2009). 이동적 방법을 **사회과학** 방법들의 한 **특수한** 집합으로만 구상하고, 이를 통해 연구자가 연구 참여자/주체와 **더불어** 이동하고 이들의 경험에 대한 더 명료하고 정확한 이해와 지식을 발전시킬 수 있다고 보는 것은 위험하다.

이동적 방법의 접근법은 (전통적 사회과학 방법을 넘어서) 예술과 인문학에서 창조적 접근법을 끌어들임으로써 확장되면서 발전해 왔다. 그러나 (종종 첨단 기술을 사용하는) 이 방법들이 더 창조적이고 실험적이고 개방적이어서가 아니라, 연구의 주체와 객체를 더 **정확히 알려는** 시도여서 끌어들인다는 생각은 위험하다. 더 나아가, 자주 간과되거나 방기되어 온 또 다른 사회과학 및 인문학 방법들이 광범위하게 존재한다(그럼에도 불구하고 다음을 참조하라. Cresswell 2006, 2011, 2012; Merriman

2009b, 2012a: Sheller 2011).[4] 그래서 내 말은, 모빌리티(특히 이동적 방법)에 관한 문헌의 급증을 독해하는 데에는 위험이 도사리고 있다는 것이다. 이 위험은 이러한 현상을 모빌리티 연구가 어떻게 나아가고 있고 나아갈 수 있는가가 아니라, 어떻게 **나아가야 하고 나아가지 않으면 안 되는가**에 대한 비판적인 질문을 장려하는 것으로 독해하는 것이다. 또 다른 위험은, 이동적 방법을 촉구하는 주요 텍스트들을 방법들의 혼성·혁신·복수화의 촉구로 독해하는 것이 아니라, 유행하는 몇몇 방법론적 영역들에서의 전문화를 장려하는 선언으로 독해하는 것이다. 그래서 '모빌리티 패러다임'과 '모빌리티 연구 방법'에 대해 공표되는 (계보학을 담은) 진술들이, 수많은 상이한 분과학문·접근 방식·방법에서 이동과 운동에 대한 연구사가 깊음을 인정하는 것이 중요하다. 물론 이 연구가 지난 10년 동안 어느 정도 정합적인 학제적 분야로 축적된 것은 사실이지만 말이다(다음을 참조. Cresswell 2001b; Hannam, Sheller and Urry 2006; Sheller and Urry 2006; Merriman 2009b). 일련의 연구 실천들은 운동과 이동의 경험 및 느낌을 탐구하는 데 매우 귀중할 수 있다. 여기에는 기록 연구, 텍스트 분석, 인터뷰, 구술사부터 비디오 민족지, 초점집단, 사진일기, 사이버 민족지, 자서전적 성찰, (회화, 시, 사진, 퍼포먼스처럼) 창조적이고 또/또는 기록적인 형식

---

4 예를 들어, 창조적이고 실험적이고 실천에 토대를 둔 광범위한 접근법들은 이동적 방법 및 모빌리티 연구와 공통점이 많으면서도 이런 기치 아래 거의 포함되지 않았다. 지리학, 수행 연구, 문학, 창조적 글쓰기 등이 그것이다(Pearce 2000, 2012a, 2012b; Wylie 2005; Merriman et al. 2008; Lorimer and Wylie 2010; Pearson 2006, 2010).

들이 포함된다(Latham 2003; Sheller and Urry 2006; Büscher and Urry 2009; Merriman and Webster 2009; Fincham, McGuinness and Murray 2010; Büscher, Urry and Witchger 2011; Sheller 2011).

혁신적이고 정교한 이동적 방법의 개발을 정당화하는 또 다른 전제는 모빌리티 연구가 사회과학 연구라는 것이다. 이는 새비지와 버로스(Savage and Burrows 2007)에 이어서 뷔셔, 어리, 위치거(Büscher, Urry, and Witchger 2011)도 주장하는 바이다. 즉, "거대 기업들, 인기 있는 컨설턴트들, 무시무시한 국가들이 미래의 모빌리티 연구를 지배할 것이므로" (모빌리티 학자들을 포함하여) 사회과학자들은 "여기 합류할지, 뒤에 남겨질지, 아니면 건설적으로 비판하고 참여할 길을 찾을지"(Büscher, Urry and Witchger 2011, 14) 결정할 필요가 있다는 것이다. 이 논변은 강력한 정부와 법인들이 운동, 정동, 느낌을 배치하고 운용하는데에 대한 일련의 주요한 관찰들을 조합하는데(Thrift 2004a), 여기에는 21세기 사회학자와 사회과학자의 역할과 권위에 대한, 이 분과학문 특유의 온갖 공포와 우려가 수반된다(Savage and Burrows 2007).

지리학자 나이절 스리프트는 2004년 《경제와 사회Economy and Society》에 실린 글에서 다음을 관찰한다. 컴퓨터와 소프트웨어가 서구의 일상 공간에 점점 편재함에 따라 환경들도 새로운 성격을 지니게 되는데, 그 배경에는 양적 판단들을 실시간으로 수행하는 데 쓰이는 연산이 있다. 또한 새로운 감수성과 불안이 생겨나는데, 이것은 "운동-공간"의 불안으로 간주함이 더 유용할 것이다(Thrift 2004a; Merriman 2012b). 새비지와 버로스(Savage and Burrows 2007)와 뷔셔, 어리, 위치거(Büscher, Urry, and Witchger 2011)가 인식한 것처럼, 이것이 지니는 함의는 이 연산적 배경, 정동, 운동—공간들을 운용하는 중심이 강력한 정부와 법인들이라는 것이다. 이들은 우리의 운동, 금융 거래, 생활방식에 대한 어마어마한 양의 '데이터'에 접근할 수 있기 때문이다. 그리고 사회과학자와 모빌리티 연구자들의 핵심 물음은 이런 행위자들과 더불어 모색하고 경쟁해야 하는가, 아니면 더 비판적이고 참신한 연구 방법들을 발전시키는 것인가이다(Savage and Burrows 2007: 895-896; Büscher, Urry and Witchger 2011: 14-15). 새비지와 버로스는 사회학자들이 "방법의 정치"에 대한 관심을 키워야 한다고 주장한다. "방법론적 혁신에 대한 관심을 갱신하고 … 새로운 디지털화를 비판적으로 보고하며" "새로운 비판적 성찰과 결합된 여러 방법의 급진적 혼성"을 채택해야 한다(Savage and Burrows 2007: 895-896). 뷔서, 어리, 위치거도 이와 비슷하게 "연구의 저속 차선에 머물며 뒤쳐질 것"을 우려하면서, "이와 유사한 무장의 촉구"를 주장한다(Büscher, Urry and Witchger 2011, 14, 15).

새비지와 버로스의 촉구(Savage and Burrows 2007)는 부분적으로는 변화하는 세계에서 사회학자들이 하는 역할에 대한 염려에서 나왔지만, 그들(그리고 Thrift 2004a)의 관찰이 지닌 함의는 분명 사회과학을 넘어선다. 그리고 이러한 방법론적 혁신과 **비판적 방법**에 대한 촉구는 분명 예술 및 인문학과 사회과학에서의 논쟁들로 퍼져 나갔다. 그렇지만 내 주장은 모빌리티 연구와 이동적 방법을 **사회과학** 연구로 개념화하면, 사회적·경제적·정치적 영역에서의 접근법으로 학문적 연구를 제한할 위험이 있다는 것이다. 그렇지 않고 예술과 인문학(그리고 사회과학)에 토대를 두고 모빌리티를 더 넓게 이해한다면, 비판적 연구와 실천이 펼쳐지는 다양한 방식을 강조할 수 있을 것이다. 이런 다양한 방식은 창조적인 예술적 접근 방식과 분야, 수행과 유희들을 포괄한다(Wylie 2005; Johnston and Pratt 2010; Lorimer and Wylie 2010; Verstraete 2010; Büscher, Urry and Witchger 2011). 비판적이고 창조적이고 실천적인 접근들, **그리고** 학문적인 접근들은 온갖 방식의 길 위에서 일어날 수 있으며, 예술과 인문학 연구자 및 실천가의 작업은 비판적 모빌리티 연구 실천의 뛰어난 사례를 제공한다.[5]

혁신적인 이동적 방법을 개발하도록 점점 밀어붙이는 맥락과 자극들 중 최종적인 것은, 모빌리티 학자들이 반본질주의적이고 후기구조주의적인 이론적 접근들에 널리 참여하고 있다는 것이다. 이것은 체화된 이동 실천들에 가치를 두며, 나이절 스리프트가 "비재현적 이론"이라는 제목 하에 분류한 접근법들이다(Thrift 1996, 2008; Schatzki, Knorr-Cetina and Von Savigny 2001). 스리프트는 저서 《공간적 배치들Spatial Formations》(Thrift 1996)에서 비재현적 이론들의 범위가 꽤나 넓음을 서술했다. 이는 후기구조주의, 행위자연결망이론, 사회심리학, 현상학, 상징적 상호작용주의, 대화분석, 사회학으로부터 나타났다. 실천적 행위 · 실험 · 맥락 · 체화 · 정동에 초점을 맞추고, 재현보다는 현

---

5 많은 사례들이 떠오르지만, 최근 몇몇 사례에 대한 리뷰는 '모빌리티와 예술' 및 '미술관 리뷰'에 대한 특집을 마련했던 학술지 《트랜스퍼스: 모빌리티 연구를 위한 학제적 저널 Transfers: Interdisciplinary Journal of Mobility Studies》에 게재되어 있다. Merriman and Webster (2009)도 참조하라.

전에 초점을 맞추면서, '실천'·'수행'·'사물'을 진지하게 받아들인다. 많은 비재현적 이론의 핵심은 운동과 이동에 초점을 맞추는 것이다. 실로 스리프트는 비재현적 이론을 "이동적 실천 이론"이라고 불렀고(Thrift 2000a: 556), 2008년 저서《비재현적 이론Non-Representational Theory》을 "다양한 형태의 운동이라는 중심사상에 토대를 둔 책"이라고 평했다(Thrift 2008: 5). 이 연구에서 운동과 이동은 다음과 같이 쌍둥이 역할을 한다. 한편으로 스리프트가 관찰하는 것은 광대한 "느낌의 구조"가 있고 "모빌리티라는 핵심 용어 주변에 점차 모이는, 딱 떨어지는 존재론은 아니지만 얼추 존재론"이 있는 것 같다는 것이다. 이는 지난 몇 세기 동안 서구 사회들에서 환경·기술·주체성을 재형성하면서 나타난 것이다. 다른 한편, 학계는 이런 전환들에 반응하고 이런 모빌리티들을 이해하고 표현할 새로운 기법·어휘·방법을 찾을 필요가 있다(Thrift 1996: 258).

스리프트는 비재현주의 이론들에 대한 몇몇 초기 논의에서 이동과 운동에 초점을 맞추는 것과 결부된, "실천적인 방법론적 문제들"을 넌지시 암시했다(Thrift 1993, 98). 그리고 이어진 일련의 저술에서 문화지리학자들에 대한 비판의 포문을 열었다. 이들의 연구가 제한된 범위의 질적 방법에 의존하고 있으며, 동료 학자와 학생들에게 자기 연구를 보여 주는 데 (대개 문자나 구두의) 협소한 기술을 사용한다는 것이다(Thrift 2000b, 2000c, 2004b; Thrift and Dewsbury 2000).

문화 연구와 문화지리학의 최근 연구가 쓰는 방법론들은 여전히

(민족지, 초점집단처럼) 매우 제한적인데, 이 방법론들의 원천과 효과는 거의 항상 인지적이다. 이에 비해 비재현적 연구의 관심사는 수행적 방법론을 다양화하는 데 있고, 이런 방법론은 재현보다는 관계를 통해, 그 참여자들에게〔학자들과〕동등한 발언권을 허용한다(Thrift 2000b: 244).

실험, 개방, 창의, 참여, 수행은 비재현적 연구 실천들의 부분으로서 시도되는 일련의 광범위한 방법과 기법들의 표어가 되었다. 그 목적은 "세계의 생성을 증언하라는 세계의 촉구"에 따라서 새로운 방식들 또는 정착된 방식들을 가지고, 그리고 "우리와 세계를 발생시키는 수행들에서"(Dewsbury et al., 2002: 439) 어떻게 일련의 연구 주체 및 객체들과 더불어 움직일지를 배우는 것이다. 눈에 띄는 점은, 체화된 이동 실천들에 대한 이런 연구가 모빌리티와 교통 연구에 중요한 영향을 미치게 되었다는 점이다(가령 다음을 보라. Jones 2005; Adey 2006, 2010; Spinney 2006, 2009, 2011; Bissell 2007, 2008, 2009; Merriman 2007, 2012a; McCormack 2008; Brown and Spinney 2010; Cresswell 2010; Fincham, McGuinness and Murray 2010; Middleton 2010).

모빌리티 학자들은 이러한 실천에 대한 이론적 저작들에 다양한 방식으로 개입하고 있는데, 이때 이들의 이론적 · 방법론적 입장에 따라 개입과 몰입의 수준은 다양하다. 그러나 이러한 개입 중 몇몇을 뒷받침하는 광범위한 압력은 "점점 더 모빌리티에서 구성되는 세계"를 더욱 "정확하게 해석하고 재현하고 이해하기" 위한 시도로 보인다(Fincham, McGuinness and Murray 2010: 5).

348

경험들을 느리게 하고 얼어붙게 하는 기존 사회과학 연구 방법들 (인터뷰, 초점집단, 설문조사)이 이동의 경험과 실천들을 적절하게 포착할 수 있을까? 여기[이동의 경험과 실천들]에서는 이 사건이 참여자에게 지니는 의의를 이해하는 데 운동의 맥락 자체가 결정적일 수 있는 것이다. 이런 의의는 목표점과 기점에 의거하여 그저 '판독'하면 되는 것이 아니다(Fincham, McGuinness and Murray 2010: 2).

많은 모빌리티 연구자들이 그려 내는 불가피하고 필수적인 해법은, 연구자가 (연구 주체와 더불어 움직이고 존재하고 보면서) 연구 주체/객체의 모빌리티를 더 직접적으로 체험하고 다중감각으로 이해하고 경험하도록 하는 연구를 구성하고 방법을 활용한다는 것이다. 그러나 다음 절에서 나는 이런 명령을 뒷받침하는 전제가 종종 상당히 문제적이라고 주장한다. 바로 이 방법들이 연구자로 하여금 연구 주체들의 경험을 더 정확하게 알고 재현하도록 한다는 전제이다.

더불어 움직이고 존재하고 보라는 명령

연구자가 스스로 주체와 더불어 움직이고 주체에 의해서 움직여지도록 허용한다면, 그 결과 연구자는 '움직임'의 사회적 조직화에 공명할 수 있다. … 사회적 실재와 물질적 실재의 생산은 무상하고 다중감각적이고 분산되고 이동적이고 복합적이면서도 지역적이고 실

천적이며 질서를 지닌다. 연구자는 여기 몰입함으로써 운동이 단지
규칙에 지배되는 것이 아니라 방법론적으로 생성적임을 이해하게
된다(Büscher, Urry and Witchger 2011: 7).

연구자가 연구 주체와 더불어 움직이고 존재하고 감각하도록 하
는 여러 참여적·수행적·민족지적 기법을 채용하는 데는 확실히
훌륭한 이유들이 있다. 연구자들은 서로 다른 문화적 맥락 안에서
일상적이고 평범한 실천·몸짓·대화·경험들에 오래전부터 관심
을 기울여 왔다. 이것이 뜻하는 바는, 종종 연구자들이 특수한 문화
를 이해하는 보조 수단으로서, 맥락 안에서 타자의 일상적 행위를
관찰하거나 체화된 문화적 실천을 배우고 경험하는 방법들을 적용
하거나 발전시켰다는 것이다. 연구 주체가 움직이고 있으며 그의
공간적·사회적·물질적 맥락 및 관계들이 끊임없이 변하는 상황
에서는 "실천의 맥락을 최대한 유지"(Spinney 2009, 827)하기 위해 새로운
기법과 기술을 채택해야 하는 것 같다. (예컨대 자동차 여행이나 자전
거 타기에 대한 연구에서처럼) 연구자가 연구 주체와 더불어 움직이거
나 존재하는 것이 가능하지 않거나 실용적이지 않거나 바람직하지
않은 상황에서, 비디오를 활용하는 방법들은 연구 대상인 이동 실천
들의 시각적·청각적 측면을 기록하는 매우 쓸모 있는 방식일 수 있
다(다음을 보라. Laurier 2004, 2010, 2011; Laurier et al. 2008; Spinney 2009, 2010, 2011; Brown and
Spinney 2010). '함께 가기', '함께 타기', 비디오 민족지 같은 이동적 방법
은 연구 참여자와의 토론을 용이하게 하거나 인터뷰를 위한 토대를

마련함으로써 다방법적 접근에 대한 유용한 실마리를 제공할 수 있다. 또한 비디오 기록은 (이외에는 불가능할) 몸짓 · 발언 · 대화에 대한 상세한 미시사회학적 분석을 가능하게 하고, 미래에 아카이브가 되고 재분석될 수 있는 유용한 사건 기록을 제공할 수 있다(Laurier et al. 2008; Spinney 2009, 2011). 이동적 방법은 분명 나름대로 유용하다. 그러나 내가 의문시하는 것은 창조적이고 실험적 도구로서 이 방법들이 지닌 '힘'에 대한 주장이 아니라, 이 방법들을 쓰면 연구자가 어떤 의미 · 느낌 · 감정 · 운동감각적 감수성을 더 성공적이고 정확하게 이해하거나 재현할 수 있다는 주장이다.

이동적 방법에 대한 문헌들에는 여러 관습적 방법이 현상을 "억제하고 분해한다"는 전제가 있다. 그래서 우리는 "무상하고 분산되고 복합적이고 비인과적이고 감각적이고 정서적이고 운동감각적인 것과 더불어 움직이고 이것에 의해 움직여지기를 시도"해야 한다(Büscher, Urry and Witchger 2011, 1). 학자들은 이러한 역동적 · 이동적 · 체화적 · 비인지적 실천을 고정하거나 재현하기보다는, 더 체화적이고 반응적인 방식으로 이런 미묘한 수행을 이해하고 평가하고자 노력해야 하고, 사건을 이루는 운동 · 정동 · 물질성에 대한 운동감각적 · 공감각적 · 고유수용감각적인 감수성을 발전시켜야 한다(Järvinen 2006). 타자와 **더불어** 참여하고 수행하고 운동하는 것은 상황 · 사건 · 실천을 재현하는 전통적인 방법론적 기법들로 흐려지거나 삭제되어 온 지식과 이해의 형태들을 촉진하는 것으로 간주된다. 그러나 종종 이런 논리를 뒷받침하는 것은 이동적 방법이 무엇이고 무엇을 할 수 있는가에 대한 다소 문제적인 전제들이다.

첫째, 연구자가 '가까움', 직접성, '근접성'을 주는 이런 방법을 쓰면 사건을 '직접 체험을 통해' 증언할 수 있다고 종종 전제한다. 이런 방법이 연구자로 하여금 해당 실천에 대해 더 정확히 알고 해석하도록 하는 진정성 있는 경험을 준다고 너무 자주 결부시킨다(Fincham, McGuinness and Murray 2010: 4-5; McGuinness, Fincham and Murray 2010). 맥기네스, 핀첨, 머리(McGuinness, Fincham, and Murray 2010: 171)가 지적하는 것처럼, 모빌리티 연구자들이 "정확하고 정밀한 설명 같은 것"이 있다고 주장하는 정도는 다양하다. 그러나 이동적 방법을 쓰는 많은 연구를 추동하는 것은 여전히 '데이터 복구'라는 사회과학적 '관념'이라는 점에는 의문의 여지가 없다(Thrift 2000c: 3). "다수의 사회학적 방법론의 '알고 말하기know-and-tell'"(Dewsbury 2010: 321) 정책을 채택하는 것이다. 듀스베리는 "수행적이고 비재현적이고 정동 기반의 연구" 방법에 대한 논문에서 이렇게 설명한다.

수행적 연구를 하려는 열망에 직면하면 종종 무릎반사 같은 반응이 일어난다. 그것은 이러저런 형태의 비디오 캡처를 활용하여 지식을 애니메이션으로 만드는 것을 포함하는 연구 프로젝트를 재빠르게 고안하는 것이다. 실천과 수행에 이르고 어떤 다른 현재 시제 행위에 이르는 '유일한 길'이 바로 이것이라는 것이다(Dewsbury 2010: 325).

비디오 녹화 기술과 참여적 기법들이 높게 평가되는 것은 연구자가 실시간 사건 전개 및 행위 맥락을 증언하거나 포착할 수 있기 때문이다. 그러나 이런 작전들은 흔히 이런 실천·맥락·공간·사건이 단일하다고 전제하는 것 같다. 이에 반해 나는 정확하게 증언·포착·재현·소묘될 수 있을 "저 바깥의 하나의 세계는 없다"고 주장한다(Dewsbury 2010: 330). 비디오 기술은 다만 환경과 맥락의 시각적·촉각적 차원 중 특정 측면만 현시할 수 있을 뿐이다.[6] 그리고 이런 기술에 대한 과도한 믿음은, 공간·사건·맥락을 함께 구성하는, 수많은 복합적인 (종종 비가시적인) 사회적·정치적 실천 및 관계를 흐릴 위험이 있다. 길의 특정 구간에서 운전자나 승객으로서의 **나의** 경험이 어떤 다른 사람의 경험과 완전히 맞아떨어지기는 어렵다. 그 사람이 나와 함께 여행하든 그렇지 않든 말이다. 물리적 근접성과 공현전은 '직접 체험', 가까움, 정확성, 진정성의 환상을 불러일으킨다.

다른 종류의 매개된 현전과 접촉을 통해서도 이와 비슷한 효과를 쉽게 얻을 수 있음은 의심할 여지가 없다. 그래서 어떤 물리적 환경에 있음에 대한 비디오 녹화나 자서전적 성찰이 **어떤 것**을, 상황·사건·환경에 대한 어떤 느낌을 그려 내고 포착하고 재현하는 데 왜 문자 기록이나 구술 기록보다 더 **효과적**이라는 것인지 모르겠다. 말로 표현할 수 없고 재현에서 벗어난다는 습관적이고 일상적이고 사유되지 않은 실천·느낌·감각을 이해하기 위해 참여적이고 수행

---

6 나는 의미 및 감각과 결부된 실천과 기술이 복합적이고 다양하므로 단순하거나 독자적으로 기능하지 않음을 인정한다. 더 나아가, 비디오 같은 기술이 전통적으로 시각 영역이나 청각 영역에 국한되지 않는 다른 아우라와 감수성을 표현하거나 불러일으킬 수 있음도 받아들인다.

적인 방법을 채택해야 한다는 이 전제에 대해 실로 많은 학자들이 이의를 제기하기 시작했다(Hitchings 2012). 듀스베리는 다음과 같이 설득력 있는 주장을 했다.

> 인터뷰 받는 사람의 신체가 증언하는, 수행하는 신체의 긴장을 포착하는 데, 제대로 고안된 인터뷰 질문들이 〔비디오 녹화보다〕 훨씬 효과적일 수 있다(2010: 325).

많은 모빌리티 학자의 다중감각적 접근에서 인터뷰 같은 관습적 방법이 비디오 녹화 같은 기법과 유용하게 결합되어 왔다. 여기에서는 참여자와의 인터뷰 및 토론을 위한 기초로 비디오를 본다(Spinney 2009; Brown and Spinney 2010). 그러나 나는 이런 연구들이 "세계는 딱 떨어지지 않으므로" 다중적이고 끝이 열려 있고 "이론화할 수 있는 것보다 더 포착하기 어려움"(Dewsbury et al. 2002: 437)을 참으로 인정하지 않는 한, 이런 연구들의 확장된 결론이 무엇일 수 있을지 전적으로 확신하지 못한다. 일부 연구자는 이미 자신에게서 빠져나간 어떤 것을 뒤따라 추적함으로써 체화된 운동의 생생함과 사건의 전개를 포착하려는 것 같다.

실로 많은 실천 이론가들이 "지나간 것을 직접 기호화할 수 없다"(Dewsbury 2010: 332)고 주장할 것이다. 그리고 사회과학자들은 아마 인문학자들이 이동적 방법을 도입하고 실험하는 방식들에서 배울 것이 있을 것이다. 더불어 움직임의 특수한 방식(그리고 비디오 같은 기술)들은 실험과 현시를 위한 탁월한 보조 수단일 수 있다. 그러나 이것들을 사건 · 맥락 · 경험 · 세계를 포착 · 기록 · 재현하는 유일한 기법이라고 옹호해서는 안 된다. 이런 태도를 흔히 뒷받침하는 전제는 연구자가 하나의 단일한 세계를 이해하기를 도모해야 한다는 것, 그리고 진정 중요한 것은 착수되는 실천보다는 메시지와 데이터라는 것이다. 듀스베리(Dewsbury 2010)와 같은 비재현적 사상가들의 도전은 통렬하다. 왜냐하면 그가 제안하는 것처럼, 실천 · 맥락 · 사건을 더 정확히 알거나 재현하려는 시도(혹은 그럴 수 있다는 믿음)로서 혁신적인 이동적 방법을 채택해서는 안 되는 것이다. 오히려 혁신과 실험은 (자기발견을 도우며 토론을 쉽게 한다는 점에서) 그 자체로 긴요한 과정이다. 그리고 비디오를 만들고 함께 차를 타고 함께 움직이는 실천은 수집된 이미지 · 데이터 · 경험들보다 아마 더 유익하고 풍부한 정보를 줄 것이다.

둘째, 운동, 수행, "생생함 그리고 행위 중의 신체"에 관한 이동적 방법과 비재현적 접근에 초점을 맞추는 것은 운동 · 행위 · 역동을 "모빌리티를 경험하는 다른 방식들"보다 강조함으로써, "**과잉활동**의 이동 주체"(Bissell 2010: 56, 58)를 생성한다. 적지 않은 상황 · 실천 · 운동에서 조용함, 기다림, 느림, 지루함은 속도, 운동, 흥분, 들뜸만큼 중요하다(다음을 참조. Bissell 2007, 2008; Bissell and Fuller 2011). 그러나 다수의 이러한 이동적 방법론과 접근법은 더 수동적인 실천, 참여, 정동 관계를 기재하는 데 서툰 것 같다(Bissell 2010: 62). 그리고 모빌리티 연구와 이동적 방법은 종종 자전거 타는 사람, 걷는 사람, 운전하는 사람의 능동적인 체화된 운동에 초점을 맞춰 왔고, 최근에 이르러서야 이 개인들의 겉보기에 수동적인 모빌리티 및 이런 인물들의 '승객'으로서의 체화된 실천에 세심하게 주의를 기울이게 되었다(Bissell 2007, 2008, 2009; Watts 2008; Adey, Bissell and Laurier 2011). 또한 모빌리티 연구자들은 모빌리티와 이동 주체의 특수한 유형에만 주의를 기울이는데, 이는 여러 문제적 이항대립을 강화시키고 궁극적으로 운동과 이동의 의미를 다소 제한했다. 예를 들어, 많은 모빌리티 학자가 이동과 정박 혹은 이동과 정체를 준별하면서(Hannam, Sheller and Urry 2006), 이 이항대립의 한쪽〔모빌리티〕과 결부된 실천과 행위를 이해하기 위해 이동적 방법을 활용하고, 기반 시설・기술・물질성・공간에는 그리 주의를 기울이지 않는다. 그러나 바로 이런 것들이야말로 인간 주체의 체화된 운동에 통합되는(그리고 거의 변하지 않는 것으로 지각되는) 것이며, 실로 그들 연구를 뒷받침하는 이 이항대립에 대해 따져 묻는 것이다.

균형 잡힌 모빌리티 사회학이라면 자전거도로, 경관도로, 고속도로, 철도, 항공기 객실 같은 공간에서 능동적 여행자의 경험뿐 아니라, 이 공간과 관련된 사회적 관계・물질성・실천을 추적하기 위해 (비디오 방법, 민족지, 참여 기법 같은) 일련의 방법을 채택함으로써, 이동/정박 이항대립을 의문시할 수도 있다. 물론 어떤 연구자들은 공항 설계의 역사와 정치(Pascoe 2001; Adey 2008), 근대 도로의 생산과 소비(Merriman 2007; Mauch and Zeller 2008), 그리고 다른 것들에 초점을 맞추었다. 그렇지만 과학기술학(다음을 보라. Latour 1996; Law 2001, 2002)에서 발전시킨 일종의 균형 잡힌 사회학을 생산하기 위해 이동하는(혹은 정적인) 방법을 사용하려 한 모빌리티 학자는 거의 없다. 브루노 라투르Bruno Latour는 오제Augé(1986)의 파리 지하철에 대한 민족학을 다음과 같이 비판한 적이 있다.

> 지하철 통로 벽의 그라피티 몇 개를 해석하는 그는 지하철의 가장 피상적인 측면들만 연구하고 있다(Augé 1986). 이번에는 서구의 경제·기술·과학 앞에서 그 자신의 주변성의 증거에 주눅든 것이다. 균형 잡힌 마르크 오제였다면, 지하철의 사회기술적 네트워크 자체를 연구했을 것이다. 그것을 만든 공학자와 지하철 운전기사와 운영자, 고객, 고용주인 국가, 전체 골격을 연구했을 것이다. 이런 일은 다른 데에서 그가 늘 하던 일이다(Latour 1993: 100-101).

나는 모빌리티 학자들이 지금 하고 있는 일을 그만두어야 한다고 주장하는 것이 아니다. 그들은 일상의 미시적인 사회적 관계 및 물질적 관계의 정밀한 세부 사항에 초점을 맞추기 위하여 이런 일을 하고 있다. 또는 그들이 모빌리티 주체·객체·실천·기반 시설의 공동생산에 대한 균형 잡힌 사회학·지리학·인류학을 시도하고 제시해야 한다고 주장하는 것도 아니다. 그렇지만 이동적 방법이 주로 (교통 공간·기반 시설·정책에 대한 연구를 넘어 점차 칭송과 찬양을 받아 온) 체화되고 이동적인 인간 주체의 경험 및 운동을 이해하기 위해 사용되어 왔음은 분명하다.

나아가 나는 모빌리티 연구자들이 이동/정박이라는 다소 단순한 이항대립에 도전하기를 권한다. 피터 애디가 제안한 것처럼 "모든 것이 이동한다면" "절대적 부동성이란 존재하지 않으며" "실로 정박 역시 이동적이기 때문이다"(Adey 2006: 76, 83, 86). 과정철학자들이 오랫동안 주장해 온 것처럼[7] 운동 · 유동 · 흐름은 근본적이고 편재하지만, 모든 것이 유동 · 운동 · 생성한다고 해서 모든 것이 동일한 방식과 속도로 움직인다는 것은 아니다(Merriman 2012a). 그러므로 과정철학 및 유목 형이상학을 비판하는 사람들은 "만일 모든 것이 이동적이라면 이 개념은 지탱하기 어렵다"(Adey 2006, 76)고 비판하지만, 과정철학자들이 반드시 모든 운동이 동일하다고 주장하는 것은 아니다. 실로 운동의 특질과 속도는 각각 다르며 각각 다른 정치적 · 물리적 · 감성적 과정들로 뒷받침된다(Merriman 2012a). 그렇다면 이동적 방법은 사물이 서로 다른 리듬 · 속도 · 정동으로 운동하고 약동함을 인정할 경우, 세계의 "약동하는 물질성"과 모빌리티를 이해하는 데 지금보다 훨씬 쓸모 있을 것이다(Bennett 2010). 이런 물질성 · 운동 · 정동 · 감각 · 세계 등을 이해하기 위해, 학자들은 텍스트 분석 및 담론 분석, 인터뷰, 초점집단, 비디오 민족지, 참여관찰 등 광범위한 방법을 활용할 수 있을 것이다.

셋째, 연구 주체 및 객체와 함께 하는 실험적이고 혁신적인 연구 방법을 개발하려는 모빌리티 연구자들은 '현장 기반' 연구와 '책상머

---

7 과정사상과 과정철학은 길고도 어느 정도 두드러진 역사를 지닌다. 헤라클레이토스와 루크레티우스 같은 고대 철학자부터 앙리 베르그손, 알프레드 노스 화이트헤드, 브라이언 마수미, 제인 베넷, 들뢰즈와 가타리 등(Merriman 2012a).

리' 연구라는 구별을 강화할 위험이 있다. '현장 기반'의 민족지 기법과 참여 기법은 흔히 특수한 실천 및 사건에 직접 접근하고 가깝게 개입할 수 있다는 것이다. 지리학·인류학·사회학·고고학 같은 분과학문 내부에서 학문적 연구를 수행할 적절한 '장소'는 어디인가, 엄밀하고 가치 있는 연구는 무엇인가, 이론적 연구와 경험적 연구의 관계는 무엇인가에 대해서는 오랜 논쟁이 있었다. 내 걱정은 새로운 장소들에서의 운동을 추적하는 새로운 참여적 기법을 활용하면서 모빌리티 학자들이 모빌리티 연구의 어떤 하나의 양식을 '선구적'이고 '혁신적'인 것이라고 자연화하는 것이다.

넷째, 이동적 방법에 대한 상당수의 접근은 신기술이 운동의 실천 및 경험에 대해 더 정확하고 근접적인 이해를 제공한다는 믿음에 기초하는 것 같다(Dewsbury 2010: Vergunst 2011). 비디오카메라, GIS Geographical Information Systems(지리정보체계)[8], GPS, 그리고 일련의 데이터 수집 및 분석 기법들은 특수한 운동·실천·경험을 효과적으로 포착하고 추적하는 **유일한** 수단으로 옹호되었다. 그러나 현대적 기술로의 이러한 전환은 모빌리티를 추적하고 이해하는 잘 확립되고 효과적인 여타 수단들을 간과할 뿐 아니라, "연구자가 연구의 범위와 내용이 아니라 이 기술에 기초하여 과학적이고 보편적인 권위를 내세우도록 유혹"(Vergunst 2011: 212)할 수 있다. 그러나 "너무 쉽사리 첨단 기술

---

8 [역주] 지역에서 수집한 각종 지리 정보를 수치화하여 컴퓨터에서 처리하고, 이를 사용자의 요구에 따라 다양한 방법으로 제공하는 정보처리 시스템.

로 전환하는 데에는 우리가 운동 경험에 다가가려고 하는 바로 그 행동 때문에 오히려 이 경험으로부터 멀어질 위험이 도사리고 있다"(Vergunst 2011: 210)는 조 버건스트의 걱정을 내가 하고 있는 것은 아니다. 내가 피하고 비판하는 것은, 실은 현상학적인 가까움과 멂에 대한 바로 이러한 암시 자체이다. 왜냐하면 어떤 것을 증언하고 누군가와 면대면으로 개입하는 것이 기본적으로 주체·사물·사건을 이해하고 증언하고 아는 데 어떤 진정하거나 유일한 방식을 제공하는 것은 아니기 때문이다. 이것은 (예를 들어 사건에 대해 읽거나 사건의 비디오 녹화를 시청하는 등의) 다른 체화된 개입 방법과 다른(그러나 이보다 우월한 것은 아닌) 특수한 유형의 개입인 것이다.

신기술로의 최근의 전환에 대한 내 걱정은 이것들이 연구자의 세계 개입을 변형시키는 (물론 흥미로울) 방식에 대한 것이 아니다. 내걱정은 모빌리티 연구자들이 혁신에 실패했다고 시사하면서, 새로운 방법이나 기술이 기성 방법들이 이해하지 못하는 어떤 것을 포착하기 위해 **필수적**이라는 그 전제이다. 필 존스Phil Jones와 제임스 에반스James Evans의 최근 논문을 뒷받침하는 그런 유형의 주장이다.

이 논문은 정성적 GIS가 제공하는 방법론적이고 분석적인 도전들에 개입하는 데 모빌리티 학자들이 실패했음을 확인한다. 모빌리티와 정성적 GIS를 결합하는 것은 지적 훈련에 불과한 것이 아니다. 이것은 공간이 어떻게 운동에 의해 생산되는지, 그리고 이것이 일상생활에 어떤 함의를 지니는지에 대해 엄밀하게 분석된 지식을 의사결

정권자들에게 제공한다(Jones and Evans 2012: 92, 98).

정성적 GIS의 역사가 아주 짧다는 점과 이에 대한 몇몇 연구자의 접근법 및 주장에 문제가 있다는 점을 감안하고, (사회학, 문화지리학, 인류학, 역사학의 연구 전통에 등장한) 근래의 모빌리티 연구 계보를 감안하면, 모빌리티 학자들이 정성적 GIS 기법을 쓰지 않았음은 놀랍지 않다. 나는 이것이 어떤 식의 "실패"라고 생각하지도 않는다(정성적 GIS에 대해서는 다음을 보라. Cope and Elwood 2009). 나아가 존스와 에반스는 GIS의 '분석력'을 과장하고, (이들의 주장에 따르면) "단지 정성적 데이터를 공간화하는 것이 아니라, 공간이 데이터를 어떻게 형성하는지 보여 주는" "공간적 사본"의 중요성을 과장하는 것 같다(Jones and Evans 2012: 92, 97). 정성적 GIS는 정성적 데이터를 시각화하고 지도 그리는 계몽적이고 강력한 방식일 수 있지만, 이런 기법들은 정성적 데이터 분석을 **제공**하는 것이 아니라 이것을 **보조**하는 것이다. 그리고 이것들을 궁극적으로 뒷받침하는 것은 공간과 위치에 대한 다소 관습적이고 신유클리드적이며 '물리적'인 개념화이다. 공간은 절대적이거나 상대적인 위치로, 그리고 구성적 힘을 지닌 사물로 물화된다. 하지만 이러한 데이터의 시각화와 지도화 방식의 감성적 효과가 여러 사람에게 소구될 수 있더라도, 이것이 데이터의 표현과 분석을 위한 권위 있고 결정적인 해법을 제공하지 않는다. 그리고 모빌리티 학자들이 이 기법이나 여타 참신한 신흥 기법을 활용하는 데 실패했다는 식으로 비판해서는 안 된다.

이동 실천을 이해하는 방법들 : 운전에 대한 역사적 연구

이 글에서 나는 모빌리티 연구 실천의 방법론에 대한 여러 주장을 내놓았다. 나는 이동적 방법이 어떻게 혁신적이고 실험적이며 비재현적인 접근법들과 결부되었는지, 그리고 운동을 탐지 · 추적 · 기록하는 새로운 기법 및 기술들과 결부되었는지 검토했다. 나는 사회과학과 인문학에서 "실천으로의 전회"(Schatzki, Knorr-Cetina and Von Savigny 2001)가 수행적이고 참여적인 방법에 초점을 맞추게 하고, '지금'의 사건 및 이동적이고 체화된 실천의 해명에 초점을 맞추게 했음을 보여 주었다. 나는 모빌리티 연구가 예술가 및 인문학자들이 개발한 모빌리티에 대한 다른 접근 방식을 간과함으로써, 종종 사회과학 연구의 틀에 끼워 넣어졌음을 상술했다. 실제로 모빌리티 연구는 예나 지금이나 늘 광범위한 방법 · 접근 방식 · 분과학문을 받아들이는 다채로운 분야였다. 이 마지막 절에서는, 체화된 이동의 실천 · 행위 · 사건을 추적하는 데 사용될 수 있고 사용되어 온 '관습적 방법들'을 포함하는 다양한 범위의 방법을 보여 주기 위해 하나의 단일 사례 연구의 개요를 보여 주고자 한다. 내가 드는 예는 후기 빅토리아 시대와 에드워드 시대[9] 영국에서 자동차 운전의 체화된 실천과 감각과 관련된 역사적인 사례이다.

---

9 [역주] 영국사에서 빅토리아 시대는 빅토리아 여왕 치세 기간인 1837~1901년을 뜻하며, 에드워드 시대는 에드워드 7세의 치세 기간인 1901년부터 1910년까지, 또는 제1차 세계대전 발발 직전인 1914년까지를 뜻한다.

빅토리아 시대와 에드워드 시대는 우리의 생생한 기억을 넘어선다. 따라서 문헌 출처, 시각 자료, 문서 기록들이 당대인들의 관점 및 표상에 접근하는 유일한 방법 중 하나이므로 중요하다는 주장도 있겠다.[10] 이는 사실일 수 있지만, 나는 활용할 수 있는 다른 방법들이 있다면 이 방법들이 사회과학이나 인문학에 어떤 의미에서 더 바람직하거나 유용하다고 넌지시 암시하려는 것이 아니다. (공식적이거나 비공식적인, 사적이거나 공적인) 글로 쓰인 이야기와 시각적인 재현은 특수한 시기나 특수한 활동과 관련한 체화된 실천 · 사건 · 공간 · 경험에 대한 귀중한 통찰을 제공한다.

운전의 체화된 감각 및 경험을 예로 들어 보자. 많은 학자와 문화 비평가는 운전의 실천 · 감각 · 경험이 손쉬운 재현이나 서술을 비껴 간다고 말하고, 노련한 운전자는 자동적이고 무심하며 주의를 기울이지 않고 '비인지적'으로 운전한다고 말한다(Seamon 1980; Crary 1999; Thrift 2004c; Merriman 2007, 2009a, 2012a; 다음을 참조. Laurier 2011). 운전의 특징은 운동 감각적 · 고유수용감각적 · 촉각적 · 공간적 · 시각적인 매우 독특한 감수성들인데, 이것은 서술하기 어렵고 거의 반성되지 않는다. 그러나 그렇다고 해서 운전자가 스스로의 체화된 경험을 현시하거나 서술할 능력이 없는 것은 아니다. 이러한 정동과 감각이 참신하고 강렬하기 때문에, 실제로 많은 초기 운전자들이 자동차를 운전하

---

10 물론 초기 영상 기록이나 이 시기를 살았거나 기억하는 사람들과의 구술사 인터뷰를 추적할 수도 있다. 이런 자료와 방법이 나름의 방법론적 도전과 한계를 지니더라도 말이다.

거나 탑승할 때 생기는 감각·느낌·정서에 대해 말하고 썼다. 다음은 1896년 11월 14일 '해방일[11]에 런던과 브라이튼 사이를 운전한 감각에 대해 어느 저널리스트가 서술한 것이다.

어뢰정 구축함의 속도로 바람을 가르며 돌진한다. 울타리로 둘러싸인 좁고 굽은 길을 내려가는데 우리 앞에 무엇이 있는지 볼 수도 없다. 새롭고도 스릴 있는 경험이었다. 경사가 아주 심했다. 잠시 우리는 해발 500피트에 있었고 다음에는 겨우 300피트에 있었다. 몇 초 동안 숨이 멎을 것 같은 서스펜스를 느끼며 이렇게 200피트를 쏜살같이 내려갔다. 아주 사소한 조향 실수만 했더라도 한쪽 비탈에 처박혔을 것이다. 아니면, 분명 언덕 아래에서 기다리고 있던 자전거 타는 사람들 한가운데로 거꾸러졌을 것이다. 이 사람들은 우리가 이 위험천만한 이 지역을 어떻게 헤쳐 가는지 보기 위해서 기다리고 있던 것이다. 우리는 방향도 틀지 않고 훌륭하게 해냈다. 이러는 동안 모터는 차에 이미 가해진 속도를 가속시키면서 우리가 앞으로 나아가도록 힘차게 밀어 댔다. 어마어마한 감각이었다. … 《자동차와 말 없는 탈것 잡지The Automotor and Horseless Vehicle Journal》 1896: 69).

언덕을 달려 내려가는 경험과 감각을 서술하면서 여기에서는 확

---

11 [역주] 1896년 11월 14일 '해방게Emancipation Day'은 〈1896년 공도 기관차량 조례 Locomotives on Highways Act 1896〉가 시행된 날로, 이 조례는 영국에서 자동차 사용을 심각하게 제약했던 여러 규제들을 풀었다.

실히 극적 효과를 내는 방식으로 장면을 묘사하고 사건을 서술하고 있다. 하지만 초기 자동차 잡지들은 일반적으로 운전의 체화된 감각을 서술하고 특별한 자동차 유람과 여행 경험을 서술하는 이와 비슷한 설명들로 가득했다(Merriman 2012a). 루이스 빈센트Louis Vincent는 1905년 4월 《자동차(화보잡지)The Car(Illustrated)》에 이렇게 썼다.

> 모터 자동차를 운전하지 않는 사람, 울부짖는 바람을, 삶의 흥분과 기쁨으로 당신을 불타게 하는 저 바람을 얼굴에 맞으며 황야를 가로질러 선회하는 기쁨을 맛본 적이 없는 불행한 사람, 그런 사람에게 모터 자동차는 기름내 나고 듣기 싫은 소음을 내고 따분한, 움직이는 고철 덩어리에 지나지 않는다. 심지어 일부 운전자조차 생명과 느낌을 지닌 물건인 자동차의 정신을, 세계를 단숨에 일주하는 천마의 힘을 지닌 그 정령을 흡수해 본 적이 없다. 공간을 가로질러 치솟을 때의 감각, 힘과 속도의 느낌은 우리를 독수리같이 만든다(Vincent 1905: 308).

이런 직접적 경험과 성찰은 선정적으로 경험을 다루는 것일 수도 있다. 시적이거나 문학적 효과를 위해 사건을 극적으로 만들고, 평범한 일보다는 주목할 만한 사건과 경험을 조명하기 때문이다. 그렇지만 이런 감각에 대해 글을 쓰고 성찰하고 제시하는 것을 통해 우리는 당시 운전이 어떻게 인식되었는지에 대해 많은 것을 알 수 있다. 그리고 운전자들은 분명 일련의 체화된 실천·정동·감각을 표현할 수 있었다. 이런 것들은 일부에서 무상하고 비인지적이고 비재현적이라고, 한마디로 현시를 빠져나간다고 주장했던 것이다.

대중과 언론과 당국이 툭하면 운전자를 비난하던 시기에 초기 모터 자동차로 비포장도로를 여행하는 느낌이 어떠했는지에 대해서도, 이처럼 글로 쓰인 이야기들을 통해 이해하고 감을 가질 수 있다. 그러나 이외에도 수많은 다른 자료·방법·관점을 통해서도 후기 빅토리아 시대와 에드워드 시대 영국에서 운전의 실천·사건·공간을 이해할 수 있다. 운전자들은 문화적·정치적·공간적 "진공"에서 운전자나 승객으로 여행한 것이 아니다. 그리고 모터 자동차들이 영국의 도로에 도착하자, 문화비평가, 정치인, 공무원, 치안판사, 경찰, 그리고 대중은 운전의 장단점을 토론하기 시작했다. 이것은 자동차가 길 표면에 미치는 영향, 육체적 감각, 운전의 효과와 위험, 운전자들의 처신, 운전자 과세, 운전자 행동 규제를 둘러싼 토론을 포함한다. 근대 모빌리티에 대한 학문적 설명 중 이동적 방법을 쓰는 설명은 흔히 이러한 광범위한 담론과 담론 맥락을 무시한다. 그러나 역사적 태도를 지닌 모빌리티 학자라면 이런 맥락에 대한 논쟁을 피할 수 없다(그리고 오늘날 실천에 초점을 맞추는 모빌리티 학자들도 이런 논쟁을 피해서는 안 된다).

1890년대 초 영국에 들어오기 시작한 새로운 모터 자동차들은 1860년대 만들어진 분류 체계에 들어갔다. 여기에서는 모터 자동차는 도로 기관차량으로 분류되어, 제한 속도가 시골에서는 시속 4마일, 시내에서는 시속 2마일이었다(Plowden 1971, 22; Merriman 2012a). (운전자에 대한 엄격한 제한을 풀어서 최고 제한속도를 시속 12마일까지 높인) 〈1896년 공도 기관차량 조례〉가 도입되었지만, 1890년대 후반과 1900년대에는 정치인, 경찰, 운전자 조직, 운전자, 대중 사이에 운전자의 권리·책임·자유·규제에 관한 투쟁이 계속되었다(다음을 보라. Merriman 2012a). 운전은 운전자의 행위·경험·감각을 넘어서는 다양한 실천과 결부되었는데, 이는 (정치인의) 입법 실천, (경찰의) 속도 측정·신원 확인·함정단속, (변호사와 판사의) 기소, (공학자의) 도로 포장, (생산자, 판매자, 언론의) 생산, (자동차 스카우트들의) 경고와 정보 등이다.

결론

무상한 운동들은 재현적일 수 있지만(말하자면 의미를 창조하고 재생산하는 데에 근본적이지만), 그 일시적 본성 때문에 양적 설명이나 언어적 설명으로 포착하기 어렵다. 그 이유 중 하나는, 이런 요인들의 중요성을 인정하더라도 시각적이고 청각적인 것 이외의 감각적 경험을 불러내고 환기시키는 데 필수적인 기술·요령·단어들이 등록되어 있지 않기 때문이다. 그것은 바로 이것들이 종종 습관과 무의식의 영역에 있기 때문이다. 그래서 기존 방법들을 검시檢屍하는 일이 생겼는데, 여기에서 화두는 모빌리티 전환으로 생겨나는 새로운 연구 문제들에 방법론적 접근에 대한 전반적인 재고가 필요한가라는 물음이다(Spinney 2011: 162).

지난 여러 해 동안 점점 더 많은 모빌리티 학자들이 인간의 체화된 운동의 실천과 감각이 재현을 피해 가는 무상한 사건들이라고 주장해 왔다. 그리고 학계가 체화된 운동의 이러한 실천과 경험을 포착하려면 새로운 연구 기법, 방법, 이론적 입장이 있어야 한다고 제안했다. 스피니(Spinney 2011: 162)가 위의 인용문에서 주장하듯이, 몇몇 학자는 접근 방식의 재고를 촉구하면서 "기존 방법들을 검시"하고자 했다. 그러나 이런 연구 중 일부의 인식론적 전제와 주장은 종종 혼란스럽다. 많은 모빌리티 학자와 비재현주의 이론가들이 스리프트(Thrift 1996: 32-33), 도나 해러웨이Donna Haraway를 비롯한 반본질주의 및 후기구조주의 사상가들이 주창하는 일종의 다차원적 방법론, '약한 존재론', 그리고 부분적이고 '상황적인 인식론'을 채택하였으나, 관습적 방법들에 대한 몇몇 '검시'를 뒷받침하는 전제는 실로 문제적이다. 이러한 전제는 연구가 특수한 실천과 사건의 여기임, 지금임, 살아 있음에 '가까이 가고' 이를 '포착'하거나 증언하기 위해서는, 실험적이고 즉흥적인 이동적 방법을 수단으로 삼아야 한다는 것이다. 이런 방법들이 연구자에게 상황에 대한 더 정확하거나 진정성 있는 지식을 얻을 수 있는 어떤 '신적인' 위치를 제공하기 때문이다.

　　그렇다면 내가 호소하는 바는 학자들이 이동적 방법의 이점과 역량에 대해 좀 더 균형 잡힌 토론을 하고, 모빌리티 연구가 무엇이고 무엇이었으며 무엇일 수 있고 무엇이어야 하는가에 대한 복수적 감각을 유지하자는 것이다. 이를 위해서는 운동과 모빌리티에 대한 다양한 분과학문의 관점을 확장하고, 분과학문의 경계를 가로질러 연구하며, 서로 다른 이론적이고 경험적인 방안을 개발하고, 복수의 방법론적 접근들을 활용하며, **무엇보다도** 온건하고 '약하며' 열려 있고 비재현적인 인식론과 존재론들을 채택해야 한다. 이것은 포착하기 힘든 실천을 이해하고 재현하는 수단이 아니라 **더불어** 실험하고 움직이는 수단인 것이다.

참고문헌

1장 모빌리티와 인문학

Adey, P. 2006. "If Mobility is Everything then It is Nothing: Towards a Relational Politics of (Im)mobilities." *Mobilities* 1: 75-94.

Adey, P. 2010. *Aerial Life*. Oxford: Wiley-Blackwell.

Adey, P., D. Bissell, K. Hannam, P. Merriman, and M. Sheller. 2014. "Introduction." In *The Routledge Handbook of Mobilities*, edited by P. Adey, D. Bissell, K. Hannam, P. Merriman, and M. Sheller, 1-20. London: Routledge.

Aguiar, M. 2011. *Tracking Modernity: India's Railway and the Culture of Mobility*. Minneapolis, MN: University of Minnesota Press.

Anim-Addo, A. 2014. "'The Great Event of the Fortnight': Steamship Rhythms and Colonial Communication." *Mobilities* 9: 369-383.

Archer, N. 2012. *The French Road Movie: Space, Mobility, Identity*. Oxford: Berghahn Books.

Ashmore, P. 2013. "Slowing down Mobilities: Passengering on an Inter-War Ocean Liner." *Mobilities* 8: 595-611.

Bastion, H. C. 1887. "The 'Muscular Sense'; Its Nature and Cortical Localisation." *Brain* 10 (1): 1-89.

Baudrillard, J. (1984) 2010. *America*. London: Verso.

Bauman, Z. 2000. *Liquid Modernity*. Cambridge: Polity Press.

Benitez-Rojo, A. 1997. *The Repeating Island: The Caribbean and the Postmodern Perspective*. Translated by J. E. Maraniss. Durham, NC: Duke University Press.

Berensmeyer, I., and C. Ehland, eds. 2013. *Perspectives on Mobility*. Amsterdam: Rodopi.

Bergson, H. (1946) 1992. *The Creative Mind*. New York: Citadel Press.

Bergson, H. (1908) 2000. "Memory of the Present and False Recognition." In *Time and the Instant: Essays in the Physics and Philosophy of Time*, edited by R. Durie, 36-63. Manchester, NH: Clinamen Press.

370

Bhabha, H. 1994. *The Location of Culture*. London: Routledge Classics.

Biemann, U. 2002. "Touring, Routing and Trafficking Female Geobodies." In *Mobilizing Place, Placing Mobility*, edited by G. Verstraete and T. Cresswell, 71-85. Amsterdam: Rodopi.

Bissell, D. 2010. "Vibrating Materialities: Mobility−Body−Technology Relations." *Area* 42 (4): 479-486.

Borden, I. 2013. *Drive: Journeys through Film, Cities and Landscapes*. London: Reaktion Books.

Brah, A. 1996. *Cartographies of Diaspora*. London: Routledge.

Braidotti, R. 1994. *Nomadic Subjects: Embodied and Sexual Difference in Contemporary Feminist Theory*. New York: Columbia University Press.

Braithwaite, E. R. (1971) 2013. *To Sir, with Love*. London: Vintage Classics.

Büscher, M., J. Urry, and K. Witchger. 2011. "Introduction: Mobile Methods." In *Mobile Methods*, edited by M. Büscher, J. Urry and K. Witchger, 1-19. London: Routledge.

Butler, J. 1990. *Gender Trouble*. London: Routledge.

Canclini, N. G. (1989) 2005. *Cultural Hybridity: Strategies for Entering and Leaving Modernity*. Minneapolis, MN: University of Minnesota Press.

Cantet, L. (dir.) 2001. *L'Emploi du Temps/Time out*. Haut et Court.

Carroll, Lewis. (1897) 1982. *Alice's Adventures in Wonderland and through the Looking-Glass*. Edited by R. L. Green. Oxford: Oxford University Press.

Castells, M. 1996. *The Rise of the Network Society*. Oxford: Blackwell.

Chambers, I. 1990. *Border Dialogues: Journeys in Postmodernity*. London: Routledge.

Cixous, H. 1991. *Writing the Feminine*. Translated by R. Conley. Lincoln, NE: University of Nebraska Press.

Clarsen, G. 2008. *Eat My Dust: Early Women Motorists*. Baltimore, MD: Johns Hopkins University Press.

Clifford, J. 1992. "Traveling Cultures." In *Cultural Studies*, edited by L. Grossberg, C. Nelson, and P. Treichler, 96-116. London: Routledge.

Clifford, J. 1997. Routes: Travel and Translation in the Late Twentieth Century. London, MA: Harvard University Press.

Cooper, C. 1993. *Noises in the Blood: Orality, Gender and the Vulgar Body of Jamaican Popular Culture*. London: Macmillan Caribbean.

Cresswell, T. 1993. "Mobility as Resistance: A Geographical Reading of Kerouac's 'On the Road.'" *Transactions of the Institute of British Geographers* 18: 249-262.

Cresswell, T. 1996. *In Place/Out of Place: Geography, Ideology and Transgression*. London: University of Minnesota Press.

Cresswell, T. 1997. "Imagining the Nomad: Mobility and the Postmodern Primitive." In *Space and Social Theory: Interpreting Modernity and Postmodernity*, edited by G. Benko and U. Strohmayer, 360-379. Oxford: Blackwell.

Cresswell, T. 1999. "Embodiment, Power and the Politics of Mobility: The Case of Females Tramps and Hobos." *Transactions of the Institute of British Geographers* 24: 175-192.

Cresswell, T. 2001a. "Mobilities — An Introduction." *New Formations* 43: 9-10.

Cresswell, T. 2001b. "The Production of Mobilities." *New Formations* 43: 11-25.

Cresswell, T. 2006. *On the Move: Mobility in the Modern Western World*. London: Routledge.

Cresswell, T. 2010. "Towards a Politics of Mobility." *Environment and Planning D: Society and Space* 28 (1): 17-31.

Cresswell, T. 2013. "A Theory of Migration." *Transfers: Interdisciplinary Journal of Mobility Studies* 3 (1): 6-6.

Cresswell, T. 2014. "Mobilities III: Moving On." *Progress in Human Geography* 38 (5): 712-721.

Cresswell, T., and D. Dixon, eds. 2002. *Engaging Film: Geographies of Mobility and Identity*. London: Rowman & Littlefield.

Cresswell, T., and P. Merriman, eds. 2011. *Geographies of Mobilities: Practices, Spaces, Subjects*. Farnham: Ashgate Publishing.

Currie, M. 2007. *About Time: Narrative, Fiction and the Philosophy of Time*. Edinburgh: Edinburgh University Press.

Dahl, R. (1961) 2007. *James and the Giant Peach*. London: Puffin Book.

Dant, T. 2004. "The Driver-car." *Theory, Culture and Society* 21 (4-5): 61-79.

Davies, A. D. 2014. "Learning 'Large Ideas' Overseas: Discipline, (Im) mobility and Political Lives in the Royal Indian Navy Mutiny." *Mobilities* 9: 384-400.

Deleuze, G., and F. Guattari. 1988. *A Thousand Plateaus*. London: Athlone.

Descombes, V. 1993. *The Barometer of Modern Reason: On the Philosophies of Current Events*. Oxford: Oxford University Press.

Dewsbury, J. D. 2010. "Performative, Non-representational and Affect-based Research." In *The Sage Handbook of Qualitative Research in Human Geography*, edited by D. DeLyser, S. Aitken, M. Crang, S. Herbert, and L. McDowell, 321-334. London: Sage.

Divall, C., ed. 2015. *Cultural Histories of Sociabilities, Spaces and Mobilities*. London: Pickering & Chatto.

Divall, C., J. Hine, and C. Pooley, eds. 2016. *Transport Policy: Learning Lessons from History*. Farnham: Ashgate.

Divall, C., and G. Revill. 2005. "Cultures of Transport: Representation, Practice and Technology." *Journal of Transport History* 26 (1): 99-111.

Domschke, G., and L. Bambozzi. 2013. "Labmove L: Media Arts on Wheels." *Transfers: Interdisciplinary Journal of Mobility Studies* 3 (2): 116-121.

Duffy, E. 2009. *The Speed Handbook: Velocity, Pleasure, Modernism*. London: Duke University Press.

Eliot, G. (1861) 2003. *Silas Marner*. London: Penguin.

Fincham, B., M. McGuinness, and L. Murray, eds. 2010. *Mobile Methodologies*. Basingstoke: Palgrave Macmillan.

Gilroy, P. 1993. *The Black Atlantic: Modernity and Double Consciousness*. London: Verso.

Haldrup, M. 2011. "Choreographies of Leisure Mobilities." In *Mobile Methods*, edited by M. Büscher, J. Urry, and K. Witchger, 54-71. London: Routledge.

Hall, S., and P. du Gay, eds. 1996. *Questions of Cultural Identity*. London: Sage.

Hasty, W. 2014. "Metamorphosis Afloat: Pirate Ships, Politics and Process, c.1680-1730." *Mobilities* 9: 350-368.

Henriques, J., M. Tiainen, and P. Väliaho, eds. 2014. "Rhythm, Movement,

Embodiment (Special Issue)." *Body and Society* 20 (3-4): 3-221.

Heraclitus. c.600BC 2003. *Fragments*. London: Penguin.

Highmore, B. 2005. *Cityscapes: Cultural Readings in the Material and Symbolic City*. Basingstoke: Palgrave Macmillan.

Hitchings, R. 2012. "People Can Talk about Their Practices." *Area* 44 (1): 61-67.

Hunter, V., ed. 2015. *Moving Sites: Investigating Site-specific Dance Performance*. London: Routledge.

Ingold, T. 2000. *The Perception of the Environment: Essays in Livelihood, Dwelling and Skill*. London: Routledge.

Ingold, T. 2007. *Lines*. London: Routledge.

Irigaray, L. 1985. *The Sex Which is Not One*. Translated by C. Porter. Ithaca, NY: Cornell University Press.

Jardine, A. 1986. *Gynesis: Configurations of Woman and Modernity*. Ithaca, NY: Cornell University Press.

Jensen, O. B. 2014. *Designing Mobilities*. Aalborg: Aalborg University Press.

Jensen, O. B., and D. B. Lanng. 2016. *Mobilities Design*. London: Routledge.

Kaplan, C. 1996. *Questions of Travel: Postmodern Discourses of Displacement*. London: Duke University Press.

Kern, S. 1983. *The Culture of Time and Space 1880-1918*. Cambridge, MA: Harvard University Press.

Kerouac, J. 1997. *Some of the Dharma*. New York: Penguin.

Kristeva, J. 1980. *Desire in Language*. New York: Columbia University Press.

Kwinter, S. 2001. *Architectures of Time: Toward a Theory of the Event in Modernist Culture*. London: MIT Press.

Laurier, E. 2011. "Driving: Pre-cognition and Driving." In *Geographies of Mobilities: Practices, Spaces, Subjects*, edited by T. Cresswell and P. Merriman, 69-81. Farnham: Ashgate.

Laurier, E., H. Lorimer, B. Brown, O. Jones, O. Juhlin, A. Noble, M. Perry, et al. 2008. "Driving and Passengering: Notes on the Ordinary Organisation of Car Travel." *Mobilities* 3 (1): 1-23.

Leary, J., ed. 2014. *Past Mobilities: Archaeological Approaches to Movement and Mobility*. Farnham: Ashgate.

Lefebvre, H. 2004. *Rhythmanalysis: Space, Time and Everyday Life*. London: Continuum.

Livesey, R. 2016. *Writing the Stage Coach Nation: Locality on the Move in Nineteenth-Century British Literature*. Oxford: Oxford University Press.

Löfgren, O. 2008. "Motion and Emotion: Learning to Be a Railway Traveller." *Mobilities* 3 (3): 331-351.

Malkki, L. 1992. "National Geographic: The Rooting of Peoples and the Territorialization of National Identity among Scholars and Refugees." *Cultural Anthropology* 7 (1): 24-44.

Manning, E. 2009. *Relationscapes: Movement, Art, Philosophy*. London: MIT Press.

Massey, D. 1991. "A Global Sense of Place." *Marxism Today*. June: 24-29.

Massey, D. 2005. *For Space*. London: Sage.

Mathieson, C. 2012. "'A Moving and a Moving On': Mobility, Space, and the Nation in Charles Dickens's 'Bleak House'." *English* 61: 395-405.

Mathieson, C. 2015. *Mobility in the Victorian Novel: Placing the Nation*. Basingstoke: Palgrave Macmillan.

McCormack, D. 2005. "Diagramming Practice and Performance." *Environment and Planning D: Society and Space* 23 (1): 119-147.

McCormack, D. 2008. "Geographies for Moving Bodies: Thinking, Dancing, Spaces." *Geography Compass* 2 (6): 1822-1836.

McCormack, D. 2013. *Refrains for Moving Bodies: Experience and Experiment in Affective Spaces*. Durham, NC: Duke University Press.

Melville, P. 1991. *Shape-shifter*. London: Picador Books.

Merleau-Ponty, M. (1945) 2002. *Phenomenology of Perception*. Translated by C. Smith. London: Routledge.

Merriman, P. 2007. *Driving Spaces*. Oxford: Blackwell Publishing.

Merriman, P. 2012a. *Mobility, Space and Culture*. London: Routledge.

Merriman, P. 2012b. "Human Geography without Time-space." *Transactions of the Institute of British Geographers* 37 (1): 13-27.

Merriman, P. 2014. "Rethinking Mobile Methods." *Mobilities* 9 (2): 167-187.

Merriman, P. 2016. "Mobilities II: Cruising." *Progress in Human Geography* 40 (4): 555-564.

Merriman, P. 2017. "Mobilities III: Arrivals." *Progress in Human Geography*. Online First. doi:10.1177/0309132516635948.

Merriman, P., R. Jones, T. Cresswell, C. Divall, G. Mom, M. Sheller, and J. Urry. 2013. "Mobility: Geographies, Histories, Sociologies." *Transfers: Interdisciplinary Journal of Mobility Studies* 3 (1): 147-165.

Merriman, P., and C. Webster. 2009. "Travel Projects: Landscape, Art, Movement." *Cultural Geographies* 16 (4): 525-535.

Millar, J., and M. Schwartz, eds. 1998. *Speed−Visions of an Accelerated Age*. London: The Photographers Gallery and Whitechapel Art Gallery.

Mom, G. 2015a. *Atlantic Automobilism: Emergence and Persistence of the Car, 1895-1940*. Oxford: Berghahn.

Mom, G. 2015b. "The Crisis of Transport History: A Critique and a Vista." *Mobility in History* 6: 7-19.

Mom, G., G. Clarsen, P. Merriman, C. Seiler, M. Sheller, and H. Weber. 2013. "Editorial." *Transfers: Interdisciplinary Journal of Mobility Studies* 3 (3): 1-5.

Mom, G., C. Divall, and P. Lyth. 2009. "Towards a Paradigm Shift? A Decade of Transport and Mobility History." In *Mobility in History: The State of the Art in the History of Transport, Traffic and Mobility*, edited by G. Mom, G. Pirie, and L. Tissot, 13-40. Neuchâtel: Éditions Alphil.

Morris, M. 1988. "At Henry Parkes Motel." *Cultural Studies* 2: 1-47.

Murray, L., and S. Upstone, eds. 2014. *Researching and Representing Mobilities: Transdisciplinary Encounters*. Basingstoke: Palgrave Macmillan.

Myers, M. 2011. "Walking Again Lively: Towards an Ambulant and Conversive Methodology of Performance and Research." *Mobilities* 6 (2): 183-201.

Myles, E. 2012. *Snow Flake−New Poems, Different Streets−Newer Poems*. Seattle, WI: Wave Books.

Nichols, G. 1984. *The Fat Black Woman's Poems*. London: Virago.

Parkins, W. 2009. *Mobility and Modernity in Women's Novels, 1850s-1930s:*

Women Moving Dangerously. London: Palgrave Macmillan.

Pearce, L. 2012a. "The Urban Imaginary: Writing, Migration, Place." *Mobilities* 7 (1): 1-11.

Pearce, L. 2012b. "Automobility in Manchester Fiction." *Mobilities* 7 (1): 93-113.

Pearce, L. 2014. "A Motor-flight through Twentieth-century Consciousness: Capturing the Driving-event, 1905-35." In *Researching and Representing Mobilities: Transdisciplinary Encounters*, edited by L. Murray and S. Upstone, 78-98. Basingstoke: Palgrave Macmillan.

Pearce, L. 2016. *Drivetime: Literary Excursions in Automotive Consciousness*. Edinburgh: Edinburgh University Press.

Pearce, L., C. Fowler, and R. Crawshaw. 2013. *Postcolonial Manchester: Diaspora Space and the Devolution of Literary Culture*. Manchester: Manchester University Press.

Pooley, C. G., J. Turnbull, and M. Adams. 2005. *A Mobile Century? Changes in Everyday Mobility in Britain in the Twentieth Century*. Aldershot: Ashgate.

Pratt, M. L. 1992. *Imperial Eyes: Travel Writing and Transculturalism*. London: Routledge.

Puri, S. 2003. *The Caribbean Postcolonial: Social Equality, Post-Nationalism and Cultural Hybridity*. New York: Palgrave Macmillan.

Ravalet, E., S. Vincent-Geslin, V. Kaufmann, and J. Leveugle. 2014. *Slices of (Mobile) Life: A Sociological Study and Manifesto on Work-Related High Mobility*. Paris: Éditions Loco-L'Atelier d'édition and Mobile Lives Forum.

Roberts, L. 2010. "Making Connections: Crossing Boundaries of Place and Identity in Liverpool and Merseyside Amateur Transport Films." *Mobilities* 5 (1): 83-109.

Rosa, H. 2013. *Social Acceleration: A New Theory of Modernity*. New York: Columbia University Press.

Rouse, R. 1991. "Mexican Migration and the Social Space of Postmodernism." *Diaspora* 1 (1): 8-23.

Said, E. 1978. *Orientalism*. London: Vintage Books.

Said, E. 1994. *Culture and Imperialism*. London: Vintage Books.

de Sapio, J. 2013. "Transient Communities: Travel, Knowledge, and the Victorian Railway Carriage, 1840-90." *Mobilities* 8 (2): 201-219.

Schivelbusch, W. 1980. *The Railway Journey*. Oxford: Blackwell.

Schnapp, J. T. 1999. "Crash (Speed as Engine of Individuation)." *Modernism/Modernity* 6: 1-49.

Schnapp, J. T., ed. 2009. *Speed Limits*. Milan: Skira.

Schwartz, H. 1992. "Torque: The New Kinaesthetic of the Twentieth Century." In *Incorporations*, edited by J. Crary and S. Kwinter, 71-126. New York: Zone.

Schwarzer, M. 2004. *Zoomscape: Architecture in Motion and Media*. New York: Princeton Architectural Press.

Scott, H. 2006. *Caribbean Women Writers and Globalization: Fictions of Independence*. Aldershot: Ashgate.

Serres, M. 2000. *The Birth of Physics*. Manchester, NH: Clinamen.

Sharma, S. 2014. *In the Meantime: Temporality and Cultural Politics*. London: Duke University Press.

Sheller, M. 2003. *Consuming the Caribbean: From Arawaks to Zombies*. London: Routledge.

Sheller, M. 2014a. "The New Mobilities Paradigm for a Live Sociology." *Current Sociology* 62: 789-811.

Sheller, M. 2014b. *Aluminum Dreams: The Making of Light Modernity*. London: MIT Press.

Sheller, M. 2015. "Vital Methodologies: Live Methods, Mobile Art, and Research-Creation." In *Non-Representational Methodologies: Re-Envisioning Research*, edited by P. Vannini, 130-145. London: Routledge.

Sheller, M., and J. Urry. 2006. "The New Mobilities Paradigm." *Environment & Planning a* 38: 207-226.

Sheller, M., and J. Urry. 2016. "Mobilizing the New Mobilities Paradigm." *Applied Mobilities* 1: 10-25.

Spinney, J. 2009. "Cycling the City: Movement, Meaning and Method." *Geography Compass* 3 (2): 817-835.

Spinney, J. 2011. "A Chance to Catch a Breath: Using Mobile Video

Methodology in Cycling Research." *Mobilities* 6 (2): 161-182.

Spivak, G. 1987. *In Other Worlds: Essays in Cultural Politics*. London: Routledge.

Szczeszak-Brewer, A. 2007. "Teleology without a Telos? Constitutive Absence in Leopold Bloom's Pilgrimage." *Mobilities* 2 (3): 347-362.

Thacker, A. 2003. *Moving through Modernity: Space and Geography in Modernism*. Manchester, NH: Manchester University Press.

Thrift, N. 1994. "Inhuman Geographies: Landscapes of Speed, Light and Power." In *Writing the Rural: Five Cultural Geographies*, edited by P. Cloke, M. Doel, D. Matless, M. Phillips, and N. Thrift, 191-248. London: PCP.

Thrift, N. 1995. "A Hyperactive World." In *Geographies of Global Change*, edited by R. J. Johnston, P. J. Taylor, and M. J. Watts, 18-35. Oxford: Blackwell.

Thrift, N. 1996. *Spatial Formations*. London: Sage.

Thrift, N. 2000a. "Introduction: Dead or Alive?" In *Cultural Turns/ Geographical Turns*, edited by I. Cook, D. Crouch, S. Naylor, and J. R. Ryan, 1-6. Harlow: Prentice Hall.

Thrift, N. 2000b. "Afterwords." *Environment and Planning D: Society and Space* 18 (2): 213-255.

Thrift, N. 2008. *Non-representational Theory*. London: Routledge.

Tomlinson, T. 2007. *The Culture of Speed*. London: Sage.

Tzanelli, R. 2006. "Reel Western Fantasies: Portrait of a Tourist Imagination in the Beach (2000)." *Mobilities* 1 (1): 121-142.

Urry, J. 1990. *The Tourist Gaze*. London: Sage.

Urry, J. 1999. *Automobility, Car Culture and Weightless Travel: A Discussion Paper*. Lancaster: Department of Sociology,

Lancaster University. http://www.lancaster.ac.uk/fass/resources/sociology-online-papers/papers/urry-automobility.pdf.

Urry, J. 2000a. *Sociology beyond Societies*. London: Routledge.

Urry, J. 2000b. "Mobile Sociology." *British Journal of Sociology* 51: 185-203.

Urry, J. 2007. *Mobilities*. Cambridge: Polity Press.

Vannini, P., ed. 2015. *Non-representational Methodologies: Re-envisioning Research*. London: Routledge.

Vergunst, J. 2011. "Technology and Technique in a Useful Ethnography of Movement." *Mobilities* 6 (2): 203-219.

Walcott, D. 1992. *Collected Poems, 1948-1984*. London: Faber.

Weedon, C. 1987. *Feminist Practice and Poststructuralist Theory*. Oxford: Blackwell.

Wilkie, F. 2012. "Site-specific Performance and the Mobility Turn." *Contemporary Theatre Review* 22: 203-212.

Wilkie, F. 2015. *Performance, Transport and Mobility: Making Passage*. Basingstoke: Palgrave Macmillan.

Witzgall, S., G. Vogl, and S. Kesselring, eds. 2013. *New Mobilities Regimes in Art and Social Sciences*. Farnham: Ashgate.

2장 길 위의 장르

Altman, Rick. 1999. *Film/Genre*. London: British Film Institute.

Andrew, Geoff. 2005. *10*. London: British Film Institute.

Archer, Neil. 2013. *The French Road Movie: Space, Mobility, Identity*. Oxford: Berghahn.

Archer, Neil. 2016. *The Road Movie: In Search of Meaning*. London: Wallflower.

Augé, Marc. 1995. *Non-places: Introduction to an Anthropology of Supermodernity*. London: Verso.

Borden, Iain. 2012. *Drive*. London: Reaktion.

Bordwell, David. 1985. *Narration in the Fiction Film*. London: Routledge.

Bordwell, David. 1988. *Ozu and the Poetics of Cinema*. Princeton, NJ: Princeton University Press.

Bull, Michael. 2004. "Automobility and the Power of Sound." *Theory, Culture and Society* 21 (4-5): 243-259.

Cohan, Steven, and Ina Rae Hark. 1997. "Introduction." In *The Road Movie Book*, edited by S. Cohan and I. R. Hark, 1-14. London: Routledge.

Costanzo, William V. 2014. *World Cinema through Global Genres*. Chichester: Wiley Blackwell.

Daniel, Alistair. 1999. "Thelma and Louise." In *Lost Highways: An Illustrated Guide to the Road Movie*, edited by Jack Sargeant and Stephanie Watson, 169-180. London: Creation.

Edensor, Tim. 2004. "Automobility and National Identity: Representation, Geography and Driving Practice." *Theory, Culture and Society* 21 (4-5): 101-120.

Elsaesser, Thomas. 1975. "The Pathos of Failure: American Films in the 70's." *Monogram* 6: 13-19.

Eyerman, Ron, and Otar Löfgren. 1995. "Romancing the Road: Road Movies and Images of Mobility." *Theory, Culture and Society* 12 (1): 53-79.

Featherstone, Mike. 2004. "Automobilities: An Introduction." *Theory, Culture and Society* 21 (4-5): 1-24.

Gledhill, Christine. 2012. "Introduction." In *Gender Meets Genre in Postwar Cinemas*, edited by Christine Gledhill, 1-11. Champaign, IL: University of Illinois Press.

Gott, Michael, and Thibaut Schilt, eds. 2013. *Open Roads, Closed Borders: The Contemporary French-language Road Movie*. Bristol: Intellect.

Hark, Ina Rae. 1997. "Fear of Flying: Yuppie Critique and the Buddy Road Movie in the 1980s." In *The Road Movie Book*, edited by Steven Cohan and Ina Rae Hark, 204-229. London: Routledge.

Laderman, David. 2002. *Driving Visions: Exploring the Road Movie*. Austin, TX: University of Texas Press.

Mazierska, Eva, and Laura Rascaroli. 2006. *Crossing New Europe: Postmodern Travel and the European Road Movie*. London: Wallflower.

Merriman, Peter. 2004. "Driving Places: Marc Augé, Non-places and the Geographies of England's M1 Motorway." *Theory, Culture, and Society* 21 (4-5): 145-167.

Merriman, Peter. 2014. "Rethinking Mobile Methods." *Mobilities* 9 (2): 167-187.

Mills, Katie. 2006. *The Road Story and the Rebel: Moving through Film, Fiction, and Television*. Carbondale, IL: Southern Illinois University

Press.

Naficy, Hamid. 2001. *An Accented Cinema: Exilic and Diasporic Filmmaking*. Princeton, NJ: Princeton University Press.

Neale, Steve. 2000. *Genre and Hollywood*. London: Routledge.

Ross, Kristin. 1995. *Fast Cars, Clean Bodies: Decolonization and the Reordering of French Culture*. Cambridge, MA: MIT Press.

Thrift, Nigel. 2004. "Driving in the City." *Theory, Culture and Society* 21 (4-5): 41-59.

Urry, John. 2004. "The 'System' of Automobility." *Theory, Culture and Society* 21 (4-5): 25-39.

Urry, John. 2007. *Mobilities*. Cambridge: Polity.

Vanderbilt, Tom. 2008. *Traffic: Why We Drive the Way Do (and what it Says about Us)*. London: Penguin.

Willis, Sharon. 1993. "Hardware and Hardbodies, What Do Women Want?: A Reading of Thelma and Louise." In *Film Theory Goes to the Movies*, edited by Jim Collins, Ava Preacher Collins, and Hilary Radner, 120-128. New York: Routledge.

Willis, Sharon. 1997. "Race on the Road: Crossover Dreams." In *The Road Movie Book*, edited by Steven Cohan and Ina Rae Hark, 287-306. London: Routledge.

Žižek, Slavoj. 1991. *Looking Awry: An Introduction to Jacques Lacan through Popular Culture*. Cambridge, MA: MIT Press.

3장 '오스트레일리아—훔친 차처럼 운전하라'

Adey, Peter. 2010. *Mobility*. London: Routledge.

Australasian Gazette. 1926. *Newsreel—10,000 Miles around Australia*. Accessed 7 February 2017. http://aso.gov.au/titles/newsreels/australasian-gazette-10000/clip1/

Bellanta, Melissa. 2013. "Rethinking the 1890s." In *The Cambridge History of Australia*, edited by Alison Bashford and Stuart Macintyre, 218-241, Cambridge: Cambridge University Press.

Birtles, Frances. 1914. *3,500 Miles across Australia in a Ford Car: The Gulf of Carpentaria to Port Philip Bay*. Melbourne: Davies and Fehon Motors.

Birtles, Francis. 1917. "Through Australian Wilds." *Sydney Mirror*, October 13: 11.

Birtles, Frances. 1935. *Battle Fronts of Outback*. Sydney: Angus and Robertson.

Brock, Peggy. 1993. *Outback Ghettos: Aborigines, Institutionalisation and Survival*. Melbourne: Cambridge University Press.

Byrne, Dennis. 2013. "Difference." In *The Oxford Handbook of the Archaeology of the Contemporary World*, edited by Paul Graves-Brown, Rodney Harrison and Angela Piccini, 289-305. Oxford: Oxford University Press.

Carey, James. 1989. *Communication as Culture: Essays on Media and Society*. New York: Routledge.

Carlson, Bronwyn. 2013. "The 'New Frontier': Emergent Indigenous Identities and Social Media." In *The Politics of Identity: Emerging Indigeneity*, edited by Michelle Harris, Martin Nakata, and Bronwyn Carlson, 147-168. Sydney: University of Technology Sydney E-Press.

Cathcart, Michael. 2009. *The Water Dreamers: The Remarkable History of Our Dry Continent*. Melbourne: Text Publishing.

Chief Protector of Aboriginals. 1925. *Report for Year Ended June 30th 1925*. Adelaide: South Australian Government Printer.

Clarke, Paul. 2011. *Wide Open Road: The Story of Cars in Australia*. Sydney: Bombora Film and Music. A Three-Part Documentary Series in Association with the ABC and Screen Australia's National Documentary Program.

Clarsen, Georgine. 2002. "Still Moving: Bush Mechanics in the Central Desert." *Australian Humanities Review*. Accessed February/March. http://www.lib.latrobe.edu.au/AHR

Clarsen, Georgine. 2008. *Eat My Dust: Early Women Motorists*. Baltimore, MD: Johns Hopkins University Press.

Clarsen, Georgine. 2010. "Automobiles and Australian Modernisation: The Redex around-Australia Trials of the 1950s." *Australian Historical*

Studies 41 (3): 352-368.

Clarsen, Georgine. 2014a. "The 1928 MacRobertson around-Australia Expedition: Colonial Adventuring in the Twentieth Century." In *Expedition into Empire: Exploratory Journeys and the Making of the Modern World*, edited by Martin Thomas, 194-213. New York: Routledge.

Clarsen, Georgine. 2014b. "'Pedaling Power': Bicycles, Subjectivities and Landscapes in a Settler Colonial Society." *Mobilities* 10 (5): 706-725. doi: 10.1080/17450101.2014.927201.

Clarsen, Georgine. 2015. "Mobile Encounters: Bicycles, Cars and Australian Settler Colonialism." *History Australia* 12 (1): 165-185.

Clarsen, Georgine. 2017. "Revisiting 'Driving While Black': Racialized Automobilities in a Settler Colonial Context." *Mobility* in History 8: 47-55.

Cresswell, Tim. 2010. "Towards a Politics of Mobility." *Environment and Planning D: Society and Space* 28 (1): 17-31.

Curthoys, Ann. 1999. "Expulsion, Exodus and Exile in White Australian Historical Mythology." *Journal of Australian Studies* 23 (61): 1-19.

Daley, Paul. 2015. "Indigenous Australians: Postcolonial Blog." *Guardian*, August 8. Accessed August 14 2015. http://gu.com/p/4bb5p/sbl

Davenport, Sue, Peter Johnson, and Yuwali. 2005. *Cleared out*. Canberra: Aboriginal Studies Press.

Deloria, Philip. 2004. *Indians in Unexpected Places*. Lawrence: University Press of Kansas.

Dixon, Robert. 2012. *Photography, Early Cinema and Colonial Modernity*. New York: Anthem Press.

Dorney, Murial. 1927. *An Adventurous Honeymoon: The First Motor Honeymoon around Australia*. Brisbane: Read Press.

Duffy, Enda. 2009. *The Speed Handbook*. Durham, NC: Duke University Press.

Dutton, H. H. 1909. *Across Australia by Motor*. Adelaide: J.L. Bonython.

Eckermann, C. V. 2010. *Koonibba: The Mission and the Nunga People*. Clarence Gardens, SA: Elizabeth Buck.

Edensor, Tim. 2004. "Automobility and National Identity." *Theory, Culture and Society* 21 (4-5): 101-120.

Ellis, M. H. 1927. *The Long Lead: Across Australia by Motor Car*. London: T.F. Unwin.

Elton, Judith. 2007. "Comrades of Competition: Union Relations with Aboriginal Workers in the South Australian and Northern Territory Pastoral Industries, 1878-1957." PhD thesis, University of South Australia.

Foucault, Michel. 1980. *Power/Knowledge: Selected Interviews and Other Writings, 1972-1977*. Edited and translated by Colin Gordon Hassocks. London: Harvester Press.

Frederick, Ursula. 2011. "Roadworks: Automobility and Belonging in Aboriginal Art." *Humanities Research* XVII 2: 81-107.

Gibson, Ross. 2014. "Narrative Hunger: GIS Mapping, Google Street View and the Colonial Prospectus." *Cultural Studies Review* 20 (2): 250-265.

Gifford, Peter. 2002. *Black and White and in between: Arthur Dimer and the Nullarbor*. Perth: Hesperian Press.

Greenwood, Justine. 2011. "Driving through History: The Car, the Open Road, and the Making of History Tourism in Australia, 1920-1940." *Journal of Tourism History* 3 (1): 21-37.

Griffiths, Tom, and Tim Bonyhady, eds. 2002. *Words for Country: Landscape and Language in Australia*. Sydney: University of New South Wales Press.

Hall, Laina. 2006. "The 'Zest of Adventure' in Australian Overland Narratives, 1920-2000." *Journal of Tourism and Cultural Change* 4 (2): 85-95. doi:10.2167/jtcc055.0.

Hall, Laina. 2013. "'My Wanderlust is Not Yet Appeased': Ellis Bankin and Motorcycle Touring in 1930s Australia." *Studies in Travel Writing* 17 (4): 368-383.

Hatfield, William. 1937. *Australia through the Windscreen*. Sydney: Angus and Robertson.

Hepp, Andreas, and Friedrich Krotz. 2014. "Mediatized Worlds: Understanding Everyday Mediatization." In *Mediatized Worlds*, edited by Andreas Hepp and Friedrich Krotz, 1-15. New York: Palgrave Macmillan.

Hunt, Harold. 2006. *Memories from the Corner Country: The Story of May Hunt*. Broome: Magabala Books.

Hunter, Kathryn. 2014. "Aboriginal Women in Australia's Traveling Shows, 1930s-1950s: Shadows and Suggestions." *Journal of Women's History* 26 (4): 37-59.

Kerr, Rosemary. 2013. "Through the Rear View Mirror: Landscapes, Legends and Literature on the Australian Road." *Studies in Travel Writing* 17 (2): 188-206.

Kidd, Rosalind. 2007. *Hard Labour, Stolen Wages: National Report on Stolen Wages*. Sydney: Australians for Native Title and Reconciliation.

Knoblauch, Hubert. 2013. "Communicative Constructivism and Mediatization." *Communication Theory* 23 (3): 297-315.

Macdonald, Gaynor. 2003. "Photos in Wiradjuri Biscuit Tins: Negotiating Relatedness and Validating Colonial Histories." *Oceania* 73: 225-242.

Mar, Tracy Banivanua, and Penelope Edmonds, eds. 2010. *Making Settler Colonial Space: Perspectives on Race, Place and Identity*. Basingstoke: Palgrave Macmillan.

Mazzoleni, Gianpietro. 2008. "Mediatization of Society." In *The International Encyclopedia of Communication*, edited by Wolfgang Donsbach, 3052-3055. Malden, MA: Blackwell Publishing, Blackwell Reference Online. doi:10.1111/b.9781405131995.2008.x.

Merriman, Peter. 2012. *Mobility, Space and Culture*. New York: Routledge.

Merriman, Peter. 2014. "Rethinking Mobile Methods." *Mobilities* 9 (2): 167-187.

Mom, Gijs. 2015. *Atlantic Automobilism: Emergence and Persistence of the Car, 1895-1940*. New York: Berghahn.

Moreton-Robinson, Aileen. 2009. "ChantChant." In *Vernon Ah Kee: Born in This Skin*, edited by Glenn Barkley, 66-72. Brisbane: Institute of Modern Art.

Müller, Dorit, and Heike Weber. 2013. "'Traffic'—On the Historical Alignment of Media and Mobility." *Transfers: Interdisciplinary Journal of Mobility Studies* 3 (1): 65-74.

Mulvaney, D. J., and J. H. Calaby. 1985. *"So Much That is New" Baldwin Spencer, 1860-1929: A Biography.* Carlton: Melbourne University Press.

Packer, Jeremy. 2008. *Mobility without Mayhem.* Durham, NC: Duke University Press.

Packer, Jeremy, and Craig Robertson, eds. 2006. *Thinking with James Carey: Essays on Communication, Transportation, History.* New York: Peter Lang.

Packer, Jeremy, and Stephen B. Crofts Wiley, eds. 2012. *Communication Matters: Materialist Approaches to Media, Mobility and Networks.* New York: Routledge.

Pascoe, Bruce. 2014. *Dark Emu: Black Seeds: Agriculture or Accident?* Broome: Magabala Books.

Pearce, Lynne. 2016. *Drivetime: Literary Excursions in Automotive Consciousness.* Edinburgh: University of Edinburgh Press.

Peisley, Shirley. 1993. *Interview with William Donald Watson, February 10.* Adelaide: State Library of South Australia J.B. Somerville Oral History Collection, Mortlock Library Interview number OH198/6.

Probyn-Rapsey, Fiona. 2013. *Made to Matter: White Fathers, Aboriginal Children.* Sydney: Sydney University Press.

Rifkin, Mark. 2014. *Settler Common Sense.* Minneapolis: University of Minnesota Press.

Sandford, Gladys. 1927. *Journal of a Trip.* Unpublished Manuscript. Sydney: Mitchell Library, ML MSS 4884 Box 1 (1).

SBS TV. 2014. "Murrumu and Yidindji Land." *The Feed*, October 27. Accessed 5 February 2017. http://www.sbs.com.au/news/thefeed/story/murrumu-yidindji-land

Seiler, Cotten. 2008. *Republic of Drivers.* Chicago, IL: University of Chicago Press.

Sterne, Jonathan. 2006. "Transportation and Communication: Together as You've Always Wanted Them." In *Thinking with James Carey: Essays on Communiation, Transportation, History*, edited by Jeremy Packer and Craig Robertson, 117-135. New York: Peter Lang.

Stoltz, Gertrude. 2001. "The Colonizing Vehicle." In *Car Cultures*, edited by Daniel Miller, 223-244. Oxford: Berg.

Terry, Michael. 1927. *Through a Land of Promise: With Gun, Car and Camera in the Heart of Northern Australia*. London: Herbert Jenkins.

Thrift, Nigel. 1990. "Transport and Communication, 1730-1914." In *Historical Geography of England and Wales*, edited by R. A. Butlin and R. A. Dodgshon, 453-486. London: Acaemic Press.

Trantor, Kieran. 2005. "The History of the Haste-Wagons: The Motor Car Act 1909 (Vic.), Emergent Technology and the Call for Law." *Melbourne University Law Review* 29 (3): 843-880.

Veracini, Lorenzo. 2010. *Settler Colonialism*. New York: Palgrave.

Wesley, Daryl Lloyd. 2014. "Bayini, Macassans, Balanda, and Bininj: Defining the Indigenous past of Arnhel Landthrough Culture Contact." PhD diss., Australian National University.

White, Richard. 2007. "Travel, Writing and Australia." *Studies in Travel Writing* 11 (1): 1-14.

Young, Diana. 2001. "The Life and Death of Cars: Private Vehicles on the Pitjanjatjara Lands." In *Car Cultures*, edited by Daniel Miller, 35-57. Oxford: Berg.

4장 이디스 워튼 작품에서 모빌리티, 망명, 그리고 토착적 정체성

Bell, M. 1965. *Edith Wharton and Henry James*. New York: George Braziller.

Berg, M., and B. Seeber. 2016. *The Slow Professor: Challenging the Culture of Speed in the Academy*. Toronto: University of Toronto Press.

Birns, N. 2010. *Theory after Theory: An Intellectual History of Literary Theory from 1950 to the Early 21st Century*. Peterborough, ON: Broadview.

Braidotti, R. 1994. *Nomadic Subjects: Embodiment and Sexual Difference in Contemporary Feminist Theory*. New York: Columbia University Press.

Brantlinger, P. 2003. *Dark Vanishings: Discourse on the Extinction of*

Primitive Races 1800-1930. Ithaca: Cornell University Press.

Cheah, P. 2006. *Inhuman Conditions: On Cosmopolitanism and Human Rights*. Cambridge, MA: Harvard University Press.

Cresswell, T. 2006. *On the Move: Mobility in the Modern Western World*. London: Routledge.

Culbert, J. 2010. *Paralyses: Literature, Travel and Ethnography in French Modernity*. Lincoln, NE: University of Nebraska Press.

Deleuze, G., and F. Guattari. 1987. *A Thousand Plateaus: Capitalism and Schizophrenia*. Translated by Brian Massumi. Minneapolis, MN: University of Minnesota Press.

Duffy, E. 2009. *The Speed Handbook: Velocity, Pleasure, Modernism*. Durham: Duke University Press.

Fanghanel, J. 2012. *Being an Academic*. New York: Routledge.

Feifer, M. 1985. *Going Places: The Ways of the Tourist from Imperial Rome to the Present Day*. London: Macmillan.

Fleissner, J. 2004. *Women, Compulsion, Modernity: The Moment of American Naturalism*. Chicago, IL: The University of Chicago Press.

Freud, S. 1997a. "Delusions and Dreams in Jensen's Gradiva." In *Writings on Art and Literature*, edited and translated by J. Strachey, 3-86. Stanford, CA: Stanford University Press.

Freud, S. 1997b. *Sexuality and the Psychology of Love*. Edited by Philip Rieff. New York: Touchstone.

Goldsmith, M., and E. Orlando, eds. 2016. *Edith Wharton and Cosmopolitanism*. Gainesville: University Press of Florida.

Goodwyn, J. 1990. *Edith Wharton: Traveller in the Land of Letters*. London: Macmillan.

Greenblatt, S. 2009. *Cultural Mobility: A Manifesto*. Cambridge: Cambridge University Press.

Hall, S. 1992. "The West and the Rest: Discourse and Power." In *Formations of Modernity*, edited by S. Hall and B. Gieben, 275-320. Cambridge: Polity Press.

Hannam, K., M. Sheller, and J. Urry. 2006. "Editorial: Mobilities, Immobilities, and Moorings." *Mobilities* 1 (1): 1-22.

Harvey, D. 1990. *The Condition of Postmodernity: An Enquiry into the Origins of Cultural Change*. Cambridge, MA: Blackwell.

Haytock, J. 2008. *Edith Wharton and the Conversations of Literary Modernism*. New York: Palgrave Macmillan.

Holland, E. 2011. *Nomad Citizenship: Free-market Communism and the Slow-motion General Strike*. Minneapolis, MN: University of Minnesota Press.

Joris, P. 2003. *A Nomad Poetics: Essays*. Middletown, CT: Wesleyan University Press.

Kassanoff, J. 2004. *Edith Wharton and the Politics of Race*. Cambridge: Cambridge University Press.

Lee, H. 2008. *Edith Wharton*. New York: Vintage.

Lerner, B. 2016. *The Hatred of Poetry*. New York: Farrar, Straus and Giroux.

MacCannell, D. 1999. *The Tourist: A New Theory of the Leisure Class*. Berkeley: University of California Press.

Melville, H. 1892. *Moby-Dick, or, The White Whale*. Boston, MA: The Saint Botolph Society.

Merriman, P. 2012. *Mobility, Space and Culture*. Abingdon: Routledge.

Moore, M., ed. 2013. *Moving Beyond Boundaries in Disability Studies*. New York: Routledge.

Noyes, John K. 2010. "Postcolonial Theory and the Geographical Materialism of Desire." In *Deleuze and the Postcolonial*, edited by S. Bignall and P. Patton, 41-61. Edinburgh: Edinburgh University Press.

Pearce, L. 2014. "A Motor-flight through early Twentieth-century Consciousness: Capturing the Driving-event 1905-1935." In *Researching and Representing Mobilities*, edited by L. Murray and Sara Upstone, 78-98. Basingstoke: Palgrave Macmillan.

Readings, B. 1996. *The University in Ruins*. Cambridge, MA: Harvard University Press.

Robbins, B. 2012. *Perpetual War: Cosmopolitanism from the Viewpoint of Violence*. Durham: Duke University Press.

Roffman, K. 2010. *From the Modernist Annex: American Women Writers in Museums and Libraries*. Tuscaloosa: The University of Alabama Press.

Said, E. 1993. *Culture and Imperialism*. New York: Vintage.

Said, E. 2000. *The Edward Said Reader*. Edited by M. Bayoumi and A. Rubin. New York: Vintage.

Spivak, G. 1999. *A Critique of Postcolonial Reason: Toward a History of the Vanishing Present*. Cambridge, MA: Harvard University Press.

Taylor, M. 2014a. *Recovering Place: Reflections on Stone Hill*. New York: Columbia University Press.

Taylor, M. 2014b. *Speed Limits: Where Time Went and Why We Have So Little Left*. New Haven, CT: Yale University Press.

Urry, J. 2002. *The Tourist Gaze*. 2nd ed. London: Sage Publications.

Virilio, P. 2006. *Speed and Politics*. Translated by M. Polizzotti. Los Angeles, CA: Semiotext(e).

Wajcman, J. 2015. *Pressed for Time: The Acceleration of Life in Digital Capitalism*. Chicago, IL: University of Chicago Press.

Wershoven, C. 1982. *The Female Intruder in the Novels of Edith Wharton*. Rutherford, NJ: Farleigh Dickinson University Press.

Wharton, E. 1909. *A Motor-flight Through France*. New York: Charles Scribner's Sons.

Wharton, E. 1919. *French Ways and their Meaning*. New York: Appleton.

Wharton, E. 1928. *Italian Backgrounds*. London: Jonathan Cape.

Wharton, E. 1985. *The House of Mirth*. London: Penguin.

Wharton, E. 1988. *The Letters of Edith Wharton*. Edited by R. W. B. Lewis and N. Lewis. New York: Charles Scribner's Sons.

Wharton, E. 1993. *Fast and Loose; and, The Buccaneers*. Edited by V. H. Winner. Charlottesville: University Press of Virginia.

Wharton, E. 1998a. *A Backward Glance*. New York: Touchstone.

Wharton, E. 1998b. *The Reef*. Edited by S. Orgel. Oxford: Oxford University Press.

Wharton, E. 2000. *The Fruit of the Tree*. Boston, MA: Northeastern University Press.

Adey, Peter. 2009. *Mobility*. Oxford: Routledge.

Apostle, Hippocrates. 1970. *Aristotle's Physics Books 1 and 2*. Oxford: Clarendon.

Badiou, Alain. 2005a. *Handbook of Inaesthetics*. Translated by Alberto Toscano. Press, Stanford, CA: Stanford University.

Badiou, Alain. 2005b. *Being and Event*. Translated by Oliver Feltham. London: Continuum.

Badiou, Alain. 2006. *Theoretical Writings*. Translated by Ray Brassier and Alberto Toscano. London: Continuum.

Badiou, Alain. 2013. *Philosophy and the Event*. Translated by Fabien Tarby. Cambridge: Polity.

Badiou, Alain. 2014. *The Age of the Poets*. Translated by Bruno Bosteels. London: Verso.

Bal, Mieke. 1997. *Narratology: Introduction to the Theory of Narrative*. Toronto: University of Toronto Press.

Borden, Iain. 2013. *Drive*. London: Reaktion.

Bremser, Bonnie. [1969] 1972. *For Love of Ray*. London: Universal Tandem. (also published as Troia: Mexican Memoirs. New York: Croton Press, and Illinois: Dalkey Archive, 2008.)

Chaucer, Geoffrey. 2005. *The Canterbury Tales*. London: Penguin.

Clarke, Deborah. 2007. *Fiction and Automobile Culture in Twentieth-century America*. Baltimore, MD: John Hopkins University Press.

Cresswell, T. 2006. *On the Move*. Oxford: Routledge.

Currie, Mark. [1998] 2011. *Postmodern Narrative Theory*. Basingstoke: Palgrave Macmillan.

Currie, Mark. 2007. *About Time: Narrative, Fiction and the Philosophy of Time*. Edinburgh: Edinburgh University Press.

Davidson, Ian. 2007. *Ideas of Space in Contemporary Poetry*. Basingstoke: Palgrave.

Davidson, Ian. 2010. *Radical Spaces of Poetry*. Basingstoke: Palgrave.

Dettelbach, Cynthia Golomb. 1976. *In the Driver's Seat: The Automobile in*

American Literature and Popular Culture. Westport: Greenwood Press.

Dick, Philip K. 2011. *The Exegesis of Philip K Dick*. Edited by Pamela Jackson and Jonathon Lethem New York: Houghton Mifflin Harcourt.

Duffy, Enda. 2009. *The Speed Handbook: Velocity, Pleasure, Modernism*. Durham, UK: Duke University Press.

Fisher, Allen. 2010. *Proposals*. Hereford: Spanner.

Griffiths, Bill. 2014. *Collected Poems and Sequences (1981-91)*. Hastings: Reality Street.

Hallward, Peter. 2003. *A Subject to Truth*. Minneapolis, MN: University of Minnesota Press.

Heidegger, Martin. 1962. *Being and Time*. Translated by John Macquerrie and Edward Robinson. Oxford: Blackwell.

Heidegger, Martin. 1993. *Basic Writings*. London: Routledge.

Homer. 2003. *The Odyssey*. London: Penguin.

Adey, Peter. 2009. *Mobility*. Oxford: Routledge.

Apostle, Hippocrates. 1970. *Aristotle's Physics Books 1 and 2*. Oxford: Clarendon.

Badiou, Alain. 2005a. *Handbook of Inaesthetics*. Translated by Alberto Toscano. Press, Stanford, CA: Stanford University.

Badiou, Alain. 2005b. *Being and Event*. Translated by Oliver Feltham. London: Continuum.

Badiou, Alain. 2006. *Theoretical Writings*. Translated by Ray Brassier and Alberto Toscano. London: Continuum.

Badiou, Alain. 2013. *Philosophy and the Event*. Translated by Fabien Tarby. Cambridge: Polity.

Badiou, Alain. 2014. *The Age of the Poets*. Translated by Bruno Bosteels. London: Verso.

Bal, Mieke. 1997. *Narratology: Introduction to the Theory of Narrative*. Toronto: University of Toronto Press.

Borden, Iain. 2013. *Drive*. London: Reaktion.

Bremser, Bonnie. [1969] 1972. *For Love of Ray*. London: Universal Tandem. (also published as Troia: Mexican Memoirs. New York: Croton Press, and Illinois: Dalkey Archive, 2008.)

Chaucer, Geoffrey. 2005. *The Canterbury Tales*. London: Penguin.

Clarke, Deborah. 2007. *Fiction and Automobile Culture in Twentieth-century America*. Baltimore, MD: John Hopkins University Press.

Cresswell, T. 2006. *On the Move*. Oxford: Routledge.

Currie, Mark. [1998] 2011. *Postmodern Narrative Theory*. Basingstoke: Palgrave Macmillan.

Currie, Mark. 2007. *About Time: Narrative, Fiction and the Philosophy of Time*. Edinburgh: Edinburgh University Press.

Davidson, Ian. 2007. *Ideas of Space in Contemporary Poetry*. Basingstoke: Palgrave.

Davidson, Ian. 2010. *Radical Spaces of Poetry*. Basingstoke: Palgrave.

Dettelbach, Cynthia Golomb. 1976. *In the Driver's Seat: The Automobile in American Literature and Popular Culture*. Westport: Greenwood Press.

Dick, Philip K. 2011. *The Exegesis of Philip K Dick*. Edited by Pamela Jackson and Jonathon Lethem New York: Houghton Mifflin Harcourt.

Duffy, Enda. 2009. *The Speed Handbook: Velocity, Pleasure, Modernism*. Durham, UK: Duke University Press.

Fisher, Allen. 2010. *Proposals*. Hereford: Spanner.

Griffiths, Bill. 2014. *Collected Poems and Sequences (1981-91)*. Hastings: Reality Street.

Hallward, Peter. 2003. *A Subject to Truth*. Minneapolis, MN: University of Minnesota Press.

Heidegger, Martin. 1962. *Being and Time. Translated by John Macquerrie and Edward Robinson*. Oxford: Blackwell.

Heidegger, Martin. 1993. *Basic Writings*. London: Routledge.

Homer. 2003. *The Odyssey*. London: Penguin.

Johnson, Ronna C., and Nancy M. Grace. 2004. *Breaking the Rule of Cool: Interviewing and Reading Women Beat Writers*. Jackson, MS: University Press of Mississippi.

Jones, Nigel. 2008. *Through a Glass Darkly*. London: Black Spring.

Kerouac, Jan. 1984. *Baby Driver*. London: Corgi.

Kerouac, Jan. 1988. *Trainsong*. New York: Henry Holt.

Kerouac, Jack. 1997. *Some of the Dharma*. New York: Penguin.

Kerouac, Jack. 2000. *The Dharma Bums*. London: Penguin.

Kerouac, Jack. 2007. *On the Road: The Original Scroll*. London: Penguin.

Lackey, Kris. 1997. *Roadframes: The American Highway Narrative*. Lincoln, NE: University of Nebraska Press.

McShane, Clay. 1997. *The Automobile*. Westport, CT: Greenwood.

Merriman, P. 2007. *Driving Spaces*. Oxford: Wiley Blackwell.

Merriman, P. 2012. *Mobility, Space and Culture*. London: Routledge.

Myles, Eileen. 2012. *Snow Flake — New Poems, Different Streets — Newer Poems*. Seattle, WA: Wave Books.

Oliver, Simon. 2005. *Philosophy, God and Motion*. London: Routledge.

Oppen, Mary. 1978. *Meaning a Life: An Autobiography*. Santa Barbara, CA: Black Sparrow.

Oppen, George. 2008. *Selected Prose: Daybooks and Papers*. Oakland, CA: University of California Press.

Parmenides. "On Nature." [online] Accessed December 21, 2012. http://parmenides.com/about_parmenides/ParmenidesPoem.html

di Prima, Diane. 2001. *Recollections of My Life as a Woman*. New York: Penguin.

Rancière, Jacques. [2004] 2009. *Aesthetics and Its Discontents*. Cambridge: Polity.

Rancière, Jacques. [2004] 2014. *The Politics of Aesthetics*. London: Bloomsbury.

Rancière, Jacques. [2011] 2014. *The Politics of Literature*. Cambridge: Polity.

Rancière, Jacques. 2004. "Aesthetics, Inaesthetics, Anti-Aesthetics." In *Think Again: Alain Badiou and the Future of Philosophy*, edited by Peter Hallward, 218–231. London: Continuum.

Rankine, Claudia, and Louise Sewell. 2012. *Eleven More American Women Poets in the 21st Century*. Connecticut: Wesleyan University Press.

Seiler, Cotton. 2008. *Republic of Drivers: A Cultural History of Automobility in America*. Chicago, IL: University of Chicago Press.

Shakespeare, William. 1997. *King Lear*. London: Arden.

Teare, Brian. August 24, 2012. "Everything Moves Close: New Poems by Eileen Myles." *La Review of Books*. Accessed March 11, 2016. https://

lareviewofbooks.org/review/everything-moves-close-new-poems-by-eileen-myles

Urry, John. 2007. *Mobilities*. Cambridge: Polity.

Watt, Ian. 2001. *The Rise of the Novel*. Los Angeles, CA: University of California Press.

Weaver, Helen. 2009. *The Awakener: A Memoir of Kerouac and the Fifties*. San Francisco, CA: City Lights.

Filmography

Meyer, Russ, dir. 1965. *Faster Pussycat! Kill! Kill!*. Eve productions.

Tarrantino, Quentin, dir. 2007. *Death Proof*. Dimension Films.

6장 이전가능한 장소에 대한 글쓰기

Adey, P. 2006. "If Mobility is Everything Then it is Nothing: Towards a Relational Politics of (Im)mobilities." *Mobilities* 1: 75-94.

Alexander, N. 2015. "On Literary Geography." *Literary Geographies* 1: 3-6.

Allbut, R. 1899. *Rambles in Dickens' Land*. London: Freemantle.

Anon. 1830. *The Scottish Tourist and Itinerary*. Edinburgh: John Fairbairn.

Anon. 1861a. "Silas Marner." *New Quarterly Review* 10 (38): 458-459.

Anon. 1861b. "Belles Lettres." *Westminster Review*, July: 281.

Anon. 1861c. "Silas Marner." *Literary Gazette*, April 6: 316.

Anon. 1862. "A Batch of Last Year's Novels." *Dublin University Magazine*, April: 396-409.

Austin, L. 2007. *Nostalgia in Transition, 1780-1917*. Charlottesville: University of Virginia Press.

Barker, J. 1994. *The Brontës: A Life in Letters*. London: Weidenfield and Nicholson.

Beer, G. 1983. *Darwin's Plots*. Cambridge: Cambridge University Press.

Bissell, D., and G. Fuller, eds. 2011. *Stillness in a Mobile World*. London: Routledge.

Cresswell, T. 2010. "Towards a Politics of Mobility." *Environment and*

Planning D: Society and Space 28: 17-31.

Donaldson, C., I. N. Gregory, and P. Murrieta-Flores. 2015. "Mapping 'Wordsworthshire': A GIS Study of Literary Tourism in Victorian Lakeland." *Journal of Victorian Culture* 20: 287-307.

Duncan, I. 2003. "The Provincial or Regional Novel." In *A Companion to the Victorian Novel*, edited by P. Brantlinger and W. Thesig, 318-335. Oxford: Blackwell.

Eliot, G. 1856a. "John Ruskin's *Modern Painters III*." *Westminster Review*, April. In *Selected Essays, Poems and Other Writings*, edited by A. S. Byatt. Harmondsworth: Penguin, 1990.

Eliot, G. 1856b. "The Natural History of German Life." *Westminster Review*, July. In *Selected Essays, Poems and Other Writings*, edited by A. S. Byatt. Harmondsworth: Penguin, 1990.

Eliot, G. 1856c. "The Ilfracombe Journal." In *Selected Essays, Poems and Other Writings*, edited by A. S. Byatt. Harmondsworth: Penguin, 1990.

Eliot, G. 1859. *Adam Bede*. London: Penguin, 1994.

Eliot, G. 1860. *The Mill on the Floss*. London: Penguin, 2003.

Eliot, G. 1861. *Silas Marner*. London: Penguin, 2003.

Eliot, G. [1866] 1980. *Felix Holt, The Radical*. Oxford: Clarendon.

Eliot, G. 1879. *Impressions of Theophrastus Such*. Edited by Nancy Henry. London: Pickering Chatto, 1994.

Freedgood, E. 2006. *The Ideas in Things*. Chicago, IL: University of Chicago Press.

Graver, S. 1984. *George Eliot and Community*. Berkley: University of California Press.

Haight, G. 1954-1978. *The George Eliot Letters*. 8 vols. Edited by Gordon Haight. New Haven, CT: Yale University Press.

Hannam, K., M. Sheller, and J. Urry. 2006. "Editorial: Mobilities, Immobilities and Moorings." *Mobilities* 1 (1): 1-22.

Harper, C. G. 1904. *The Hardy Country: A Guide to the Literary Landmarks of the Wessex Novels*. London: A&C Black.

Hones, S. 2008. "Text as It Happens: Literary Geography." *Geography Compass* 2: 1301-1317.

Lewes, G. H. 1858. *Sea-side Studies at Ilfracombe, Tenby, the Scilly Isles, & Jersey*. Edinburgh: Blackwood.

Lewes, G. H. 1880. "Mind as a Function of the Organism." In *Problems of Life and Mind*. 3rd Series. Vol. 2. Boston, MA: Houghton.

Massey, D. 1994. *Space, Place and Gender*. Cambridge: Polity Press.

Massey, D. 2005. *For Space*. London: Sage.

McDonagh, J. 2007. "Space, Mobility, and the Novel: 'The Spirit of Place is a great Reality'." In *Adventures in Realism*, edited by Matthew Beaumont, 50-67. Oxford: Blackwell.

McDonagh, J. 2012. "Place, Region, Migration." In *The Oxford History of the Novel in English*. Vol. 3, edited by John Kucich and Jenny Bourne Taylor, 381-381. Oxford: Clarendon.

McDonagh, J. 2013a. "Imagining Locality and Affiliation: George Eliot's Villages." In *A Companion to George Eliot*, edited by A. Anderson and H. E. Shaw, 353-369. Oxford: Blackwell.

McDonagh, J. 2013b. "Rethinking Provincialism in Mid-Nineteenth-Century Fiction: Our Village to Villette." *Victorian Studies* 55 (3): 399-424.

Merriman, P. 2012. *Mobility, Space, and Culture*. London: Routledge.

Merriman, P. 2014. "Rethinking Mobile Methods." *Mobilities* 9: 167-187.

Miller, L. 2001. *The Bronte Myth*. London: Jonathan Cape.

Nuneaton Borough Council. 1917. *Nuneaton and its Commercial Advantages with a Section on the 'George Eliot' Country*. Cheltenham: J. Burrow.

Nuneaton Borough Council. 1953. *Nuneaton, Warwickshire the Official Guide*. 12th ed. Cheltenham: J. Burrow.

Ogborn, M. 2005. "Mapping Words." *New Formations* 57: 145-149.

Papillon, F. 1874. "Nostalgia." *Popular Science Monthly*, July. Translated by A. R. MacDonough, 215-220.

Parkinson, S. 1888. *Scenes from the 'George Eliot' Country*. Leeds: Richard Jackson.

Plotz, J. 2009. *Portable Property: Victorian Culture on the Move*. Princeton, NJ: Princeton University Press.

Pooley, C., and J. Turnbull. 1996. "Migration and Mobility in Britain from the Eighteenth to the Twentieth Century." *Local Population Studies* 57:

50-71.

Rigney, A. 2011. *The Afterlives of Walter Scott: Memory on the Move*. Oxford: Oxford University Press.

Roth, M. S. 1996. "Returning to Nostalgia." In *Home and its Dislocations in Nineteenth-Century France*, edited by Susan Nash, 25-45. Albany: SUNY Press.

Sala, G. A. 1866. "Form-Sickness." In *All The Year Round* 15 (352): 41-45. *ProQuest*, July 15, 2015.

Schivelbusch, W. 1980. *The Railway Journey: Trains and Travel in the Nineteenth Century*. Translated by Anselm Hollo. Oxford: Blackwell.

Schnapp, J. 1999. "Crash (Speed as Engine of Individuation)." *Modernism/ Modernity* 6 (1): 1-49.

Schwarzer, M. 2004. *Zoomscape: Architecture in Motion and Media*. Princeton, NJ: Princeton Architectural Press.

Seamon, D. 1979. *A Geography of the Lifeworld: Movement, Rest, and Encounter*. London: Croom Helm.

Stewart, S. 1993. *On Longing: Narratives of the Miniature, the Gigantic, the Souvenir, the Collection*. Durham, NC: Duke University Press.

Stuart, J. A. Erskine. 1888. *The Bronte Country: Its Topography, Antiquities, and History*. London: Longmans.

Tolia-Kelly, D. 2004. "Locating Processes of Identification: Studying the Precipitates of Re-memory Through Artefacts in the British Asian Home." *Transactions of the Institute of British Geographers* 29: 314-329.

Tolia-Kelly, D. 2006. "Mobility/Stability: British Asian Cultures of 'Landscape and Englishness'." *Environment and Planning A* 38: 341-358.

Urry, J. 1990. *The Tourist Gaze: Leisure and Travel in Contemporary Societies*. London: Sage.

Wagner, T. 2004. *Longing: Narratives of Nostalgia in the British Novel, 1740-1890*. Lewisburg, PA: Bucknell University Press.

Watson, N. 2006. *The Literary Tourist*. Basingstoke: Palgrave.

Watson, N., ed. 2009. *Literary Tourism and Nineteenth-Century Culture*. Basingstoke: Palgrave.

Williams, R. 1973. *The Country and the City*. London: Chatto & Windus.

Willis, M. 2015. "Silas Marner, Catalepsy, and Mid-Victorian Medicine: George Eliot's Ethics of Care." *Journal of Victorian Culture* 20 (3): 326-340.

7장 아동소설을 둘러보며

Anderson, J. 2004. "Talking Whilst Walking: A Geographical Archaeology of Knowledge." *Area* 36 (3): 254-261.

Barker, J. 2009. "Driven to Distraction?": Children's Experiences of Car Travel." *Mobilities* 4 (1): 59-76.

Barthes, R. 1989. *The Rustle of Language*. Translated by Richard Howard. Berkeley: University of California Press.

Bavidge, J. 2006. "Stories in Space: The Geographies of Children's Literature." *Children's Geographies* 4 (3): 319-330.

Brown, Jeff. (1964) 2012. *Flat Stanley*. London: Egmont.

Burnett, F. H. (1911) 2012. *The Secret Garden*. London: Vintage.

Carroll, Lewis. (1897) 1982. *Alice's Adventures in Wonderland and Through the Looking-Glass*. Editor Roger Lancelyn Green. Oxford: Oxford University Press.

Coverley, M. 2010. *Psychogeography*. Harpenden: Pocket Essentials.

Crawshaw, R., and C. Fowler. 2008. "Articulation, Imagined Space and Virtual Mobility in Literary Narratives of Migration." *Mobilities* 3 (3): 455-469.

Dahl, R. (1961) 2007. *James and the Giant Peach*. London: Puffin Books.

Dahl, R. (1972) 1995. *Charlie and the Great Glass Elevator*. London: Puffin Books.

Debord, Guy. (1959) 2006. "Theory of the Dérive." Translated and edited by K. Knabb. *Situationist International Anthology*. Berkeley, CA: Bureau of Public Secrets.

Drabble, M., ed. 2000. *The Oxford Companion to English Literature*. 6th ed. Oxford: Oxford University Press.

Hargreaves, R. 1971a. *Mr. Happy*. London: Egmont.

Hargreaves, R. 1971b. *Mr. Sneeze*. London: Egmont.

Hargreaves, R. 1972. *Mr. Uppity*. London: Egmont.

Hargreaves, R. 1976. *Mr. Jelly*. London: Egmont.

Hargreaves, R. 1978a. *Mr. Worry*. London: Egmont.

Hargreaves, R. 1978b. *Mr. Wrong*. London: Egmont.

Hargreaves, R. 1981. *Little Miss Sunshine*. London: Egmont.

Hargreaves, R. 1984. *Little Miss Star*. London: Egmont.

Hargreaves, R. 1990. *Little Miss Stubborn*. London: Egmont.

Hargreaves, R. 2003. *Mr. Good*. London: Egmont.

Hargreaves, R. 2015. *Mr. Men in London*. London: Egmont.

Hewitt, L., and S. Graham. 2014. "Vertical Cities: Representations of Urban Verticality in 20th-Century Science Fiction Literature." *Urban Studies* 52 (5): 923-937.

Holdsworth, C. 2013. *Family and Intimate Mobilities*. London: Palgrave Macmillan.

James, A., C. Jenks, and A. Prout. 1998. *Theorizing Childhood*. Cambridge: Polity Press.

Jirón, P., and L. Iturra. 2014. "Travelling the Journey: Understanding Mobility Trajectories by Recreating Research Paths." In *Researching and Representing Mobilities: Transdisciplinary Encounters*, edited by L. Murray and S. Upstone, 170-190. London: Palgrave Macmillan.

Lefebvre, H. 1991. *The Production of Space*. Translated by D. Nicholson-Smith. Oxford: Blackwell.

Lewis. C. S. (1950) 2009. *The Lion, the Witch and the Wardrobe*. London: Harper Collins

Merriman, P. 2007. *Driving Spaces: A Cultural-historical Geography of England's M1 Motorway*. Oxford: Wiley.

Mom, G. 2015. *Atlantic Automobilism: Emergence and Persistence of the Car, 1895-1940*. New York: Berghahn.

Murray, L. 2015. "Rethinking Children's Independent Mobility: Revealing Cultures of Children's Agentic and Imaginative Mobilities through Emil and the Detectives." *Transfers: Interdisciplinary Journal of Mobility Studies* 5 (1): 28-45.

Murray, L., and K. Mand. 2013. "Travelling Near and Far: Placing Children's Mobile Emotions." *Emotion, Space and Society* 9: 72-79.

Murray, L., and H. Vincent. 2014. "Are Women Still Moving Dangerously?" In *Researching and Representing Mobilities: Transdisciplinary Encounters*, edited by L. Murray and S. Upstone, 57-77. London: Palgrave Macmillan.

Murray, L., and S. Upstone, eds. 2014. *Researching and Representing Mobilities: Transdisciplinary Encounters*. London: Palgrave Macmillan.

Nesbitt, E. (1906) 2015. *The Railway Children*. Amazon: Marston Gate.

Pearce, L. 2012. "Automobility in Manchester Fiction." *Mobilities* 7 (1): 93-113.

Pearce, L. 2014. "A Motor-flight through Early Twentieth-century Consciousness: Capturing the Driving Event 1905-35." In *Researching and Representing Mobilities: Transdisciplinary Encounters*, edited by L. Murray and S. Upstone, 78-98. London: Palgrave Macmillan.

Pheebz. 2014. "Review of the Suitcase Kid by Jacqueline Wilson." *The Guardian*, March 23. Accessed July 15, 2015. http://www.theguardian.com/childrens-books-site/2014/mar/23/review-suitcase-kid-jacqueline-wilson

Sawyer, R. (1936) 1982. *Roller Skates*. New York: Puffin.

Sheller, M., and J. Urry. 2006. "The New Mobilities Paradigm." *Environment and Planning A* 38 (2): 207-226.

Urry, J. 2007. *Mobilities*. Cambridge: Polity.

Watson, C. 2011. "Staking a Small Claim for Fictional Narratives in Social and Educational Research." *Qualitative Research* 11: 395-408.

Wilson, J. 1992. *The Suitcase Kid*. London: Random House.

8장 사건으로서의 운전

Augé, M. 1995. *Non-Places: Introduction to an Anthropology of Supermodernity*. Translated by J. Howe. London: Verso Books.

Badiou, A. 2013. *Philosophy of the Event*. Cambridge: Polity.

Bergson, H. (1910) 2008. *Time and Free Will: An Essay on the Immediate*

Data of Consciousness. Translated by F. L. Pogson. New York: Cosimo Classic.

Bergson, H. (1910) 2010. *Matter and Memory*. Translated by N. M. Paul and W. S. Palmer. Digireads.com [facsimile reproduction].

Bull, M. 2001. "Soundscapes of the Car: A Critical Ethnography of Automobile Habitation." In *Car Cultures*, edited by D. Miller, 185-202. Oxford: Berg.

Charlton, S. G., and N. J. Starkey. 2011. "Driving without Awareness: The Effects of Practice and Automaticity on Attention and Driving." *Transportation Research Part F: Traffic Psychology and Behaviour* 14 (6): 456-471.

Dant, T. 2004. "The Driver-car." *Theory, Culture & Society* 21 (4-5): 61-79.

De Certeau, M. (1984) 1988. "Railway Navigation and Incarceration." In *The Practice of Everyday Life*, translated by S. Rendall, 111-114. Berkeley: University of California Press.

Demaus, A. B. 2006. *The Halcyon Days of Motoring*. Stroud: Sutton Publishing.

Dennis, K., and J. Urry. 2009. *After the Car*. Cambridge: Polity.

Edensor, T. 2003. "M6 - Junction 19-16: Defamiliarizing the Mundane Roadscape." *Space and Culture* 6 (2): 151-168.

Filson Young, A. B. 1904. *The Complete Motorist*. London: John Lane, Bodley Head [facsimile reproduction].

Gibson, J. J. (1938) 1982. "A Theoretical Field-Analysis of Automobile Driving." In *Reasons for Realism: Selected. Essays of James J. Gibson*, edited by E. Reed and R. Jones, 119-136. Hillsdale, NJ: Lawrence Erlbaum Associates.

Groeger, J. A. 2000. *Understanding Driving: Applying Cognitive Psychology to a Complex Everyday Task*. Hove: Psychology Press [Taylor and Francis].

Isenstadt, S. 2011. "Autospecularity: Driving through the American Night." *Modernism/Modernity* 18 (2): 213-231.

Jeremiah, D. 2007. *Representations of British Motoring*. Manchester, NH: Manchester University Press.

Katz, J. 1999. *How Emotions Work*. Chicago, IL: University of Chicago Press.

Kerouac, J. (1957) 2000. *On the Road*. London: Penguin Classics

Laurier, E. 2011. "Driving: Pre-cognition and Driving." In *Geographies of Mobilities: Practices, Spaces, Subjects*, edited by T. Cresswell and P. Merriman, 69-82. Farnham: Ashgate.

Laurier, E., and T. Dant. 2011. "What We Do Whilst Driving: Towards the Driverless Car." In *Mobilities: New Perspectives on Transport and Society*, edited by M. Grieco and J. Urry, 223-244. Farnham: Ashgate.

Lehmann, R. (1936) 1981. *The Weather in the Streets*. London: Virago.

Livesey, R. 2016. *Writing the Stagecoach Nation: Locality on the Move in Nineteenth-century Literature*. Oxford: Oxford University Press.

Maclehouse, A. 1930. "A Highway of Romance." *SMT* 4 (2): 59.

Merriman, P. 2004. "Driving Places: Marc Augé, Non-Places and the Geographies of England's M1 Motorway." *Theory, Culture and Society* 21 (4-5): 145-167.

Merriman, P. 2007. *Driving Spaces: A Cultural-Historical Geography of Britain's M1 Motorway*. Oxford: Blackwell Publishing.

Merriman, P. 2012. *Mobility, Space and Culture*. London: Routledge.

Miller, D., ed. 2001. *Car Cultures*. Oxford and New York: Berg.

Moran, D., and T. Mooney. 2002. *The Phenomenology Reader*. London: Routledge.

Nancy, J.-L. 2001. "The Surprise of the Event." In *Being Singular Plural by J-L Nancy*, translated by R. Richardson and A. O'Byrne, 159-176. Stanford, CA: Stanford University Press.

Pearce, L. 2012. "Automobility in Manchester Fiction." *Mobilities* 7 (1): 93-113.

Pearce, L. 2013. "Autopia: In Search of What We're Thinking When We're Driving." In *Writing Otherwise: Experiments in Cultural Criticism*, edited by J. Stacey and J. Wolff, 92-105. Manchester, NH: Manchester University Press.

Pearce, L. 2014. "A Motor-flight through Early Twentieth-century Consciousness: Capturing the Driving-event 1905-35." In *Researching and Representing Mobilities: Transdisciplinary Encounters*, edited by L. Murray and S. Upstone, 78-98. Basingstoke: Palgrave Macmillan.

Pearce, L. 2016. *Drivetime: Literary Excursions in Automotive Consciousness*. Edinburgh: Edinburgh University Press.

Redshaw, S. 2008. *In the Company of Cars: Driving as a Social and Cultural Practice*. Aldershot: Ashgate.

Scott, D. (1917) 2012. "Motoring by Night." In *A Number of Things*, by D. Scott and edited by B. Smith, 41-49. London: T.N. Fowlis [facsimile Reproduction].

Struther, J. (1939) 1989. *Mrs Miniver*. London: Virago Press.

Thorold, P. 2003. *The Motoring Age: The Automobile and Britain 1896-1939*. London: Profile Books.

Thrift, N. 2004. "Driving in the City." *Theory, Culture & Society* 21 (4-5): 41-59.

Trigg, D. 2012. *The Memory of Place: A Phenomenology of the Uncanny*. Athens: Ohio University Press.

Urry, J. 2007. *Mobilities*. Cambridge: Polity.

Van Lennep, D. J. 1987. "The Psychology of Driving a Car." In *Phenomenological Psychology*, edited by J. Kockelmans, 217-227. Dortrecht: Martinus Nijhoff Publishers.

Virilio, P. (1984) 1995. *Negative Horizon*. Translated by M. Degener. London: Continuum.

Wharton, E. (1908) 2008. *A Motor-flight through France*. New York: Atlas.

Wollen, P., and J. Kerr. 2002. *Autopia: Cars and Culture*. London: Reaktion Books.

Woolf, V. (1927) 1942. "Evening over Sussex: Reflections in a Motor Car." In *Of the Moth and Other Essays*, by Virginia Woolf, edited by The Death, 11-14. London: The Hogarth Press.

Žižek, S. 2014. *Event: Philosophy in Transit*. London: Penguin.

9장 도시 이동

Adey, P. 2010. *Mobility*. Abingdon: Routledge.

Banister, D. 2008. "The Sustainable Mobility Paradigm." *Transport Policy* 15 (2): 73-80.

Berger, M. 1986. "Women Drivers! The Emergence of Folklore and
  Stereotypic Opinions Concerning Feminine Automotive Behaviour."
  Women's Studies International Forum 9 (3): 257-263.

Carpiano, R. 2009. "Come Take a Walk With Me: The "Go-Along" Interview
  as a Novel Method for Studying the Implications of Place for Health and
  Well-being." *Health and Place* 15 (1): 263-272.

Clarke, D. 2007. *Driving Women: Fiction and Automobile Culture in Twentieth-
  century America.* Baltimore, MD: John Hopkins University Press.

Cresswell, T. 2006. *On the Move: Mobility in the Modern Western World.*
  London: Routledge.

Cresswell, T. 2010. "Towards a Politics of Mobility." *Environment and
  Planning D: Society and Space* 28 (1): 17-31.

Cresswell, T., and P. Merriman, eds. 2011. *Geographies of Mobilities:
  Practices, Spaces, Subjects.* Farnham: Ashgate.

Department for Transport. 2016. *National Travel Survey 2015.* London: DfT.
  https://www.gov.uk/government/statistics/national-travel-survey-2015.

Divall, C. 2011. "Transport History, the Usable Past and the Future of
  Mobility." In *Mobilities: New Perspectives on Transport and Society,*
  edited by M. Grieco and J. Urry, 305-319. Farnham: Ashgate.

Dyos, H. J., and D. Aldcroft. 1969. *British Transport: An Economic Survey
  from the Seventeenth Century to the Twentieth.* Leicester: Leicester
  University Press.

Fincham, B., M. McGuiness, and L. Murray. 2009. *Mobile Methodologies.*
  Basingstoke: Palgrave.

Fothergill, R. 1974. *Private Chronicles: A Study of English Diaries.* London:
  Oxford University Press.

Freeman, M., and D. Aldcroft, eds. 1988. *Transport in Victorian Britain.*
  Manchester, NH: Manchester University Press.

Grieco, M., and J. Urry, eds. 2012. *Mobilities: New Perspectives on
  Transport and Society.* Farnham: Ashgate.

Griffin, E. 2013. *Liberty's Dawn. A people's History of the Industrial
  Revolution.* New Haven, CT: Yale University Press.

Gunn, S. 2013. "People and the Car: The Expansion of Automobility in

Urban Britain, c.1955-70." *Social History* 38 (2): 220-237.

Hadfield, C. 1981. *The Canal Age*. Newton Abbot: David & Charles.

Hannam, K., M. Sheller, and J. Urry. 2006. "Editorial: Mobilities, Immobilities and Moorings." *Mobilities* 1 (1): 1-22.

Harvey, D. 1989. *The Condition of Modernity: An Enquiry into the Origins of Cultural Change*. Oxford: Blackwell.

Hine, J. 2012. "Mobility and Transport Disadvantage." In *Mobilities: New Perspectives on Transport and Society*, edited by M. Grieco and J. Urry, 21-40. Farnham: Ashgate.

Humphries, J. 2010. *Childhood and Child Labour in the British Industrial Revolution*. Cambridge: Cambridge University Press.

Katz, J. 1999. *How Emotions Work*. Chicago, IL: University of Chicago Press.

Kaufmann, V., M. Bergman, and D. Joye. 2004. "Motility: Mobility As Capital." *International Journal of Urban and Regional Research* 28 (4): 745-756.

Kellett, J. 1969. *The Impact of Railways on Victorian Cities*. London: Routledge and Kegan Paul.

Kern, S. 2003. *The Culture of Time and Space, 1880-1918*. Cambridge, MA: Harvard University Press.

Larsen, J. 2014. "(Auto)Ethnography and Cycling." *International Journal of Social Research Methodology* 17 (1): 59-71.

Larsen, J., J. Urry, and K. Axhausen. 2006. *Mobilities, Networks, Geographies*. Aldershot: Ashgate.

Lejeune, P. 2009. *On Diary*. Honolulu, HI: University of Hawai'i Press.

Levitt, D. 1909. *The Woman and the Car*. London: John Lane.

Lucas, K. 2004. *Running on Empty: Transport, Social Exclusion and Environmental Justice*. Bristol: The Policy Press.

Merriman, P. 2007. *Driving Spaces: A Cultural-historical Geography of England's M1 Motorway*. Oxford: Blackwell.

Merriman, P. 2012. *Mobility, Space and Culture*. London: Routledge.

Merriman, P., R. Jones, T. Cresswell, C. Divall, G. Mom, M. Sheller, and J. Urry. 2013. "Mobility: Geographies, Histories, Sociologies." *Transfers* 3 (1): 147-165.

Mom, G., C. Divall, and P. Lyth. 2009. "Towards a Paradigm Shift? A Decade of Transport and Mobility History." In *Mobility in History: The State of the Art in the History of Transport, Traffic and Mobility*, edited by G. Mom, L. Tissot, and G. Pirie, 13-40. Neuchâtel: Editions Alphil.

Morgan, J. 1987. *Conflict and Order: The Police and Labour Disputes in England and Wales, 1900-1939*. Oxford: Clarendon Press.

O'Connell, S. 1998. *The Car in British Society: Class, Gender and Mobility 1896-1939*. Manchester, NH: Manchester University Press.

O'Flaherty, C. 1972. "People, Transport Systems, and the Urban Scene: An Overview." *International Journal of Environmental Studies* 3 (1-4): 265-285.

Oddy, N. 2007. "The Flaneur on Wheels." In *Cycling and Society*, edited by D. Horton, D. Rosen, and P. Cox, 97-112. Aldershot: Ashgate.

Patmore, J. 1961. "The Railway Network of Merseyside." *Transactions and Papers (Institute of British Geographers)* 29: 231-244.

Pearce, L. 2012. "Automobility in Manchester Fiction." *Mobilities* 7 (1): 93-113.

Pearce, L. 2016. *Drivetime: Literary Excursions in Automotive Consciousness*. Edinburgh: Edinburgh University Press.

Ponsonby, A. 1923. *English Diaries: A Review of English Diaries from the Sixteenth to the Twentieth Century, with an Introduction on Diary Writing*. London: Methuen.

Pooley, C. 2004. "Getting to Know the City: The Construction of Spatial Knowledge in London in the 1930s." *Urban History* 31 (2): 210-228.

Pooley, C. 2010. "Landscapes Without the Car: A Counterfactual Historical Geography of Twentieth-century Britain." *Journal of Historical Geography* 36 (3): 266-275.

Pooley, C. 2013. "Uncertain Mobilities: A View from the Past." *Transfers* 3 (1): 26-44.

Pooley, C., S. Pooley, and R. Lawton, eds. 2010. *Growing up on Merseyside in the Late-nineteenth Century: The Diary of Elizabeth Lee*. Liverpool: Liverpool University Press.

Pooley, C., and J. Turnbull. 2000a. "Commuting, Transport and Urban Form: Manchester and Glasgow in the Mid-twentieth Century." *Urban History* 27 (3): 360-383.

Pooley, C., and J. Turnbull. 2000b. "Modal Choice and Modal Change: The Journey to Work in Britain Since 1890." *Journal of Transport Geography* 8 (1): 11-24.

Ricketts Hein, J., J. Evans, and P. Jones. 2008. "Mobile Methodologies: Theory, Technology and Practice." *Geography Compass* 2 (5): 1266-1285.

Schivelbusch, W. 1986. *The Railway Journey: The Industrialization of Time and Space in the Nineteenth Century.* Berkeley: University of California Press.

Shaw, J., and M. Hesse. 2010. "Transport, Geography and the 'New' Mobilities." *Transactions of the Institute of British Geographers* 35 (3): 305-312.

Sheller, M. 2004. "Automotive Emotions Feeling the Car." *Theory, Culture & Society* 21 (4-5): 221-242.

Sheller, M., and J. Urry. 2006. "The New Mobilities Paradigm." *Environment and Planning A* 38 (2): 207-226.

Sheller, M., and J. Urry. 2016. "Mobilizing the New Mobilities Paradigm." *Applied Mobilities* 1 (1): 10-25.

Spinney, J. 2006. "A Place of Sense: A Kinaesthetic Ethnography of Cyclists on Mont Ventoux." *Environment and Planning D: Society and Space* 24 (5): 709-732.

Thrift, N. 1994. "Inhuman Geographies: Landscapes of Speed, Light and Power." In *Writing the Rural: Five Cultural Geographies*, edited by P. Cloke, M. Doel, D. Matless, N. Thrift, and M. Phillips, 191-250. London: P. Chapman.

Thrift, N. 1995. "A Hyperactive World." In *Geographies of Global Change*, edited by R. Johnston, P. Taylor, and M. Watts, 18-35. Oxford: Blackwell.

Urry, J. 2007. *Mobilities.* Cambridge: Polity.

Vickery, A. 1998. *The Gentleman's Daughter: Women's Lives in Georgian England.* New Haven, CT: Yale University Press.

Wordsworth, D., and P. Woof. 2002. *The Grasmere and Alfoxden Journals.* Oxford: Oxford University Press.

Websites

Culture 24, Birkenhead tramway. Accessed April 22, 2015. http://www.
  culture24.org.uk/mw76

Greater Manchester Museum of Transport, Summary of Events 1901-1969.
  Accessed April 23, 2015. http://www.gmts.co.uk/explore/history/
  summary19011969.html#1906

Wolfson College, University of Oxford, What is Life Writing. Accessed
  January 16, 2017. https://www.wolfson.ox.ac.uk/what-life-writing.

10장 이동적 방법의 재고찰

Adey, P. 2006. "If Mobility is Everything it is Nothing: Towards a Relational
  Politics of (Im)mobilities." *Mobilities* 1 (1): 75-94.

Adey, P. 2008. "Airports, Mobility, and the Calculative Architecture of
  Affective Control." *Geoforum* 39 (1): 438-451.

Adey, P. 2010. *Aerial Life*. Oxford: Wiley-Blackwell.

Adey, P., D. Bissell, and E. Laurier. 2011. "Introduction to the Special Issue
  on Geographies of the Passenger." *Journal of Transport Geography* 19:
  1007-1009.

Anderson, J. 2004. "Talking Whilst Walking: A Geographical Archaeology of
  Knowledge." *Area* 36 (3): 254-261.

Appleyard, D., K. Lynch, and J. R. Myer. 1964. *The View from the Road*.
  Cambridge, MA: The MIT Press.

Augé, M. 1986. *Un Ethnologue dans le Métro*. Paris: Hachette. [Augé, M.
  2002. In the Metro. Minneapolis: University of Minnesota Press].

Bærenholdt, J. O., M. Haldrup, J. Larsen, and J. Urry. 2004. *Performing
  Tourist Places*. Aldershot: Ashgate.

Bennett, J. 2010. *Vibrant Matter: A Political Ecology of Things*. London:
  Duke University Press.

Bissell, D. 2007. "Animating Suspension: Waiting for Mobilities." *Mobilities*
  2 (2): 277-298.

Bissell, D. 2008. "Comfortable Bodies: Sedentary Affects." *Environment and Planning A* 40 (7): 1697-1712.

Bissell, D. 2009. "Visualising Everyday Geographies: Practices of Vision through Travel-time." *Transactions of the Institute of British Geographers* 34 (1): 42-60.

Bissell, D. 2010. "Narrating Mobile Methodologies: Active and Passive Empiricisms." In *Mobile Methodologies*, edited by B. Fincham, M. McGuinness, and L. Murray, 53-68. Basingstoke: Palgrave Macmillan.

Bissell, D., and G. Fuller, eds. 2011. *Stillness in a Mobile World.* London: Routledge.

Brown, K., and J. Spinney. 2010. "Catching a Glimpse: The Value of Video in Evoking, Understanding and Representing the Practice of Cycling." In *Mobile Methodologies*, edited by B. Fincham, M. McGuinness, and L. Murray, 130-151. Basingstoke: Palgrave Macmillan.

Büscher, M., and J. Urry. 2009. "Mobile Methods and the Empirical." *European Journal of Social Theory* 12 (1): 99-116.

Büscher, M., J. Urry, and K. Witchger. 2011. "Introduction: Mobile Methods." In *Mobile Methods*, edited by M. Büscher, J. Urry, and K. Witchger, 1-19. London: Routledge.

Cope, M., and S. Elwood, eds. 2009. *Qualitative GIS: A Mixed Methods Approach.* London: Sage.

Crary, J. 1999. *Suspensions of Perception: Attention, Spectacle and Modern Culture.* London: The MIT Press.

Cresswell, T. 2001a. *The Tramp in America.* London: Reaktion.

Cresswell, T. 2001b. "The Production of Mobilities." *New Formations* 43: 11-25.

Cresswell, T. 2006. *On the Move: Mobility in the Modern Western World.* London: Routledge.

Cresswell, T. 2010. "Towards a Politics of Mobility." *Environment and Planning D: Society and Space* 28 (1): 17-31.

Cresswell, T. 2011. "Mobilities I: Catching up." *Progress in Human Geography* 35 (4): 550-558.

Cresswell, T. 2012. "Mobilities II: Still." *Progress in Human Geography* 36

(5): 645-653.

Cresswell, T., and P. Merriman, eds. 2011. *Geographies of Mobilities: Practices, Spaces, Subjects*. Farnham: Ashgate.

D'Andrea, A., L. Ciolfi, and B. Gray. 2011. "Methodological Challenges and Innovations in Mobilities Research." *Mobilities* 6 (2): 149-160.

Dannefer, W. 1977. "Driving and Symbolic Interaction." *Sociological Inquiry* 47 (1): 33-38.

Dewsbury, J. D. 2010. "Performative, Non-representational and Affect-based Research." In *The SAGE Handbook of Qualitative Research in Human Geography*, edited by D. DeLyser, S. Aitken, M. Crang, S. Herbert, and L. McDowell, 321-334. London: Sage.

Dewsbury, J. D., P. Harrison, M. Rose, and J. Wylie. 2002. "Enacting Geographies." *Geoforum* 33 (4): 437-440.

Duncan, J., and D. Gregory, eds. 1999. *Writes of Passage*. London: Routledge.

Evans, R., and A. Franklin. 2010. "Equine Beats: Unique Rhythms (and Floating Harmony) of Horses and their Riders." In *Geographies of Rhythm*, edited by T. Edensor, 173-188. Farnham: Aldershot.

Fincham, B., M. McGuinness, and L. Murray. 2010. "Introduction." In *Mobile Methodologies*, edited by B. Fincham, M. McGuinness, and L. Murray, 1-10. Basingstoke: Palgrave Macmillan.

Ganser, A. 2009. *Roads of Her Own: Gendered Space and Mobility in American Women's Road Narratives, 1970-2000*. Amsterdam: Rodopi.

Goffman, E. 1971. *Relations in Public*. London: Allen Lane.

Hannam, K., M. Sheller, and J. Urry. 2006. "Editorial: Mobilities, Immobilities and Moorings." *Mobilities* 1 (1): 1-22.

Hawkins, R. 1986. "A Road Not Taken: Sociology and the Neglect of the Automobile." *California Sociologist* 8: 61-79.

Hein, J. R., J. Evans, and P. Jones. 2008. "Mobile Methodologies: Theory, Technology and Practice." *Geography Compass* 2 (5): 1266-1285.

Hitchings, R. 2012. "People can Talk About their Practices." *Area* 44 (1): 61-67.

Hollowell, P. G. 1968. *The Lorry Driver*. London: Routledge and Kegan Paul.

Järvinen, H. 2006. "Kinesthesia, Synesthesia and Le Sacre du Printemps: Responses to Dance Modernism." *The Senses & Society* 1 (1): 71-91.

Johnston, C., and G. Pratt. 2010. "Nanay (Mother): A Testimonial Play." *Cultural Geographies* 17 (1): 123-133.

Jones, P. 2005. "Performing the City: A Body and a Bicycle Take on Birmingham, UK." *Social and Cultural Geography* 6 (6): 813-830.

Jones, P., and J. Evans. 2012. "The Spatial Transcript: Analysing Mobilities through Qualitative GIS." *Area* 44 (1): 92-99.

Kaplan, C. 1996. *Questions of Travel.* Durham, NC: Duke University Press.

Katz, J. 1999. *How Emotions Work.* London: The University of Chicago Press.

Latham, A. 2003. "Research, Performance, and Doing Human Geography: Some Reflections on the Diary-photograph, Diary-interview Method." *Environment & Planning A* 35 (11): 1993-2017.

Latour, B. 1993. *We Have Never Been Modern.* Hemel Hempstead: Harvester Wheatsheaf.

Latour, B. 1996. *Aramis, or the Love of Technology.* London: Harvard University Press.

Laurier, E. 2004. "Doing Office Work on the Motorway." *Theory, Culture & Society* 21 (4-5): 261-277.

Laurier, E. 2010. "Being There/Seeing There: Recording and Analysing Life in the Car." In *Mobile Methodologies*, edited by B. Fincham, M. McGuinness, and L. Murray, 103-117. Basingstoke: Palgrave Macmillan.

Laurier, E. 2011. "Driving: Pre-cognition and Driving." In *Geographies of Mobilities: Practices, Spaces, Subjects*, edited by T. Cresswell and P. Merriman, 69-81. Farnham: Ashgate.

Laurier, E., H. Lorimer, B. Brown, O. Jones, O. Juhlin, A. Noble, M. Perry, et al. 2008. "Driving and Passengering: Notes on the Ordinary Organisation of Car Travel." *Mobilities* 3: 1-23.

Law, J. 2001. Ladbroke Grove, or how to Think About Failing Systems. Published by the Centre for Science Studies and the Department of Sociology, Lancaster University at http://www.comp.lancaster.ac.uk/sociology/soc055jl.html (version: paddington5.doc, August 2000).

Law, J. 2002. *Aircraft Stories*. Durham, NC: Duke University Press.

Letherby, G. 2010. "Have Backpack will Travel: Auto/Biography as Mobile Methodology." In *Mobile Methodologies*, edited by B. Fincham, M. McGuinness, and L. Murray, 152-168. Basingstoke: Palgrave Macmillan.

Letherby, G., and J. Shaw. 2009. "Dear Diary: Auto/Biography, Respect, and Mobility." In *The Cultures of Alternative Mobilities*, edited by P. Vannini, 111-126. Farnham: Ashgate.

Letherby, G., J. Shaw, and J. Middleton. 2010. "Researching Mobility: The Implications for Method, Methodology and Epistemology." *Unpublished Paper Presented at the 42nd Universities Transport Study Group Conference*, Plymouth, January 5-7.

Lorimer, H., and J. Wylie. 2010. "LOOP (a Geography)." *Performance Research* 15: 4-11.

Lyons, G., and J. Urry. 2005. "Travel Time Use in the Information Age." *Transportation Research* 39: 257-276.

McCormack, D. 2008. "Geographies for Moving Bodies: Thinking, Dancing, Spaces." *Geography Compass* 2 (6): 1822-1836.

McGuinness, M., B. Fincham, and L. Murray. 2010. "Conclusions: Mobilising Methodologies." In *Mobile Methodologies*, edited by B. Fincham, M. McGuinness, and L. Murray, 169-173. Basingstoke: Palgrave Macmillan.

Mauch, C., and T. Zeller, eds. 2008. *The World Beyond the Windshield: Driving and the Experience of Landscape in 20th Century Europe and America*. Athens, OH: Ohio University Press.

Merriman, P. 2007. *Driving Spaces*. Oxford: Blackwell.

Merriman, P. 2009a. "Automobility and the Geographies of the Car." *Geography Compass* 3 (2): 586-586.

Merriman, P. 2009b. "Mobility." In *International Encyclopedia of Human Geography* (Volume 7), edited by R. Kitchin and N. Thrift, 134-143. London: Elsevier.

Merriman, P. 2012a. *Mobility, Space and Culture*. London: Routledge.

Merriman, P. 2012b. "Human Geography without Time-space." *Transactions of the Institute of British Geographers* 37 (1): 13-27.

Merriman, P., M. Jones, G. Olsson, E. Sheppard, N. Thrift, and Y.-F. Tuan. 2012. "Space and Spatiality in Theory." *Dialogues in Human Geography* 2 (1): 3-22.

Merriman, P., G. Revill, T. Cresswell, H. Lorimer, D. Matless, G. Rose, and J. Wylie. 2008. "Landscape, Mobility and Practice." *Social and Cultural Geography* 9 (2): 191-212.

Merriman, P., and C. Webster. 2009. "Travel Projects: Landscape, Art, Movement." *Cultural Geographies* 16 (4): 525-535.

Middleton, J. 2009. "'Stepping in Time': Walking, Time, and Space in the City." *Environment & Planning A* 41 (8): 1943-1961.

Middleton, J. 2010. "Sense and the City: Exploring the Embodied Geographies of Urban Walking." *Social and Cultural Geography* 11 (6): 575-596.

Middleton, J. 2011. "'I'm on Autopilot, I Just Follow the Route': Exploring the Habits, Routines, and Decision-making Practices of Everyday Urban Mobilities." *Environment & Planning A* 43 (12): 2857-2877.

O'Connell, S. 1998. *The Car and British Society*. Manchester, NH: Manchester University Press.

Pascoe, D. 2001. *Airspaces*. London: Reaktion.

Pearce, L. 2000. "Driving North/Driving South: Reflections upon the Spatial/Temporal Coordinates of 'Home'." In *Devolving Identities: Feminist Readings in Home and Belonging*, edited by L. Pearce, 162-178. London: Ashgate.

Pearce, L. 2012a. "The Urban Imaginary: Writing, Migration, Place." *Mobilities* 7 (1): 1-11.

Pearce, L. 2012b. "Automobility in Manchester Fiction." *Mobilities* 7 (1): 93-113.

Pearson, M. 2006. *"In Comes I": Performance, Memory and Landscape*. Exeter: University of Exeter Press.

Pearson, M. 2010. *Site-specific Performance*. Basingstoke: Palgrave Macmillan.

Plowden, W. 1971. *The Motor Car and Politics 1896-1970*. London: The Bodley Head.

Pooley, C. G., J. Turnbull, and M. Adams. 2005. *A Mobile Century? Changes in Everyday Mobility in Britain in the Twentieth Century.* Aldershot: Ashgate.

Redshaw, S. 2008. *In the Company of Cars.* Aldershot: Ashgate.

Savage, M., and R. Burrows. 2007. "The Coming Crisis of Empirical Sociology." *Sociology* 41: 885-899.

Schatzki, T. R., K. Knorr-Cetina, and E. Von Savigny, eds. 2001. *The Practice Turn in Contemporary Theory.* London: Routledge.

Schivelbusch, W. 1980. *The Railway Journey.* Oxford: Blackwell.

Seamon, D. 1980. "Body-subject, Time-Space Routines, and Place-Ballets." In *The Human Experience of Space and Place*, edited by A. Buttimer and D. Seamon, 148-165. London: Croom Helm.

Shaw, J., and J. D. Sidaway. 2011. "Making Links: On (Re)engaging with Transport and Transport Geography." *Progress in Human Geography* 35: 502-520.

Sheller, M. 2011. Mobility. *Sociopedia.* http://www.isa-sociology.org/publ/sociopedia-isa/.

Sheller, M., and J. Urry. 2006. "The New Mobilities Paradigm." *Environment & Planning A* 38: 207-226.

Spinney, J. 2006. "A Place of Sense: A Kinaesthetic Ethnography of Cyclists on Mont Ventoux." *Environment & Planning D: Society & Space* 24 (5): 709-732.

Spinney, J. 2009. "Cycling the City: Movement, Meaning and Method." *Geography Compass* 3 (2): 817-835.

Spinney, J. 2010. "Improvising Rhythms: Re-reading Urban Time and Space through Everyday Practices of Cycling." In *Geographies of Rhythm*, edited by T. Edensor, 113-127. Farnham: Aldershot.

Spinney, J. 2011. "A Chance to Catch a Breath: Using Mobile Video Methodology in Cycling Research." *Mobilities* 6 (2): 161-182.

The Automotor and Horseless Vehicle Journal. 1896. Emancipation Day 1 (2): 66-70.

Thrift, N. 1993. "For a New Regional Geography 3." *Progress in Human Geography* 17 (1): 92-100.

Thrift, N. 1994. "Inhuman Geographies: Landscapes of Speed, Light and

Power." In *Writing the Rural*, edited by P. Cloke, M. Doel, D. Matless, M. Phillips, and N. Thrift, 191-248. London: PCP.

Thrift, N. 1996. *Spatial Formations*. London: Sage.

Thrift, N. 2000a. "Non-representational Theory." In *The Dictionary of Human Geography (Fourth Edition)*, edited by R. J. Johnston, D. Gregory, G. Pratt, and M. Watts, 556. Oxford: Blackwell.

Thrift, N. 2000c. "Introduction: Dead or Alive?" In *Cultural Turns/ Geographical Turns*, edited by I. Cook, D. Crouch, S. Naylor, and J. R. Ryan, 1-6. Harlow: Prentice Hall.

Thrift, N. 2004a. "Movement-space: Changing Domain of Thinking Resulting from the Development of New Kinds of Spatial Awareness." *Economy & Society* 33 (4): 582-604.

Thrift, N. 2004b. "Summoning Life." In *Envisioning Human Geographies*, edited by P. Cloke, P. Crang, and M. Goodwin, 81-103. London: Arnold.

Thrift, N. 2004c. "Driving in the City." *Theory, Culture, and Society* 21 (4-5): 41-59.

Thrift, N. 2008. *Non-representational Theory*. London: Routledge.

Thrift, N., and J.-D. Dewsbury. 2000. "Dead Geographies - and how to Make Them Live." *Environment & Planning D: Society & Space* 18: 411-432.

Urry, J. 2007. *Mobilities*. Cambridge: Polity Press.

Vannini, P., ed. 2009. *The Cultures of Alternative Mobilities*. Farnham: Ashgate.

Vannini, P. 2012. *Ferry Tales*. London: Routledge.

Vergunst, J. 2011. "Technology and Technique in a Useful Ethnography of Movement." *Mobilities* 6 (2): 203-219.

Verstraete, G. 2010. *Tracking Europe*. London: Duke University Press.

Vincent, L. 1905, Apr. "The Poetry of Motoring: An Impression." *The Car (Illustrated): A Journal of Travel by Land, Sea and Air* 153 (26): 308.

Watts, L. 2008. "The Art and Craft of Train Travel." *Social and Cultural Geography* 9 (6): 711-726.

Wylie, J. 2005. "A Single Day's Walking: Narrating Self and Landscape on the South West Coast Path." *Transactions of the Institute of British Geographers* 30: 234-247.

해설

새 모빌리티 패러다임과
모빌리티 텍스트
연구 방법의 모색

이진형

모빌리티Mobility는 탐나는 가치들 가운데 최고의 자리에 오른다
— 그리고 이동의 자유, 즉 항상 불충분해서 불균등하게 분배되는 상품은
급속히 우리 후기 근대 또는 탈근대 시대 계층을 구분하는 주요 요인이 된다.

— 지그문트 바우만, 《지구화》[1]

새 모빌리티 패러다임과 또 다른 텍스트 읽기

이 글의 목적은 피터 메리만Peter Merriman과 린 피어스Lynne Pearce
가 편집한 《모빌리티와 인문학Mobility and Humanities》(London and New York:
Routledge, 2018)[2]을 중심으로 '새 모빌리티 패러다임new mobilities paradigm'
과 그에 기초한 텍스트 연구 사례들을 살펴보고, 그것들이 텍스트
연구 방법으로서 갖는 의의를 검토함으로써 모빌리티 텍스트 연구
방법을 모색하는 데 있다.

지난 10여 년간 모빌리티 연구mobilities studies[3]를 주도했던 영국의
사회학자 존 어리John Urry는 "마치 온 세상이 이동 중인 것처럼 보인

---

1 Zygmunt Bauman, *Globalization*, New York: Columbia University Press, 1998, p.2.

2 추후 인용은 본문에 쪽수만 표기.

3 모빌리티 연구에서 영어 'mobility' 또는 'mobilities'는 '이동성'이 아닌 '모빌리티'로 번역되고
있다. 그 이유는 '이동성'이라는 용어가 물리적 공간 이동movement만을 과도하게 강조하는
용어이기 때문이다. 그와 달리, '모빌리티'는 단순한 이동 외에 '이동에 내재하는 다양한 관
계들의 의미와 실천'까지 모두 포함한다. 즉, '모빌리티'는 기본적으로 1) 이동할 능력, 2) 이
동하는 대상, 3) 이동에 내재하는 사회적 위치성(계급), 4) 이동에 의한 지리적 변화 등 크게
네 가지 의미를 담고 있다(이용균, 〈모빌리티의 구성과 실천에 대한 지리학적 탐색〉, 《한국
도시지리학회지》 18(3), 한국도시지리학회, 2015, 148쪽).

다"[4]는 문장으로 시작하는 주저 《모빌리티》(2014)에서 오늘날 '이동'의 경관을 다음과 같이 묘사한다.

조기 은퇴자, 국제 유학생, 테러리스트, 해외 집단이주자diasporas, 행락객, 사업가, 노예, 스포츠 스타, 망명 신청자, 난민, 배낭족, 통근자, 젊은 모바일 전문직 종사자, 매춘부 등을 포함한 수많은 사람들에게 현대 세계는 무한한 기회의 원천 또는 적어도 운명인 것 같다. 이런 여러 집단이 전 지구를 가로지르며 교통 · 통신의 허브에서 간간히 마주치고, 현실에서 또는 전자 데이터베이스에서 다음에 올 고속버스, 메시지, 비행기, 트럭 짐칸, 문자, 버스, 승강기, 페리, 기차, 자동차, 웹 사이트, 와이파이 핫스팟 등을 찾고 검색한다.[5]

오늘날 모빌리티 테크놀로지의 발달은 인간, 사물, 정보 등의 접촉과 교류를 지구적 수준에서 가능하게 하지만, 그와 동시에 테러나 환경 오염을 비롯한 각종 위험의 지구적 순환도 일상화하고 있다. 이에 어리는 "사람들이 왜 물리적으로 이동하는지, 이동의 효용과 즐거움, 고통은 무엇인지, 그리고 이러한 이동의 사회적 · 물리적 파급효과는 무엇인지"[6] 질문할 필요가 있음을 지적한 뒤, 사회과학의

---

4 존 어리, 《모빌리티》, 강현수 · 이희상 옮김, 아카넷, 2014, 23쪽.

5 존 어리, 《모빌리티》, 강현수 · 이희상 옮김, 아카넷, 2014, 23쪽.

6 존 어리, 《모빌리티》, 강현수 · 이희상 옮김, 아카넷, 2014, 24쪽.

'모빌리티 전환'과 그에 수반하는 '모빌리티 패러다임'의 확립이야말로 그 질문에 답하는 길이라고 주장한다. 오늘날 이동성의 급격한 증가와 "세계시장에서 빚어지는 여러 '포스트 사회적' 과정"이 "'국민-국가-사회'라는 감각을 되묻게 만"[7]들고 있음에도 불구하고, 기존 사회학은 사회가 "기계, 기술, 사물, 텍스트, 이미지, 물리적 환경 등을 통해 구축되고 재가공"[8]되는 하이브리드라는 사실을 인정하지 않는다는 게 그의 생각이다. 말하자면, 기존 사회학은 정태적인 것으로서의 사회를 전제하기 때문에 '국민-국가-사회'의 경계를 넘나드는 이동 경관(사회)을 충분히 고찰할 수 없고, 분과학문적 틀을 고수하기 때문에 다양한 사회 영역들을 횡단하는 행위자들의 복합적 실천을 충분히 다룰 수 없다는 것이다.

여기서 어리가 겨냥하는 대상은 분명하다. 그것은 바로 영토의 경계와 공간의 정태성을 전제하는 분과학문으로서의 사회과학과 그 연구 패러다임이다. 이 맥락에서 어리는 짐멜을 "근대 도시에서 근접, 거리, 이동에 관한 분석을 전개하면서, 모빌리티 패러다임을 발전시키고자 한 최초의 학자"[9]로 추앙하기도 하고, 들뢰즈와 가타리의 유목주의, 1970~80년대 사회과학의 '공간적 전환', 여러 형태의 디아스포라 논의, 여행 관련 연구 등을 모빌리티 패러다임의 주요

---

7 존 어리, 《사회를 넘어선 사회학》, 윤여일 옮김, 휴머니스트, 2012, 19쪽

8 존 어리, 《사회를 넘어선 사회학》, 윤여일 옮김, 휴머니스트, 2012, 31쪽.

9 존 어리, 《모빌리티》, 강현수 · 이희상 옮김, 아카넷, 2014, 53쪽

이론적 자원으로 제시하기도 한다. 이와 같은 사례들은 기본적으로 '이동'의 관점에서 사회를 바라보고 있다는 게 그 이유다. 다른 한편, 어리는 '새 모빌리티 패러다임'이라는 용어를 사용해서 기존 모빌리티 관련 연구와 자신의 모빌리티 연구를 구분한다.[10] 특히 어리는 브뤼노 라투르Bruno Latour의 행위자-네트워크 이론에 기초해서 "탈육체화된 코기토, 물질세계로부터 독립된 방식으로 생각하고 행동할 수 있는 인간 주체를 제시하는 인본주의"를 비판하고, "'인간'의 힘이 항상 다양한 물질세계, 즉 의복, 도구, 사물, 통로, 건물 등의 세계에 의해 증강된다는 점"[11]을 강조한다. 인간이란 단순히 이동하는 존재가 아니라 기차, 자동차, 비행기, 인터넷 같은 사물들과 상호구성적·상호보완적 관계를 맺으며 공진화co-evolution하는 존재라는 것이다.

어리에게 모빌리티 전환이란 "모든 사회적 실체entity가 실제적인, 그리고 잠재적인 매우 다양한 이동 형태를 어떻게 전제하고 있는지" 강조하고, "다양한 형태의 이동·교통·통신에 대한 분석과, 경제적·사회적 생활이 다양한 공간과 시간을 통해 수행되고 조직되는 다차원적 방식을 서로 연결"하는 것이다.[12] 그로 인해 모빌리티 전환은 기존 사회과학과 달리 "모든 형태의 관계론적 공간의 토대

10 Mimi Sheller & John Urry, "The new mobilities paradigm," Environment and Planning A 38(2), Sage Publications, 2006, pp.207~226 참조.

11 존 어리, 《모빌리티》, 강현수·이희상 옮김, 아카넷, 2014, 98~99쪽.

12 존 어리, 《모빌리티》, 강현수·이희상 옮김, 아카넷, 2014, 30쪽.

로서 온갖 종류의 복합적 모빌리티complex mobilities"와, "정치경제적 관계 공간이 여행, 자동차 모빌리티automobility, 소비 같은 사회적 · 문화적 실천 속에서 또 그를 통해서 생산되는 방식에 대한 문화 분석"을 강조한다.[13] 이때 새 모빌리티 패러다임은 "다양한 종류의 사람, 생각, 정보, 사물의 이동을 수반하고 유발하는 또는 감소시키는 광범위한 경제적 · 사회적 · 정치적 실천, 하부 구조, 이데올로기로서 '사회 세계'를 이론화"[14]하고, "정치적 · 한정적 · 적대적 '학문들'의 분리된 '지역' 또는 '요새' 내에서 조직되어 온 사회과학이 실천되는 방식을 재설정"[15]한다. 이 점에서 모빌리티 연구란 '모빌리티에 내재하는 관계성과 교차성'[16]에 대한 탐구, 또는 인간과 사물의 '복합적 모빌리티'에 대한 초분과학문적 연구라고 말할 수 있다.

이와 같은 초분과학문적 지향에도 불구하고, 10여 년 전 랭카스터대학교에 모빌리티 연구소Center for Mobilities Research 설립 및 저널 《Mobilities》 창간과 더불어 본격화한 모빌리티 연구는 여전히 인류학, 사회학, 지리학, 정치학, 관광학 분야 연구자들을 중심으로 이루어지고 있는 듯하다. 피터 메리만과 린 피어스가 2017년 8월 학술지

13 Mimi Sheller, "From spatial turn to mobilities turn", Current Sociology 65(4), International Sociological Association, 2017, p.3.

14 존 어리, 《모빌리티》, 강현수 · 이희상 옮김, 아카넷, 2014, 50쪽.

15 존 어리, 《모빌리티》, 강현수 · 이희상 옮김, 아카넷, 2014, 51쪽.

16 이용균, 〈모빌리티의 구성과 실천에 대한 지리학적 탐색〉, 《한국도시지리학회지》 18(3), 한국도시지리학회, 2015, 150쪽.

《Mobilities》에 "모빌리티와 인문학Mobilities and the Humanities" 특집호를 편성한 이유, 또한 여기 실린 9편의 논문에 피터 메리만의 2014년 논문("이동적 방법의 재고찰Rethinking Mobile Methods")를 더해서 《모빌리티와 인문학》이라는 책을 출간한 이유는 바로 여기에 있다. 모빌리티 연구가 문학·역사·영상 분야 저술에서 커다란 영향을 받았음에도 불구하고, 모빌리티 연구에 대한 인문학의 기여 방안이 충분히 논의되지 않고 있다는 것(4), 그리고 인문학자들 역시 이동성 또는 모빌리티와 관련한 연구를 수행하면서도 '모빌리티 패러다임'의 존재를 정확히 인지하고 있지 못하다는 것이다(12). 메리만은 모빌리티 연구와 인문학적 사유 간 협업이 본격적으로 이루어질 때 모빌리티 연구의 초분과학문적 지향도 구현될 수 있고, 인문학 연구도 더 충실하면서도 자의식적으로 수행될 수 있다고 생각하는 듯하다.

《모빌리티와 인문학》은 '인문학'이라는 제목과 달리 대부분 문학 및 영상 텍스트와 그 미학을 다루는 논문들로 구성되어 있다. 두 편의 예외가 있는데, 하나는 피터 메리만과 린 피어스가 공동 집필한 서론 〈모빌리티와 인문학〉이고, 다른 하나는 피터 메리만의 논문 〈이동적 방법의 재고찰〉이다. 〈모빌리티와 인문학〉은 피터 메리만의 이 논문을 제외한 나머지 여덟 편에 대해 개괄적으로 설명한 뒤, '모빌리티와 이동에 대한 예술과 인문학의 접근 방법'으로서 '킨에스테틱스Kin-aesthetics'를 제안하는 글이다. 킨에스테시스는 본래 '운동 감각sensation of movement'을 의미하는 용어지만, 움직임과 관련한 감각·지각·표현·연출 등을 통칭하는 개념으로 이해할 필요가 있고, 그럴 때 인간의 체험과 정동을 다루는 예술이나 인문학 연구에 매우 유용한 방법론이 될 수 있다는 것이다. 이 논문이 킨에스테틱스에 대한 본격적 논의를 전개한 것은 아니기에 그 이론적 의의를 따지기는 어렵지만, 소위 미시적 운동 감각과 정동에 대한 주목은 오늘날 정동 및 감정 논의와 관련해서 충분히 고려해 볼 만하다. 다음으로, 〈이동적 방법의 재고찰〉은 오직 '이동적 방법'(비재현적 이론과 실천 이론, 그리고 수행적 · 참여적 · 민족지적 방법 등)만이 모빌리티 또는 이동성의 다양한 양상을 포착하는 데 적합하다는 일부 모빌리티 연구자들의 주장을 반박하면서, 담론 분석 · 문화 연구 · 텍스트 연구 같은 '전통적' 연구 방법 역시 모빌리티 연구에 충분히 기여할 수 있음을 주장하는 글이다. 마치 이 주장의 타당성을 뒷받침하듯, 이 책에 실린 논문들은 대부분 이와 같은 '전통적' 연구 방법에 기초해 있다.

이 글에서는 메리만이 쓴 두 편의 논문을 제외한 나머지 여덟 편을 중심으로 새 모빌리티 패러다임을 활용한 텍스트 연구 사례들을 검토한 뒤, 이를 토대로 모빌리티 텍스트 연구 방법을 모색해 보려고 한다. 이를 위해 우선 2장에서는 자동차 모빌리티automobility에 초점화된 논문들을 대상으로 자동차 모빌리티 시스템과 영상 · 문학 텍스트의 공진화 양상을 살펴보고, 3장에서는 장소의 이동(변화)과 인간의 감각 · 정동 변화에 초점화된 논문들을 대상으로 형식의 모빌리티와 모빌리티의 텍스트적 재현 문제를 검토한다. 자동차 모빌리티를 중심에 두고 텍스트를 구분하는 이유는 자동차 모빌리티가 오늘날 모빌리티 시스템을 규정하는 것으로서 과거 철도가 보유했던 것만큼 막대한 사회적 · 문화적 의의를 지닌다는 데 있다. 그리고 4장에서는 이와 같은 논의에 기초해서 모빌리티 패러다임에 입각한 텍스트 연구 방법, 즉 모빌리티 텍스트 연구 방법을 모색하려고 한다.

자동차 모빌리티 시스템과 영상 · 문학 텍스트의 공진화

어리의 모빌리티 연구에서 자동차는 특별한 위치를 차지한다. 19세기 철도가 기계 속도, 시간표, 시간 엄수, 시계 시간, 공공 공간 등을 중요한 것으로 만들어 놓았다면, 자동차 시스템 역시 인간 세계에 그에 못지 않은 중요한 문화적 · 사회적 파급효과를 낳았다. 간단히 말하자면, 자동차 시스템은 '속도'의 개념을 '편리'의 개념으로 변환시켰고, '자동차-운전자'가 사회 생활을 스스로 시간표화함으로써 공공 시간표를 초월하는 방식을 제공했으며, '철도 객차와 기차역' 너머에서 다양한 공간을 출현시키고 재생산했다.[17] 그리고 역사적으로도, 자동차 모빌리티는 1896년 시카고에서 개최된 차량 경주대회, 1908년 모델T 포드자동차 출시와 포드주의 생산 · 소비 시스템의 발달, 속도의 아름다움을 주창한 미래주의의 등장, 1932년 제너럴 모터스에 의한 미국 도시 철도 구매 및 폐쇄 같은 기업 정책,

---

17 존 어리, 《모빌리티》, 강현수 · 이희상 옮김, 아카넷, 2014, 209쪽.

제2차 세계대전 전후 포장도로 건설을 위한 북미·북유럽 정부의 정책 등 일련의 과정들을 거치며 지배적 모빌리티가 되었다.[18] 즉, 자동차는 한 장소에서 다른 장소로 이동하기 위한 단순한 교통 시스템이 아닌 '삶의 방식'[19]으로서 '현대 세계의 이동·정서·감정을 재정의'하기에 이른 것이다.[20]

《모빌리티와 인문학》에 실린 닐 아처Neil Archer의 〈길 위의 장르: 자동차 모빌리티 연구로서의 로드무비Genre on the road: the road movie as automobilities research〉는 자동차 모빌리티 시스템과 로드무비 장르의 내적 상호작용을 탐구한다. 이 글에서 아처는 반영론의 관점에서 영화, 특히 로드무비에 접근하는 기존 연구 방법을 비판한 후, "사회적 맥락 또/또는 정치적 맥락을 모방이라는 의미에서 노골적으로 반영하지 않는 로드무비의 측면들을 진지하게 고려"(18)해야 한다고 주장한다. 로드무비는 특유의 허구적 특질 또는 판타지

---

18   이희상, 《존 어리, 모빌리티》, 커뮤니케이션북스(주), 2016, 24~25쪽.

19   존 어리가 드는 자동차 모빌리티 시스템의 특징은 다음과 같다. 1) 자동차는 20세기 자본주의의 선도 산업 부문과 상징적 기업에 의해 생산된 전형적인 제조물이다. 2) 자동차는 성인의 기호이고, 시민권의 표시이며, 사회적 교류와 네트워크의 토대다. 3) 자동차는 다른 제도, 산업, 직종 등과의 기술적·사회적 상호연계를 통해 구성된 강력한 복합체다. 4) 자동차는 여가, 통근, 휴가를 위한 재배적 모빌리티로서 도보, 자전거 타기, 기차 여행 등 다른 모빌리티 시스템들을 지배한다. 5) 자동차는 20세기 '좋은 삶'이나 이동하는 근대 시민의 필수 요소 같은 담론을 유발하는 지배적 문화를 형성한다. 6) 자동차는 막대한 자원을 사용하고 엄청난 규모의 사상자를 유발한다. 7) 자동차 모빌리티(automobility)는 자서전(autobiography) 개념에서처럼 '내부지향적인 자아', 그리고 자동화(automation) 개념에서처럼 '이동 능력을 갖고 있는 사물이나 기계 사이의 융합'을 수반한다(존 어리, 《모빌리티》, 강현수·이희상 옮김, 아카넷, 2014, 215~220).

20   존 어리, 《모빌리티》, 강현수·이희상 옮김, 아카넷, 2014, 248쪽.

적 특질을 통해 일상의 규범을 위반함으로써 '핍진성 체제regimes of verisimilitude'와의 비판적 대화를 만들어 낸다는 것이다. 아처에 의하면, 로드무비의 구성적·형식적 본성은 허구와 현실 사이의 간극, 즉 영화적 판타지와 일상적 가능성 사이의 간극이 가장 잘 드러나는 해석 공간을 열어젖히는 데 있다. 로드무비는 기존의 자명한 진실을 반영하는 대신, 장르의 상상적 투사라는 프리즘을 통해 실제 맥락들을 굴절시키기 때문이다. 로드무비의 가시적 허구가 그 맥락들을 가로지를 때, 허구는 다른 식으로는 재현 불가능한 (자동차) 모빌리티 경험의 진실을 드러내 주는 것이다(19). 요컨대, 로드무비는 자동차 모빌리티의 역사적 발전에 의해 조건 지어진 장르이기도 하지만, 그에 못지않게 그 경험의 진실(허구와 현실의 긴장)을 가장 잘 드러내 주는 장르이기도 하다.

아처는 이와 같은 로드무비 이해에 기초해서 '로드무비의 사회학'을 구상한다. 여기서 아처는 몇몇 작품들에 특히 주목한다. 우선, 로랑 캉테Laurent Cantet 감독의 〈타임 아웃L' Emploi du temps〉(2001)은 '운전'이 '줄거리 자체의 동기이자 목표'인 영화다. 이 영화에서 주인공은 자동차 운전을 통해 통근을 하면서도 누구에게도 방해 받지 않고 차를 몰고 돌아다니고 싶다는 소망을 갖고 있다. 이는 자본주의와 그 귀결로서의 자동차 모빌리티가 통근 실천 내부에서 생산해 내는 '탈출 판타지'다(23). 다음으로, 아처는 〈델마와 루이스Thel-ma and Louise〉(1991)와 압바스 키라로스타미Abbas Kiarostami 감독의 〈텐Ten〉(2002)을 대상으로 로드무비와 자동차 모빌리티의 관계에 대한

430

페미니즘적 접근을 시도한다. 여기서 〈델마와 루이스〉는 여성이 자동차, 도로, 운전 경험과 맺고 있는 관계에 대한 토론을 추동한 작품으로서, 로드무비 같은 허구적 서사 매체가 어떻게 모빌리티의 단순 '재현' 너머로 움직일 수 있는지 보여 주는 중요한 사례로 간주된다. 이 영화에서는 "모빌리티 상상 자체가 모빌리티가 재-현되는 수단"(24)이라는 것이다. 다음으로 〈텐〉은 '젠더화된 운전 경험' 그 자체의 기록이 아닌 정치적 목적을 위해 그 경험을 변형시킨 작품으로 간주된다. 2000년대 테헤란에서 승용차는 여성 운전자에게 헤테로토피아 같은 '내밀함과 모빌리티의 공간'을 재현한다. 그러나 바로 그런 이유로 허구적 영화 장르로서의 로드무비는 "객관적이고 관찰적인 재현 방식을 통해서는 보통 접근할 수 없을" "상상적이거나 비가시적이거나 억압된 모빌리티 맥락들"을 드러내게 된다(25). 아처에 따르면, 이와 같은 사례들은 로드무비가 '세계를 향한 투명한 창'이 아닌 '반영적이고 굴절적인 유리'로서의 보기 방식, 즉 '카메라 렌즈의 창조적 가능성과 자동차 앞 유리 사이의 상호작용'에 기초한 장르임을 입증하는 증거들이다. 죠르진 클라슨Georgine Clarsen의 〈'오스트레일리아-훔친 차처럼 운전하라': 정착형 식민지 오스트레일리아에서 커뮤니케이션 매체로서의 자동차 모빌리티 'Australia-Drive it Like You Stole It' : automobility as a medium of communication in settler colonial Australia〉는 모빌리티 재현의 정치학이라는 관점에서 오스트레일리아 국가 형성기 자동차 모빌리티의 미디어화mediatization 문제를 다룬 논문이다. 그에 의하면, 오스트레일리아의 자동차 모빌리티는 인종·권리·민족·주체성·권력·공간성 등에 대한 백인 정착민의 관점을 상상·수행·기술·시험하게 해 주는 핵심 장소로서 기능했다. 여기서 핵심은 이런 기능이 자동차 운전자를 '민족의 영토를 순회하는 국토 순찰대'로 광고하는 미디어들을 매개로 작동했다는 데 있다. 말하자면, 그 기능은 '미디어의 동원the mobilization of media'과 '모빌리티의 미디어화the mediatization of mobility'를 통해서 구현된 것이다. 이때 자동차는 움직이기 위해서 만들어진 수단이지만, 그와 동시에 공간을 이동하는 과정에서 백인 중심 사회 세계를 형성하는 커뮤니케이션 매체가 된다(30). 이와 더불어 기억해야 할 점은, 백인 정착민의 모빌리티가 긍정적인 방식으로 미디어화될 때 선주민 또는 원주민의 자동차 모빌리티는 결코 가치 있는 행위(국가-수립의 힘이 부여된 이동)로서 미디어화되지 않았다는 사실이다. 이렇게 볼 때, 이 논문은 일종의 텍스트로서 미디어화된 자동차 모빌리티를 읽어 내는 탈식민주의적 독법의 사례라고 말할 수 있다.

〈이디스 워튼 작품에서 모빌리티, 망명, 그리고 토착적 정체성 Mobility, exile, and native identity in the work of Edith Wharthon〉에서 존 컬버트 John Culbert는 미국 소설가 이디스 워튼의 여행소설을 대상으로 '마비 paralyses'의 관점에서 모빌리티의 텍스트적 재현에 대한 연구를 진행한다. 여기서 '마비'는 움직임에 대립하는 정체stasis 상태가 아닌 그들의 모순적 결합('느슨한 움직임') 상태를 뜻하는 용어로서 자본주의와 근대성, 그리고 모빌리티의 핵심적 속성으로 간주된다. 특히 컬버트는 마비가 텍스트의 수사적 전개와 문체, 등장인물의 심리적 욕

구와 충동을 통해 드러나는 논리적 교착과 심리적 속박 상태에 주목
하게 해 주고, 그럼으로써 텍스트의 표면적 목적에 저항하는 암묵적
함의를 읽어 낼 수 있게 한다고 주장한다.

컬버트에게 워튼의 자동차 여행은 "마비된 모빌리티"(49)를 보여
주는 대표적 사례다. 워튼은 자동차를 '운전하지drive' 않고 '탑승했는
데driven'(46), 여기에 그녀의 계급적 성격과 모빌리티 성격이 상징적으
로 드러나 있다는 것이다. 컬버트에 따르면, 워튼의 자동차 여행은
모빌리티에 해방적 성격과 제약적 성격, 진보적 근대와 귀족적 태도
가 모순적으로 결부되어 있음을 보여 주는 사례다. 특히 흥미로운
것은 워튼의 여행 소설이 프랑스나 이탈리아 같은 유럽 국가들을 배
경으로 하고 있다는 점이다. 컬버트의 분석에 의하면, 워튼이 미국
에는 기록된 역사가 없다는 식으로 서술할 때 드러나는 '미국의 부
재'는 미국의 경관에 대한 폭력이자 대규모 학살을 의미한다(51). 워
튼의 '자발적 무지'는 여러 식민지 이주자들을 포함한 미국 내 이동
에 대한 서술을 배제하는데, 이러한 배제된 서술 또는 배제된 역동
성이야말로 워튼의 제국주의적 인식에 내재하는 불안정한 정체성
또는 이동하는mobile 정체성을 드러내주는 지점이다. 이와 같은 컬버
트의 텍스트 분석에는 여행소설이 자동차 모빌리티에 의존하면서
도 그 모호한 성격을 재현하는 방식이 잘 드러나 있다.

린 피어스의 〈'사건으로서의 운전': 자동차 여행 다시 생각하
기'Driving-as-Event': re-thinking the car journey〉는 딕슨 스콧Dixon Scott, 얀 스
트루더Jan Struther, 필슨 영A. B. Filson Young, 버지니아 울프Verginia Wolf,

이디스 워튼Edith Wharton, 딜란 트리그Dylan Trigg, 잭 케루악Jack Kerouac 등 1900년대 초중반 문학 저술들을 대상으로 기존 모빌리티 연구에서 잘 다루어지지 않는 문제, 즉 '개별 자동차 여행의 특이성' 문제를 탐구한다. 여기서 피어스는 '운전'을 단순한 사회적·문화적 현상이 아닌 '인지적이고 정동적인 사건'으로 규정하고(93), '운전에 의해 가능해진 모빌리티, 지각, 인지의 통합'을 '20세기 시대정신'으로 간주하는 가운데 '운전-사건driving-event'을 분석한다. 이 점에서 이 논문은 자동차 모빌리티 탄생 후 100년 동안의 운전 경험을 통해 형성된 "기술적 무의식technological unconsciousness"(94)에 대한 연구이기도 한다.

이 논문에서 피어스가 제시하는 '운전-사건'의 특징은 크게 세 가지다. 첫째, 운전은 습관적 관행이면서도 특이한 사건이다. 1900년대 초기 문학 텍스트는 자동차 운전이나 승차 행위가 새롭고 낯선 일에서 친숙하고 일상적인 행위로 변모해 가고, 운전-사건 또는 운전·승차 경험 그 자체에서 그에 의해 파생되는 사유-과정으로 변해가는 모습을 보여 준다. 예를 들어, 운전대를 잡고 '판자 모양의 불빛'을 파악하려는 딕슨의 시도, 그리고 스트루더의 작품에 등장하는 장면으로서 자동차 와이퍼에 의해 유발된 최면 상태는 운전 행위의 습관적이고 기술적인 요인으로 조건 지어진 것이다. 둘째, 개별 운전-사건의 특이한 성격과 특질은 심리적 통합화를 통해서만 회고적으로 파악 가능하다. 운동의 정지(여행 중간의 휴지 또는 여행의 종료) 순간 여행자의 정신은 그때까지의 여정 동안 이루어진 지각들과 사유의 연쇄들을 '통합된 전체'로 모으는데, 이 "소급적 통합화"(100)

를 통해서 운전은 단순한 습관적 행위가 아닌 '운전-사건'이 되는 것이다. 셋째, 운전-사건은 보통 한 번의 여행에 여러 사건들이 일어난다는 의미에서의 '자동차 여행'과 동일하지 않다. 여기서 피어스는 논의의 초점을 운전의 '물질적 목적'에서 '주관적 경험'으로 바꿀 것을 요구하면서, 장거리 여행 시 일련의 멈춤들로 인한 단편적 운전-사건들의 발생과 그에 따른 운전자의 '분위기/정신적 초점 변화'(101)를 강조한다. 이 논문은 모빌리티 경험의 특이성 또는 정동 문제를 다룬다는 점에서 기존 사회학적 모빌리티 연구의 결여를 보완해 주고, 그럼으로써 문학 텍스트 연구와 모빌리티 연구의 협업 가능성을 입증해 주는 사례라고 할 수 있다.

형식의 모빌리티와 모빌리티의 재현

자동차 모빌리티 시스템의 형성 · 전개가 20세기 현대인의 삶을 조건 짓는 요인이라면, 다양한 영상 · 문학 텍스트들이 자동차 모빌리티를 재현하는 것은 자연스러운 일일 수밖에 없다. 그리고 새 모빌리티 패러다임에 입각한 텍스트 연구가 자동차 모빌리티를 중심에 두는 것도 불가피한 일일 것이다. 그런 이유로《모빌리티와 인문학》에는 앞에서 다룬 네 편의 논문 외에 이안 데이비슨Ian C. Davidson의 〈형식의 모빌리티Mobilities of form〉와 콜린 풀리Colin G. Pooley의 〈도시 이동: 1840~1940년 생활글을 활용한, 도시 이동의 개인적 경험에 대한 탐구Travelling through the city: using life writing to explore individual experiences of urban travel c1840-1940〉도 자동차 모빌리티의 재현과 밀접하게 관련되어 있다. 그러나 이 논문들은 각각 자동차 모빌리티 그 자체보다 자동차 모빌리티를 매개로 한 형식의 모빌리티 문제와 모빌리티들의 공존 문제를 다루고 있다. 이에 3장에서는 데이비슨과 풀리의 논문 외에 루스 라이브시Ruth Livesey의 〈이전가능한 장소에 대한 글쓰기: 조지 엘리엇의 이동적 미들랜즈On writing portable place: George Eliot's mobile Midlands〉와 레슬리 머리Lesley Murray와 소니아 오버올Sonia Overall의 〈아동소설을 둘러보며: 행위적 모빌리티와 불가능한 모빌리티Moving around children's fiction: agentic and impossible mobilities〉를 대상으로 새 모빌리티 패러다임에 입각한 텍스트 연구 사례를 살펴볼 것이다.

〈형식의 모빌리티〉에서 데이비슨은 자크 랑시에르의 '감각적인 것의 분배'와 알랭 바디우의 '사건'으로서의 문학 개념에 기초하여 '형식의 모빌리티' 또는 '이동하는mobile 예술 형식' 문제를 다룬다. 데이비슨에 의하면, 작품은 재현이 아닌 사건의 특질을 지니고 있기 때문에 주체화 과정을 매개로 장르의 변화를 유발할 수 있다. 즉, 텍스트는 현재의 수행적 경험, 즉 쓰기와 읽기의 경험을 '현시'하지 과거의 경험을 '재-현(시)'하지는 않는다는 것이다. 이 맥락에서 모빌리티는 '전체적으로 완성된 구조'라는 관념에 도전하는 용어로서 '순간moments'의 공간적 측면과 시간적 측면을 망라하게 해 준다. 이때 서사는 작품 전체에 걸쳐 주기적으로 발생하는 충돌들로 이루어진 열린 결말이 되고, 시는 완성된 형식을 전혀 규정하지 않은 채 그런 순간을 조명하는 일련의 공간/시간 일치가 된다(59).

 '이동하는 실천과 형식mobile practices and forms' 문제를 다루기 위해서 데이비슨은 세 편의 작품을 사례로 든다. 우선, 데이비슨은 사건으로서의 텍스트, 즉 주체의 변화를 유발하는 물질적 현시와 순간적으로 발생하는 이동하는 형식이라는 생각(61)을 토대로 브렘저 Bonnie Bremser의 《레이의 사랑을 위하여For the Love of Ray》와 잭 케루악 Jack Kerouac의 《다르마의 일부some of the dharma》(1997)를 다룬다. 브렘저의 작품은 브렘저가 감옥에 갇힌 레이에게 보낸 두 쪽짜리 글들을 모아 놓은 것으로서 회고록과 소설의 혼종이고, 케루악의 작품은 노트들로 이루어진 작품으로서 극단적인 책 실험 형식이다. 이때 브렘저의 작품은 '교도소 관계자들이 설정한 한계를 넘어서는 위반 행위'(주체의 변화)이자 '회고록과 소설 양자에 대한 도전 형식'으로 간주된다(61). 그리고 케루악의 작품은 '이동하는 삶의 형식'과 '이동하는 텍스트 형식'을 이어주는 '경험의 기록'(61)으로서, 전통적 문학 형식을 회피하는 가운데 완성에 반대하거나 소재를 플롯과 서사로 처리하는 데 맞섬으로써 '이동하는 형식'이 된다. 다음으로 데이비슨은 에일린 마일스Eileen Myles의 시집 《눈송이(신작 시집)/다른 거리들(최신작 시집)Snowflake-New Poems, Different streets-newer poems》을 다룬다. 두 권의 선집을 묶어 놓은 이 시집은 형식의 모빌리티와 이동하는 주체의 재현을 결합하고 있다. 여기서 화자는 '입장들 사이를 옮겨 다닌다'는 점에서 '이동'하고(62), '능동적 장치'로서의 자동차와 결합한 신체의 경험을 기록한 〈엘에이/운전자〉 연작을 통해서 '이동'

의 감각적 경험을 형식화한다. 이 사례들을 통해 그는 구조와 형식이란 그 자체가 오로지 형식화하고 재형식화하는 순간들에만 등장한다는 점을 강조한다(65).

루스 라이브시Ruth Livesey의 〈이전가능한 장소에 대한 글쓰기: 조지 엘리엇의 이동적 미들랜즈On writing portable place: George Eliot's mobile Midlands〉는 데이비슨의 논문과는 전혀 다른 관점에서 텍스트에 접근한다. 데이비슨이 아방가르드적 견지에서 텍스트의 형식화 순간에 주목했다면, 라이브시는 리얼리즘의 관점에서 소설 작품에 의한 모빌리티의 재현 문제를 다룬다. 라이브시에 의하면, 소설은 소규모 이동 또는 미시적 모빌리티에 주목할 것을 요구하는 장르인데, 이때 미시적 모빌리티는 우리를 '장소에 대한 일상적 귀속 상태'에 이르게 함으로써 '이동이 급격해지는 세계에서 집 같은 장소를 만들어 낼 수단'이 된다(69). 19세기 리얼리즘 작가로 잘 알려진 엘리엇 역시 "친밀하고 자의식적이며 성찰적인 공간 애착감을 형성할 수 있는 예술의 우월한 힘"(69)을 믿고 있었고, 그래서 그녀의 "리얼리즘 소설은 흩어져 있고, 코스모폴리탄적이며, 지극히 세속적인 독자들의 세계에서 애착감과 친근감을 육성하기 위한 보철 장치a prosthetic device"(70)가 된다.

라이브시에 의하면, 19세기 교통이 '빠른 모빌리티를 통해 장소를 소거할 위험이 있는 테크놀로지'였다면, 리얼리즘 소설은 '정체로서의 장소를 재각인하는 장치'였다(70). 라이브시는 이와 같은 리얼리즘 이해를 토대로 엘리엇의《사일러스 마너》에 접근함으로써 '모빌리티와 장소의 역동적 관계론', 즉 '얽힌(풀린) 직조(un)ravelled weaving의 역학'(72)을 포착한다. 장소란 정체stasis가 아닌 끊임없는 역동적 과정, 즉 시간의 움직임, 산업, 신체 능력, 개인의 모빌리티 등에서 끊임없이 나오는 얽힌(풀린) 직물이라는 것이다. 그로 인해 진흙과 이끼의 색깔, 이회토 채취장과 탄광, 관목이 죽 늘어선 길, 산들바람이 부는 고지대 등은 이주민들에게 "느린 장소 감각"(77)을 제공하는 촉각적 세목이 된다. 이와 같은 라이브시의 분석은, 새 모빌리티 패러다임이 리얼리즘 텍스트을 읽는 또 다른 방법론으로서 기능할 수 있음을 잘 보여 준다.

레슬리 머리와 소니아 오버올은 〈아동소설을 둘러보며: 행위적 모빌리티와 불가능한 모빌리티Moving around children' s fiction: agentic and impossible mobilities〉에서 데이비슨이나 라이브시와는 또 다른 텍스트 접근 방법을 제시한다. 머리와 오버올은 문학 텍스트의 '소급적 특징'(문학 텍스트는 사회적 삶의 모방이 아니라 그 삶에 소급적으로 적용 가능하다)을 들어 허구적 서사의 (재)독해('대안적 독해')를 통한 '의미 생산'을 강조하는 한편, 그에 기초한 '대안 정치'의 가능성을 탐구한다 (80). 특히 머리와 오버올은 아동문학이 그동안 성인주의적 관점에서 '아동 모빌리티의 불가능성'으로 규정되어 왔음을 비판하고, 텍스트의 허구적 세계와 여기에 담긴 '상상된 모빌리티'가 '불가능한 행위성의 층위'를 재현한다는 데 주목한다(81). 구체적으로는《이상한 나라의 엘리스》,《찰리와 거대한 유리 엘리베이터》,《제임스와 거대한 복숭아》,《사자, 마녀 그리고 옷장》,《납작이가 된 스탠리》같은 작품들에 대한 분석을 통해서 '이동 공간'이 '행위적 공간'으로 구성되는 방식(허구와 상상력을 통한 공간의 변형 및 재생산)과 아동이 '행위적 존재'로 제시되는 방식(예를 들면, 환상적 경관을 가로지르는 아동의 '목적 없는' 모빌리티와 그 전복적 성격)을 분석한다. 그리고는 아동문학이란 실생활에서 불가능한 '환상적 모빌리티'를 탐구함으로써 성인의 경험을 초과하는 모빌리티와 행위성 차원을 상상하도록 하는 형식, 즉 "제한 없는 상상된 모빌리티와 행위성의 형식"(91)이라고 결론 짓는다.

앞의 세 논문이 모빌리티와 형식의 문제에 초점화된 것들이라면, 콜린 풀리Colin G. Pooley의 〈도시 이동: 1840~1940년 생활글을 활용한, 도시 이동의 개인적 경험에 대한 탐구〉는 1840년 이후 백 년 동안 쓰인 여섯 편의 일기를 대상으로 도시 이동자와 이동 공간 사이의 관계 방식을 고찰한다. 여기서 풀리는 일기 형식이 '개별 여행자의 경험에 대한 통찰'(108)을 제공해 줄 수 있음을 강조한다. 그리고 일련의 분석을 통해서 영국 도시 거주민들이 1840년 이후 백 년 동안 급속히 변화하고 팽창하는 교통수단(기차, 자동차, 버스 등)과 새로운 모빌리티 장소 · 형태 · 속도를 경험했지만, 모빌리티 변화에 큰 어려움없이 적응하며 생활해 왔음을 강조한다. 그와 동시에 '도보'라는 옛 모빌리티 형식 또한 새 모빌리티 형식들과 공존해 왔음을 주장한다.

모빌리티 텍스트 연구 방법의 모색

피터 메리만과 린 피어스가 편집한《모빌리티와 인문학》은 주로 사회과학 분야에서 연구되어 온 모빌리티 연구와 인문학 연구의 협업을 모색하기 위한 학술 기획이다. 이 책에 실린 논문들은 인문학 분야 전체를 다루는 대신, 새 모빌리티 패러다임에 입각해서 소설, 영화(로드무비), 아동문학, 일기, 에세이, 미디어 보도 자료(TV, 신문 등) 등 영상·문학 텍스트들에 대한 연구 사례를 제시하고 있다. 그 가운데 일부는 자동차 모빌리티 시스템과 영상·문학 텍스트의 공진화 양상에 기초한 텍스트 연구를 수행하고 있고, 다른 일부는 모빌리티와 예술 형식의 관계를 중심으로 형식의 모빌리티 또는 모빌리티의 재현 문제를 탐구하고 있다. 우선, 모빌리티 시스템과 영상·문학 텍스트의 공진화 양상과 관련해서는 자동차 모빌리티 시스템과 로드무비 장르의 내적 상호작용, 일종의 텍스트로서 미디어화된 자동차 모빌리티, 여행소설과 '마비된 모빌리티'의 텍스트적 재현, 개별 자동차 여행의 특이성과 '기술적 무의식' 등의 문제가 다루어졌다. 다음으로, 모빌리티와 예술 형식의 관계는 '형식의 모빌리티' 또는 '이동하는 예술 형식', 리얼리즘적 재현을 통한 이동하는 세계에서의 '느린 장소 감각'(애착감, 친근감) 형성, 문학 텍스트의 '소급적 특징'에 기초한 허구적 서사의 (재)독해와 '대안 정치'의 가능성, 생활 글쓰기(일기)에 기록된 개별 여행자의 도시 모빌리티 경험 등을 통해 논의되었다.

이와 같은 연구들은 크게 두 가지 점에서 의의가 있다. 우선, 그동안 텍스트 연구에서 충분히 주목하지 않았던 자동차 모빌리티에 대한 관심을 촉발한다는 점이다. 요시하라 나오키의 《모빌리티와 장소》(2010), 존 어리의 《사회를 넘어선 사회학》(2012)와 《모빌리티》(2014), 마르크 오제의 《비장소》(2017) 등의 번역과 더불어 점차 본격화되고 있는 모빌리티 연구는 주로 사회학, 지리학, 건축학 분야 연구자들에 의해 이루어지고 있다. 인문학 분야의 경우, 1999년 모빌리티 연구의 고전이라고 할 수 있는 볼프강 쉬벨부쉬의 《철도여행의 역사》가 번역되기도 했지만, 관련 연구의 대부분은 근대적 시간과 공간의 형성과 관련한 근대성 논의에 한정된 바 있다. 문학이나 영상 연구에서도 철도 또는 열차는 근대적 시공간의 상징 정도로 취급되었을 뿐,[21] 근대적 세계를 형성하는 물질적 행위자로서의 모빌리티 테크놀로지로는 충분히 다루어지지 않았다.[22] 그러므로 자동차 모빌리티를 비롯한 여러 모빌리티들의 서사적 재현에 대한 주목은 기존 텍스트 연구에서 미처 주목하지 못했던 차원을 드러낼 수 있을

---

21 지금까지 근대 철도를 중심으로 진행된 텍스트 연구 성과는 다음과 같다. 김동식, 〈신소설과 철도의 표상〉, 《민족문학사연구》 49, 민족문학사연구소, 2012, 82~124쪽; 박경수, 〈근대 철도를 통해 본 '식민지 조선' 만들기〉, 《일본어문학》 53, 한국일본어문학회, 2012, 253~271쪽; 조성면, 〈철도와 문학: 경인선 철도를 통해서 본 한국의 근대문학〉, 《인천학연구》 4, 인천대학교 인천학연구원, 2005, 367~392쪽.

22 이 점에서 오연옥의 〈근대소설에 나타난 과학과 교통 기술의 매체성 연구〉(《한국문학논총》 71, 한국문학회, 2015, 407~445쪽)는 예외적인 사례에 속한다. 이 논문은 기존 모빌리티 연구서들을 참고하지 않았음에도 불구하고, 기차와 자동차를 중심으로 한 모빌리티 테크놀로지와 그 영향력에 관한 논의를 전개한 바 있다.

뿐만 아니라, 더 나아가 텍스트 연구의 새로운 분야를 개척하는 데도 기여할 것이다.

　다음으로《모빌리티와 인문학》은 새 모빌리티 패러다임의 관점에서 텍스트의 미학에 관한 새로운 논의를 촉발할 수 있다. 예를 들어, 데이비슨의 〈형식의 모빌리티〉는 형식주의 또는 아방가르드 미학을 모빌리티의 맥락에서 중층적으로 논의할 수 있는 기회를 제공할 것이고, 라이브시의 〈이전가능한 장소에 대한 글쓰기: 조지 엘리엇의 이동적 미들랜즈〉는 리얼리즘 소설의 효과와 관련한 새로운 견해를 제시함으로써 리얼리즘 미학에 대한 새로운 논의를 촉발할 수 있을 것이다. 그리고 머리와 오버올이 〈아동소설을 둘러보며: 행위적 모빌리티와 불가능한 모빌리티〉에서 제시하는 '환상적 모빌리티' 개념은 아동문학의 성격을 기술하는 데 그치지 않고, 문학의 환상성 또는 판타지 문학 일반을 연구하는 데도 활용될 수 있다. 이 점에서 새 모빌리티 패러다임은 텍스트의 형식화, 그리고 텍스트에 의한 세계의 재현 방법과 그에 따른 텍스트 정치학 등에 관한 새로운 논의를 촉발하는 문제틀을 제공해 준다고도 말할 수 있다.

　한편,《모빌리티와 인문학》에 실린 몇몇 논문들은 새 모빌리티 패러다임에 입각한 텍스트 연구의 위험성 또한 드러내 주고 있는 듯하다. 예를 들어, 풀리의 논문 〈도시 이동: 1840~1940년 생활글을 활용한, 도시 이동의 개인적 경험에 대한 탐구〉는 일련의 일기들을 토대로 근대 영국인들의 도시 모빌리티 경험을 연구하겠다고 했지만, 그들이 새로운 것과의 만남, 속도의 경험, 이용의 편의성 등에서 커다란 감정적 동요를 보이지 않았다는 점을 밝혀내는 데 그쳤다. 이는 19세기 이후 100여 년에 걸친 모빌리티의 역사를 개괄한다는 방법론적 문제에서 기인하는 한계일 수도 있지만, 텍스트 연구가 빠질 수도 있는 함정을 전형적으로 드러내 주는 사례이기도 하다. 텍스트 속 세계 · 인물 · 정동 등에서 역사적 사실의 확인이나 그에 대한 기술에 머무를 경우, 텍스트 연구는 사회과학 분야에서 도출된 모빌리티 연구 결과를 단순히 재확인하는 데 그칠 위험이 있다. 다른 한편, '모빌리티'에 대한 과도한 집착은 과도하게 난해한 텍스트 이론을 모색하는 데로 귀결될 수 있다. 메리만이 〈이동적 방법의 재고찰〉에서 지적한 것처럼 '이동적 방법'에 대한 과도한 집착은 전통적 방법에 대한 일방적 비난으로 귀결될 수 있다. 그러나 새 모빌리티 패러다임의 선택 또는 활용이 텍스트 연구의 전면적 변화를 반드시 필요로 하는 것은 아니다. 예컨대, 라이브시의 논문처럼 리얼리즘 논의에 입각한 모빌리티 텍스트 연구도 가능한 것이다. 그에 반해, 데이비슨의 〈형식의 모빌리티〉는 '모빌리티의 미학화'라는 과제에 과도하게 집착한 나머지 형식주의 미학, 모빌리티 연구, 주체론, 정치학 등이 난해하게 뒤얽힌 논의로 귀결되고 말았다.

앞에서 살펴본 것처럼 새 모빌리티 패러다임에 입각한 텍스트 연구는 연구자들에 따라 상충적이고 이질적인 방법론들을 채용할 수 있다. 그리고 때로는 기존 문학사 · 예술사적 문맥 속에서 또는 그에 맞서 연구를 수행할 수도 있고, 때로는 그와 무관한 문맥 속에서 기존 모빌리티 연구 성과들에 기초해 연구를 진행할 수도 있다. 현재 인문·예술 분야 연구자들의 경우 자신들이 모빌리티 연구에 기여한 바를 인지하지 못하고 있다는 메리만과 피어스의 지적, 그리고 그들의 연구 성과들이 지금의 모빌리티–인문학 연구에 기여하기를 바란다'는 그들의 제안에서도 드러나듯(12), 새 모빌리티 패러다임에 입각한 영상·문학 텍스트 연구는 이제 겨우 시작 단계에 있는 듯하다. 이 점에서《모빌리티와 인문학》은 새 모빌리티 패러다임에 기초한 텍스트 연구의 가능성을 보여 주는 사례이자, 그 연구가 아직 자의식적으로 수행되지 않고 있음을 반증하는 증거이기도 하다. 한국의 인문학자들 또는 텍스트 연구자들이 메리만과 피어스의 제안에 긍정적으로 응답한다면, 그래서 새 모빌리티 패러다임을 진지하게 고려하기 시작한다면, 기존 텍스트에 대한 새로운 이해와 그에 기초한 새로운 텍스트 논의도 가능해질 것이다.

참고문헌

기본 자료

Merriman, Peter & Lynne Pearce (edit.), *Mobility and Humanities*, London and New York: Routledge, 2018.

논문과 단행본

김동식, 〈신소설과 철도의 표상〉, 《민족문학사연구》 49, 민족문학사연구소, 2012, 82~124쪽.

박경수, 〈근대 철도를 통해 본 '식민지 조선' 만들기〉, 《일본어문학》 53, 한국일본 어문학회, 2012, 253~271쪽.

오연옥, 〈근대소설에 나타난 과학과 교통 기술의 매체성 연구〉, 《한국문학논총》 71, 한국문학회, 2015, 407~445쪽.

이용균, 〈모빌리티의 구성과 실천에 대한 지리학적 탐색〉, 《한국도시지리학회지》 18(3), 한국도시지리학회, 2015, 147~159쪽.

이희상, 《존 어리, 모빌리티》, 커뮤니케이션북스(주), 2016.

조성면, 〈철도와 문학-경인선 철도를 통해서 본 한국의 근대문학〉, 《인천학연구》 4, 인천대학교 인천학연구원, 2005, 367~392쪽.

마르크 오제, 《비장소》, 이상길·이윤영 옮김, 아카넷, 2017.

볼프강 쉬벨부쉬, 《철도여행의 역사》, 박진희 옮김, 궁리, 1999.

요시하라 나오키, 《모빌리티와 장소》, 이상봉·신나경 옮김, 심산, 2010.

존 어리, 《사회를 넘어선 사회학》, 윤여일 옮김, 휴머니스트, 2012.

_____, 《모빌리티》, 강현수·이희상 옮김, 아카넷, 2014.

Bauman, Zygmunt, *Globalization*, New York: Columbia University Press, 1998.

Sheller, Mimi, "From spatial turn to mobilities turn," *Current Sociology* 65(4), International Sociological Association, 2017, pp.1-17.

Sheller, Mimi & John Urry, "The new mobilities paradigm," *Environment and Planning A* 38(2), Sage Publications, 2006, pp.207-226.

찾아보기

모빌리티와 인문학

2019년 2월 15일 초판 1쇄 발행

지은이 | 닐 아처 · 죠르진 클라슨 · 존 컬버트 · 이안 C 데이비슨 · 루스 라이브시
　　　　피터 메리만 · 레슬리 머리 · 소니아 오버올 · 린 피어스 · 콜린 풀리
옮긴이 | 김태희 · 김수철 · 이진형 · 박성수
펴낸이 | 노경인 · 김주영

펴낸곳 | 도서출판 앨피
출판등록 | 2004년 11월 23일 제2011-000087호
주소 | 우)07275 서울시 영등포구 영등포로 5길 19(양평동 2가, 동아프라임밸리) 1202-1호
전화 | 02-336-2776 팩스 | 0505-115-0525
블로그 | bolg.naver.com/lpbook12
전자우편 | lpbook12@naver.com

ISBN 979-11-87430-53-7 94300